로마서

바 이 블 키
성 경 주 석

로마서

황원하 지음

생명의 양식
THE BREAD OF LIFE

이종관 목사님께
이 책을 바칩니다.

목차

로마서 주석을 세상에 내놓습니다. 지금까지 로마서 주석은 많이 출간되었습니다. 따라서 새로운 로마서 주석이 필요한지 반문할 수 있습니다. 이에 대해서 저는 주석을 출간하게 된 이유 세 가지를 말씀드리고자 합니다. 우선 로마서 주석이 많은 것은 사실이나 한국인 성경학자가 쓴 주석이 별로 없어서 우리 현실과 정서에 적합한 주석이 여전히 필요하다는 점 때문이고, 또한 이 주석이 전문 신약학자이자 현장 목회자가 쓴 것이기에 동료 목회자들의 연구와 설교 준비에 적실한 도움을 줄 수 있을 것이라는 점 때문이며, 마지막으로 어떤 주석도 완벽하지 않으며 모든 해석을 포괄하지 못하기에 좋은 주석이 계속해서 나오는 것이 바람직하다는 점 때문입니다.

저는 주석을 쓰면서 성경 연구와 설교 준비에 꼭 필요하다고 생각하는 것만 다루려고 노력했습니다. 해석학적 논의, 연관된 학술 문헌, 그리고 더 깊은 연구를 위한 안내 등은 각주에서 소개했습니다. 따라서 심층적인 연구를 진행하는 연구자들은 각주와 참고문헌을 보시길 바랍니다. 특히 요즘 책과 아티클을 구할 수 있는 전자 도구가 많이 생겨서 연구자들이 유용한 자료들을 편리하게 얻을 수 있음을 양지하시길 바랍니다. 저는 신학을 전공하지 않은 분들도 이 책을 읽을 수 있게끔 쉽게 쓰려고 노력했습니다. 따라서 이 책의 독자층은 목회자, 설교자, 연구자, 신학생 그리고 로마서를 이해하고자 하는 지성인 그리스도인이라고 할 수 있습니다.

저는 로마서 본문 전체를 꼼꼼히 연구했습니다. 헬라어 단어의 용례를 고려한 것은 물론이고, discourse analysis 기법을 사용해서 문장과 단락의 구문론적 관계를 비롯한 구조적 연관성을 분석했으며, 사회-문화적인 정황이 텍스트에 어떻게 반영되었는지를 참고했으며, 문예적인 기교가 어떻게 사용되었고, 문맥적 배치가 어떻게 이루어졌는지를 살폈으며, 단락에 담긴 신학적 메시지가 무엇인지를 찾는 일에 충실했습니다. 또한 설교자들에게 도움을 드리기 위해서 단락마다 '설교자를 위한 지침'을 수록했습니다. 하지만 모든 연구가 그러하듯이 제 연구는 저 혼자 힘으로 이루어진 것이 아닙니다. 선행 연구자들의 수고 위에서 진행되었습니다. 학자들이 쓴 주석과 논문을 많이 참고했고 탁월한 저술가들의 책과 글로부터 통찰을 얻었습니다.

아래의 주석들은 제가 책을 쓰면서 가장 많이 참고한 것들입니다. 로마서를 더욱 깊이 연구하시려는 분들은 이 주석들을 반드시 보시길 바랍니다.

- 변종길, 『로마서』, 고신총회 설립 60주년 기념주석, 서울: 총회 출판국, 2014. 고신총회에서 발간한 주석으로 한국인 신약학자가 쓴 로마서 주석 가운데 가장 훌륭하다고 생각합니다. 본문 주해와 신학 논의가 정확하고 건전하므로 목회자들의 성경 연구와 설교 준비에 큰 도움이 됩니다.
- C. E. B. Cranfield, A Critical and Exegetical Commentary on the Epistle to the Romans, 2 vols, ICC, Edinburgh: T&T Clark, 1975. 로마서 주석의 고전입니다. 오래되었지만 여전히 탁월합니다. 헬라어 원문 분석이 잘 되어 있습니다.
- Douglas J. Moo, The Epistle to the Romans, NICNT, Grand Rapids: Eerdmans, 1996. 최고의 로마서 주석 중 하나입니다. 이것은 제1판인데,

2018년에 제2판이 출간되면서 약간의 변화가 있었으나 제가 전개하는 해석에 영향을 미치지 않아서 이 책에서는 제1판을 사용했습니다.

- James D. G. Dunn, Romans 1-8, 9-16, WBC, Dallas: Word, 1988. '새 관점'(New Perspective)으로 로마서를 해석한 주석입니다. 뛰어난 학문성과 적실성을 지니고 있습니다. 로마서 연구자의 필독서입니다.
- John D. Harvey, Romans, EGGNT, Nashville: B&H Academic, 2017. 헬라어 원문 분석이 뛰어나며, 설교 대지 제안이 유용합니다. 제가 개인적으로 대단히 선호하는 주석 시리즈입니다.
- Joseph A. Fitzmyer, Romans, AB, New York: Doubleday, 1993. 가톨릭 신학자의 주석이지만, 개신교 진영의 연구자들이 참고하는 데 무리가 없습니다. 간략한 부록(excursuses)이 통찰을 줍니다.
- R. Jewett, Romans, Hermeneia, Minneapolis: Fortress, 2007. 이 시리즈의 특성답게 로마서를 비평학적으로 치밀하게 다루고 있습니다. 매우 값진 주석입니다.
- Thomas R. Schreiner, Romans, BECNT, Grand Rapids: Baker, 1998. 가장 뛰어난 로마서 주석 중 하나입니다. 이것은 제1판입니다. 2018년에 제2판이 나왔는데, 제1판과 가장 큰 차이점은 '하나님의 의'에 관한 견해 변화입니다. 하지만 제2판이 저의 해석 전개에 영향을 미치지 않아서 이 책에서는 제1판을 사용했습니다.

이 책을 쓰느라 무척 힘들었습니다. 주석 집필은 언제나 힘겹고 고달픈 작업입니다. 하지만 독자들이 로마서를 연구하고 설교하는 일에 도움이 된다면 충분한 보상이 될 것입니다. 책을 출판해 주신 총회교육원에 감사드립니다. 편집진이 수고를 많이 하셨습니다. 추천사를 써 주신 강대훈 교수님, 송영목 교수님, 우병훈 교수님, 이정규 목사님, 이종필 목사님, 정태진 목사님께 감사드립니다. 사랑하는 산성교회 성도님들의 기도와 성원 덕분에 이 책이 나올 수 있었습니다. 송태경 목사님, 김민규 목사님, 류동민 강도사님이 오자와 탈자를 잡아내는 데 큰 수고를 하셨습니다. 기도로 동역해 준 아내 김숙경과 아들 현준이에게 사랑과 감사를 표합니다.

이 책을 울산시민교회 이종관 원로 목사님께 바칩니다. 저는 울산시민교회 출신으로 이종관 목사님에게서 믿음의 도리와 인격을 배웠습니다. 고등학생 시절 이종관 목사님은 저에게 목회자가 되라고 권면하셨고, 저는 그 말씀에 순종하여 고신대학교 신학과에 입학함으로 신학 공부를 시작했으며, 결국 목회자가 되어서 여기까지 왔습니다. 지면을 빌려 이종관 목사님께 깊은 존경과 감사의 마음을 전합니다. 주께서 목사님의 노년에 강건함을 주시길 기도합니다.

2025년 8월
황원하

황원하 박사의 로마서 주석은 학문적으로 철저하면서도 단락마다 설교자를 위한 지침을 친절하게 제시한다. 이 책은 단어, 구, 문장, 단락을 자세히 설명하고 신학적 의미를 명확하게 찾아낸다. 해석상의 논쟁이 되는 본문을 해석할 때는 각 견해를 소개하고 최선의 해석을 선택한다. 이 책은 로마서에 나타난 바울의 복음을 학자의 눈과 목회자의 심장으로 선명하게 해설하는 탁월한 주석이고 교회의 설교자들을 위한 선물이다.

강대훈 교수 (총신대학교 신학대학원, 신약신학)

황원하 박사의 로마서 주석은 절과 작은 단락 별로 사도 바울이 로마 교회에 전달하고자 하는 메시지를 찾는 데 큰 관심을 보인다. 로마서가 마치 교리 연구서처럼 간주되는 경향이 적지 않은 오늘날 상황에서, 저자는 사도 바울이 선교 중에 기록한 이 서신서의 원래 의미를 문법-역사적 맥락에서 찾아 현대 교회에 적용하도록 돕는다. 간명한 로마서 주석을 통해 설교하려는 목회자와 로마서를 깊이 있게 탐구하기를 원하는 분들에게 본서를 추천한다.

송영목 교수 (고신대학교 신학과, 신약신학)

마르틴 루터는 로마서를 너무나 사랑하여 이렇게 말했다. "우리는 로마서를 아무리 많이 읽고 묵상해도 지나치지 않다. 우리가 그것을 더 많이 묵상하면 묵상할수록 그것은 더 가치가 있게 되며, 더 좋은 맛이 나기 때문이다." 황원하 박사께서 쓰신 이 『로마서 주석』은 로마서의 맛을 가장 잘 알려주는 귀한 책이다. 이미 다수의 주석서를 펴낸 저자답게 이번 주석서 역시 매우 탁월하게 저술하였다. 첫째, 이 책은 로마서의 핵심 메시지를 간파하면서 각 구절을 이해하도록 돕고 있다. 숲과 나무를 동시에 보여주는 식이라고 할 수 있다. 둘째, 이 책은 주석의 분량이 적당하다. 너무 빈약하지도 너무 과도하지도 않게 중용과 절제 속에서 구절들을 해설하고 있다. 셋째, 이 책은 근래에 나온 로마서 연구물 가운데 중요한 것들을 핵심적으로 소개하고 있다. 그리하여 케케묵은 설명의 반복이 아니라 참신하고 새로운 주해의 모범을 보여준다. 넷째, 이 책은 학문적이면서도 목회적이다. 학자-목사로서 균형감각을 유감없이 발휘한 좋은 작품이다. 이 책은 단지 설교자만을 위해서 저술된 것 같지 않다. 로마서에 관심 있는 모든 분들은 이 책을 통해서 로마서와 함께 살아가는 것이 얼마나 큰 복인지 깨닫게 될 것이다. 이 책과 더불어 로마서를 한번 깊이 묵상해 보기를 바란다. 결코 후회하지 않을 것이다.

우병훈 교수 (고신대학교 신학과, 교의학)

로마서를 연구하여 성도들에게 먹이려고 하는 목회자는 자료가 없어서 고민이 아니라 너무 많아서 고민하게 된다. 너무나 많은 학자가 대량의 잉크를 소비했고, 그 가운데 설교와 교육에 꼭 필요한 만큼의 분량과 내용을 찾는 것은 쉬운 일이 아니다. 이런 점에서 저자의 로마서 주석은 1) 신학적으로 건전하고, 2) 본문 해설에 충실하며 3) 설교와 교육에 유용하다. 특히 각 단락 끝의 '설교자를 위한 지침'에 간단한 3대지 설교 구조 제안은 설교자들뿐 아니라 진지하게 성경을 가르치려 하는 교사들에게 대단히 실용적이다. 너무 많은 자료 앞에서 고민하고 있다면, 이 책을 강력하게 추천한다.

이정규 목사 (시광교회 담임)

저자의 학문적 성과와 목회의 열매를 면밀히 관찰하고 증언하건대, 그는 목회와 학문의 중간에서 완벽한 균형을 갖추었다. 신학을 목회에 접목하여 교회를 통해 열매 맺은 말씀 사역 방식 그대로 쓴 이 주석은 목회자나 평신도 지도자라면 무조건 참고해야 한다. 특히 로마서니까. 학문적인 주장만을 열거하는 주석들로 생겼던 나의 갈증은 이제 완전히 풀렸다.

이종필 목사 (세상의빛교회 담임, 킹덤처치연구소 대표, 칼빈대 교수)

황원하 박사가 로마서 주석을 출판했다. 쉽지 않은 목회 환경에서도 끊임없이 연구하고 노력하는 황 박사는 어려운 내용을 쉽게 풀어내는 데 탁월한 학자이자 목회자이다. 그는 개혁주의 신약학자로서 자신이 지닌 역량을 여지없이 이 책에서 보여준다. 로마서의 핵심 메시지를 군더더기 없이 다루면서도 내용이 알차고 실용적이다. 무엇보다 설교자를 위한 지침을 제공하는 것이 흥미롭다. 목회자를 배려하는 저자의 마음이 감동으로 다가온다. 설교자로서 저자가 고민했던 내용이 묻어나기에 로마서 설교를 준비하는 목회자에게 후회 없는 선택이 될 것이다.

정태진 목사 (고신총회 총회장, 진주성광교회 담임)

1. 저자

로마서의 저자는 '바울'이다. 바울은 1:1에서 "예수 그리스도의 종 바울"이라는 문구를 넣음으로써 자신이 저자임을 분명히 밝힌다. 또한, 이 서신의 저자가 가진 배경(정황)은 신약 성경 다른 책들에 반영된 바울의 것과 일치한다(참고. 11:1; 고후 11:22; 빌 3:5). 그리고 이 서신을 기록한 저자의 동료들, 여행 계획, 사역에 대한 언급 등은 사도행전에 기록된 바울의 활동에 부합한다(참고. 15:14-33; 16:21-23). 더욱이 이 서신의 언어와 문체와 사상과 내용은 다른 바울 서신의 것들과 같다.[1] 그리하여 바울이 로마서를 기록했다는 사실에 이의를 제기하는 학자는 거의 없다.[2] 오히려 학자들은

---

1 John D. Harvey, Romans, Exegetical Guide to the Greek New Testament, Nashville: B & H Academic, 2017, 3.

2 오늘날 로마서의 바울 저작권을 의심하는 학자는 거의 없다. 하지만 과연 로마서 전체가 바울의 글인지에 대해서 의심하는 이들은 있다. 특히 로마서 16장에 대한 논의가 치열하다. 로마서 16장이 로마서 원본에 있었느냐에 관한 논쟁을 위하여, G. M. M. Pelser, "Romans", in *Guide to the New Testament V*, ed. A. B. du Toit, Halfway House: NG Kerkboekhandel, 1996, 49-50을 보라. G. M. M. Pelser는 다음과 같이 결론을 내린다. "For all the suspicion raised by the long list of greetings and by other features of 16:1-23, there is simply no conclusive proof for asserting

이 서신을 바울의 가장 중요한 저작이라고 생각한다.

2. 기록 시기와 기록 장소

바울은 제3차 전도 여행이 끝나갈 무렵인 주후 55-56(57)년경 고린도에서 3개월을 머물렀는데, 이때 로마서를 기록한 것으로 보인다(참고. 16:1-2, 23; 행 20:1-3; 고전 1:14).[3] 학자들은 이를 의심하지 않고 받아들인다. 특히 15:25에서 바울은 이방 지역에서 모은 연보를 예루살렘에 전달하기 위하여 예루살렘으로 여행을 떠나려고 한다는 사실을 밝히는데, 이는 그가 그리스에서 3개월을 머물렀다는 사도행전 20:1-3의 기록과 일치한다.[4] 이 말을 한 장소는 그가 매우 성공적으로 사역했던 고린도를 가리키는 것이 틀림없다(참고. 행 18:1-8).[5] 그는 고린도에 있을 때 가이오의 집에서 머물렀다. 가이오는 바울이 제2차 전도 여행 때 고린도에서 세례를 베푼 사람으로(참고. 고전 1:14), 후에 고린도 교회의 지도자가 되었다(참고. 16:23). 바

---

that it does not belong to the letter." C. E. B. Cranfield는 로마서의 저작권과 관련하여 한 가지 문제를 거론하면서, 로마서를 기록하는 과정에서 바울이 불러주는 대로 더디오가 받아 적었는데(참고. 16:22), 더디오가 어떤 식으로 그리고 어디까지 바울의 말을 적었는지 등에 관하여 논란이 있다고 말한다. 이를 위해서, C. E. B. Cranfield, *A Critical and Exegetical Commentary on the Epistle to the Romans*, 2 vols, ICC, Edinburgh: T & T Clark, 1975-1979, 2-3을 보라. 또한, Joseph A. Fitzmyer, Romans, AB, New York: Doubleday, 1993, 40-42를 보라. Thomas R. Schreiner는 로마서의 서론적 문제와 관련하여 학계에서 제기되는 세 가지 쟁점을 소개하면서, 로마서의 원래 수신지 문제, 16장이 원래의 로마서 본문에 속하는지에 대한 문제, 그리고 송영(16:25-27)이 후대의 편집은 아닌지에 대한 문제를 언급한다. "Three textual issues come to the forefront in Romans: (1) Is the Roman destination (in Rome, 1:7; to those in Rome, 1:15) original or was it added later by scribes? (2) Was Romans 16 originally part of the letter to the Romans, or is there a more plausible explanation for its placement? These first two issues will be addressed below in discussing the integrity of Romans and the place of chapter 16. (3) Is the doxology (16:25-27) authentically Pauline and rightly located at the conclusion of the letter, or was it added at some point by a later redactor?" Thomas R. Schreiner, *Romans*, BECNT, Grand Rapids: Baker Academic, 1998, 5.

3 C. E. B. Cranfield, *Romans*, 12-16을 보라.

4 C. E. B. Cranfield, *Romans*, 12.

5 James D. G. Dunn, *Romans* 1-8, Word Biblical Commentary, Dallas: Word, 1988, xliv.

울은 이 서신을 기록하여 겐그레아 교회의 일꾼 뵈뵈를 통해서 로마에 있는 성도들에게 전달했다(참고. 16:1-2의 주석).

3. 수신자와 로마 교회의 상황

로마서의 수신자는 1:7에 있는 대로 "로마에서 하나님의 사랑하심을 받고 성도로 부르심을 받은 모든 자"이다. 즉 로마 교회의 성도들이다.[6] 로마에 언제 그리고 어떻게 교회가 설립되었는지는 알 수 없다. 하지만 바울이 로마 교회의 설립자가 아닌 것은 분명하다. 이는 이 서신에서 바울이 아직 로마에 간 적이 없다고 시사하기 때문이다(참고. 1:13; 15:22). 그리고 다른 사도들(예, 베드로)이 로마에 가서 복음을 전하여 교회를 세웠다는 증거나 흔적도 없다.[7] 비록 베드로가 로마에 가서 복음을 전하여 교회를 세웠다는 주장이 있지만, 이에 대한 증거는 없으며, 만일 그러했다면 바울이 로마서에서 그 사실을 언급하지 않았을 리가 없다.[8]

다만 사도행전 2:10에서 성령이 강림하실 때 '로마로부터 온 나그네'가 있었는데, 아마도 그들이 로마에 돌아가서 교회를 세웠을 가능성이 크다.

---

6 소수의 사본이 이 구절에서 '로마'를 빼지만, 사본학적 증거는 분명히 '로마'가 있는 것을 지지한다. G. M. M. Pelser, *Romans*, 41.

7 G. M. M. Pelser, *Romans*, 41.

8 Eusebios Caesarea는 주후 42년에 베드로가 로마를 방문했다고 증언하지만(참고. *Historia Ecclesiastica* 2.14.6), 그의 증언을 믿을 수가 없다. 사도행전 15장에서 베드로는 예루살렘에 있었으며, 그가 만일 감옥에서 탈출한 후에 어디론가 갔다면(참고. 행 12:17), 아마도 안디옥으로 갔을 것이다. 그리고 사도행전의 저자 누가는 로마에 상당한 관심을 지니고 있었는데, 베드로가 로마를 방문했다면 이러한 사실을 빠뜨리지 않고 적었을 것이다. 게다가 만일 로마 교회가 베드로에 의해서 세워졌다면, 바울이 로마 교회를 자기 영향권 안에 있는 것으로 간주하기란 어려웠을 것이다. 이에 관하여, Thomas R. Schreiner는 다음과 같이 말한다. "Few contemporary scholars espouse the theory that Peter established the church when he went into hiding, after his escape from prison(Acts 12:17)." Thomas R. Schreiner, Romans, 10; 또한 Douglas J. Moo, *The Epistle to the Romans*, NICNT, Grand Rapids: Eerdmans, 1996, 4-5를 보라. C. K. Barrett는 베드로가 로마 교회를 세웠더라면 바울이 어떻게든 그 점을 언급했을 것이라고 말하면서 베드로의 로마 교회 설립 주장을 반대한다. C. K. Barrett, *The Epistle to the Romans*, Black's New Testament Commentary, Grand Rapids: Baker Academic, 1991, 5.

그리고 알려지지 않은 전도자들이 로마에 들어가서 복음을 전하여 교회를 설립했을 수도 있다. 혹은 로마가 워낙에 큰 도시다 보니 오랫동안 여러 사람이 오가면서 복음을 전하고 접했을 수도 있다.[9] 어쨌든 로마 교회는 사도들의 도움 없이 세워진 것으로 보인다. 학자들은 당시 로마 인구가 100만 명 이상이었으며 제국 전체에서 온 다양한 인종들로 구성되어 있었다고 본다.[10] 그리고 이때 로마에 거주했던 유대인은 약 4-5만 명이었을 것으로 추정한다.[11] 따라서 상당히 많은 유대인이 로마에 살고 있었다. 그들 중 소수가 기독교 복음을 받아들여서 교회를 형성했을 것이다.

로마 역사가 수에토니우스(Suetonius)는 『황제 열전』(De Vita Caesarum)에서 12명의 로마 황제 전기를 기록했는데, 그중 다섯 번째 황제인 '클라우디우스'에 관한 기록(Claudius 25.4)에서 로마에 거주하던 유대인들의 문제를 다루었다. 주후 49년에 클라우디우스 황제는 로마에 있던 유대인들 사이에서 '크레스투스'(Chrestus)라는 인물로 인해 문제가 발생하자 모든 유대인을 향하여 로마를 떠나라고 명령했다. 여기서 '크레스투스'는 '그리스도'를 가리키는 것으로 보인다. 따라서 로마에 살고 있던 유대인 그리스도인들과 유대인 비그리스도인들 사이에 다툼이 일어나서 로마 사회가 시끄럽게 되자 황제가 이 같은 명령을 내렸던 것으로 추정된다.

이때 로마에 살고 있던 브리스가(브리스길라)와 아굴라 부부는 고린도로

---

9 G. M. M. Pelser, *Romans*, 42. 초기 로마 사회와 로마의 기독교인들에 관한 연구를 위하여, M. Reasoner, "Rome and Roman Christianity", in *Dictionary of Paul and His Letter*, Downers Grove: IVP, 1993, 850-55를 참고하라.

10 John D. Harvey, *Romans*, 4.

11 Stanley E. Porter는 당시 로마의 상황과 로마에 유대인들이 이주하게 된 경위와 이곳에 살고 있는 그리스도인의 현황 등에 대해서 간략하지만, 유용한 정보를 제공한다. Stanley E. Porter, *The Apostle Paul: his life, thought, and letters*, Grand Rapids: Eerdmans, 2016, 294. 아울러, 그가 제공한 참고 자료를 보라. J. F. Hall, Rome, Anchor Bible Dictionary 5.830-34; H. J. Leon, *The Jews of Ancient Rome*, rev. ed., Peabody, MA: Hendrickson, 1995, 135-66; W. Wiefel, "The Jewish Community in Ancient Rome and the Origins of Roman Christianity", in *The Romans Debate*, ed. K. P. Donfried, 2nd ed., Peabody, MA: Hendrickson, 1991, 85-101. 또한 로마서에서 유대인 신자들의 위치에 대하여, Christoph W. Stenschke, "Jewish Believers in Paul's Letter to the Romans", *Neotestamentica* 52.1 (2018): 1-40을 참고하라.

갔고, 거기서 바울을 만나게 되었다(참고. 행 18:1-2). 그들은 바울을 만나기 전부터 그리스도인이었다. 그들이 언제 회심했는지는 알려지지 않았지만, 바울을 만나기 전에 이미 믿음을 가지고 있었음이 분명하다. 그런데 그들은 고린도에 머무는 동안 바울에게서 성경을 배웠고, 또한 바울의 선교에 큰 도움을 주었다. 주후 54년에 클라우디우스가 사망하고 네로가 황제로 등극하자 추방되었던 유대인들이 로마에 돌아오게 되었고, 이때 브리스가와 아굴라도 돌아왔다(참고. 16:3-5).

원래 로마 교회 안에는 유대인들이 다수였고, 시간이 흐르면서 이방인들이 조금 들어왔지만, 클라우디우스 황제의 명령으로 유대인들이 로마를 떠나자, 이방인들만 남게 되었다. 즉 이전에는 유대인 신자들이 다수를 차지했으나 이제 이방인 신자들이 다수가 되었다.[12] 이런 상황에서 유대인 신자들이 다시 로마에 돌아오자, 교회는 혼란과 갈등을 겪게 되었다. 이는 그리스도를 믿고 변화된 사람이 여전히 유대의 규례(음식법, 절기 등)를 지켜야 하느냐에 관한 문제 때문이었다. 따라서 바울은 이 일에 관하여 로마서 14-15장에서 견해를 밝힌다.[13]

유대인들이 로마를 떠나면서 이방인들은 유대인의 회당에서 모이지 않고 자신들의 집에서 모였는데, 이러한 상황은 바울이 로마서를 보낼 때까지 지속되었다. 즉 16장에서 볼 수 있듯이, 당시 로마 교회는 5개 정도의 '가택

---

12 Douglas J. Moo는 대부분의 학자들과 더불어 로마 교회에서 이방인 그리스도인들이 압도적으로 다수였을 것이라고 본다. Douglas J. Moo, *Romans*, 12-13.

13 Thomas R. Schreiner는 바울이 로마서를 기록한 이유 중 하나가 '유대인과 이방인의 연합'에 관한 문제 때문이라고 주장한다. 이에 대해서 그는 다음과 같이 설명한다. "Paul wrote to unify the church so that they would function harmoniously. Such unity could only be obtained by a thorough explication of Paul's gospel, for Paul's advice would be heeded only if the Romans were persuaded that his understanding of the gospel was on target, especially in relationship to the Mosaic law and the place of Israel in salvation history. In other words, the Pauline gospel was to be the basis of unity for the Roman congregations." Thomas R. Schreiner, *Romans*, 22. 이와 연관된 주제를 탐구하기 위하여, Philip Francis Esler, *Conflict and Identity in Romans: The Social Reading of Paul's Lette*r, Minneapolis: Fortress, 2003을 보라.

교회'(house church) 형태로 존재했다.[14] 16:3-16에서 바울은 26명의 이름을 거론하는데, 그들이 로마 교회의 구성원이었다. 특히 바울은 브리스가와 아굴라를 두드러지게 언급하는데, 이는 그들이 로마 교회에서 가장 중요한 역할을 했기 때문일 것이다. 로마 교회 구성원의 출신지와 성별과 신분은 다양했다(참고. 16:3-16의 주석).

4. 기록 목적

바울이 로마서를 기록한 목적은 여러 가지다. 그가 한 가지 목적만을 가지고 이 서신을 썼다고 볼 이유는 없다.[15] 하지만 두드러진 기록 목적이 있고, 그렇지 않은 것이 있다. 또한 기록 목적들이 분리되어 있기보다는 섞이고 보완되어 있다. 본문을 분석하고 당시의 정황을 고려할 때 바울이 다음과 같은 목적을 가지고 이 서신을 기록했음을 알 수 있다.

1) 교육적(변증적) 목적: 바울은 복음을 정확하게 설명하기 위해서 이 편지를 썼다. 앞에서 말했듯이, 로마 교회는 사도들에 의해서 설립된 교회가 아니었다. 또한, 교회 구성원들이 특출한 누군가에 의해서 복음을 제대로 배운 적도 없었던 것으로 보인다. 그런데 유대인들이 추방되었다가 돌아오는 과정에서 유대주의가 전파되기 시작하자 문제가 발생했다(참고. 3:8, 31; 6:1, 15; 7:7). 게다가 로마 교회 안에 비록 정체를 알기가 쉽지 않으나 거짓 선생들이 있었는데, 그들로 인해서 교리적 혼선이 일어났다(참고.

14 오늘날 이러한 형태의 교회를 '가정 교회'라고 부르는 이들이 있는데, 이런 명칭보다는 '가택 교회'라는 명칭이 적절하다. 이에 관하여 16:5의 주석을 보라.

15 James D. G. Dunn은 바울이 몇 가지 목적을 가지고 편지를 썼다고 주장하면서, 그가 오로지 한 가지 목적만을 가지고 편지를 썼다고 볼 이유가 전혀 없다고 말한다. 그리고 로마서 안에 존재하는 불일치는 여러 목적 중에서 다른 것들을 강조하기 때문에 생긴 것이라고 주장한다. James D. G. Dunn, Romans 1-8, lv. Will N. Timmins는 바울이 선교적 목적, 목회적 목적, 그리고 변증적 목적이라는 세 가지 목적을 위해서 로마서를 기록했다고 하면서도 이러한 목적들이 상호 간에 긴밀한 영향을 준다고 주장한다. Will N. Timmins, "Why Paul Wrote Romans: Putting the Pieces Together", *Themelios* 43.3 (2018): 387-404.

16:17-20).[16] 하지만 바울은 자신이 당장 로마에 갈 형편이 되지 못하자 우선 편지를 보내어서 바른 복음을 가르치려 한 것이다. 그러므로 우리는 로마서에서 복음에 관한 온전한 가르침을 접할 수 있다.

2) 목회적 목적: 바울은 유대인들과 이방인들의 갈등 문제를 해결하기 위해서 이 편지를 썼다. 앞에서 언급한 것과 같이, 로마 교회 안에는 유대인 그리스도인들과 이방인 그리스도인들이 섞여 있었고, 그들 사이에는 정치-사회-문화-종교적 영향으로 인한 분열과 다툼이 있었다. 14장에 음식과 절기에 관한 언급이 있는데, 이것은 유대인들과 이방인들의 갈등이 주로 종교와 문화에 관련되어 있음을 반영한다. 특히 그리스도인들은 가정집에서 모였고, 모일 때마다 같이 식사했는데, 유대인과 이방인 간 음식에 관한 생각이 달랐기 때문에 화합이 어려웠다. 그래서 바울은 로마서를 써서 보냄으로 그들 사이에 있었던 갈등을 봉합하려고 했다.

3) 선교적 목적: 바울은 자신의 로마 방문을 준비하기 위해서 이 편지를 썼다.[17] 1장에서 그는 로마 방문 소원을 여러 차례 피력한다. 그리고 15장에서 로마를 방문하고 싶다는 마음을 다시금 드러낸다. 그는 지중해 동편(소아시아)에서 교회를 많이 세웠는데, 이제 지중해 서편(서바나=스페인)으로 가서 복음을 전하고자 했다. 그는 서바나로 가기 위해서 로마에 선교기지를 구축해야 한다고 생각했다. 즉 로마 교회를 견고하게 만든 후에 로마 교회의 지원을 받아서 서바나로 가는 것이 효과적이라고 보았다(참고. 1:11). 그런데 먼저 예루살렘을 방문하여 연보를 전달해야 했기에, 우선 이 편지를 로마에 보내서 교회를 견고하게 하려고 했다.

---

16 이러한 일은 초기 기독교회 상당수에서 발생했다.

17 C. E. B. Cranfield는 바울이 로마서를 기록한 목적을 여러 가지로 제시하면서도, 가장 명확한 목적이 1:8-16a와 15:14-33에 드러나듯이, 그의 로마 방문을 준비하기 위한 것이라고 주장한다. C. E. B. Cranfield, *Romans*, 22-24. John Stott 역시 바울이 로마서를 기록한 여러 목적들을 존중하면서도, 그의 로마 방문 준비가 로마서 저술의 중요한 목적이라고 주장한다. John Stott, 『로마서』, 정옥배 역, BST, 서울: IVP, 1994, 30-34를 보라. 또한 G. M. M. Pelser, *Romans*, 45-46을 참고하라.

5. 주제

로마서에서 바울은 '복음'을 설명한다. 그는 복음에 관한 여러 주제 중에서 다음을 말한다.

1) 이신칭의

로마서에서 가장 두드러진 주제는 '이신칭의'(justification by faith)이다.[18] 즉 예수 그리스도를 믿음으로 말미암아 구원받는다는 것이다. 이신칭의 교리는 하나님의 절대 주권과 무한한 사랑을 강조하며, 인간의 전적 부패와 죄성을 전제한다. 이 교리는 하나님께서 우리의 공로나 의를 가지고 구원 여부를 결정하지 않으시고, 오직 그분이 마련하신 구속사적 실행으로 구원을 판정하신다고 주장한다. 이 교리는 바울 서신 전체에서 언급되지만, 특히 로마서에서 가장 두드러진다. 바울은 평생을 이 교리의 반대자들(주로 유대주의자)에 맞서서 싸웠다. 특히 로마서의 축소판이라 할 수 있는 갈라디아서에서 이 주제에 관한 논의를 볼 수 있다.

2) 유대인과 이방인의 동등성

로마서 전반에서 바울은 유대인과 이방인 사이에 차별이 없다는 사실을 역설한다. 그가 이것을 말하는 이유는 앞에서 기술한 것처럼 로마 교회의 상황과 연관되는데, 로마 교회 안에서 유대인과 이방인 사이에 유대의 규례를 지키는 문제로 갈등이 있었기 때문이다. 그는 하나님께서 유대인과 이방인 모두를 사랑하시고 모두에게 은혜를 베푸신다고 주장한다. 하나님

---

18 상당수 학자는 로마서의 중심 주제를 이신칭의로 본다. 심지어 어떤 이들은 로마서의 주제를 이신칭의로 한정하려고 한다. 그러나 로마서에 이신칭의만 있는 것은 아니다. 이신칭의가 로마서에서 매우 두드러진 주제이긴 하지만, 그것을 로마서 내용의 전부로 생각하고, 다른 주제들을 부수적으로 여기는 것은 옳지 않다. 로마서에는 다양한 신학 주제가 매우 풍부하게 담겨 있다. 이에 관하여, 폴 악트마이어, 『로마서』, 김도현 역, 현대성서주석, 서울: 한국장로교출판사, 2003, 53-54를 보라. '칭의'에 관해서는, A. E. McGrath, "Justification", in *Dictionary of Paul and His Letter*, Downers Grove: IVP, 1993, 517-23을 보라.

은 전적으로 자기 뜻에 따라서 사람들을 선택하시고 구원하신다. 그리고 하나님께서 선택하신 사람들은 그리스도 안에서 새로운 공동체를 이룬다. 그렇게 창설된 새로운 공동체에는 어떠한 민족적 · 인종적 · 신분적 차별도 존재하지 않는다. 특히 바울은 당대의 일반적인 인식에 반대하면서 하나님이 구원하시는 방식에 있어서 유대인과 이방인 사이에 차이를 두지 않으신다고 말한다. 즉 모든 사람이 동일하게 '그리스도의 의의 전가'로 말미암아 구원받는다고 주장한다.

3) 죄, 율법, 성령

로마서의 중심 부분에서 바울은 죄의 문제를 심각하게 다룬다.[19] 즉 인간 안에 존재하는 죄의 실체를 드러내며, 죄로 인해 발생하는 참혹한 결과들을 폭로한다. 그는 자기 경험을 들어 육에 속한 자들의 비극적인 악의 순환적 저주를 고백하면서 인간 자신의 힘으로 이런 악순환을 벗어날 수 없다고 설명한다. 그는 율법에 대해서 말하기를, 율법이란 하나님의 말씀으로서 거룩하고 선하고 의롭다고 한다(참고. 7:12). 다만 인간이 하나님의 율법을 지키지 못할 따름이라고 한다. 즉 율법 아래에 있는 사람은 자기 속에 있는 죄성과 자기가 당할 죄책을 경험할 뿐이라고 말한다. 따라서 그는 율법을 구원의 수단으로 여기는 자들의 주장을 비판하면서, 율법으로는 죄를 극복하지 못하며, 그것이 오히려 죄를 조장하는 도구가 된다고 주장한다.[20] 그리고 성령을 언급하면서, 오직 성령께서 우리가 복음을 받아들이게 하시며, 우리를 거룩하게 하시고, 우리 안에 자유와 평화와 기쁨이 있

19 바울 서신의 '죄'에 관해서, L. Morris, "Sin, guilt", in *Dictionary of Paul and His Letter*, Downers Grove: IVP, 1993, 877-81을 보라.

20 F. F. Bruce는 로마서에 헬라어 단어 'νόμος'(노모스, '법' 혹은 '율법')가 70회 등장하지만, 그때마다 반드시 동일한 의미인 것은 아니라고 주의를 준다. 그에 따르면, 이 단어의 가장 흔한 의미는 하나님의 율법이지만, 하나님의 율법과 다른 의미를 지니는 구절도 더러 있다. 이에 대하여, F. F. Bruce, 『로마서』, 권성수 역, 틴델 신약주석 시리즈, 서울: 기독교문서선교회, 2000, 53-59를 보라. '율법'에 관한 포괄적 연구를 위하여, F. Thielman, "Law", in *Dictionary of Paul and His Letter*, Downers Grove: IVP, 1993, 529-42(특히 로마서와 관련해서는 540-41)를 보라.

게 하신다고 강변한다.[21]

4) 이스라엘의 구원 문제

로마서 9-11장에는 이스라엘의 구원 문제가 나온다.[22] 바울은 이방 지역에서 사역하는 사도였지만 여전히 동족 이스라엘을 사랑했으며 자기 민족의 구원을 열망했다. 그는 이스라엘 백성이라고 해서 특별한 방식으로 구원받는다고 주장하지 않는다. 모든 다른 민족과 마찬가지로 하나님의 선택과 그리스도의 공로에 근거하여 구원받는다고 말한다. 그는 이스라엘 백성이 구약 성경을 바르게 이해하지 못했기 때문에 하나님의 의와 구원과 메시아에 대해서 오해했다고 지적하면서 회개를 촉구한다. 그리고 이스라엘 백성 가운데 하나님의 사랑하심을 입은 '남은 자들'이 있기에 그들이 완전히 멸망하지 않을 것이라는 희망적 전망을 천명한다.

5) 신자의 윤리

로마서 후반부(12장 이하)에서 바울은 구원받은 신자들이 어떠한 삶을 살아야 하는지를 말한다. 물론 서신 전체에 윤리적 권면이 담겨 있지만, 서신 후반부에서 이에 대해 더 구체적이고 집중적으로 설명한다. 하나님의 자녀로 인 침을 받은 사람들은 자신을 살아 있는 제물로 하나님께 드려야 하며, 교회 생활을 바르게 해야 하고, 권세자(정부)에게 순종해야 하며, 순결해야 하고, 죄와 싸워서 이겨야 하며, 서로 섬겨야 하고, 이웃을 사랑해야 한다. 그리고 신자들은 다른 형제들을 비판하거나, 그들을 근심하게 하

---

21 로마서에서 성령이 어떻게 묘사되었는지를 알려면, John Hoyum, "Spirit and Sanctification: Sketching St. Paul's Doctrine of the Holy Spirit in Romans", *Word & World* 39.3 (2019): 217-25를 보라. 특히 그는 루터 교회의 입장을 자세히 소개한다.

22 P. Chase Sears는 로마서에서 교회와 이스라엘의 관계를 성경신학적 방법으로 연구했다. 그에 따르면, 바울은 민족적 이스라엘을 교회로 대치한 것이 아니라, 그리스도 안에서 새롭게 구성된 새 이스라엘이 교회라고 생각했다. P. Chase Sears, *Heirs of Promise : The Church as the New Israel in Romans*, Bellingham: Lexham Press, 2015.

지 말아야 하고, 그들의 마음에 상처를 주지 말아야 한다. 그들은 서로 화평을 도모해야 하며, 서로 덕을 세우는 일에 힘써야 한다. 그런데 신자들이 이러한 윤리적 삶을 살아야 하는 것은 율법주의적인 의무에 따른 것이 아니라, 하나님이 그들에게 베풀어 주신 사랑과 은혜에 감격하여 자발적으로 순종하는 것이어야 한다.

6. 구조

로마서의 전체 구조는 간명하지만, 세부 구조는 다소 복잡하다. 여기서는 전체 구조를 소개하며, 본문 주해에서 세부 구조를 다루겠다. 바울은 서문을 기록한 후(1:1-17), 인간의 불의한 상태와(1:18-3:20), 믿음으로 말미암아 의롭게 된다는 사실과(3:21-4:25), 의롭게 된 사람의 의로운 삶과(5:1-8:39), 이스라엘 백성들이 의롭게 되는 문제를 기술하고(9:1-11:36), 이어서 그리스도인의 윤리를 언급한 후(12:1-15:13), 결어로 마무리한다(15:14-16:27). 따라서 로마서의 구조는 그 자체로 '복음'이 된다.

1:1-17 서문
1:18-3:20 불의한 인간
3:21-4:25 믿음으로 의롭게 됨
5:1-8:39 의로운 삶
9:1-11:36 이스라엘의 구원
12:1-15:13 그리스도인의 윤리
15:14-16:27 결어

단원 1. 1:1-17

서문

첫 번째 단원(1:1-17)은 '서문'이다. 이 단원은 인사말(1:1-7), 감사와 기도와 소원(1:8-15), 그리고 서신의 주제(1:16-17)로 구성되어 있다. 여기서 바울은 자신을 소개하고, 로마 교회 성도들을 향한 자신의 마음을 드러내며, 이 서신 전체에서 다루고자 하는 주제(복음)를 제시한다. 따라서 서문을 정확하게 살펴보는 것은 로마서 전체를 이해하는 데 큰 도움이 된다. 바울은 다른 서신에 비해 이 서신에서 서문을 길게 쓰는데, 이는 자신이 설립하지도 않았고, 개인적인 만남도 없었던 성도들에게 자신을 자세히 소개하려고 하기 때문이다.[23]

23 Joseph A. Fitzmyer, *Romans*, 227.

1. 1:1–7 인사말

이 단락은 인사말이다. 헬라어 본문에서 1-7절은 하나의 긴 문장인데, 이것은 바울 서신들의 인사말 중에서 가장 길다. 이 인사말은 고대 그리스-로마 서신의 전형적인 형식pattern을 따른다.[24] 당시 그리스-로마 서신의 인사말은 발신자와 수신자, 그리고 간략한 인사말로 구성되어 있었는데, 여기에도 그러한 요소가 고스란히 담겨 있다. 그런데 바울은 발신자인 자신을 언급하는 가운데 자신과 '복음'의 관련성을 말하면서 복음이 무엇인지를 소개한다. 그는 여기서 소개한 복음을 로마서 전체에서 상세히 설명할 것이다.[25]

---

24 고대 그리스-로마 편지의 형식에 대해서, Stanley K. Stowers, *Letter Writing in Greco-Roman Antiquity*, ed. Wayne A. Meeks, Philadelphia: Westminster, 1986을 보라.

25 Thomas R. Schreiner는 서론의 인사(salutation)와 결론의 송영(doxology)이 같은 주제, 즉 '복음'을 다루면서 서신서 전체가 이 주제가 될 것임을 보여준다고 말한다. "The letter to the Romans is framed by the opening salutation (1:1-7) and the closing doxology (16:25-27). … These two texts frame the entire letter inasmuch as they call attention to the same themes. The focus in both is on the gospel: "the gospel of God" (1:1), "according to my gospel" (16:25)." Thomas R. Schreiner, *Romans*, 30.

1절: 바울의 자기소개

1절: 바울은 "예수 그리스도의 종 바울은 사도로 부르심을 받아 하나님의 복음을 위하여 택정함을 입었으니"라는 말로 서신을 시작한다. 이것은 서신의 발신자인 바울의 자기소개인데, 그의 자기소개는 자신과 '복음'을 연관 짓는 가운데 6절까지 이어진다.[26] 여기서 바울은 자신이 단지 개인 차원에서나 단지 선생으로서 이 서신을 쓰는 것이 아니라, 하나님께서 친히 구별하여 임명해 주신 '사도'로서 이 서신을 써서 보내고 있음을 분명히 밝힌다.[27] 그러므로 바울의 편지는 사적이 아닌 공적 성격을 지닌다. 그것은 사견이 아니라 하나님의 말씀이다.

먼저, 바울은 자신을 "예수 그리스도의 종"이라고 소개한다. 이것은 바울이 자기를 소개하는 일반적인 표현인데(참고. 갈 1:10; 빌 1:1), 다른 사도들도 그들의 편지에서 이와 같은 형태로 자신을 소개했다(참고. 약 1:1; 벧후 1:1; 유 1).[28] 그런데 한글 성경 개역개정판에는 "예수 그리스도"라고 번역되어 있지만, 헬라어 원문에는 '그리스도 예수'(Χριστοῦ Ἰησοῦ, 크리스투 이에수)라고 되어 있는데, 이는 예수님에 대해 메시아 느낌이 강하게 나도

---

26 Jeffrey A. D. Weima는 1:1-6에 있는 바울의 자기소개가 최소한 여섯 개의 독특한 특징을 가진다고 주장한다. "Paul's self-introduction in Rom. 1:1-6 exhibits at least six unique features: (1) its great length; (2) its failure to mention any cosender(s); (3) its use of three titles instead of the expected one in verse 1; (4) its description of the gospel in verse 2; (5) in verses 3-4, its use of confessional material, liturgical forms that originated in the worship of the early church but were incorporated by Paul into his letters; and (6) the presence of additional comments in verses 5-6. Each on of these unique features can be explained as revealing Paul's larger purpose in the epistolary framework of the letter. He wishes to present himself on the opening (and in the thanksgiving and the closing) to his unknown readers in Rome as their divinely appointed apostle whose gospel (which he readers in Rome as their divinely appointed apostle whose gospel (which he goes on th 'preach' to them in the body of the letter) ought to be accepted." Jeffrey A. D. Weima, *Paul the Ancient Letter Writer*, Grand Rapids: Baker Academic, 2016, 15.

27 Douglas J. Moo, *Romans*, 42.

28 C. K. Barrett, *Romans*, 17.

록 표현한 것이다.[29]

바울은 자신의 정체를 당시의 특정 신분 용어인 '종'(δοῦλος, 둘로스)이라고 표현하는데, 당시에 '종'은 주인에게 완전히 복속되어서 주인이 명령하는 것을 충실히 이행하는 존재였다.[30] 바울은 "예수 그리스도의 종"이라는 표현을 통해서 자신이 예수 그리스도에게 완전히 종속되어 있다는 점과 예수 그리스도를 향한 투철한 충성심을 품고 있다는 점을 드러낸다. 그리고 이 단어는 구약의 관점에서 볼 때 하나님의 영광스러운 종인 모세, 여호수아, 다윗, 그리고 선지자들을 생각나게 한다(참고. 수 14:7; 24:29; 왕하 17:23; 시 89:3).[31] 따라서 바울은 자신의 신실함과 신성함과 거룩한 마음가짐을 이 표현에 담아낸다.

바울은 이어서 자신이 "사도로 부르심을" 받았다고 소개한다. "사도"(ἀπόστολος, 아포스톨로스)란 '보내심을 받은 자'라는 뜻으로, 신약에서 예수님의 열두 제자와 바울에 한정되는 배타적인 그룹을 가리킨다. '부르심을 받았다'라는 수동태는 자신이 원해서가 아니라 주님이 원하셔서 주님에 의하여 임명받았음을 시사한다. 바울을 비롯한 사도들은 주님에게서 친히 부르심을 받은 자들이었다(참고. 마 10:1-7; 행 1:24-26; 갈 1:1). 사도들은 교회를 세우고 다스릴 수 있었으며, 하나님의 말씀을 받아서 전할 수 있었다. 특히 그들이 전한 말씀은 구약 성경과 같은 권위를 가졌다. 즉 하나님의 말씀을 전파하고 기록할 수 있는 자격을 갖추었다(참고. 고전 14:37;

---

29 Douglas J. Moo는 신약의 다른 저자들이 "예수 그리스도"(Ἰησοῦ Χριστοῦ, 이에수 크리스투)라는 어순을 선호하지만, 바울의 경우에 "그리스도 예수"(Χριστοῦ Ἰησοῦ, 크리스투 이에수)라는 어순을 선호한다고 주장한다. 그에 따르면, 이는 바울이 '메시아 예수'라는 신학적 의미를 여기에 담으려 했기 때문이다. 그는 바울이 자신의 사도 직분을 강조할 때와 (여기서처럼) 그리스도와의 연합이라는 특정한 주제를 나타내기 위해서 전치사 'εἰς'(에이스, 안으로)와 'ἐν'(엔, 안에)의 뒤에 쓰는 경우에 '그리스도 예수'를 사용한다고 설명한다. Douglas J. Moo, *Romans*, 41. 또한 C. E. B. Cranfield, *Romans*, 51을 보라.

30 참고. A. A. Rupprecht, "Slave, slavery", in *Dictionary of Paul and His Letter*, Downers Grove: IVP, 1993, 881-83.

31 ESV Study Bible.

고후 13:3; 갈 1:8-9; 살전 2:13; 4:15; 벧전 3:2, 15-16).[32] 하지만 당시 바울의 사도직은 많은 공격을 받았다. 그래서 그는 종종 자신의 사도직을 방어해야만 했다. 그는 자신이 열두 제자와 같은 권위를 가진 사도임을 추호도 의심하거나 양보하지 않았다.[33]

바울은 또한 "하나님의 복음을 위하여 택정함을 입었으니"라고 언급한다. "하나님의 복음을 위하여"라는 표현은 의미심장하다. 로마서에는 '복음'(εὐαγγέλιον, 유앙겔리온)이라는 명사와 '복음을 전하다'(εὐαγγελίζομαι, 유앙겔리조마이)라는 동사가 11번 나오는데, 그들 중 8번이 서문(1:1-17)과 결어(15:14-16:27)에 나오며, 본론(1:18-15:13)에서 길게 설명된다. 문자적으로, "하나님의 복음"(εὐαγγέλιον θεοῦ, 유앙겔리온 데우)은 '하나님에 관한 좋은 소식'(objective genitive)이 아니라 '하나님에게서 비롯된 좋은 소식'(genitive of origin)이다.[34] 하지만 의미상으로는 "하나님의 복음"을 '하나님에 관한 좋은 소식'이라고 보아도 무방하다. 복음은 하나님을 아는 지식이다. 그리고 복음은 성경 전체의 구원 역사적 메시지를 포괄한다. 바울은 서신의 첫 구절에서 이 복음이 자신과 어떠한 관계에 있는지를 드러냄으로써 자신이 이 서신을 집필한 이유가 복음이 무엇인지를 설명하는 것이라는 점을 넌지시 알려준다. 필시 로마서는 복음을 온전히 설명하는 서신이다.

"택정함을 입었으니"(ἀφωρισμένος, 아포리스메노스)라는 말은 '따로 떼어 놓았다'(set apart) 혹은 '구분되었다'(separated)라는 뜻이다. 따라서 "하나님의 복음을 위하여 택정함을 입었으니"라는 표현은 복음을 위하여 주님으로부터 특별한 선택을 받아서 따로 구별되었다는 뜻이다(참고. 렘 1:5). 바

32 ESV Study Bible.

33 바울의 사도직에 관해서, Thomas R. Schreiner는 다음과 같이 말한다. "His apostolic authority was on a par with the "pillars" (Gal. 2:9) from Jerusalem because he received his gospel through a revelation of Jesus Christ (Gal. 1:1, 11; cf. 1 Cor. 9:1), and they recognized the validity of his gospel (Gal. 2:1-10). Paul's apostolic authority and legitimacy were confirmed by the establishing of churches (2 Cor. 3:1-3; 10:12-18) where the gospel had not been proclaimed previously (Rom. 15:15-21)." Thomas R. Schreiner, *Romans*, 33.

34 Joseph A. Fitzmyer, *Romans*, 232; Douglas J. Moo, *Romans*, 39.

울은 갈라디아서 1:15에서도 '부르심'(καλεῖν, 칼레인)과 '택정함'(ἀφορίζειν, 아포리제인)이라는 두 단어를 사용하여 자신이 이방인들에게 복음을 전하기 위해서 임명된 사도라고 말했다.[35] 따라서 그는 하나님께서 자신을 부르셨다는 소명 의식을 분명히 가지고 있었다. 그는 이방인들에게 복음 전하는 것을 일생의 목표로 삼았다.

2-4절: 복음의 주인공이신 예수 그리스도

바울은 1절에서 언급한 '복음'이라는 용어를 2-4절에서 자세히 설명한다. 이처럼 그는 로마서에서 어떤 단어나 주제를 묘사한 후, 그것을 이어지는 구절들에서 설명하거나 확장하는 방식을 즐겨 사용한다. 이 구절들에서 그는 복음의 주인공이신 예수 그리스도에 관하여 설명한다.

2절: 바울은 복음을 "하나님이 선지자들을 통하여 그의 아들에 관하여 성경에 미리 약속하신 것"이라고 표현한다. 따라서 복음은 하나님이 구약 성경을 통해서 약속하신 것, 곧 하나님의 아들 예수 그리스도에 관한 것이다. 즉 복음의 핵심이자 내용은 예수 그리스도이다. 바울이 복음을 구약의 하나님에게서 기원한 것이라고 이해한 것은 대단히 주목할 만하다.[36] 그는 바리새파 율법 학자로서 회심하기 전부터 구약을 잘 알았다. 하지만 회심한 후에야 비로소 구약이 지향하는 것이 예수 그리스도라는 사실을 깨달았다(참고. 벧전 1:10-12).

3절: 바울은 2절에서 언급한 '하나님의 아들'을 3-4절에서 설명한다.[37] 그래서 그는 "그의 아들에 관하여"(περὶ τοῦ υἱοῦ αὐτοῦ, 페리 투 휘우 아우

---

35 Thomas R. Schreiner, *Romans*, 33.

36 Joseph A. Fitzmyer, *Romans*, 233.

37 C. E. B. Cranfield, *Romans*, 57. 1:3-4에 나타난 바울의 기독론(Pauline Christology)에 관한 고찰을 위하여, Christohper G. Whitsett, "Son of God, Seed of David: Paul's Messianic Exegesis in Romans 1:3-4", *Journal of Biblical Literature* 119.4 (2000): 661-81을 보라.

투)라는 문구로 말문을 연다.[38] 복음이란 "그의 아들", 곧 '하나님의 아들'에 관한 이야기이다.[39] 그렇다면 하나님의 아들은 어떤 분인가? 바울은 두 개의 문구를 병행하여 언급함으로 하나님의 아들이 누구신지를 설명한다. 그가 사용한 두 개의 문구는 "육신으로는"(κατὰ σάρκα, 카타 사르카)과 "성결의 영으로는"(κατὰ πνεῦμα ἁγιωσύνης, 카타 프뉴마 하기오쉬네스)이다.

먼저, 바울은 하나님의 아들에 관하여 "육신으로는 다윗의 혈통에서 나셨고"라고 말한다. "육신으로는"(κατὰ σάρκα, 카타 사르카'; ESV: "according to the flesh")이란 문구는 '그의 인간적인 측면과 관련해서는'(as far as his human connection is concerned)이라는 뜻이다(참고. 4:1; 갈 4:23).[40] 그리고 "다윗의 혈통에서 나셨고"라는 말은 메시아가 다윗의 후손임을 의미하는데, 구약에서 메시아는 다윗의 혈통에서 나실 것이라고 예언되어 있으며(참고. 삼하 7:12-16; 사 11:1-5; 렘 23:5-6; 33:14-17; 겔 34:23-24; 37:24-25), 신약에서 예수님은 종종 다윗의 후손으로 표현되었다(참고. 마 1:1; 20:30-31; 21:9, 15; 눅 1:27, 32, 69; 2:4; 3:23-31; 행 2:30; 13:22-23, 32-34; 딤후 2:8; 계 5:5; 22:16).[41] 따라서 "육신으로는 다윗의 혈통에서 나셨고"라는 말은 예수님이 육신을 입고 이 땅에 오셨음을 의미하면서, 또한 구약 성경에 약속된 다윗의 후손 메시아이심을 시사한다.

4절: 다음으로, 바울은 하나님의 아들에 관하여 "성결의 영으로는 죽은 자들 가운데서 부활하사 능력으로 하나님의 아들로 선포되셨으니 곧 우리 주 예수 그리스도시니라"고 말한다. "성결의 영으로는"(κατὰ πνεῦμα ἁγιωσύνης, 카타 프뉴마 하기오쉬네스; ESV: "according to the Spirit of holiness")이라는 문구는 앞 구절의 "육신으로는"(κατὰ σάρκα, 카타 사르카)과 병행을 이룬다. 이 단어는 히브리어 '루아흐 카데쉬'를 문자적으로 번역

38 James D. G. Dunn, *Romans* 1-8, 11-12를 보라.

39 John D. Harvey, *Romans*, 9.

40 Joseph A. Fitzmyer, *Romans*, 234.

41 Thomas R. Schreiner, *Romans*, 40.

한 것이다(참고. 시 51:11; 사 63:10-11).[42] 하지만 이 문구를 이해하기가 쉽지 않은데, 'κατά'(카타)의 의미가 다소 모호한 데다가,[43] "성결의 영"이 무엇을 가리키는지가 분명하지 않기 때문이다.[44] 따라서 학자들은 다양한 견해를 피력한다. 이것을 '육신으로는'(예수님의 인성)에 대조되는 예수님의 신성을 가리킨다고 보기도 하고, 예수님의 외적 자격과 대조되는 내적 완전함을 뜻한다고 주장하기도 하며, 예수님의 부활 이전 존재 방식과 부활 이후 존재 방식의 대조라고 말하기도 한다. 하지만 이러한 견해들은 모두 "성결의 영"을 '예수님의 영'이라고 전제한 것이다.

우리는 이 문구에서 "성결의 영"이 예수님의 영이 아니라 '성령'을 가리킨다는 사실을 알아야 한다. 즉 "성결의 영"은 성령께서 성결하신 분일 뿐 아니라 성결하게 하시는 분임을 뜻한다. 따라서 예수님이 "육신으로" 다윗의 혈통으로 나셨다는 말은 예수님이 참 인간이시며 구약에서 약속된 메시아라는 사실을 의미하지만, 예수님이 "성결의 영으로" 죽은 자 가운데서 부활하셨다는 말은 예수님이 하나님의 '성령으로' 말미암아 부활하셨다는 사실을 시사한다. 그리고 예수님이 부활하신 후 하나님의 아들로 '선포되셨다'라는 말은 예수님이 부활하시기 전에 하나님의 아들이 아니셨다는 뜻이 아니다. 예수님은 영원한 하나님의 아들로서 부활하시기 전에도 하나님의 아들이셨다. 따라서 이 말은 예수님이 부활하심으로 말미암아 그분이 하나님의 아들이라는 사실이 '온 세상에 공적으로 선포되었다'라는 뜻이다.

복음에 관한 바울의 설명은 "우리 주 예수 그리스도시니라"는 말로 마무리된다. 우리 주 예수 그리스도는 메시아가 되기 위한 필수 조건을 모

---

42 Joseph A. Fitzmyer, *Romans*, 236.

43 James D. G. Dunn은 'κατά'(카타)가 의도적으로 모호하게 표현되었을 것이라고 주장한다. 그는 바울이 여러 곳에서 예수님의 부활을 성령에 귀속시키는 것을 피하는 방식을 취한다고 생각한다(참고. 6:4; 8:11). James D. G. Dunn, *Romans* 1-8, 15.

44 5 John D. Harvey, *Romans*, 24.

두 갖추셨다.[45] 예수님은 다윗의 후손으로 이 땅에 오셨고, 십자가에서 돌아가신 후 성령을 통해서 부활하셨다. 그리하여 예수님은 참 하나님이시며 참 인간이시기에 메시아로서 합당한 자격을 갖추셨다(참고. 히 4:15-16).

5-6절: 하나님의 부르심을 받음

5절에서 바울은 자신이 어떤 직무를 맡았는지를 말하고, 6절에서는 로마 성도들이 어떤 지위에 있는지를 말한다. 즉 5절은 바울에 관한 진술이고, 6절은 로마 성도들에 관한 진술이다.

5절: 여기서 "우리"의 의미에 대하여 학자들 간에 이견이 있다. 어떤 학자들은 바울이 "우리"라는 단어를 사용한 이유가 자신과 다른 사람들을 포함하기 위해서라고 주장한다. 하지만 많은 학자는 이것을 '서신적 복수형'(the plural as epistolary)으로 보아서, "우리"가 바울을 가리킨다고 주장한다.[46] 둘 다 옳은 견해로 보인다. 여기서 "우리"를 서신적 복수형으로 보는 것은 타당하다. 하지만 6절에서 바울은 자신과 로마 성도들의 동역을 암시하기 때문에 그가 "우리"를 사용함으로써 자신과 다른 사람들을 함께 염두에 두었다고도 볼 수 있다.

바울은 "그로 말미암아", 즉 예수 그리스도로 말미암아 "은혜와 사도의 직분"을 받았다고 고백한다. 여기서 "은혜아 사도의 직분"을 두 개의 개념으로 구분하지 말아야 한다.[47] 이 문구는 두 개의 직분을 뜻하는 것이 아니다. 이것은 '중언법'(hendiadys)으로 두 번째 용어가 첫 번째 용어를 설명한 것이다. 즉 "사도의 직분"이 "은혜"를 구체화한다.[48]

---

45 Thomas R. Schreiner, *Romans*, 41.

46 Thomas R. Schreiner, Romans, 34; Douglas J. Moo, *Romans*, 51.

47 Thomas R. Schreiner, *Romans*, 33.

48 Joseph A. Fitzmyer, *Romans*, 237; Douglas J. Moo, *Romans*, 51; James D. G. Dunn, *Romans* 1-8, 17.

먼저, 바울은 "은혜"(χάρις, 카리스)를 받았다고 말한다. 신약에는 '은혜'라는 단어가 많이 나오는데, 바울 서신에 가장 많이 나오며, 그중 상당수가 로마서에 나온다. 은혜는 하나님이 인간에게 주시는 사랑이며 선물이다. 하나님은 바울에게 은혜를 주셔서 그를 구원해 주셨고, 또한 그가 계속해서 하나님의 은혜를 사람들에게 전하게 하셨다. 다음으로, 그는 "사도의 직분"(ἀποστολὴ, 아포스톨레)을 받았다고 말한다(참고. 1:1; 고전 9:2; 갈 2:8). 사도의 직분은 아무나 받을 수 없다. 그것은 소수의 배타적인 사람들만 받은 것이다. 즉 열두 제자와 바울만 사도로 세움을 받았다. 그런데 이러한 사도의 직분은 은혜로 받은 것이며, 은혜를 전하기 위해서 받은 것이다. 그러므로 바울은 "은혜와 사도의 직분"을 받았다고 표현한다.

바울이 은혜와 사도의 직분을 받은 이유는 "그의 이름을 위하여 모든 이방인 중에서 믿어 순종하게 하나니"라는 문구에 담겨 있다. 그는 이방인들이 믿어 순종하게 하려고 은혜와 사도의 직분을 받았다. 여기서 "이방인"은 로마와 제국에 거주하는 비유대인들을 가리킨다.[49] 바울은 16:26에서도 "모든 민족이 믿어 순종하게 하시려고"라고 말한다(참고. 16:26의 주석). "믿어 순종하게 하나니"라는 문구는 헬라어 본문에 '믿음의 순종'(ὑπακοὴν πίστεως, 후파코엔 피스테오스; NASB: "the obedience of faith")으로 표기되어 있다. 이 문구의 의미에 대하여 학자들 사이에 논란이 있다.[50] 하지만 이것을 '주어적 속격' 또는 '근원적 속격'으로 보면서 '믿음에서 나오는 순종'으로 이해하는 것이 바람직하다.[51] 믿음과 순종은 원인과 결과의 관계이다. 곧 믿음에서 순종이 나온다. 믿는 자는 자발적으로 순종한다. 진정한 신자는 믿는 도리를 따르는 사람이다. 참된 믿음을 가졌는지를 판가름하는 여부는 자발적이고 기쁜 마음으로 순종하는지에 달려 있다. 그러므로 믿음에 따른 순종은 칭의의 단계에서 시작되어, 성화의 과정에서 발전되고, 영

---

49 R. Jewett, *Romans*, Hermeneia, Minneapolis: Fortress, 2007, 111.

50 C. E. B. Cranfield, *Romans*, 66을 보라.

51 변종길, 『로마서』, 고신총회 설립 60주년 기념주석, 서울: 총회 출판국, 2014, 37.

화의 단계에서 완성된다.

6절: 바울은 5절에서 자신이 이방인에 대하여 어떠한 직무를 받았는지를 말했다. 이제 이 구절에서 그는 로마의 성도들이 어떠한 위치에 있는지를 말한다.[52] 그의 말은 로마 성도들이 선교 대상(이방인)이었다는 뜻이다. 그런데 '부르심을 받았다'(κλητός, 클레토스)라는 단어가 1절과 6절과 7절에 반복해서 나온다. 즉 1절에는 바울이 부르심을 받았다고 되어 있는데, 6-7절에는 로마 성도들이 부르심을 받았다고 되어 있다. 이는 바울과 로마 성도들이 모두 하나님의 부르심을 받았음을 의미한다. 그러므로 바울은 로마 성도들이 말씀을 믿고 순종해야 할 대상일 뿐만 아니라, 그와 함께 은혜와 사도의 직무를 계승하여 하나님의 말씀을 전함으로 다른 사람들이 그리스도를 믿어 순종하게 하는 일을 감당해야 한다는 메시지를 드러낸다.

7절: 수신자와 축복

7절: 바울은 단락을 마무리한다. "로마에서 하나님의 사랑하심을 받고 성도로 부르심을 받은 모든 자"란 표현은 서신의 수신자가 누구인지를 알려준다. 따라서 서신의 발신자에 관한 언급이 1-6절에 걸쳐서 길게 진술되었는데, 이는 '복음'에 관한 설명 때문이었고, 여기서 서신의 수신자가 언급된다. 서신의 수신자는 '로마에 있는 성도들'인데, 그들은 "하나님의 사랑하심을 받고 성도로 부르심을 받은 모든 자"이다.[53] 로마 성도들은 '하나님의 사랑하심'을 받았고, '성도로 부르심'을 받았다. 이 두 표현은 구분

---

52 Thomas R. Schreiner는 6-7절을 묶어서 이 구절들이 로마 그리스도인들의 위치를 말한다고 본다. Thomas R. Schreiner, *Romans*, 36.

53 James D. G. Dunn은 유대의 규례를 지키지 않는 이방인들을 향하여 바울이 '성도'(saints)라고 부른 것이 그의 대담성을 보여준다고 주장한다. 이는 이방인들이 희생 제사를 드리지 않았고, 제사장으로 불리지 않았으며, 할례를 행하지 않았음에도 불구하고 그가 이렇게 불렀기 때문이다. 따라서 James D. G. Dunn은 바울에 의한 이런 호칭이 이방인들을 혼란스럽게 했을 것이고, 또한 유대인들을 불쾌하게 했을 것으로 생각한다(참고. 15:16). James D. G. Dunn, *Romans* 1-8, 20.

되지 않는다. 하나님은 사람을 선택하셔서 사랑하시며, 사랑하시는 자들을 불러주신다. 하나님의 부르심은 유효한 부르심(effective calling)이다. 하나님께서 성도를 유효하게 부르셨으므로 성도는 하나님의 부르심에 응답해야 한다.[54]

바울은 이들에게 "은혜와 평강"이 있기를 기원한다. "은혜"(χάρις, 카리스)는 당시에 이미 기독교식 인사로 자리를 잡았으며, "평강"(εἰρήνη, 에이레네)은 전형적인 히브리식 축복 인사(히브리어로 '샬롬')였다.[55] 바울은 그의 서신에서 항상 '은혜와 평강'을 기원했다(참고. 고전 1:3; 고후 1:2; 갈 1:3; 엡 1:2; 빌 1:2; 골 1:2; 살전 1:1; 살후 1:2; 딤전 1:2; 딤후 1:2; 딛 1:4; 몬 1:3). "은혜"와 "평강"의 관계는 원인과 결과이다. 곧 은혜(원인)로 인하여 평강(결과)이 있다. 은혜와 평강의 출처(주체)는 명확하다. 그것들은 "하나님 우리 아버지와 주 예수 그리스도로부터" 나온다. 따라서 은혜와 평강은 인간이 만든 산물이 아니라 하나님이 주시는 선물이다. 오직 하나님이 은혜를 주신다. 우리는 은혜로 창조되었고, 은혜로 구원받았으며, 은혜로 살아간다. 은혜가 없이 이루어지는 일은 아무것도 없다. 평강 역시 세상이 줄 수 없다. 오직 삼위 하나님께서 평강을 베풀어 주신다. 평강은 심리적인 평안과 육체적인 안정감과 기쁨을 모두 뜻하며, 또한 다른 사람들이나 피조물들과 관계에서 만족하는 것을 의미한다.

---

54 C. E. B. Cranfield, *Romans*, 69.

55 James D. G. Dunn, *Romans* 1-8, 20.

· 설교자를 위한 지침 ·

1. 로마서 설교를 시작하면서 설교자는 '로마서 서론'을 말할 수 있다. 하지만 필요한 내용을 추려서 간략히 말하는 것이 좋다. 첫 시간에 서론을 너무 길게 언급하면 청중들이 지루해할 수 있고 혼란스럽게 여길 수 있다. 따라서 이 시간에는 서론을 간략히 말하고, 앞으로 본문을 설교해 나가면서 서론적 내용을 종종 언급해 주는 것이 효과적이다.

2. 설교자는 이 단락을 설교할 때 '복음'에 관하여 설명할 수 있다. '복음'이라는 단어는 로마서의 시작 부분과 마지막 부분에 많이 나와서 수미상관(首尾相關)을 이룬다. 따라서 복음은 로마서 전체를 포괄하는 주제라고 할 수 있다. 복음은 하나님이 구약에서 예언하신 것으로 하나님의 아들 예수 그리스도에 관한 것이다. 그런데 설교자는 복음에 관하여 설명하되 그것을 단순화 혹은 단면화하지 말아야 한다. 성경 전체가 복음이라는 사실을 알려주어야 한다.

3. 설교자는 바울이 자신을 복음과 연관 짓는 것에 주목하면서, 청중들이 복음을 듣고 믿어서 순종할 뿐 아니라, 복음을 전하는 삶을 살도록 촉구해야 한다. 특히 바울이 로마 교회의 성도들을 동역자로 여기고 있음을 알려주어야 한다. 바울은 이방인들을 자신의 선교 대상으로 여긴다고 언급하면서 로마의 성도들도 선교 대상에 포함된다고 말하지만, 동시에 그들을 자신과 함께 복음을 전해야 할 일꾼으로 여긴다. 그러므로 설교자는 모든 성도가 복음을 이해해야 하며, 또한 복음 전파 사역에 참여해야 한다는 사실을 일깨워 주어야 한다.

2. 1:8-15 바울의 감사와 기도와 소원

이 단락에서 바울은 로마의 성도들로 인한 감사를 고백하고, 그들을 위해서 기도하는데, 이처럼 그의 서신에는 종종 간략한 인사말 후에 감사 또는 기도가 나온다. 바울은 로마를 방문하고자 하는 소원을 피력하고, 그 이유를 설명한다. 이는 그가 서신을 기록한 주요 목적 가운데 하나가 로마 방문 계획을 수립하는 것이었기 때문이다. 그는 이러한 소원을 서문에서 언급하고, 뒷부분(15:22-29)에서 재차 말한다.

8절: 바울의 감사

8절: 바울은 인사말을 마치자마자 '감사'를 말한다. 편지를 쓸 때 서문에 감사를 넣는 것은 당시의 관례였다. 고대 그리스-로마 편지의 서문에는 통상적으로 감사가 나왔다. 따라서 바울은 그런 관례를 따라서 서문에 감사의 말을 넣는다(참고. 고전 1:1-9; 빌 1:1-8; 살전 1:2; 살후 1:3; 딤후 1:3; 몬

1:4).[56] 그는 "먼저"(πρῶτος, 프로토스)라는 단어를 사용하면서 감사의 말을 시작하지만, 이후에 '다음으로' 혹은 '둘째로'와 같은 단어를 말하지 않는다.[57] 이러한 구성은 그가 감사를 특별하고 중요하게 여겼다는 사실을 함의한다. 즉 그는 복음을 본격적으로 설명하기에 앞서 반드시 감사의 말을 해야겠다고 생각했다.[58]

바울이 감사하는 이유는 사사로운 것이 아니다. 그가 감사하는 이유는 "너희 믿음이 온 세상에 전파됨이로다"라는 문구에 드러나 있다. 그는 복음이 전파됨으로 많은 사람이 주님을 믿어 구원받아 하나님 나라가 확장되는 일로 인하여 감사한다. 즉 로마 교회 성도들의 믿음이 온 세상에 전파되었기 때문에 감사한다. 당시 로마는 세상의 중심이었다. 로마에서 일어나는 일은 빠르게 퍼져 나갔으며, 따라서 로마에 있는 성도들의 소식도 다른 지역에 빠르게 알려졌다. 그런데 비단 로마의 경우가 아니더라도, 그리스도를 통한 회심에 관한 소식은 빠른 전파력과 파급력을 가진다. 이러한 현상은 예수님이 말씀하신 겨자씨 비유(참고. 마 13:31-32)와 누룩 비유(참고. 마 13:33)에 잘 나타나 있다. 더욱이 "너희 믿음이 온 세상에 전파됨이로다"라는 문구가 함의하는 것은 복음이 특정 지역에 한정된 것이 아니라 온 세상에 전파되는 것임을 보여준다. 복음은 모든 사람에게 전파되어서 모든 사람을 믿게 하는 매개체가 된다.

---

56 ESV Study Bible.

57 James D. G. Dunn은 '프로톤'을 "Let me begin by…"로 해석하는 NEB의 번역을 선호한다(참고. 3:2; 고전 11:18). 그는 바울의 첫 번째 우선순위가 '감사'라고 말한다. James D. G. Dunn, *Romans 1-8*, 27. Thomas R. Schreiner는 '프로톤'을 '가장 중요한'으로 이해할 수 있다고 주장한다. 그는 이 단어의 동일한 용례가 로마서 3:2와 고린도전서 11:18에 있는데, 바울이 자신의 요점을 강조할 때 '첫 번째 것'이라는 숫자를 말한 이후 그러한 숫자 열거를 중단한다고 지적한다. Thomas R. Schreiner, *Romans*, 56.

58 Jeffrey A. D. Weima는 바울 서신서의 서두에 있는 '감사'가 가지는 기능을 다음과 같이 설명한다. "The Thanksgiving has at least three important functions in aiding the persuasive strategy of Paul: a pastoral function, an exhortative function, and a foreshadowing function." Jeffrey A. D. Weima, *Paul the Ancient Letter Writer*, 60.

9–10절: 바울의 기도

9절: 바울은 기도한다. 그는 일반적으로 그의 서신들에서 감사를 말한 후 기도하면서 관심을 보이고(참고. 고전 1:4; 엡 1:16; 빌 1:4; 골 1:3; 살전 1:2; 살후 1:3; 몬 1:4), 수신자들의 영적 성장을 기원하는(참고. 엡 1:16-19; 빌 1:9-11; 골 1:9-11; 몬 1:6) 문구를 넣는다.[59] 바울은 하나님에 관하여 "내가 그의 아들의 복음 안에서 내 심령으로 섬기는 하나님"이라고 묘사하는데, 이것은 그의 중심이 어떠한지를 보여준다. 그리고 "하나님이 나의 증인이 되시거니와"라고 말하는데, 이러한 '증인 서식'(witness formula)은 그의 진실함을 드러낸다.[60]

바울은 기도할 때 항상 쉬지 않고 로마 교회 성도들을 말한다고 고백한다(참고. 살전 1:2; 몬 1:4). 그는 아마도 규칙적인 기도 시간을 가졌을 것이다. 하루에 세 번 기도하는 것은 당시 유대인들에게 관행이었고(참고. 단 6:11; 행 3:1; 10:3), 이러한 관행은 기독교에 고스란히 계승되었다. 필시 그는 예수님의 기도를 따랐을 것이고(참고. 막 1:35; 6:46; 14:32-42), 갑자기 기도해야 할 일이 생겼을 때 기도했을 것이며(참고. 행 10:9), 전도 여행 중에도 끊임없이 기도했을 것이다.[61] 그런 가운데 그는 로마의 성도들을 위해서도 열심히 기도했을 것이다.

10절: 바울은 9절에서 로마 성도들을 위하여 기도한다고 말했다. 그렇다면 바울의 기도 제목은 무엇이었을까? 그것은 로마 성도들의 신앙 성숙을 비롯한 제반 문제였을 것이다. 그리고 이 구절에 언급된 바 "어떻게 하든지 이제 하나님의 뜻 안에서 너희에게로 나아갈 좋은 길 얻기를" 구하는

---

59 Douglas J. Moo, *Romans*, 58.

60 Douglas J. Moo, *Romans*, 58; James D. G. Dunn은 이러한 문구가 헬라와 히브리 문학에서 잘 알려진 호소 형식이라고 주장한다(참고. 삼상 12:5-6; 고후 1:23; 빌 1:8; 살전 2:5, 10). James D. G. Dunn, *Romans* 1-8, 28.

61 James D. G. Dunn, *Romans* 1-8, 29.

것이다. 그는 로마를 방문하려는 계획을 위해서 기도했다. 여기에 "하나님의 뜻 안에서"라는 신중함이 반영된 문구가 있는 이유는 1:13에 기록되어 있듯이 바울이 여러 번 로마에 가고자 했으나 길이 막혔기 때문에 오로지 하나님께서 허락하실 때만 로마에 갈 수 있다고 믿었기 때문이다.[62] 그는 이러한 소원을 이어지는 구절들에서 자세히 고백한다.[63]

11-15절: 바울의 소원

바울은 10절에서 기도 제목을 말하면서 로마를 방문하기를 바라는 마음을 드러냈는데, 11-15절을 이유를 나타내는 'γάρ'(가르)와 "내가 너희 보기를 간절히 원하는 것은"이라는 문구로 시작하면서(ESV: "for I long to see you") 그가 로마를 방문하고 싶어 하는 이유(목적)가 무엇인지 구체적으로 밝힌다. 곧 1장에서 '로마를 방문하기를 원한다'라는 표현은 10, 11, 13, 15절에 반복해서 나온다.[64] 그리고 이러한 바람은 서신의 뒷부분(15:22-29)에 다시 나온다.

---

62 Thomas R. Schreiner, *Romans*, 52.

63 이에 관하여, 권연경, 『로마서 산책』, 서울: 복 있는 사람, 2012, 18-26을 보라. 권연경은 바울이 로마서에서 선교 후원 요청이라는 현실적인 상황 때문에 시종일관 신중한 태도를 견지한다고 주장한다.

64 바울 서신에서 이러한 Apostolic Parousia는 빌레몬서 1:21-22, 고린도전서 4:14-21, 데살로니가전서 2:17-3:13, 빌립보서 2:19-24에 있다. Jeffrey A. D. Weima는 Apostolic Parousia에 관하여 다음과 같이 해설한다. "Another epistolary convention often used by Paul in his letters is the "apostolic parousia." The Greek word parousia has not only the sense of "coming, arrival" (this term in the NT often refers to the second coming of Jesus) but also "presence." The term "apostolic parousia", therefore, refers to a section of the letter where Paul is particularly concerned to make his "presence" felt by his readers. The apostle, of course, is already present in some sense to the recipients through the reading of the letter, which is a substitute for his actual presence. Yet his letters often contain a distinct section where Paul tries to make his presence more fully felt by the recipients. The most effective way he accomplishes this is by referring to a future visit that he plans to make to his readers. When such a visit is not possible, however, Paul makes his presence more powerfully experienced through two alternate means: he refers either to the sending of one of his emissaries for a visit or the act of writing the letter itself." Jeffrey A. D. Weima, *Paul the Ancient Letter Writer*, 113-14.

11절: 이 구절은 바울이 로마를 방문하고 싶어 하는 이유(목적)이다. 여기서 "신령한 은사"(χάρισμα πνευματικόν, 카리스마 프뉴마티콘)란 '성령의 은사'가 아니다(참고. 고전 12:8-10, 28-30). 신약에서 '은사'(χάρισμα, 카리스마)라는 단어는 넓은 의미로 사용된다. 곧 하나님이 주시는 모든 좋은 선물이 다 은사이다(참고. 고전 7:7).[65] 특히 6:23에서 바울은 "하나님의 은사는 그리스도 예수 우리 주 안에 있는 영생이니라"고 말한다. 그러면 영생은 어떻게 얻을 수 있는가? 그것은 복음을 통해서이다. 오직 복음을 듣는 것이 영생을 얻는 수단이 된다. 따라서 바울이 "어떤 신령한 은사"를 "나누어 주어"(μεταδῶ, 메타도)라고 말하는 것은 그가 로마 사람들에게 복음을 전함으로 성령이 역사하셔서 그들이 믿고 영생 얻는 것을 의미한다. 그리고 이러한 이해는 잠시 후 15절에서 "그러므로 나는 할 수 있는 대로 로마에 있는 너희에게도 복음 전하기를 원하노라"고 말하는 것을 통해서 분명해진다. 또한 이것은 15:29의 "내가 너희에게 나아갈 때에 그리스도의 충만한 복을 가지고 갈 줄을 아노라"와도 연관된다. 복음이 전파되는 곳에 성령의 역사가 있고, 성령의 역사로 믿음이 생기며, 성령을 통하여 믿음이 점점 강해지고 견고해진다.[66]

12절: 바울은 11절(로마 방문 목적)과 연관된 말을 한다. 즉 그는 로마를 방문하여 그들에게 신령한 은사를 나누어 주려고 하는데, 이를 통해서 얻으려는 것이 무엇인지를 언급한다. "이는 곧 내가 너희 가운데서 너희와 나의 믿음으로 말미암아 피차 안위함을 얻으려 함이라." 그는 로마 교회 성도들과 공통으로 가지고 있는 신앙을 나누고자 한다.[67] 그들은 서로 교제하면서 자신들이 믿고 있는 것을 확인할 수 있고, 이해가 부족한 것을 설명하거나 해명할 수 있으며, 믿음이 매일의 삶 속에서 어떻게 작용하고 그것을 어떻게 실천하는지 등을 나눌 수 있다. 그는 이렇게 하여 피차 안위를 얻고

---

65 변종길, 『로마서』, 40-41.

66 C. E. B. Cranfield, *Romans*, 78-79를 보라.

67 James D. G. Dunn, *Romans* 1-8, 31.

자 한다. 이것은 상호 위로를 뜻한다. 즉 서로를 격려하고 서로를 위해 기도함으로 붙들어 주고 세워 주는 것을 의미한다. 성도의 교제가 주는 유익은 상호 위로이다. 서로를 격려하는 것이다. 당시에 기독교인은 소수였고, 복음에 따라서 사는 일과 복음을 전하는 일은 매우 고달팠다. 따라서 바울은 로마의 성도들과 서로 믿음을 나눔으로써 위로와 용기와 힘을 주고받으려 한다. 여기서 바울의 겸손을 볼 수 있다. 그는 사도라는 특별한 직분을 받았지만, 성도들 앞에서 우월함을 드러내지 않는다.

13절: 바울은 로마 성도들을 "형제들아"라고 부른다. 그는 이 서신에서 자주 성도들을 '형제들'이라고 부른다(예. 7:1, 4; 8:12; 10:1; 11:25; 12:1; 14:10, 13, 15, 21; 15:14, 30; 16:14, 17, 23). 그가 로마 성도들을 '형제들'이라고 부르는 것은 그들이 바울과 직접적인 혈연관계나 친척 관계를 맺고 있기 때문이 아니다. 다만 그들을 향한 친근감을 표시하기 위해서이다.[68] 실제로 초기 교회의 성도들은 다른 성도들을 '형제'라고 부름으로 자신들이 하나님의 가정 구성원이라는 인식을 지녔다. 신약 성경은 교회를 '하나님의 가정'(the family of God)에 은유한다. 가정은 개인주의적이지 않고, 이기적이지 않으며, 서로 사랑하고, 나누어 주기를 힘쓴다. 이와 마찬가지로 성도들의 공동체인 교회는 가정의 요소를 따른다.

바울은 "여러 번 너희에게 가고자 한 것을 너희가 모르기를 원하지 아니하노니"라고 진술한다. 이것은 10-12절에서 말한 것과 같다. 그렇다면 그는 로마를 방문하여 무엇을 하고자 했는가? 그는 로마에서 어떤 결과를 기대했는가? 그는 로마를 방문하여 소기의 목적을 이루고자 했다. 그래서 "이는 너희 중에서도 다른 이방인 중에서와 같이 열매를 맺게 하려 함이로되"라고 언급한다. 그는 로마에서 복음을 전하여 열매(회심과 양육) 맺기를 원했다(참고. 16:5). 그리고 이러한 목적은 15절에서 '복음 전파'라는 표현으로 확증된다. 그는 지금까지 이방 지역에서 복음을 전하여 많은 열매

---

68 C. E. B. Cranfield, *Romans*, 81; John D. Harvey, *Romans*, 24; Joseph A. Fitzmyer, *Romans*, 249.

를 맺었다. 그리고 이러한 모습은 로마에서도 같을 것이다. 신약 성경은 바울이 로마에서 어떻게 지냈으며 어떠한 열매를 맺었는지 상세히 언급하지 않는다. 다만 사도행전 끝 부분에 "바울이 온 이태를 자기 셋집에 머물면서 자기에게 오는 사람을 다 영접하고 하나님의 나라를 전파하며 주 예수 그리스도에 관한 모든 것을 담대하게 거침없이 가르치더라"는 문구가 있어서 그의 역동적인 활동과 사람들의 반응을 묘사한다(행 28:30-31). 그리고 바울 이후 역사 기록은 로마 제국 내에 기독교인이 많았다고 증언한다.

바울은 이어서 "지금까지 길이 막혔도다"라고 말한다. 여기서 "막혔도다"(ἐκωλύθην, 에코뤼텐)라는 동사는 신적 수동태이다. 이것은 하나님께서 바울이 로마로 가는 길을 막으셨음을 암시한다. 그리고 이러한 상황은 15:22-24에도 다시 언급된다. 당시 모든 길은 로마로 통했기에, 로마로 가는 길이 막힌 것에는 특별한 이유가 있었을 것이다. 그렇지만 바울은 로마서 전체에서 그 이유를 구체적으로 거론하지 않는다. 단지 그는 하나님에 의해서 길이 막혔으며, 그것이 하나님의 뜻임을 알고 순종했다. 다시 말해 바울은 아무리 간절한 소원이 있더라도 하나님의 뜻에 그것을 굴복시켰으며, 하나님의 일을 하면서도 오로지 하나님이 허락하시는 때와 방법으로 수행하고자 했다. 바울의 태도는 하나님의 섭리에 대한 성도의 반응이어야 한다.

14절: "헬라인"(Ἕλλην, 헬렌)은 그리스인이거나 그리스어를 말하는 사람 혹은 그리스 문화를 받아들인 사람을 의미한다. "야만인"(βάρβαρος, 바르바로스, barbarian)은 그리스인들이 만든 단어인데, 그리스 문화권 밖에 사는 사람을 가리킨다. 그리스인들은 그리스 외에 다른 문화와 문화권 사람들을 멸시했다. "지혜 있는 자나 어리석은 자"는 각각 "헬라인과 야만인"을 의미한다.[69] 그러므로 "헬라인이나 야만인이나 지혜 있는 자나 어리석

69 James D. G. Dunn, *Romans* 1-8, 33; R. Jewett, *Romans*, 131.

은 자"라는 표현은 모든 인류를 가리킨다.[70] 바울은 그들에게 자신이 "빚진 자"라고 말한다. "빚진 자"라는 단어는 그가 과거에 그리스도인들을 극심히 박해했기에 언제나 '빚진 자'의 심정으로 살아갔던 사실을 반영한다. 그래서 그는 고린도전서 9:16-17에서 "내가 복음을 전할지라도 자랑할 것이 없음은 내가 부득불 할 일임이라 만일 복음을 전하지 아니하면 내게 화가 있을 것이로다 내가 내 자의로 이것을 행하면 상을 얻으려니와 내가 자의로 아니한다 할지라도 나는 사명을 받았노라"고 고백했다. 그러므로 그는 자신을 "빚진 자"라고 묘사하면서 자신이 하나님의 부르심을 받은 이방인의 사도로서 로마에서 복음 전하기를 바라는 강렬한 마음을 드러낸다.[71]

15절: 이제 바울은 단락을 마무리한다. "그러므로"(οὕτως, 후토스)라는 접속사는 그가 지금 말하려는 것이 앞에서 말한 것의 결과라는 점을 암시한다.[72] 그는 빚진 자의 심정으로 여러 곳을 다니며 복음을 전했는데, 이제 로마에 가서도 복음 전하기를 원한다. 특히 로마는 당대 세상의 중심지였기에 그곳에서 복음을 전하는 일은 의미심장했다. 그곳에서 복음을 전하면 세상에 복음이 더욱 빠르게 그리고 널리 전파될 것이다. 이는 복음이 지닌 강력한 전파력과 파급력이 로마라는 거대하면서도 사람들의 왕래가 잦은 도시를 만나서 동반 상승력을 발휘할 것이기 때문이다. 그런데 그가 이미 복음을 듣고 예수님을 믿는 자들에게 다시 복음 전하기를 원한다고 하는 것은 '복음'이 단지 구원받게 하는 '짧은 메시지'일 뿐만 아니라 신사들의 신앙생활을 더욱 깊이 있게 하는 '하나님의 총체적 말씀'이기 때문이다(참고. 6:4; 8:4; 고후 5:17; 갈 5:6).[73] 즉 복음이란 성경 전체, 곧 구약과 신약 모두라고 할 수 있다. 따라서 복음을 전한다는 것은 복음을 처음으로 전하는 것(전도)과 복음을 더욱 깊이 있게 가르치는 것(교육)을 다 의미한다.

70 C. E. B. Cranfield, *Romans*, 83.

71 Thomas R. Schreiner, *Romans*, 55.

72 C. E. B. Cranfield, *Romans*, 85.

73 ESV Study Bible.

• 설교자를 위한 지침 •

1. 바울은 복음을 전하기 위해서 이방 지역을 두루 다녔고, 이제 같은 목적으로 로마를 방문하려고 한다. 이는 그가 복음에 얼마나 강한 열정을 가졌는지를 보여준다. 그는 복음을 위해서 살았고, 복음에 따라서 움직였다. 그러므로 설교자는 먼저 자신이 복음적인 사람인지를 생각해야 한다. 즉 자신에게 복음 전파자로서 열정과 소명이 있는지를 점검해야 한다.

2. 이 단락을 설교할 때 염두에 두어야 할 사항은 '복음과 열매'이다. 일단 복음을 전한 후에 열매를 논해야 하는데, 그렇지 못한 경우가 많다. 복음을 전하기도 전에 열매가 없다고 생각하여 실망한다. 그리고 좋은 씨앗에서는 좋은 열매가 나고, 썩은 씨앗에서는 열매가 나지 않는다는 사실을 명심해야 한다. 오늘날 한국 교회의 모습은 과거에 어떤 씨앗이 뿌려졌는지를 여실히 보여준다. 우리는 양질의 복음, 즉 건전하고 올바르면서도 정통한 복음을 전해야 한다.

3. 이 단락의 설교 대지를 다음과 같이 만들 수 있다.
   1) 복음을 전할 수 있도록 충분히 기도해야 한다(8–10절).
   2) 복음을 전하려는 강렬한 열망을 가져야 한다(11–15절).
   3) 복음을 전하면 열매가 맺힐 것이라고 믿어야 한다(13절).

3. 1:16–17 복음의 능력과 결과

바울은 로마 교회 성도들에 대한 감사와 기도를 말하고, 로마를 방문하길 바라는 소원을 피력한 후, 두 구절로 이루어진 이 단락에서 '복음'에 관하여 진술한다. 그는 복음에 대한 태도를 밝히며(16절), 복음이 전해졌을 때 생기는 결과(17절)를 말한다. 이 두 구절은 로마서의 핵심이다.[74] 그리고 나아가서 바울 신학의 요약이라고 볼 수도 있다.[75]

16절: 복음에 대한 바울의 태도

16절: 이 구절은 바울이 복음에 대하여 어떤 태도를 가졌는지를 보여준다. "복음을 부끄러워하지 아니하노니"라는 말은 복음에 대한 당당함과 자

74 C. E. B. Cranfield, *Romans*, 87; Thomas R. Schreiner, *Romans*, 58. 대부분 학자는 이 두 구절이 로마서 전체를 해석하는 데 있어서 결정적이라고 생각한다.

75 C. K. Barrett는 이 구절들을 다음과 같이 설명한다. "Most commentators recognize in therm the 'text' of the epistle; it is not wrong to see in them a summary of Paul's theology as a whole." C. K. Barrett, *Romans*, 27.

궁심을 암시한다. 거대한 로마 제국에서 그리스도인들의 숫자는 극소수였다. 따라서 그들은 복음을 진리라고 믿으면서도 괜히 위축될 수 있었다. 그러나 바울은 복음에 대해서 강한 자부심과 긍지를 가지고 있었다. 그에게 있어서 복음은 저주나 패배의 소식이 아니라 승리와 기쁨의 소식이었다. 그는 복음이 모든 믿는 자에게 구원을 주시는 하나님의 능력이라고 확신하여 복음을 부끄러워하지 않았고, 복음에 대하여 소극적인 태도를 보이지도 않았다. 그는 복음을 기꺼이 고백하고 공개적으로 전파했다.

"복음을 부끄러워하지 아니하노니"라는 문구에는 '복음을 자랑스럽게 생각한다'라는 뜻이 담겨 있다. 다른 사람들이 볼 때 복음은 부끄러운 것이었다. 그래서 바울은 당시 사람들의 생각을 반영하여 십자가에 관해서 "유대인에게는 거리끼는 것이요 이방인에게는 미련한 것"이라고 표현했다(고전 1:23). 유대인들은 신명기 21:23의 "나무에 달린 자는 하나님께 저주를 받았음이니라"는 말씀에 근거하여 십자가를 저주와 심판의 상징으로 여겼기에 십자가에 달려 돌아가신 예수님을 부끄러워했다. 반면에 이방인들(헬라인들)은 십자가에 달려서 죽임당하는 것을 미련한 것으로 여겼다. 하지만 바울은 전혀 그렇게 생각하지 않았다.

이어서 바울이 복음을 부끄러워하지 않는 이유(γάρ, 가르)가 이어서 나온다. "이 복음은 모든 믿는 자에게 구원을 주시는 하나님의 능력이 됨이라." 이 말은 복음이 가지고 있는 힘을 보여준다. 복음은 그 자체로 사람을 변화시키는 '수행력'(performative power)을 가지고 있다. 히브리서 4:12에는 "하나님의 말씀은 살아 있고 활력이 있어 좌우에 날선 어떤 검보다도 예리하여 혼과 영과 및 관절과 골수를 찔러 쪼개기까지 하며 또 마음의 생각과 뜻을 판단하나니"라는 말씀이 있다. 그리고 바울은 그의 서신들에서 '하나님의 능력'에 관하여 종종 말했다(참고. 1:20; 9:17; 고전 1:18, 24; 2:5; 6:14; 고후 4:7; 6:7; 13:4). 그는 이러한 표현으로 복음이 사람을 변화시켜서 질적

으로 전혀 다른 삶을 살게 할 수 있다고 믿었다.[76]

"먼저는 유대인에게요 그리고 헬라인에게로다"라는 문구에서 유대인과 헬라인은 인류 전체를 가리킨다.[77] 바울은 당시 유대인들의 관행에 따라 인류를 유대인과 헬라인으로 요약했다. 하나님의 복음은 언약적 의를 가지고 있는 유대인들과 그렇지 못한 이방인들 모두에게 말을 건다. 그리고 그들 모두는 이에 대해서 믿음으로 반응할 수 있다.[78] 여기서 바울은 순서를 분명히 하는데, '먼저는 유대인이고 다음으로 헬라인'이다. 이러한 순서는 바울의 말에서 반복된다(참고. 2:9-10). 그런데 우리는 "먼저"(πρῶτος, 프로토스)라는 단어를 주의해서 이해해야 한다. 이 단어는 '중요도의 우위'가 아니라 '시간의 우위'를 가리킨다.[79] 구원받는 일에는 유대인과 이방인 사이에 차별이 없다.[80] 하나님은 결코 사람을 인종과 신분과 외모에 따라서 편애하지 않으신다. 하지만 구원받는 순서에는 차이가 있다. 복음이 먼저 예루살렘에 전해졌기에 유대인이 먼저 구원받았고, 이후 이방 지역에 전파되면서 이방인이 구원받게 되었다.

17절: 복음 전파의 결과

17절: 헬라어 본문에서는 이 구절이 이유를 나타내는 'γάρ'(가르, 이는)로 시작된다. 따라서 이 구절은 16절의 설명을 제공하는 종속절이나.[81] 복음은 왜 사람들에게 구원을 주시는 하나님의 능력인가? 이에 대해서 바울

76 James D. G. Dunn, *Romans* 1-8, 39.

77 이 문구에 관한 포괄적인 연구를 위하여, Antoine X. J. Fritz, *To the Jew First or to the Jew at Last? : Romans 1:16c and Jewish Missional Priority in Dialogue with Jews for Jesus*, Cambridge: James Clarke Company, 2014를 참고하라.

78 Joseph A. Fitzmyer, *Romans*, 256.

79 변종길, 『로마서』, 45.

80 그래서 James D. G. Dunn은 이 구절의 '프로톤'이 16절의 '판티'와 균형을 이룬다고 본다. James D. G. Dunn, *Romans* 1-8, 40.

81 C. E. B. Cranfield, *Romans*, 91; 권연경, 『로마서 산책』, 40.

은 "복음에는 하나님의 의가 나타나서 믿음으로 믿음에 이르게 하나니 기록된 바 오직 의인은 믿음으로 말미암아 살리라 함과 같으니라"고 말한다.

"복음에는 하나님의 의가 나타나서 믿음으로 믿음에 이르게"라는 문구는 복음 전파의 결과로 '하나님의 의'가 나타남을 보여준다. 로마서에서 '하나님의 의'(δικαιοσύνη θεοῦ, 디카이오쉬네 데우, the righteousness of God)는 8번 나오는데(예. 1:17; 3:5, 21, 22, 25, 26; 10:3[2회]), 이 용어의 의미가 무엇인지에 대한 논란이 매우 치열하다.[82] 이 용어는 문맥에 따라서 의미가 조금씩 다르기에 조심스럽게 살펴야 한다. 이견이 있으나 '하나님의 의'를 '하나님의 은혜와 사랑' 정도로 이해하는 것이 적절하다. 즉 복음에 하나님의 의가 나타났다는 말을 '복음에 하나님의 은혜와 사랑이 나타났다'라는 뜻으로 볼 수 있다. 이렇게 본다면 "하나님의 의가 나타나서"라는 말은 우리가 죄인이어서 스스로 의롭게 될 수 없지만, 하나님께서 은혜와 사랑을 베푸셔서 우리의 죄를 용서해 주시므로 우리가 의롭게 된다는 뜻이 된다. 즉 이 말은 하나님이 주권적으로 역사하셔서 구원이 이루어진다는 사실을 알려준다. 인간은 결코 자신의 '의'(노력, 공로, 수고, 힘)로 구원받을 수 없다. 그래서 하나님은 인간을 사랑하셔서 인간을 구원하시기 위하여 그의 아들 예수 그리스도를 이 땅에 보내셨고, 인간은 그렇게 보내어진 예수 그리스도를 믿음으로써 의롭게 될 수 있다. 특히 바울은 "나타나서"에 해당하는 헬라어 'ἀποκαλύπτεται'(아포칼륍테타이, is beingrevealed)를 현재 시상으로 사용하여 하나님의 의가 복음이 전해지는 곳에서 계속(그리고 생생하게) 나타나고 있음을 알려준다.[83]

"믿음으로 믿음에 이르게 하나니"(ἐκ πίστεως εἰς πίστιν, 에크 피스테오스 에이스 피스틴; ESV: "from faith for faith"; NASB: "from faith to faith")라는

---

82 학계에서 일어난 '하나님의 의'에 관한 논의를 살펴보기 위하여, K. L. Onesti & M. T. Brauch, "Righteousness of God", in *Dictionary of Paul and His Letter*, Downers Grove: IVP, 1993, 827-37을 참고하라. 로마서에서 '하나님의 의'의 의미에 관하여, C. E. B. Cranfield, Romans, 92-99; Joseph A. Fitzmyer, *Romans*, 257-63을 보라.

83 Thomas R. Schreiner, *Romans*, 62.

문구의 의미에 대해서는 두 가지 견해가 있다. 첫째, '믿음의 진보'를 뜻한다고 보는 견해가 있다. 처음에 믿기 시작해서 평생 믿게 된다는 것이다. 둘째, '처음부터 마지막까지 오로지 믿음'을 뜻한다고 보는 견해가 있다. 믿음 자체를 강조한다는 것이다. 이 둘 중에서 어느 견해가 옳은지에 대해서 논란이 있으나, 둘 다 옳다고 보는 것이 바람직하다. 이는 이 문구 자체가 두 의미를 모두 지지하며, 또한 성경 전체를 볼 때 두 의미 모두가 옳다고 생각할 수 있기 때문이다. 따라서 "믿음으로 믿음에 이르게 하나니"라는 말은 구원받는 것이 믿음으로 말미암는 것이지만, 구원받은 자의 삶 역시 믿음으로 말미암는 것이라는 정도로 이해할 수 있다.[84] 인간은 자신의 노력이나 공로로 구원받을 수 없으며, 구원받은 이후에도 스스로 성장할 수 없다. 인간은 오로지 믿음으로 구원받고, 믿음으로 성장한다. 즉 칭의(justification)를 얻은 사람은 성화(sanctification)로 나아가는데, 칭의와 동시에 성화가 시작되며, 성화의 과정이 훗날 있을 영화의 지점까지 진행되고, 그 모든 일이 은혜에 의하여(by Grace) 믿음으로 말미암아(through Faith) 이루어진다.

바울은 자신이 주장한 것을 뒷받침하기 위해서 하박국 2:4를 인용한다.[85] 흥미롭게도 바울은 로마서에서 모든 소선지서 인용을 9-11장에서 하는데, 이곳만 예외이다(참고. 9:13의 주석). "기록된 바"(καθὼς γέγραπται, 카도스 게그랖타이)라는 표현은 당시에 잘 알려진 법적인 문구이다. 그러나 바울은 로마서에서 구약을 인용할 때마다 이 표현을 사용한다. 즉 방금 주어진 주장을 증명하거나 증언하기 위해서 성경에 호소할 필요가 있을 때

---

84 권연경은 이 문구의 의미에 대해서 '처음부터 마지막까지 믿음으로' 정도로 이해할 수 있다고 주장한다. 권연경, 『로마서 산책』, 59.

85 송영목은 바울 서신 13개 중에서 구약 인용이 나타나지 않은 6개 서신(빌, 골, 몬, 살전후, 딛)을 제외하면, 구약 인용이 나타나는 83절 가운데 45절이 로마서에 있다고 주장한다. 그에 따르면, 중복되거나 복합적인 인용을 따로 계산할 때 바울 서신의 구약 인용은 100개에 육박하고, 로마서에만 55-60개가 나타나며, 바울이 인용한 구약 16권이 그에게 매우 중요한 신학적 보고(寶庫)와 같은데(참고. 롬 7:12), 그의 구약 인용이 신약 전체의 구약 인용의 3분의 1이나 차지한다. 송영목, "로마서 12-15장의 구약 인용", 『신약연구』 15.2 (2016): 424-58.

이 표현을 사용한다(예. 2:24; 3:4, 10; 4:17; 8:36; 9:13, 33; 10:15; 11:8, 26; 15:3, 21).[86] 하박국은 당시 사람들이 말씀에 순종하지 않고 믿음으로 살지 않는 것을 안타까워했다. 따라서 바울은 선지자의 심정으로 복음과 믿음과 의에 관하여 논한다. 바울은 늘 선지자적 안타까움을 지니고 있었다. "오직 의인은 믿음으로 말미암아 살리라 함과 같으니라"는 말은 믿음이 삶의 근원이자 동력이 된다는 뜻이다. 헬라어 원문에는 '오직'이 없고, 그 대신 접속사 'δὲ'(데, but)가 있는데, 이러한 단어들은 문장의 의미를 강화하는 역할을 한다.

---

86 James D. G. Dunn, *Romans* 1-8, 44.

• 설교자를 위한 지침 •

1. 로마서의 서문 전체와 더불어 이 단락은 로마서의 주제인 '복음'을 말한다. 따라서 설교자는 서문 전체를 '복음'의 관점에서 말하면서, '복음'이 무엇인지를 가르쳐야 한다. 복음은 단순하고 간명하게 말할 수 있지만, 또한 복잡하고 심오하게 설명할 수도 있다. 설교자는 청중들이 복음에 대한 충분한 이해를 갖추게 해야 하며, 그들이 복음을 쉽고 명확하게 전할 수 있게끔 교육해야 한다.

2. 바울은 복음을 '구원을 주시는 하나님의 능력'이라고 묘사했다. 따라서 설교자는 복음의 능력을 강조해야 한다. 복음이 사람을 변화시키며 구원받게 할 수 있음을 가르쳐야 한다. 강단에서 복음이 다채롭고 풍성하면서도 강력하게 전해져야 한다.

3. 이 단락의 설교 대지를 다음과 같이 만들 수 있다.
   1) 복음을 부끄러워하지 말아야 함(16a절): 복음에 대하여 적극적인 태도를 가져야 한다.
   2) 복음의 능력을 믿어야 함(16b절): 복음이 구원을 주시는 하나님의 능력임을 믿어야 한다.
   3) 복음의 결과를 기대해야 함(17절): 복음을 통해서 의롭게 될 수 있음을 바라야 한다.

단원 2. 1:18-3:20

불의한 인간

바울은 '서문'(1:1-17)을 마친 후, 본론(1:18-15:13)을 시작한다.[87] 그는 본론의 첫 번째 단원(1:18-3:20)에서 인간의 불의한 상태에 관하여 말한다. 이 단원은 세 부분으로 구성되어 있는데, 이방인의 타락과 하나님의 심판(1:18-32), 유대인의 타락과 하나님의 심판(2:1-3:8), 그리고 모든 인류의 타락과 하나님의 심판(3:9-20)이다. 따라서 단원의 요지는 매우 명확하다. '모든 사람이 죄를 지었으며, 그로 인하여 하나님의 심판을 받게 되었다'라는 것이다.[88]

---

87 C. E. B. Cranfield는 로마서의 본론(main body)을 1:18-4:25; 5:1-8:39; 9:1-11:36; 12:1-15:13의 네 부분으로 나눈다. C. E. B. Cranfield, *Romans*, 103을 보라. 그러나 이 책에서는 1:18-4:25를 주제에 따라서 1:18-3:20과 3:21-4:25로 세분한다.

88 로마서에 있는 '하나님의 심판' 주제에 관하여, Jean Noel Aletti, S. J., *God's Justice in Romans: Keys for Interpreting the Epistle to the Romans*, trans. Peggy Manning Meyer, Subsidia biblica, Rome: Gregorian & Biblical Press, 2010을 참고하라.

1. 1:18-32 이방인의 타락과 하나님의 심판

1:16에서 바울은 인류를 유대인과 헬라인(이방인)으로 구분했다. 이에 따라 이 단락에서는 이방인의 타락과 하나님의 심판을 말하고, 이어지는 단락에서 유대인의 타락과 하나님의 심판을 말한다. 비록 바울이 단락 어디에서도 '이방인' 혹은 '헬라인'이라는 용어를 사용하지 않지만, 그가 이방인을 향하여 말하고 있다는 사실은 2:1에서 분명히 드러난다.[89] 이 단락의 구조는 선명한데, 18-23절은 이방인의 타락이고, 24-32절은 하나님의 심판이다.

89 Joseph A. Fitzmyer, *Romans*, 270; 참고. Alain Gignac, "The enunciative device of Romans 1:18-4:25: a succession of discourses attempting to express the multiple dimensions of God's justice", *The Catholic Biblical Quarterly* 77.3 (2015): 481-502; Charles H. Cosgrove, *The Justification of the Other: An Interpretation of Rom*. 1:18-4:25, Atlanta: Scholars Press, 1992.

18–23절: 이방인의 타락

18절: 이 구절은 단원(1:18-3:20)의 요지를 잘 보여준다.[90] 헬라어 본문에서 이 구절은 접속사 'γάρ'(가르, 왜냐하면)로 시작된다.[91] 따라서 18절은 17절의 이유인데, 18절이 17절을 자세히 설명하는 역할을 한다. 하지만 문예적으로 17절과 18절은 병행(대조)을 이룬다. 17절은 "복음에는 하나님의 의가 나타나서…"라고 말하지만, 18절은 "하나님의 진노가 … 하늘로부터 나타나나니"라고 말한다. 따라서 복음에는 하나님의 의가 나타났지만, 인간의 타락에는 하나님의 진노가 나타났다는 메시지가 도출된다.[92] 17절과 관련하여 18절의 의미를 생각해 보아야 한다. 사람들은 다음과 같이 질문한다. '왜 의로운 사람은 믿음으로 살아야 하는가?' 이에 대해서 바울은 다음과 같이 대답한다. '하나님의 진노가 불의한 자들에게 임하기 때문이다.'

"하늘로부터 나타나나니"라는 말은 하나님의 진노가 신적이며 초월적임을 뜻한다. 하나님의 진노는 하늘에서 내려온다. 이러한 진노는 비록 형태로는 자연재해나 인간이 살면서 당하는 어려움과 비슷할 수 있지만 내용과 목적이 다르다. 그리고 이것은 악한 감정이나 충동적인 분노에 따른 것이 아니다. 이것은 하나님께서 사랑과 공의에 근거하여 내리시는 엄중한

---

90 John M. Scoggins Jr.는 1:18을 로마서 전체의 핵심(key)이라고 주장한다. 그의 요지(abstract)는 다음과 같다. "In his introduction to Romans, Paul moves topic by topic to a juncture at 1:18, where his argument reverses itself and revisits those same topics and eventually concludes with a doxology that contains significant lexical parallels to his beginning salutation. Arranged this way, Paul's introduction in 1:1-18 mentions every topic he will discuss in reverse order in the remainder of the letter." John M. Scoggins Jr., "Romans 1:18 as Key to the Structure of the Letter", *Bibliotheca Sacra* 175 (2018): 411-24. 또한, Alec J. Lucas는 1:18-2:11이 시편 106편과 깊은 연관성을 지닌다고 주장한다. Alec J. Lucas, *Evocations of the Calf?: Romans 1:18-2:11 and the Substructure of Psalm 106(105)*, Berlin: De Gruyter, 2014를 참고하라.

91 John M. Scoggins Jr., *Romans*, 412-13을 보라

92 바울에게 있어서 '하나님의 진노'는 구약 성경과 유대 사상을 배경으로 하며 종말론적 함의를 가진다. G. L. Borchert, "Wrath, destruction", in *Dictionary of Paul and His Letter*, Downers Grove: IVP, 1993, 991-93을 보라.

심판인데, 그 형태가 다양하다. 그렇다면 하나님의 진노는 누구에게 나타나는가? "불의로 진리를 막는 사람들의 모든 경건하지 않음과 불의에 대하여(ἐπί, 에피, against)" 나타난다.

"불의로 진리를 막는 사람들"이란 진리를 알면서도 거부하는 사람들을 가리킨다. "나타나나니"(ἀποκαλύπτεται, 아포칼륍테타이)라는 단어는 점진적인 현재형(progressive present)이며, 신적 수동태(divine passive)이다.[93] 이것은 하나님의 진노가 지금 계속해서 나타나고 있음을 의미한다. 그렇다면 "진리"란 무엇인가? 그것은 사람들이 타락한 이후에 그들 안에 남아 있는 빛이라고 할 수 있다. 우리는 사람 안에 하나님과 연관된 어떤 공통 관념들이 있음을 알 수 있다. 그리고 우리의 본성에는 사랑이나 공평 같은 어떤 공통 원리들이 있음을 깨닫는다. 그러나 사람들은 이러한 관념들을 따르지 않고 순종하지도 않았다. 도리어 악한 마음으로 그러한 것들을 억제하고 억압했다.[94] 인간은 '원죄'를 가지고 있으며, 그에 따른 '자범죄'를 가지고 있음을 시인해야 한다. 이것을 인간의 '전적 타락'이라고 표현할 수 있는데, 인간에 대한 이러한 이해가 반드시 선행되어야 복음을 수긍할 수 있다.

19절: 문장 제일 앞에 있는 "이는"(διότι, 디오티; ESV: "for")은 19-20절이 18절의 원인임을 알려준다. 즉 19-20절은 하나님의 진노가 나타나는 이유이다.[95] 이 구절들에서 바울은 타락한 자들에게 하나님의 진노가 나타나는 것이 합당하다고 말한다. "하나님을 알 만한 것이 그들 속에 보임이라"는 말은 하나님을 알 만한 무엇인가가 인간 속에 있다는 뜻이다. 그리고 "하나님께서 이를 그들에게 보이셨느니라"는 말은 하나님이 인간에게 자신을 드러내셨기에 인간이 하나님의 존재를 자연스럽게 인지할 수 있다는 뜻이다.

---

93 John D. Harvey, *Romans*, 35.

94 매튜 풀, 『청교도 성경주석: 사도행전.로마서』, 정충하 역, 파주: 크리스찬 다이제스트, 2015, 345.

95 C. E. B. Cranfield, *Romans*, 113을 참고하라.

20절: 이 구절의 의미는 다음과 같다. '이 세상 만물을 보면서 사람은 전능하신 창조주의 존재를 알 수 있으며, 따라서 사람은 하나님의 존재를 부인할 수 없고, 하나님을 몰랐기 때문에 죄를 지었다고 핑계할 수도 없다.' 그러므로 19-20절을 정리하면, 하나님께서 사람에게 '일반계시'(혹은 '자연계시')를 주셨으며, 사람이 이것으로 하나님의 존재를 알 수 있다는 것이다.[96] 사람은 하나님을 인정할 수밖에 없다. 정직하게 생각할 때, 도저히 하나님을 부정할 수 없다.

21-22절: 바울은 이 구절들에서 인간의 부패를 구체적으로 묘사한다.[97] 헬라어 본문에서 21절의 문장 앞에는 'διότι'(디오티, '이는'; ESV: "for")가 있는데, 이 접속사가 19절에도 나왔다. 따라서 바울은 19절에서 언급한 동일한 접속사를 여기서 다시 사용하여, 19절의 "이는 하나님을 알 만한 것이 그들 속에 보임이라"는 문구를 21절에서 "하나님을 알되"라는 문구로 되풀이한다. 그는 인간의 마음이 부패한 것을 세 가지 방식으로 진술한다. 그것은 "그 생각이 허망하여지며"와 "미련한 마음이 어두워졌나니"와 "어리석게 되어"이다.[98] 이런 표현은 하나님을 어렴풋하게나마 알면서도 하나님을 부인하고 부정하려는 인간의 모습을 반영한다.

23절: 이 구절은 부패한 인간이 어떠한 지경에 이르렀는지를 보여준다.

---

96 '일반계시'에 관하여, 웨스트민스터 신앙고백서 1장 1항은 다음과 같이 말한다. "본성의 빛, 그리고 창조와 섭리의 사역은 하나님의 선하심과 지혜와 능력을 너무나 분명하게 드러내기 때문에 사람에게 변명의 여지를 주지 않지만, 이것들이 구원 얻기에 필요한 지식, 곧 하나님과 그분의 뜻에 대한 지식을 충분히 베풀지는 않는다." 이것을 풀어서 말하면 다음과 같다. 일반계시에는 '인간의 양심'(종교성, 이성, 막연한 느낌, 웨스트민스터 신앙고백서에 따르면 '본성의 빛')과 '자연 만물'(창조 세계의 오묘함, 유용함, 웨스트민스터 신앙고백서에서는 '창조와 섭리의 사역')이 있다. 일반계시는 사람이 하나님의 존재를 알 수 있게 한다. 하지만 일반계시는 구원받을 만한 지식이 되지 못한다. 구원받을 만한 지식은 오직 '특별계시'인 '성경'을 통해서만 주어진다.

97 Thomas R. Schreiner는 이 구절들이 인간의 근본적인 죄를 다양한 방식으로 묘사한다고 본다. "Theroot sin that dominates human beings and unleashes God's wrath is specified in verses 21-23.[10] These verses describe the same reality in various ways, but the fundamental sin is the failure to glorify God and give him thanks (they did not glorify God or thank him, v. 21)." Thomas R. Schreiner, *Romans*, 87.

98 Thomas R. Schreiner, *Romans*, 87.

인간은 하나님의 존재와 속성과 능력을 알면서도 하나님을 영화롭게 하지 않았고 감사하지도 않았으며, 오히려 그들의 생각이 허망해졌고 그들의 미련한 마음이 어두워져 스스로 지혜 있다고 주장하지만 어리석게 되었다. 그리하여 그들은 하나님의 영광을 어떤 형상(우상)으로 만들어서 섬겼다. 이것은 제2계명을 위반한 것이다. 그러므로 18-23절을 정리하자면, 바울은 18절의 "불의로 진리를 막는 사람들"이 저지른 죄악이 구체적으로 무엇인지를 21-22절에서 밝히고 나서, 23절에서 그것들이 우상 숭배로 귀결되었다고 주장한다. 그러므로 바울에 따르면, 인간의 가장 근본적인 불의는 하나님께 경배하기를 거절하고, 피조물을 섬기려고 하는 데 있다.[99]

24-32절: 하나님의 심판

18-23절에서 바울은 이방인의 타락에 관해 말했는데, 이제 24-32절에서 이방인의 타락에 대한 하나님의 심판을 말한다. 그는 하나님의 심판을 '하나님이 그들을 내버려 두셨다'라는 말로 표현한다. 이 말은 하나님이 그들에게 책임과 지배를 넘겨주셨다는 뜻이다(참고. 6:17; 행 7:42).[100] 이 표현을 통해서 그는 하나님이 사람을 내버려 두셨을 때 사람들과 사람들이 모여 있는 사회에 어떠한 일이 일어나는지를 구체적으로 묘사한다. 사람들이 마음속에 하나님 두기를 원하지 않으면, 하나님께서는 그들을 그대로 내버려 두신다. 즉 하나님께서 부패한 사람들을 마음대로 살도록 내버려 두시는 것 그 자체가 이미 형벌이요 심판이다.

24-32절에서 '하나님이 그들을 내버려 두셨다'(παρέδωκεν αὐτοὺς ὁ θεὸς, 파레도켄 아우투스 호 데오스)라는 표현이 24절, 26절, 28절에 각각 나온다. 따라서 이 표현에 근거해서 이 부분을 24-25절; 26-27절; 28-32절

---

99 Thomas R. Schreiner, *Romans*, 88.

100 James D. G. Dunn, *Romans* 1-8, 62.

의 세 단위(section)로 나눌 수 있다.

먼저, 24-25절에서 바울은 하나님이 인간을 더러움에 내버려 두셨다고 말한다.

24절: 문장 앞 부분에 "그러므로"(διό, 디오; ESV: "therefore")라는 접속사가 있는데, 이는 18-23절(혹은 22-23절)에서 말한 것들(타락)의 결과(심판)를 이제 말하겠다는 표시가 된다.[101] 바울은 하나님께서 사람들을 마음의 정욕대로 더러움에 내버려 두셔서 그들의 몸을 서로 욕되게 하게 하셨다고 말한다. 여기에 처음으로 '하나님이 그들을 내버려 두셨다'라는 표현이 나온다(참고. 26절, 28절). "그들의 몸을 서로 욕되게 하게 하셨으니"라는 말은 그들이 온갖 더러운 죄를 짓게 되었다는 뜻이다. 물론 이 말은 하나님이 그들로 하여금 죄를 짓게 하셨다는 뜻이 아니다. 하나님은 사람이 죄를 짓게 하시는 분이 아니다. 오히려 이 말은 하나님이 그들에게 죄를 짓지 않도록 하는 선한 마음을 주시지 않고, 그들을 타락한 채로 그냥 내버려 두셨기에(유기) 그들이 죄를 지었다는 뜻이다. 하나님이 내버려 두시면 인간은 자기 마음대로 산다.

25절: 이 구절은 "이는"으로 시작하는데, 이것은 헬라어 본문에서 관계 대명사 'οἵτινες'(호이티네스)를 번역한 것이다. 그런데 ESV는 이것을 "because"로 번역함으로써 이 구절이 24절의 이유가 됨을 알려준다. 따라서 25절은 24절의 '이방인들이 하나님의 버림을 받아서 그들의 몸을 서로 욕되게 한 이유가 무엇인가?'라는 질문에 대한 답변이 된다. 이에 대해서 바울은 '그들이 하나님의 진리를 거짓 것으로 바꾸어 피조물을 조물주보다 더 경배하고 섬겼기 때문이다'라고 대답한다. 즉 이방인들은 하나님이 조물주라는 사실과 그분이 절대적인 주권을 가지고 계신다는 사실을 인정하지 않았기에 자신들이 좋아하는 대로 살면서 죄를 지었다.

바울은 "주는 곧 영원히 찬송할 이시로다 아멘"이라는 문구를 덧붙인다.

---

101 C. E. B. Cranfield, *Romans*, 120.

고대 히브리인들은 하나님에 대해서 언급할 때 이러한 표현을 덧붙이기를 좋아했다.[102] 하지만 바울은 이러한 관습에서 더 나아가 인간이 피조물을 조물주보다 더 경배하고 섬기는 패역을 생각할 때 마음속에서 일어나는 의분을 참을 수 없어서 "주는 곧 영원히 찬송할 이시로다 아멘"이라는 표현을 덧붙였을 가능성도 있다.[103]

다음으로, 26-27절에서 바울은 하나님이 인간을 부끄러운 욕심에 내버려 두셨다고 말한다.

26절: 여기에 두 번째로 '하나님이 그들을 내버려 두셨다'라는 표현이 나온다(참고. 24절, 28절). "이 때문에"(Διὰ τοῦτο, 디아 투토; ESV: "for this reason")라는 단어는 24-25절을 이어받는다. 즉 26-27절은 이방인들이 하나님을 섬기지 않음으로 자신들의 몸을 서로 욕되게 한 결과가 무엇인지를 보여준다. 바울은 "그들의 여자들도 순리대로 쓸 것을 바꾸어 역리로 쓰며"(ESV: "For their women exchanged natural relations for those that are contrary to nature.")라고 서술한다. "순리"(φύσις, 퓌시스)는 문자적으로 '자연스러운 사용'(NASB: "natural functions")이란 뜻이다. 이 단어는 헬라적 개념으로서, 자연 질서와 신적인 합리성에 따라 살아가는 것을 의미한다.[104] 그런데 이 문구를 27절과 연관하여 이해하자면, '자연스러운 [성적] 관계'가 된다. 그래서 영어 성경은 이를 "natural relations"(ESV) 혹은 "natural sexual relations"(NIV)라고 번역한다. 이에 따라서 "역리"(παρὰ φύσιν, 파라 퓌신)는 순리와 반대되는 것으로 '자연 질서를 벗어난 [성적] 관계', 즉 동성애가 된다. 그러므로 비록 이 표현의 의미에 대하여 이견이 있으나,[105] 여

---

102 매튜 풀, 『로마서』, 349.

103 변종길, 『로마서』, 59.

104 James D. G. Dunn, *Romans* 1-8, 64.

105 이 분야의 최근 연구 동향을 위하여, David E. Fredrickson, "Natural and Unnatural Use in Romans 1:24-27: Paul and the Philosophic Critique of Eros", in *Homosexuality, Science and the "Plain Sense" of Scripture*, ed. David L. Balch, Grand Rapids: Eerdmans, 2000, 197-222; Hans Debel, "Unnatural Intercourse in Romans 1:26-27: Homosexual or Heterosexual?", in

자들끼리의 동성애를 의미한다고 보는 것이 가장 타당하다.[106]

27절: 바울은 앞 구절에서 여자들의 동성애를 말한 데 이어 이 구절에서 남자들끼리의 동성애를 언급한다. "그와 같이"(ὁμοίως, 호모이오스)라는 단어는 여자들과 남자들이 모두 매한가지임을 보여준다. "남자들도 순리대로 여자 쓰기를 버리고 서로 향하여 음욕이 불일 듯 하매 남자가 남자와 더불어 부끄러운 일을 행하여"라는 말은 남자의 동성애를 가리키는 표현이 분명하다. 26절의 "부끄러운 욕심"은 육신의 욕구를 채우려는 마음을 뜻하는데, 이러한 욕구가 죄악으로 연결된다. "서로 향하여 음욕이 불일듯 하매"라는 표현은 강렬한 유혹과 성적인 욕심에 이끌린다는 뜻이다. "그들의 그릇됨에 상당한 보응을 그들 자신이 받았느니라"라는 말은 그들이 저지른 잘못에 따라 정당하고 합당한 보응을 받았음을 가리킨다. 이것은 영적, 정신적, 육체적 장애를 의미한다.[107] 성적인 타락은 가장 흔하면서도 강렬한 죄악이다. 그리고 동성애는 그렇게 강렬한 죄악 중에서도 가장 심각한 죄악이다(참고. 레 18:22; 20:13). 또한 그러한 죄악에는 상당한 보응이 주어진다.

The Letter to the Romans, ed. Udo Schnelle, BETL, Leuven: Peeters, 2009, 631-40; William R. G. Loader, "Reading Romans 1 on Homosexuality in the Light of Biblical/Jewish and Greco-Roman Perspectives of its Time", *Zeitschrift für die neutestamentliche Wissenschaft und die Kunde der älteren Kirche* 108.1 (2017): 119-49를 보라. David J. Murphy는 이것이 여성들의 동성애가 아니라 여성이 남성과 더불어 행하는 출산과 상관없는 성관계(nonprocreative sex), 즉 항문성교나 구강성교를 가리킨다고 주장한다. David J. Murphy, "More Evidence Pertaining to 'Their Females' in Romans 1:26", *Journal of Biblical Literature* 138.1 (2019): 221-40을 보라.

106 Joseph A. Fitzmyer는 이 단어의 다양한 쓰임새를 소개한다. Joseph A. Fitzmyer, *Romans*, 285-86을 보라. James D. G. Dunn은 바울이 이러한 표현을 사용하여 성적인 관계성과 적합성을 염두에 두었다고 주장한다(참고. 막 10:6; 마 19:4). 그리고 James D. G. Dunn은 바울이 여성의 동성애를 남성에 앞서 언급했는데, 이는 아마도 남성의 성욕이 여성의 것보다 더욱 공격적이기 때문일 것이라고 하면서, 바울이 26절보다 27절에서 더 강하게 말한다고 주장한다. 그는 여기서 relation에 해당하는 '크레시스'가 성관계(sexual intercourse)를 의미한다고 생각한다. James D. G. Dunn, *Romans* 1-8, 64. Thomas R. Schreiner는 26절의 의미가 모호하더라도, 27절이 확실히 동성애를 의미한다고 주장한다. 그의 말을 옮기면 다음과 같다. "Although verse 26 is ambiguous regarding the precise sense in which women acted contrary to nature, verse 27 clarifies that what is unnatural is same-sex relations." Thomas R. Schreiner, *Romans*, 94.

107 ESV Study Bible.

바울은 24-25절과 26-27절에서 하나님이 이방인들을 타락한 채로 내버려 두셨을 때 어떤 일이 일어났는지를 말했는데, 그들이 몸의 욕구를 채우기 위해서 부끄러운 짓을 저질렀음을 언급했다. 이제 마지막으로, 28-32절에서 그는 하나님이 인간을 상실한 마음대로 내버려 두셨다고 말한다. 그는 여기서 인간들이 마음에 하나님 두기를 싫어함으로 일어난 일을 나열한다. 이것은 인간들 사이에서 일어나는 대표적이면서도 보편적인 부도덕한 행위 목록이다.

28절: 여기에 세 번째로 '하나님이 그들을 내버려 두셨다'라는 표현이 나온다(참고. 24절, 26절). 이렇게 같은 표현을 반복해서 사용하는 것은 독자들이 정신을 바짝 차리게 하는 효과를 낳는다.[108]

"상실한 마음"(ESV: "a debased mind")에서 "상실한"에 해당하는 헬라어 단어 'ἀδόκιμος'(아도키모스)는 '시험을 통과하지 못한'이라는 뜻이며, '무가치한'이라는 뜻이다. 따라서 "상실한 마음"이란 하나님이 사람의 마음을 시험해 보시니 아무런 가치도 없는 마음이어서 그냥 내버려 두신 마음 상태를 가리킨다. 하나님께서 사람을 상실한 마음대로 내버려 두시는 것은 단번이 아니라 점차 그렇게 하신다. 먼저, 그들은 '그들 자신의 정욕'에 내버려진다(24절). 다음으로, 그들은 '부끄러운 욕심'에 내버려진다(26절). 마지막으로, 그들은 아무런 판단력이 없는 '상실한 마음'에 내버려진다. 이러한 상태에서 그들은 악 외에 아무것도 행할 수가 없다.[109] 그러나 하나님의 유기는 하나님의 책임이 아니다. 오히려 인간이 마음에 하나님 두기를 싫어했기 때문에 하나님이 그들을 내버려 두신 것이다. 그러므로 죄의 책임은 인간에게 있다. 하나님은 인간이 합당하지 못한 일을 하게 하셨는데, 그 내용이 이어지는 구절들에 나온다.

29-31절: 이 구절들에는 인간이 짓는 죄들이 나열되어 있다. 불의, 추

108 James D. G. Dunn, *Romans* 1-8, 75.

109 매튜 풀, 『로마서』, 351.

악, 탐욕, 악의, 시기, 살인, 분쟁, 사기, 악독, 수군거림, 비방, 능욕, 교만, 자랑, 악을 도모함, 부모를 거역함, 우매함, 배약함, 무정함, 무자비함. 물론 이것들이 죄 전부는 아니다. 죄란 시대와 장소와 상황에 따라서 다양한 형태로 등장한다. 바울은 인간이 보편적으로 짓는 죄를 열거했을 뿐이다.

32절: 매튜 풀은 이 구절을 다음과 같이 해설한다. "이것은 인간의 타락상을 보여주는 전형적인 서술인데, 인간들은 이런 죄를 지으면 하나님의 심판을 받는다는 것을 본성의 빛에 의해서 그리고 하나님의 공의가 세상에 실제로 나타나는 것을 어느 정도 알고 있으면서도 뻔뻔하게 죄를 짓고, 더욱이 자신만 죄를 짓는 것이 아니라 다른 사람도 죄를 짓게 하여 원래 모든 사람이 이런 죄를 짓는 것이라고 말하여 위안을 얻으려고 한다. 그러나 이러한 모습은 가장 높은 수준의 악이다. 자신이 행하든 다른 사람들이 행하든 악을 행하는 것 안에서 즐거움을 취하는 자들은 마귀와 가장 가까운 자들이다."[110]

110 매튜 풀, 『로마서』, 353.

• 설교자를 위한 지침 •

1. 이 단락에서 바울은 이방인이 짓는 죄와 그 결과를 말한다. 따라서 설교자는 단락의 요지를 염두에 두면서 죄에 대한 주제를 언급해야 한다. 바울은 인간의 부패한 상태를 적나라하게 말했는데, 이에 따라서 설교자도 죄와 부패에 관하여 다루어야 한다. 특히 인간이 죄를 지으면 사형에 해당한다는 것을 알면서도 죄를 짓는 것과 자신이 죄를 지으면서 다른 사람도 죄를 짓게 하는 사악한 행태를 지적해야 한다.

2. 설교자는 하나님의 은혜와 유기를 설명해야 한다. 하나님이 사람에게 은혜를 주셔야 죄를 짓지 않을 수 있다. 즉 하나님이 사람의 마음에 죄를 억제하도록 역사하시거나 억제할 수밖에 없는 장치를 마련해 주셔야 죄를 짓지 않는다. 그러나 하나님이 사람을 내버려 두시면 죄를 짓는다. 이는 사람이 마음에 하나님 두기를 싫어할 때 일어나는 일이다. 따라서 우리는 하나님의 은혜를 간구해야 한다. 그리고 죄를 지었을 때 생기는 어려움(형벌)이 자신을 깨닫게 해주는 수단임을 믿고 불평하거나 원망할 것이 아니라 회개하며 감사해야 한다.

3. 이 단락을 설교할 때 다룰 수 있는 주제는 다음과 같다.
    1) 인간은 피조물의 신비와 인간의 양심에 따라 하나님을 알 수 있었으나 하나님을 거부했다.
    2) 인간이 하나님을 거부함으로 하나님은 인간을 내버려 두셨다.
    3) 성경은 죄의 보편적인 목록을 제공하지만, 죄는 시대와 환경에 따라서 다양한 형태를 띤다.
    4) 성적인 죄(특히 동성애)는 대단히 심각하고 부도덕하며 그 결과가 참혹하다.
    5) 인간은 죄의 대가가 사형인 줄 알면서도 죄를 짓는다.
    6) 인간은 자신만 죄를 짓는 것이 아니라 다른 사람도 죄를 짓도록 끌어들인다.

2. 2:1–3:8 유대인의 타락과 하나님의 심판

1:18-32에서 바울은 이방인의 타락과 하나님의 심판을 말했다. 이제 2:1-3:8에서 바울은 유대인의 타락과 하나님의 심판을 말한다. 바울이 유대인을 직접 지칭하는 것은 2:17("유대인이라 불리는 네가 율법을 의지하며 하나님을 자랑하며")에서 발견되지만, 문맥을 고려할 때 그가 2:1-16에서도 유대인에게 말하는 것이 분명하다.[111] 특히 2:1의 "남을 판단하는 사람아"라는 문구는 선민의식(특권의식)에 젖어 있는 유대인을 가리키는 것이 틀림없다. 유대인들은 자신들만이 하나님에게서 특별히 선택된 민족이라고 생각했다. 그들은 선택된 민족이기에 이방인들처럼 하나님의 심판을 받지 않을 것이라고 믿었다. 자신들만이 율법을 가지고 있다고 자부하면서, 율법을 가지고 있지 않은 이방 민족을 멸시하고 정죄했다. 이에 바울은 하나

111 이에 대해서, Thomas R. Schreiner는 다음과 같이 말한다. "Paul does not specifically address the Jews until Rom. 2:17, and thus some think that the moral person in general is addressed in verses 1-16. But most commentators rightly see an attack on the Jews in verses 1-16 as well." Thomas R. Schreiner, *Romans*, 103.

님이 유대인과 이방인을 구별하지 않으시며, 각 사람의 행위에 따라 공의롭게 처분하신다고 말한다.[112]

1–5절: 유대인의 교만

1-5절에서 바울은 유대인들이 하나님과 언약을 맺었다고 주장하면서 하나님의 은혜에 호소한다고 하더라도 하나님의 진노를 피할 수 없을 것이라고 말한다.[113]

1절: 문장 첫머리의 "그러므로"(διό, 디오)라는 접속사는 앞 구절과 이 구절이 연결됨을 보여준다. 하지만 이 단어만을 가지고는 어떻게 연결이 이루어지는지를 파악하기가 쉽지 않다.[114] 앞 단락(1:18-32)과 이 단락의 논리적 흐름은 다음과 같을 것이다. '이방인들은 타락했기에 하나님의 심판을 받을 것이다. 유대인들은 이런 사실에 대해서 이방인들을 판단하지 말아야 한다. 왜냐하면, 유대인들도 이방인들과 똑같이 행하고 있기 때문이다.'[115]

"남을 판단하는 사람아"(ὦ ἄνθρωπε πᾶς ὁ κρίνων, 오 안드로페 파스 호 크리논)라는 문구에서 '판단하다'(κρίνω, 크리노)라는 단어는 2장에서 8번이나 나온다. 이 문구는 다른 사람을 판단하고 정죄하는 사람의 행태를 지적한다. 이들은 유대인들이다. 유대인들은 선민의식(특권의식)에 젖어서 자신들이 이방인들을 판단하는 위치에 있다고 생각했나. 바울은 그런 사람들을 향하여 "누구를 막론하고 네가 핑계하지 못할 것은 남을 판단하는 것으로 네가 너를 정죄함이니 판단하는 네가 같은 일을 행함이니라"고 말한다. "네가 핑계하지 못할 것은"이라는 말은 1:20의 "그들이 핑계하지 못할지니

---

112 로마서의 선택에 관한 주제 연구를 위하여, Charles H. Cosgrove, *Elusive Israel: The Puzzle of Election in Romans*, Louisville: Westminster John Knox, 1997을 보라.

113 Thomas R. Schreiner, *Romans*, 105.

114 Thomas R. Schreiner, *Romans*, 106을 보라.

115 C. E. B. Cranfield, *Romans*, 140-42를 보라.

라"와 같다. 따라서 유대인과 이방인 모두가 핑계하지 못한다. "네가 같은 일을 행함이니라"라는 말은 유대인들이 이방인들과 같은 일, 곧 1:29-31에서 언급된 일을 행한다는 뜻이다.[116] 그러므로 유대인들은 남을 판단하는 것으로 결국 자신들을 정죄하게 되는데, 이는 그들이 이방인과 같은 일을 행하고 있기 때문이다.

2절: "우리가 아노라"(οἴδαμεν, 오이다멘)라는 말은 헬라어 본문에서 문장 맨 앞에 오는데, 이것은 이후 내용을 강조하는 역할을 한다. 이러한 표현은 로마서에서 자주 등장한다(예. 3:19; 7:14; 8:22, 28). 이 표현은 주로 일반적인 인식을 시사한다. 즉 로마의 성도들이 잘 알고 있는 사실을 가리킬 때 이 표현이 사용된다.[117] "이런 일을 행하는 자에게"라는 말은 1절의 "같은 일"을 행하는 자를 가리킨다. "하나님의 심판이 진리대로 되는 줄"에서 "진리대로"에 해당하는 헬라어 'κατὰ ἀλήθειαν'(카타 알레데이안)은 '진리를 따라'(ESV: "rightly")라는 뜻이다. 그러므로 '하나님의 심판이 진리대로 된다'라는 말은 하나님의 심판이 참되고 의롭다는 뜻이다(참고. 3:5-6; 계 15:3-4; 16:7; 19:2).[118]

3-4절에서 바울은 두 개의 수사학적 질문을 통해서 유대인들의 교만을 지적한다. 바울의 요지는 하나님께서 사람을 구별(차별)하지 않으시고 공의롭게 심판하신다는 것이다. 바울은 여기서 디아트리베(diatribe) 양식을 사용하는데, 이것은 가상의 대화 상대에게 수사학적인 질문을 던지면서 논박하는 것이다.[119] 그는 이러한 방식을 철학 공부에서 빌려왔을 것인데, 회

---

116 James D. G. Dunn, *Romans* 1-8, 80.

117 C. E. B. Cranfield, Romans, 143.

118 변종길, 『로마서』, 68.

119 디아트리베(diatribe)와 바울이 이것을 사용한 용례를 위하여, D. F. Watson, "Diatribe", in *Dictionary of Paul and His Letter*, Downers Grove: IVP, 1993, 213-14를 보라. 바울이 로마서에서 디아트리베를 어떻게 사용했는지를 알기 위하여, Stanley K. Stowers, *The Diatribe and Paul's Letter to the Romans*, Chico, CA: Scholars Press, 1981을 보라. 또한, Thomas H. Tobin, *Paul's Rhetoric in Its Contexts*, Peabody, MA: Hendrickson, 2004, 89를 참고하라. Frank J. Matera는 바울이 사용한 '디아트리베'에 대해서 다음과 같이 설명한다. "This reading of the material has

당에서 복음을 전하기 위하여 적합하게 수정했을 것이다.[120]

3절: 바울은 1절에서 유대인들을 "남을 판단하는 사람"이라고 규정했는데, 여기서 다른 사람들을 판단하면서도 "같은 일을 행하는 사람"이라고 규정한다. 유대인들은 이방인들의 잘못을 판단하면서 동시에 자신들도 이방인들과 같은 죄를 짓고 있다. 따라서 유대인들은 이방인들과 다르지 않다. 그들은 모두 죄인이다. 바울은 유대인들도 이방인들과 마찬가지로 하나님의 심판을 피할 수 없다고 경고한다. 하나님은 유대인이라고 해서 특별히 대하시지 않는다.

4절: 유대인들은 심판받아야 마땅했지만, 하나님께서 인자하셔서 그들이 지은 죄를 즉각 징계하지 않으셨는데, 이는 그들이 회개하기를 바라셨기 때문이다. 따라서 그들은 하나님의 인자하심과 용납하심과 길이 참으심이 풍성함을 멸시하지 말아야 한다. 어느 순간에 하나님은 더 이상 참지 않으시고 그들을 공의에 따라 징계하실 것이다. 이에 시편 50:21에는 "네가 이 일을 행하여도 내가 잠잠하였더니 네가 나를 너와 같은 줄로 생각하였도다 그러나 내가 너를 책망하여 네 죄를 네 눈 앞에 낱낱이 드러내리라 하시는도다"라는 말씀이 있다. 또한 전도서 8:11은 "악한 일에 관한 징벌이 속히 실행되지 아니하므로 인생들이 악을 행하는 데에 마음이 담대하도다"라고 말한다.

5절: 바울은 심판의 날을 언급하면서 유대인들이 하나님의 진노를 쌓고 있나고 경고한다. 헬라어 원문을 보면 이 구절에 사용된 단어들이 신약 다른 곳에 잘 나오지 않는 것들임을 알 수 있는데, 이는 바울이 이 구절을 강

---

important implications for a Jewish-Christian dialogue since it shows that Paul's purpose is not to condemn or characterize Jews as hypocritical, although he will have harsh words for them in 2:17-29. His target is the pretentious and arrogant person, no matter who he or she is." Frank J. Matera, *Romans*, Paideia Commentaries on the New Testament, Grand Rapids: Baker Academic, 2010, 59. 바울이 수사학을 어떻게 훈련받았으며, 또한 어떻게 사용했는지를 알기 위해서, B. W. Winter, "Rhetoric", in *Dictionary of Paul and His Letter*, Downers Grove: IVP, 1993, 820-22를 보라.

120 Thomas R. Schreiner, *Romans*, 105.

조하려 했기 때문이다.[121] "고집"(완고함)과 "회개하지 않는 마음"은 유대인들의 전형적인 속성인데, 이것 때문에 심판의 날에 하나님의 진노가 임할 것이다. 그러므로 유대인들은 하나님이 죄에 대해서 참아 주시는 것을 그분이 약해서 그렇다는 표시로 여기거나, 그분이 심판을 영원히 보류하실 것이라는 표시로 여기지 말아야 한다.[122] 그들은 특권의식을 포기해야 하고, 고집을 버려야 하며, 자신들의 잘못을 회개해야 한다.

6-11절: 하나님의 보응

6-11절에서 바울은 하나님께서 유대인들이 유업을 가지고 있다고 해서 보응을 하지 않으시는 것은 아니라고 강변한다. 그는 하나님께서 공정하게 심판하실 것인데, 선을 행한 자들에게는 영생을 주시고, 악을 행한 자들에게는 종말론적인 진노를 보여주실 것이라고 말한다.[123] 따라서 바울은 유대인이 되는 것으로 심판을 면제받는 것이 아니라는 사실을 상기시켜 주기 위해서 행위에 따른 심판을 강조한다.[124]

6절: 바울은 "하나님께서 각 사람에게 그 행한 대로 보응하시되"라고 말한다. 이것은 1-5절을 이어주며, 7-11절을 예고해 준다. 그런데 이 문구는 구약을 인용한 것이다. 바울은 자신의 주장을 정당화하기 위해서 구약을 취한다. 그가 취한 성경은 시편 62:12의 "주여 인자함은 주께 속하오니 주께서 각 사람이 행한 대로 갚으심이니이다"와 잠언 24:12의 "네가 말하기를 나는 그것을 알지 못하였노라 할지라도 마음을 저울질하시는 이가 어찌 통찰하지 못하시겠으며 네 영혼을 지키시는 이가 어찌 알지 못하시

---

121 James D. G. Dunn은 바울이 자기 말의 영향력을 극대화하고, 자기 말을 형식적이고 상투적인 것으로 무시하지 않게 하려고, 신약 성경에서 여기에만 나타나는 단어들(hapax legomena)을 상당수 이 구절에 집어넣었다고 주장한다. James D. G. Dunn, *Romans* 1-8, 83-84를 보라.

122 Douglas J. Moo, *Romans*, 134.

123 Thomas R. Schreiner, *Romans*, 104.

124 Thomas R. Schreiner, *Romans*, 111.

겠느냐 그가 각 사람의 행위대로 보응하시리라"이다.[125] 또한 그는 고린도후서 5:10에서도 "이는 우리가 다 반드시 그리스도의 심판대 앞에 나타나게 되어 각각 선악 간에 그 몸으로 행한 것을 따라 받으려 함이라"고 말했다.[126] 우리가 명심해야 할 사실은 인간이 구원받거나 심판받는 것이 행위에 따르지 않는다는 것이다. 우리는 행위가 아닌 믿음으로 구원받는다(참고. 엡 2:8-9). 하지만 참된 믿음은 반드시 선행으로 이어지게 되어 있기에 행위에 따른 심판 역시 타당한 주장이라 할 수 있다.

7-8절은 하나님께서 각 사람에게 그 행한 대로 보응하신 결과가 무엇인지를 보여준다.

7절: 바울은 먼저 그리스도를 믿는 자가 받을 결과를 말한다. "참고 선을 행하여 영광과 존귀와 썩지 아니함을 구하는 자에게는 영생으로 하시고"라는 말은 믿는 사람의 표지를 보여준다. 주님을 믿는 사람은 참고 선을 행하여 영광과 존귀와 썩지 아니함을 구하므로 영원한 생명을 얻는다. "구하는 자"는 현재 능동태 분사 형태인데, 이것은 계속해서 간절히 구하는 사람의 모습을 묘사한다. "영생"은 하나님과 복된 교제를 누리는 것이다(참고. 요 17:3).

8절: 바울은 이어서 그리스도를 믿지 않는 자가 받을 결과를 말한다. 이 구절에서 "당을 지어"(ἐξ ἐριθείας, 엑스 에리데이아스)라는 표현을 직역하면 '이기적인 욕심에서'(ESV: "[those who are] self-seeking")이다. 이기심이 강한 사람은 자기주장만을 앞세우고 자신의 이득만을 찾기 때문에 진리(하나님의 의)를 따르지 않고 불의(죄)를 따른다. 그리하여 그들은 하나님의 진노와 분노를 사게 된다.

---

125 로마서에서 시편(특히 'lament)이 어떻게 인용되었는지에 관한 최근의 연구를 위하여, Mark Reasoner, "Paul's Use of Lament Psalms in Romans", *Word & World* 39.3 (2019): 208-16을 보라.

126 Thomas R. Schreiner는 당시 유대주의자들이 행위에 따른 심판을 믿었다고 주장한다. Thomas R. Schreiner, *Romans*, 112.

9-10절은 7-8절을 역순으로 서술한 것이다.

9절: 바울은 8절과 관련하여 그리스도를 믿지 않는 자가 받을 결과를 말한다. "악을 행하는 각 사람의 영에는 환난과 곤고가 있으리니"에서 "악을 행하는 각 사람"이란 믿지 않는 사람을 가리킨다. 이들의 "영"에는 환난과 곤고가 있을 것인데, 여기서 "영"에 해당하는 'ψυχή'(프쉬케)는 '혼'이라고 번역할 수도 있으며, 이는 어떤 의미를 지닌 것이 아니라 단지 '전인'(全人)을 가리키는 표현이다.[127] 따라서 바울은 하나님의 진노를 종말론적으로 묘사한다.[128]

10절: 이 구절은 7절을 조금 달리 표현하여 그리스도를 믿는 자가 받을 결과를 말한 것이다. "선을 행하는 각 사람에게는 영광과 존귀와 평강이 있으리니"에서 "선을 행하는 각 사람"이란 믿는 사람을 뜻한다. 하나님을 믿는 사람은 자연스럽게 말씀에 순종하여 선을 행한다. 즉 선행은 믿음의 열매이다. 따라서 어떤 사람에게 선행이 없다면 그를 믿는 사람이라고 보기 어렵다. 이는 1:5의 "믿어 순종하게 하나니"와 16:26의 "믿어 순종하게 하시려고"에 드러나 있다.

9-10절에는 "먼저는 유대인에게요 그리고 헬라인에게"라는 문구가 반복되어 나온다. 9절은 믿지 않는 자가 받을 형벌을 말하고, 10절은 믿는 자가 받을 복을 말하는데, 둘 다 "먼저는 유대인에게요 그리고 헬라인에게"이다. 따라서 구원을 받는 순서가 '먼저는 유대인이고 그다음이 헬라인(이방인)'인데(참고. 1:16), 심판을 받는 순서도 '먼저는 유대인이고 그다음이 헬라인'이다. 이처럼 언제나 유대인들이 먼저인 것은 그들이 하나님을

---

127 변종길은 바울이 그 사람의 '영'에 환난과 곤고가 있다고 말한 이유를 다음과 같이 설명한다. "이는 악인이 이 세상에서 육신적으로 잘 될 수도 있기 때문이다. 악인은 물질적으로 부요하며 자녀가 잘 되고 장수할 수도 있다(참고. 시 73:3-5). 그러나 악인에게는 평강이 없다(참고. 사 48:21; 57:21). 그에게는 하나님이 주시는 참된 평안과 기쁨이 없다(참고. 요 14:27; 롬 14:17). 또한 죽은 후에 그 '영혼'은 영원한 형벌을 받게 된다(참고. 마 10:28; 시 73:17-19). 따라서 바울은 '영'(혹은 '혼')을 말한 것이다." 변종길, 『로마서』, 72-73.

128 C. E. B. Cranfield, *Romans*, 149.

먼저 알았을 뿐 아니라 하나님의 뜻을 더 잘 알고 또한 하나님으로부터 더 많은 것을 받았기 때문이다.[129] 그리고 이것은 하나님의 약속을 받은 민족 유대인들의 책임을 물으려는 의도를 내재한다. 이러한 사상은 예수님께서 "주인의 뜻을 알고도 준비하지 아니하고 그 뜻대로 행하지 아니한 종은 많이 맞을 것이요 알지 못하고 맞을 일을 행한 종은 적게 맞으리라 무릇 많이 받은 자에게는 많이 요구할 것이요 많이 맡은 자에게는 많이 달라 할 것이니라"고 하신 것을 생각나게 한다(눅 12:47-48).

11절: 이 구절은 6절을 상기시킨다. 그리고 6-10절의 결론이 된다.[130] 여기서 '외모로 취함'이라는 단어는 'προσωποληψία'(프로소폴렘프시아)인데, 이 단어는 편견, 편애, 편파 등을 뜻한다.[131] 따라서 이 구절의 의미는 하나님께서 사람을 차별하지 않으시고 공정하고 공의롭게 대하신다는 것이다. 유대인이라고 해서 하나님의 특별한 대우를 받는 것이 아니며, 이방인이라고 해서 민족적 차별을 받는 것도 아니다. 하나님은 모든 사람을 사랑하시며 모든 사람에게 공의로움을 보이신다. 하나님의 구원과 심판은 인종, 민족, 지위 등과는 상관없다. 그러므로 유대인들은 특권의식과 우월의식을 버려야 한다.

12-16절: 율법 없음과 하나님의 심판

12-16절은 1-11절을 마무리하면서, 17-29절을 준비한다. 즉 12-16절은 1-11절과 17-29절 모두에 걸쳐 있으며, 양 단락을 이어준다. 이는 12-16절이 심판을 말하는데, 1-11절이 유대인의 타락과 이에 대한 하나님의 심판을 말하기 때문이며, 또한 12-16절이 율법을 언급하는데, 17-29절이 율법을 소재로 삼기 때문이다. 12절 문장 첫머리에 있는 접속사 'γάρ'

129 매튜 풀, 『로마서』, 358.

130 C. E. B. Cranfield, *Romans*, 150.

131 김곤주, 『원문 중심의 이야기 로마서』, 서울: 세움북스, 2016, 59-60.

(가르, for)는 문단 전체를 이끄는 역할을 하는데, 이 접속사는 11절에 진술된 하나님의 공의로운 심판 원칙과 12-16절 전체를 연결한다. 비록 유대인들은 율법을 가지고 있기에 특별한 대우를 받을 것으로 믿었지만, 하나님의 심판대 앞에서 모든 사람은 평등하다.[132] 12-16절은 유대인들이 단지 토라를 소유하고 있다고 해서 구원받는 것이 아니라고 말한다. 마지막 날에 구원받는 것은 율법을 가지고 있었다는 사실에 있는 것이 아니라 율법을 지켰다는 사실에 근거한다. 하나님의 명령을 지키지 않는 사람은 마지막 날에 반드시 멸망할 것이다.[133]

12절: 바울은 범죄한 사람을 두 부류로 나누는데, "율법 없이 범죄한 자"와 "율법이 있고 범죄한 자"로 나눈다. "율법 없이 범죄한 자"는 이방인을 가리키는데, 그들은 율법 없이 망한다. 이는 그들에게 율법이 없으니 율법을 지켰을 리가 없고, 따라서 당연히 망할 것이기 때문이다. "율법이 있고 범죄한 자"는 유대인을 가리키는데, 그들은 율법으로 말미암아 심판받는다. 여기서 "심판을 받으리라"(κριθήσονται, 크리데손타이)라는 동사는 신적 수동태로서 심판의 주체가 하나님이심을 암시한다.[134] 이 세상에서 율법을 완벽하게 지킬 수 있는 사람은 한 명도 없기에 아무리 경건한 유대인이라 하더라도 하나님의 심판을 받을 것이다.

바울이 여기서 이방인을 잠시 거론하는 목적은 유대인들이 단지 율법을 소유하고 있다고 해서 자동으로 구원받는 것이 아니라는 사실을 입증하기 위해서이다. 유대인들이 이방인들처럼 죄를 짓는다면 그들도 영원한 정죄를 맞이할 것이다.[135] 그러므로 바울은 11절에서 말한 '하나님께서 사람을 외모로 취하지 않으신다'라는 사실을 바탕으로 율법을 가지지 않은 사람(이

---

132 Douglas J. Moo, *Romans*, 144. Douglas J. Moo는 14절에 있는 "율법 없는 이방인"을 믿지 않는 사람(이방인)으로 간주하면서, 14-15절을 바울이 12절에서 말한 "율법 없이"라고 표현한 것에 대한 설명이라고 본다. Douglas J. Moo, *Romans*, 149.

133 Thomas R. Schreiner, *Romans*, 104.

134 R. Jewett, *Romans*, 211.

135 Thomas R. Schreiner, *Romans*, 119.

방인)과 율법을 가진 사람(유대인)의 경우에 맞추어 설명한다. 율법을 가졌느냐 안 가졌느냐에 따라서가 아니라, 죄를 지었느냐 짓지 않았느냐에 따라 구원과 심판이 결정된다. 즉 유대인이든 이방인이든 모든 사람은 공평하게 하나님의 판결을 받는다.

13절: 이 구절은 유대인들이 제기할 만한 가상의 항변에 대한 바울의 답변이다. 유대인들은 '우리는 이방인들과 달리 율법을 받아서 알고 있었으므로 율법을 모르는 이방인들과는 다른 대접을 하나님으로부터 받아야 한다'라고 주장할 수 있을 것이다. 하지만 이에 대해서 바울은 율법을 듣고 안다고 해서 자동으로 의롭게 되어 심판이 면제되는 것이 아니며, 오직 그것을 실천해야 한다고 반박한다. 그리고 이 말에는 유대인들이 율법을 순종하지 않았다는 사실이 암시되어 있다. 그러므로 유대인들은 율법을 가진 것 자체 때문에 안심하지 말아야 한다. 자신들이 율법을 정확하게 이해하고 있는지와 그것을 실천하고 있는지를 점검해 보아야 한다.

로마서에서 처음으로 '의롭다 하다'(δικαιόω, 디카이오오)라는 동사가 여기에 나온다.[136] 이 단어는 하나님의 재판정에서 '죄가 없다'라고 판정하시는 것을 함축한다.[137] 그런데 바울의 말을 오해하지 않아야 한다. 그는 의로운 행위로 말미암는 구원을 주장하는 것이 아니다(참고. 3:20). 여기서 율법을 행한다는 말은 믿음을 가진 사람이 자연스럽게 율법을 행한다는 사실을 전제한다. 믿음을 가진 사람은 율법을 행하게 되어 있다. 하나님을 믿는다고 하면서 하나님의 말씀을 순종하지 않는 사람은 참되게 믿는 사람이 아니다(참고. 약 1:23). 더욱이 만일 어떤 사람이 율법을 완벽하게, 그리고 계속해서 지킨다면 그가 의롭게 될 것이지만, 그렇게 할 수 있는 사람은 이 세상에 없다. 그렇기에 사람은 의롭게 되는 다른 방법을 찾아야 한다.

---

136 이 동사는 이후 3:4, 20, 24, 26, 28, 30; 4:2, 5; 5:1, 9; 6:7; 8:30, 33에 나타난다.

137 Douglas J. Moo, *Romans*, 147. 이 단어가 고전 헬라어와 70인 역에서 어떻게 사용되었는지를 알려면 Joseph A. Fitzmyer, *Romans*, 309를 보라. Joseph A. Fitzmyer는 동사 '디카이오운'이 윤리적인 변화를 함축한다고 주장한다. 그리고 바울이 '디카이오테손타이'라는 미래 시상을 사용한 것은 그가 유대적인 관점을 채택하여 최후 심판에서 있을 '칭의'의 종말론적이고 법정적 성격을 보여준다고 말한다.

14-16절은 헬라어 본문에서 하나의 긴 문장이다.[138] 바울은 13절에서 유대인들이 제기할 만한 항변을 가상하여 답변했는데, 여기서는 이방인들의 항변을 가상하여 답변한다. 이방인들은 '우리는 율법을 몰랐으므로 율법을 지키지 않아도 의롭게 되어야 하는 것이 아닌가?'라고 이의를 제기할 수 있다. 그러나 바울은 이방인들이 핑계하지 못할 이유를 제시하는데, 이는 그들에게 '본성'과 '양심'이라는 것이 있어서 그것에 따라 죄를 짓지 않았으면 의롭게 되었을 것이지만 그렇지 못하기에 반드시 심판받을 것이다.

14-15절: 이방인들의 항변에 대한 바울의 답변은 단순하면서도 명확하다. 이방인들에게는 율법이 없다. 그들은 율법을 받지 못했고, 따라서 알지도 못했다. 하지만 그들에게는 "본성"(φύσις, 퓌시스, nature)이라는 것이 있는데, 본성은 무엇이 옳고 무엇이 그른지, 그리고 어떻게 행동하는 것이 올바른지를 판단할 수 있는 능력을 가리킨다. 따라서 이방인들에게는 본성이 율법이 되어서 도덕적인 지침을 준다. 그리고 이방인들에게는 "양심"(συνείδησις, 쉬네이데시스, conscience)이 증거가 되는데, 이를 통해서 생각들이 서로 고발하거나 변명하여 그 마음에 새긴 율법의 행위를 나타낸다. 그러므로 유대인과 이방인들 사이에는 차별이 없다. 유대인들은 율법을 가지고 있어서 율법에 따라 심판받고, 이방인들은 본성과 양심(마음에 기록된 율법)을 가지고 있어서 본성과 양심에 따라 심판받는다.

16절: 이 구절이 어디에 연결되는지를 판단하기가 쉽지 않다. 이견이 있지만, 12절에 대한 부연 설명으로 13-15절이 있고(유대인과 이방인이 구별 없이 모두 심판받음), 그런 후에 16절이 나오기 때문에, 16절은 12절에 연결된다고 보는 것이 최선이다. 즉 12절 끝의 "심판을 받으리라"라는 문구와 16절이 연결된다.[139]

---

138 14-15절은 한글 성경 개역개정판에서 괄호로 묶여 있다. 그러나 헬라어 본문에는 괄호가 없다.

139 변종길, 『로마서』, 79. 권연경은 "놀랍게도 바울이 유대인의 공허한 선민의식을 부순 무기는 소위 믿음과 은총의 논리가 아니라 행위심판이라는 구약적 신념이었다"라고 지적한다. 권연경, 『로마서 산책』, 95.

"나의 복음에 이른 바와 같이"라는 말은 바울이 만든 복음이라는 뜻이 아니라, 그가 받아서 전파한 복음이라는 뜻으로 심판에 관한 내용을 포함한다. "하나님이 예수 그리스도로 말미암아"라는 말은 신약 성경에서 하나님이 예수 그리스도를 통해서 심판하신다고 말씀하신 사실을 반영한다(참고. 행 17:31; 딤후 4:1). "사람들의 은밀한 것"(τὰ κρυπτὰ, 타 크륍타)이란 남들 몰래 저지른 죄악과 선한 것으로 위장하고 속인 죄악을 가리킨다. 구약 성경은 하나님이 사람의 마음에 있는 비밀을 아신다고 말한다(참고. 삼상 16:7; 대상 28:9; 시 139:1-2; 렘 17:10).[140] 그리고 예수님은 하나님의 보응이란 제자들이 은밀히 행한 일에 기초하여 이루어질 것이라고 상기시켜 주셨다(참고. 마 6:4, 6, 18).[141] 곧 예수님은 "숨은 것이 장차 드러나지 아니할 것이 없고 감추인 것이 장차 알려지고 나타나지 않을 것이 없느니라"고 하셨다(눅 8:17), "심판하시는 그날"은 하나님께서 유대인들과 이방인들을 심판하시는 날을 가리킨다. 하나님은 심판하시는 날에 감추어진 모든 것을 드러내시고, 그것들에 합당하게 보응하신다.

17-24절: 유대인의 특권의식과 모순

17절에서 바울은 "유대인이라 불리는 네가"라고 말함으로 자신이 1-16절에서 지시한 대상이 누구인지를 밝힌다. 그는 이미 2:1에서부터 유대인을 대상으로 말했다(문맥을 고려할 때). 하지만 그는 여기서 '유대인'이라는 민족을 특정하여 언급한다. 그런데 그는 "네가"(σύ, 수)라고 해서 2인칭 단수로 말하는데, 이것은 그의 말을 유대인 개개인이 듣고 지켜야 한다는 사실을 시사한다. 17-24절은 17-20절과 21-24절로 나뉜다.

---

140 Joseph A. Fitzmyer, *Romans*, 312.

141 Douglas J. Moo, *Romans*, 154.

17-20절: 이 구절들에서 바울은 유대인들의 특권의식을 비판한다. 그는 "유대인이라 불리는 네가"라는 말로 비판을 시작하는데, 마카비 시대 이후로 유대인들은 '히브리인'이나 '이스라엘인'이라는 옛 명칭보다 '유대인'(Ἰουδαῖος, 유다이오스)이라고 불렸다. 이 이름은 그들의 종교적 신분, 곧 그들이 구약 성경의 일신론을 추종하며 언약을 받은 사람들임을 드러냈다.[142]

바울은 유대인들의 특권의식을 나열하는데, "율법을 의지하며 하나님을 자랑하며 율법의 교훈을 받아 하나님의 뜻을 알고 지극히 선한 것을 분간하며 맹인의 길을 인도하는 자요 어둠에 있는 자의 빛이요 율법에 있는 지식과 진리의 모본을 가진 자로서 어리석은 자의 교사요 어린아이의 선생이라고 스스로 믿으니"라고 말한다. 유대인들은 실제로 많은 특권을 받았으나(참고. 9:4-5), 특권을 기회로 생각하지 않고 교만하여 우월주의에 빠져 버렸다.

21-24절에서 바울은 다섯 개의 질문을 사용하여 유대인들의 모순을 지적한다.[143] 여기서 그는 효과적인 메시지 전달을 위하여 디아트리베(diatribe)를 사용한다(참고. 2:1-5의 주석). 유대인들은 율법을 먼저 받은 민족이었으며, 하나님을 먼저 알았고, 특히 메시아가 그들 가운데서 나셨기에 구원과 은혜를 받을 기회를 먼저 얻었다. 하지만 그들은 잘못된 믿음과 그릇된 특권의식에 젖어서 그런 좋은 기회를 날려 버렸다.

21-22절: 바울은 "그러면 다른 사람을 가르치는 네가 네 자신은 가르치

---

142 Joseph A. Fitzmyer, *Romans*, 315-16; Douglas J. Moo, *Romans*, 159. 참고. Peter J. Tomson, "The Names 'Israel' and 'Jew' in Ancient Judaism and the New Testament", *Bijdragen: Tijdschnft voor Filosofe en Theologie* 47.3 (1986): 266-89.

143 Thomas R. Schreiner는 21-24절의 구문적 관계를 다음과 같이 설명한다. "The principle that informs verses 21-22 is articulated again in verse 23, and the paragraph reaches its climactic conclusion in verses 23-24. The first part of verse 23 sums up the burden of Paul's argument thus far in verses 17-22." Thomas R. Schreiner, *Romans*, 134. 참고로 C. E. B. Cranfield, *Romans*, 167-68을 보라.

지 아니하느냐? 도둑질하지 말라 선포하는 네가 도둑질하느냐? 간음하지 말라 말하는 네가 간음하느냐? 우상을 가증히 여기는 네가 신전 물건을 도둑질하느냐?"라는 네 개의 질문을 던짐으로 유대인들의 위선과 부도덕함을 지적한다.

23절: 바울은 "율법을 자랑하는 네가 율법을 범함으로 하나님을 욕되게 하느냐?"라는 또 하나의 질문을 던짐으로 유대인들이 율법에 대한 자부심을 품고서 다른 사람들에게 율법을 가르치며 율법을 지키라고 다그치지만 정작 자신들이 율법을 지키지 않는 모순을 비판한다.

24절: 바울은 마지막으로 이사야 52:5를 인용하면서 "하나님의 이름이 너희 때문에 이방인 중에서 모독을 받는도다"라고 말한다.[144] 그가 이곳에서 구약을 인용하는 것은 자신의 주장을 강화하기 위해서이다.

이러한 유대인들을 향한 바울의 비판은 예수님께서 유대인들을 비판하신 일을 생각나게 한다. 마태복음 23장에서 예수님은 유대 지도자들의 그릇된 행태를 비판하셨다. 예수님은 '화 있을진저!'라는 표현을 자주 사용하셔서 그들이 하나님으로부터 어떠한 판결을 받을 것인지를 예고하셨다. "화 있을진저! 외식하는 서기관들과 바리새인들이여 회칠한 무덤 같으니 겉으로는 아름답게 보이나 그 안에는 죽은 사람의 뼈와 모든 더러운 것이 가득하도다"(마 23:27).

---

144 어떤 학자들은 바울이 에스겔 36:20을 인용한다고 주장하지만, 이들의 견해를 받아들일 수가 없다. 이에 대해서 Thomas R. Schreiner는 다음과 같이 설명한다. "Some have suggested that Paul cites Ezek. 36:20, since in the latter text God's name is reviled because of the sin of Israel, while in the Isaiah text the blasphemy occurs because of oppression by foreign nations. But when we place the Isaiah text onto the larger canvas of Isaiah's theology and of Paul's understanding of that theology, then the choice of this text is eminently reasonable. In Isa. 40-66 the people are in exile because of their sin (40:2; 42:24-25; 43:22-28; 50:1). Thus the oppression by the nations in Isa. 52 should not be distinguished from the sin of Israel. Israel was oppressed by foreign nations precisely because of its sin. Paul rightly applies this text to the Jews of his own day. Their sin placed them under the dominion of Rome. The deliverance promised in Isaiah had not come." Thomas R. Schreiner, *Romans*, 134-35.

25-29절: 할례의 예와 참 유대인

유대인들은 할례를 대단히 중요하게 여겼다. 그들에게 있어서 할례란 율법을 소유한 선민이라는 사상의 표시였다. 이에 바울은 그들이 중요하게 여기는 할례를 예로 들어서 교훈한다.

25절: 유대인들에게 할례는 대단히 중요하다. 할례는 하나님의 백성임을 드러내는 언약의 표시였다(참고. 창 17:10-12). 바울은 할례가 이스라엘에 주는 암시를 부인하지 않는다.[145] 하지만 그는 할례 자체가 하나님의 백성으로 보증해 주는 장치가 아니라고 주장한다. 할례를 행했다고 하더라도 율법을 반드시 지켜야 한다. 그는 이런 사실을 갈라디아서 5:3에서도 말했다. "내가 할례를 받는 각 사람에게 다시 증언하노니 그는 율법 전체를 행할 의무를 가진 자라."

26절: 바울의 말은 만일 무할례자(이방인)가 율법의 규례를 지키면 하나님께서 그 무할례자를 할례자(하나님의 백성)와 같이 여길 것이라는 뜻이다.[146] 즉 심판을 받을 때 할례를 받았느냐 받지 않았느냐가 기준이 아니라, 율법에 순종했느냐 하지 않았느냐가 기준이라면, 무할례자인 이방인이 율법에 순종할 때 구원을 받을 수 있지 않느냐는 것이다.[147]

27절: 이 구절은 고대에 유대인들이 자신들을 이방인들을 심판하는 자리에 앉혀 놓았던 사상을 반대로 말하여, 이방인들이 유대인들을 심판할 수도 있다는 뜻이다. 물론 이것은 현실이 아니다. 유대인이 이방인을 심판할 수 없듯이, 이방인도 유대인을 심판할 수 없다. 오로지 하나님께서 유대인과 이방인을 심판하신다. 다만, 그의 말은 유대인이나 이방인 모두가 율법에 순종해야 한다는 뜻이다. 그들 중 누구도 서로에 대해서 우월

---

145 Joseph A. Fitzmyer, *Romans*, 321.

146 바울이 유대인과 이방인을 할례자와 무할례자로 묘사한 이유에 대해서, Thomas R. Schreiner, *Romans*, 139를 보라

147 Douglas J. Moo, *Romans*, 169.

감을 가져서는 안 된다. 따라서 바울은 외적인 할례 의식을 자랑하며 육체에 할례를 받는 것으로 충분하다고 생각한 유대인들의 육신적 확신과 위선을 바로잡는다.[148]

28절: 바울은 지금까지 할례를 받는다고 해서 자동으로 구원을 받는 것이 아니라 율법에 순종해야 한다고 말했다. 이제 그는 '그렇다면 진정한 유대인(하나님의 백성)은 누구인가?'라는 문제를 다룬다. 그는 "무릇 표면적 유대인이 유대인이 아니요 표면적 육신의 할례가 할례가 아니니라"고 말한다. 이 말을 풀어서 쓰면, '표면적 유대인(민족적 유대인)이 유대인(하나님의 백성)이 아니며, 표면적 육신의 할례(민족적 유대인)가 할례(하나님의 백성)가 아니다'가 된다. 그러므로 유대인들은 자신들이 선택된 사람으로서 자동으로 구원받을 것으로 생각하지 말아야 한다. 그들도 다른 사람과 마찬가지로 주 예수님을 믿어야만 구원받을 수 있다.

29절: "이면적 유대인이 유대인"이라는 말은 '이면적 유대인(민족적 유대인의 경계를 초월하는 신자)이 유대인(하나님의 백성)'이라는 뜻이다. "할례는 마음에 할지니"라는 말은 할례를 육신에 하는 것과 대조되는데, 진정한 할례란 마음이 할례를 받는 것이라는 뜻이다. 이는 예레미야 4:4의 "유다인과 예루살렘 주민들아 너희는 스스로 할례를 행하여 너희 마음 가죽을 베고 나 여호와께 속하라"라는 말과 같다. "영에 있고 율법 조문에 있지 아니한 것이라"에서 "영"은 '성령'을 가리키고, "율법 조문"은 '기록된 율법'을 의미한다. 따라서 이 말은 율법주의적 사고에 근거하여 육신에 할례를 행할 것이 아니라, 우리의 마음이 성령에 의해서 변화되어야 한다는 뜻이다. "그 칭찬이 사람에게서가 아니요 다만 하나님에게서니라"라는 말은 참 유대인이란 할례를 마음에 행한 사람으로서 자신이 율법을 지키는 것을 목격하는 사람들의 칭찬에 신경 쓰지 않고, 하나님의 칭찬을 중요하게 여긴

148 매튜 풀, 『로마서』, 364.

다는 사실을 반영한다.[149]

구약 시대에도 하나님이 원하셨던 할례는 마음의 할례였다. 그래서 신명기 10:16에는 "그러므로 너희는 마음에 할례를 행하고 다시는 목을 곧게 하지 말라"라는 말씀이 있다. 몸에 할례를 받았다고 기계적으로 하나님의 인정을 받는 것이 아니다. 마음에 할례를 받아야 하나님이 기뻐하신다. 그래서 바울은 빌립보서 3:3에서 "하나님의 성령으로 봉사하며 그리스도 예수로 자랑하고 육체를 신뢰하지 아니하는 우리가 곧 할례파라"고 말했다. 이는 성령에 의하여 마음의 할례를 받은 사람이 구원받은 하나님의 자녀라는 뜻이다. 그런데 더 나아가서 그는 갈라디아서 5:5-6에서 "우리가 성령으로 믿음을 따라 의의 소망을 기다리노니 그리스도 예수 안에서는 할례나 무할례나 효력이 없으되 사랑으로써 역사하는 믿음뿐이니라"고 말했고, 갈라디아서 6:15에서 "할례나 무할례가 아무것도 아니로되 오직 새로 지으심을 받는 것만이 중요하니라"고 말했다. 이것은 할례를 받았느냐 받지 못했느냐가 중요한 것이 아니라, 성령 안에서 새로운 사람이 되어서 사랑을 실천하느냐 그렇지 않으냐가 중요하다는 뜻이다.[150]

1-8절: 유대인의 불만에 대한 답변

바울은 지금까지 유대인들의 민족적 선민의식을 비판했다. 그리고 하나님께서는 사람을 공의롭고 차별 없이 심판하신다고 말했다. 이러한 그의 말은 유대인들에게 여러 의문을 일으켰을 것이다. 따라서 그는 지금까지 언급한 내용과 관련하여 유대인들이 반론을 제기할 만한 사항들을 질문과 답변 형식으로 서술한다.[151] 즉 다시 디아트리베(diatribe)로 돌아와서 네 개의 질

149 Joseph A. Fitzmyer, *Romans*, 323.

150 김곤주, 『로마서』, 66-68.

151 John D. Harvey, Romans, 75. 그런데 이 부분은 이해하기가 쉽지 않다. 상당수 주석가는 이 부분을 해석하는 데 어려움을 느낀다. 이에 관하여, Douglas J. Moo, *Romans*, 177-80을 보라.

문과 답변 형태를 취하여 가상의 유대인과 대화한다(참고. 2:1-5의 주석).[152]

1절: 첫 번째 질문은 "유대인의 나음이 무엇이며 할례의 유익이 무엇이냐?"이다. 앞에서 바울은 유대인이 이방인과 같이 정죄의 처지에 있다고 주장했다. 따라서 유대인은 자신들이 하나님을 가장 먼저 알았고, 또한 율법을 먼저 가졌는데도, 자신들에게 아무런 특권이 없으며, 자신들이 어떠한 특권도 가지지 못했다는 말에 항변할 수 있다. 여기서 "할례의 유익"이란 말이 언급된 것은 할례가 유대인이 가진 가장 대표적인 특권을 상징하기 때문이다. 그들은 할례를 받으면 하나님의 백성으로 선택된다고 믿고 오랫동안 이를 시행해 왔다. 따라서 바울이 주장한 바 육신에 할례를 행함으로써가 아니라 마음에 할례를 받음으로써 정결하게 된다면 유대인들로서는 도대체 육신의 할례를 받아야 할 이유가 무엇이냐고 이의를 제기할 수 있었다.

2절: 이에 대해서 바울은 "범사에 많으니 우선은 그들이 하나님의 말씀을 맡았음이니라"고 대답한다. "범사에 많으니"라는 말은 9:4-5의 "그들은 이스라엘 사람이라. 그들에게는 양자됨과 영광과 언약들과 율법을 세우신 것과 예배와 약속들이 있고 조상들도 그들의 것이요 육신으로 하면 그리스도가 그들에게서 나셨으니 그는 만물 위에 계셔서 세세에 찬양을 받으실 하나님이시니라"에서 구체화한다. 따라서 유대인들에게는 우월한 것이 많다.

"우선은 그들이 하나님의 말씀을 맡았음이니라"라는 말은 유대인들의 가장 큰 특권이 하나님의 말씀을 맡은 것이란 뜻이다. 하나님의 말씀은 구약 성경을 가리킨다. 하나님은 유대인들에게 구약의 모든 책을 맡기셨다. 하나님은 유대인들에게 시내 산에서 언약을 주셨으며, 유대인들을 선지자로 사용하셔서 말씀을 기록하게 하셨다. 곧 유대인들을 통하여 그분의 뜻을 세상에 알리셨고 그분의 구속 사역을 펼치셨다. 따라서 유대인들은 영광스러운 지위를 가졌고 커다란 특권을 누렸다. 하지만 지금 그들의 상태는 어떠한가? 그들은 그렇게 많은 특권을 받았으며, 특히 하나님의 말씀을

152 C. K. Barrett, *Romans*, 59를 보라.

맡았으나, 지금 하나님을 떠났고 말씀을 저버렸다. 따라서 그들은 이방인들과 마찬가지로 하나님의 진노를 받을 것이다.

3절: 두 번째 질문은 "어떤 자들이 믿지 아니하였으면 어찌하리요? 그 믿지 아니함이 하나님의 미쁘심을 폐하겠느냐?"이다. 이것은 첫 번째 대답에 대한 유대인들의 반발을 표현한 것이다. 이 질문을 풀어서 쓰자면, '하나님께서 유대인들을 택하셔서 말씀을 맡기셨음에도 불구하고, 하나님과 그분이 보내신 메시아 예수님을 믿지 않았는데, 그렇다면 그것은 하나님이 유대인들을 택하셔서 특권을 주신 일이 아무런 의미가 없는 것이 되지 않는가?'이다. 즉 유대인들이 하나님의 택하심을 받고 말씀을 맡은 자로서 책임을 제대로 이행하지 못했는데, 그것은 하나님께서 잘못 판단하셔서 발생한 일이 아니냐는 것이다.

4절: 3절의 질문은 이미 대답이 예상된 것이다. 하지만 바울은 의문의 여지를 남기지 않기 위해서 "그럴 수 없느니라"(μὴ γένοιτο, 메 게노이토)라고 단호하게 말한다. 로마서에서 이 문구는 강한 거부 공식으로 자주 나오는데(참고. 3:6, 31; 6:2, 15; 7:7, 13; 9:14; 11:1, 11), '하나님이 금하시기를'(God forbid), '당연히 아니죠'(Of course not), 그리고 가장 축어적으로 '결코 그렇게 될 수 없다'(May it never be) 등으로 번역될 수 있다.[153]

바울은 "사람은 다 거짓되되 오직 하나님은 참되시다 할지어다"라고 말한다. 여기서 사람의 거짓됨과 하나님의 참되심을 대조한 것은 3절의 이스라엘의 신실하지 않음과 하나님의 신실하심을 대조한 것을 재천명한 것이다. 구약에서 '하나님은 참되시다'라고 할 때 그 의미는 '하나님은 정직하시다'라는 뜻이 아니라 '하나님은 의지할 만하시다' 혹은 '하나님의 말씀에는 거짓이 없다'라는 뜻이다.[154] 이와 마찬가지로 '사람이 거짓되다'라는 말도 '사람의 마음과 말을 믿을 수 없다'라는 뜻이다. 따라서 이 말은 잘못

153 Douglas J. Moo, *Romans*, 185.

154 Douglas J. Moo, *Romans*, 186.

이 사람의 불순종(불신실함)에 있지 하나님의 신실한 말씀에 있지 않다는 사실을 드러낸다.

바울은 이어서 시편 51:4에 있는 다윗의 말을 인용한다. 이것은 다윗이 죄를 지은 후 회개하면서 했던 고백인데, '자신이 죄를 지었으니 하나님이 심판하시는 것이 당연하다'라는 뜻을 담고 있다. 따라서 바울의 요지는 다음과 같다. '유대인들은 자신들이 죄인이라는 사실을 인정해야 하며, 하나님께서 죄인을 심판하시는 것을 당연한 일로 여겨야 한다.'

5절: 바울의 답변에 대해서 유대인들은 다시 물을 것이다. 그래서 세 번째 질문은 "우리 불의가 하나님의 의를 드러나게 하면 무슨 말 하리요? [내가 사람의 말하는 대로 말하노니] 진노를 내리시는 하나님이 불의하시냐?" 이다. 이 말은 '만일 자신의 약속을 지키시는 하나님의 신실하심이 사람들의 신실하지 않음에도 불구하고 나타난다면, 우리는 하나님의 성실하심이 사람들의 믿지 않음에 의해 더 풍성하게 나타난다고 충분히 추측할 수 있지 않겠느냐'라는 뜻이다.[155] 이 말은 7절과 연관 지어서 이해해야 한다. "무슨 말 하리요?"라는 문구는 로마서에서 규칙적으로 나타나는 바울의 기술 형식이다(참고. 4:1; 6:1; 7:7; 8:31; 9:14, 30).[156] "내가 사람의 말하는 대로 말하노니"라는 문구는 바울 자신이 마치 하나님을 불성실하게 말하는 즉 자신이 신성모독을 하는 것처럼 비칠 수 있는 여지를 없애기 위해서 사용한 것이다.[157]

6절: 이에 대해서 바울은 "결코 그렇지 아니하니라"고 하면서, "만일 그러하면 하나님께서 어찌 세상을 심판하시리요?"라고 묻는다. 이 말에는 하나님이 세상의 심판자라는 사실이 전제되어 있으며, 세상을 심판하시는 하

---

155 매튜 풀, 『로마서』, 368.

156 James D. G. Dunn, *Romans* 1-8, 134.

157 Joseph A. Fitzmyer, *Romans*, 329. "내가 사람의 말하는 대로 말하노니"가 한글 성경 개역개정판에는 괄호로 되어 있지만, 헬라어 본문에는 괄호로 되어 있지 않다. 이 문구와 비슷한 것이 로마서 6:19, 고린도전서 9:8, 15:32, 그리고 갈라디아서 3:15에 있다.

나님이 불의하실 수가 없다는 뜻이 담겨 있다. 하나님은 의로우신 분이시기에, 그분의 심판이 합당하며, 모든 사람이 그분의 심판에 복종해야 한다.

7절: 하지만 바울의 말에 대해서 유대인들은 불만을 제기한다. 그래서 네 번째 질문이 나온다. "그러나 나의 거짓말로 하나님의 참되심이 더 풍성하여 그의 영광이 되었다면 어찌 내가 죄인처럼 심판을 받으리요?" 이 말은 '나의 죄 때문에 하나님의 참되심이 더욱 드러나서 하나님의 영광을 드러내게 된다면 내가 죄인처럼 심판받아야 할 이유가 있겠는가?'라는 뜻이다.[158] 유대인들은 자신들이 죄를 지어서 하나님이 영광을 받으시게 된다면 자신들이 죄인처럼 형벌을 받아야 할 이유가 무엇이냐고 항변한다. 이것은 억지(궤변)다. 그들은 말문이 막히자, 억지를 부린다. 이러한 억지는 이어지는 구절에서 구체적으로 묘사된다.

8절: "그러면 선을 이루기 위하여 악을 행하자 하지 않겠느냐?"라는 말은 7절의 질문(네 번째 질문)에 추가된 것이다. 유대인들은 다음과 같이 반론을 제기할 수 있다. '만일 인간의 악이 하나님의 의를 빛나게 한다고 한다면 선을 이루기 위하여 악을 행하자는 극단적인 말을 할 수 있지 않은가?' 이 말은 '하나님이 영광을 받으시게 하려고 우리가 악한 일을 하면 되겠네'라는 조소가 가득한 생각에서 나왔다. 바울이 복음을 전할 때 유대인들은 이렇게 극단적으로 반발했다. 하지만 이것은 궤변이다. 자기 잘못을 인정하지 않는 사람들은 말이 되지 않는 궤변을 늘어놓으면서 잘못을 시인하지 않으려고 한다. 그래서 바울은 "어떤 이들이 이렇게 비방하여 우리가 이런 말을 한다고 하니 그들은 정죄 받는 것이 마땅하니라"고 말한다. 사람은 지은 죄를 인정해야 하고, 죄의 대가를 받아들여야 한다. 자신이 죄지은 책임을 하나님께 돌리는 것은 옳지 않다. 자기 행동을 정당화하려는 모든 시도는 하나님께 인정받지 못한다.

---

158 김곤주, 『로마서』, 70

· 설교자를 위한 지침 ·

1. 이 단락은 한 번에 설교할 수도 있지만, 분량이 많으므로 두 번이나 세 번으로 나누어서 설교할 수도 있다. 그러나 전체 주제는 간명하기에 한 번에 설교한다고 해서 무리가 되지 않는다. 이 단락에서 도출된 주제들을 가지고 설교하는 것이 효과적이다.

2. 이 단락에 담겨 있는 주제들은 다음과 같다.
   1) 특권의식: 유대인들은 특권의식에 빠져서 교만했고, 자신들이 선택된 백성이며 율법을 받았기에 자동으로 구원받는다고 생각했다. 혹시 우리는 이러한 특권의식이나 우월감에 빠져 있지 않은지 돌아보아야 한다. 자신이 특별한 사람이라고 생각하지 않는지 반성해야 한다. 교만이 자신을 안일하게 하고 결국 패망으로 이끈다는 사실을 기억해야 한다.
   2) 하나님의 인자하심을 모름: 유대인들은 자신들이 당장 심판받지 않은 것이 그들에게 죄가 없어서가 아니라 하나님이 인자하시며 오래 참아 주셨기 때문임을 알아야 했다. 우리도 하나님의 용서와 인내를 기억하면서, 반복해서 짓고 있는 죄가 무엇인지를 발견하고 회개하고 돌이켜야 한다.
   3) 고집과 완악함: 바울은 2:5에서 "네 고집과 회개하지 않는 마음을 따라 … 그날에 임할 진노를 네게 쌓는 도다"라고 말했다. 우리도 고집을 버려야 하며, 완악함을 회개해야 한다.
   4) 하나님의 보응: 하나님은 행한 대로 갚으시는 분이며, 인종이나 외모나 신분이나 성별을 차별하지 않으시는 분이다. 우리가 하나님의 보상과 형벌을 의식하면서 사는 것은 매우 중요하다. 그리고 하나님이 차별하지 않으시는 분이기에 우리의 형편에 상관없이 하나님께 나아갈 수 있음을 믿고 감사해야 한다. 아울러, 우리 자신도 사람을 민족과 인종과 신분과 성별에 따라서 차별하지 않도록 조심해야 한다.
   5) 기회를 버림: 유대인들은 하나님에게서 많은 것을 받았음에도 그것들을 제대로 활용하지 못했다. 따라서 그들은 더욱 어리석은 사람들이었다. 우리는 자신에게 주어진 것들에 감사해야 하고, 그것들을 통하여 주님을 더욱 잘 믿어야 하며, 주님께 더욱 헌신해야 한다.
   6) 변명과 핑계: 유대인들은 다양한 이유로 항변했지만 받아들여지지 않았다. 우리는 하나님 앞에서 변명하거나 핑계하지 말아야 한다. 하나님의 절대적인 명령에 온전히 순종해야 한다.

3. 3:9-20 인류의 타락과 하나님의 심판

단원(1:18-3:20)이 여기까지 진행되어 오는 동안 이방인의 타락과 하나님의 심판(1:18-32), 그리고 유대인의 타락과 하나님의 심판(2:1-3:8)이 거론되었다. 이제 단원의 마지막 단락(3:9-20)에서는 모든 인류의 타락과 하나님의 심판이 언급된다.

9-18절: 모든 사람은 죄 아래에 있음

9절: 바울은 1-2절에서 '유대인의 나음'에 대하여 이야기했다. 그런데 이제는 "그러면 어떠하냐? 우리는 나으냐?"라고 묻는다. 그런 후에 그는 "결코 아니라"고 답변한다. 여기서 "우리"는 누구를 가리키는가? 상당수 학자는 유대인을 가리킨다고 주장한다.[159] 이는 앞에서 바울이 '유대인의 나음'에 대해서 언급했기에 여기서 '우리의 나음'이 유대인의 나음을 뜻한다는

---

159 C. E. B. Cranfield, *Romans*, 187-89를 보라. Douglas J. Moo는 '우리'의 정체에 대해 다섯 가지의 가능성을 제시한 후 '우리'를 유대인이라고 주장한다. Douglas J. Moo, *Romans*, 199-200.

것이다.[160] 하지만 어떤 학자들은 이 구절의 1인칭 복수 '우리'를 8절의 '우리'와 마찬가지로, 그리고 6:1과 7:7과 9:30 등의 '우리'와 마찬가지로 바울과 그와 같은 믿음을 가진 사람들이라고 생각한다. 즉 그리스도를 믿는 모든 신자를 가리킨다고 본다.[161]

그래서 이 문구의 의미에 대해서 두 가지 견해가 있다. 첫째, '우리'를 유대인으로 볼 경우 말씀을 맡은 유대인들이 그렇지 못한 이방인들보다 낫다고 볼 수 없다는 뜻이 된다. 둘째, '우리'를 신자로 볼 경우 예수님을 믿는 사람이 예수님을 안 믿는 사람과 비교할 때 나은 것이 없다는 뜻이 된다. 이 두 가지 견해 중 어느 것이 옳은지 판가름하기가 쉽지 않다. 하지만 의미는 분명하다. 바울은 '누구도 자신을 다른 사람보다 낫다고 여길 수 없다'라고 주장한다. 이는 그가 "유대인이나 헬라인이나 다 죄 아래에 있다고 우리가 이미 선언하였느니라"고 말하는 것을 통해 입증된다. "죄 아래에 있다"라는 말은 죄의 권세 아래 있어서 죄의 다스림을 받다가 멸망하게 된다는 뜻이다. 따라서 이 문구는 1:18-3:8까지 말한 내용을 정리한다. 그렇다면 위의 두 견해 중 어느 것을 받아들여도 의미에 차이가 없다. 바울은 모든 사람이 죄 아래에 있으므로 누구도 도덕적으로 더 우월한 상태나 지위를 가졌다고 주장할 수 없음을 말한다.

10-12절: 바울은 유대인이나 헬라인이나 모두 죄의 권세 아래 있음을 구약을 인용하여 논증한다. 여기에 인용된 성경은 시편, 전도서, 이사야이다. 바울은 여러 구절을 혼합하여(엮어서) 인용한다. "의인은 없나니 하나도 없으며"라는 문구는 시편 14:1-3, 53:1-3, 전도서 7:20을 인용한 것이다. 이 말은 '칭의적 의미에서의 의인'은 있고(참고. 시 14:5), '상대적 의미에서의 의인'은 있지만(참고. 창 6:9; 7:1), '절대적 의미에서의 의인'은 없다는 뜻이다(참고. 전 7:20). 즉 절대적으로 완전한 사람은 없다는 뜻이다.[162] 그는 의

160 Thomas R. Schreiner, *Romans*, 162-63을 보라.

161 변종길, 『로마서』, 97을 보라.

162 변종길, 『로마서』, 98; 참고. R. Jewett, *Romans*, 254.

인이 하나도 없기에 "깨닫는 자도 없고 하나님을 찾는 자도 없고 다 치우쳐 함께 무익하게 되고 선을 행하는 자는 없나니 하나도 없도다"라고 말한다. 이 말은 인간이 철저하게 타락했다는 사실을 강조하여 기술한 것이다.

13-14절: 이제 바울은 죄인들이 짓는 여러 종류의 죄를 서술하는데, 먼저 사람이 입으로 짓는 죄를 언급한다. "그들의 목구멍은 열린 무덤이요 그 혀로는 속임을 일삼으며 그 입술에는 독사의 독이 있고 그 입에는 저주와 악독이 가득하고" 이 말은 시편 5:9, 10:7, 140:3을 인용한 것이다. 입으로 짓는 죄는 가장 명확하게 드러나는 죄이다(참고. 약 3:1-12). 말은 마음의 표현이다. 마음이 악해지면 말이 악해진다. 따라서 말로 짓는 죄를 가볍게 여겨서는 안 된다.

15-18절: 다음으로 바울은 행동으로 짓는 죄를 언급한다. "그 발은 피 흘리는 데 빠른지라 파멸과 고생이 그 길에 있어 평강의 길을 알지 못하였고"라는 말은 죄를 지은 자가 어떠한 결과를 얻는지를 보여준다. 죄의 결과는 파멸과 고생이며, 죄인에게 평강이 없어진다. 여기서 바울은 이사야 59:7-8의 "그 발은 행악하기에 빠르고 무죄한 피를 흘리기에 신속하며 그 생각은 악한 생각이라 황폐와 파멸이 그 길에 있으며 그들은 평강의 길을 알지 못하며 그들이 행하는 곳에는 정의가 없으며 굽은 길을 스스로 만드나니 무릇 이 길을 밟는 자는 평강을 알지 못하느니라"를 인용한다. "그들의 눈앞에 하나님을 두려워함이 없느니라"라는 말은 시편 36:1의 "악인의 죄가 그의 마음속으로 이르기를 그의 눈에는 하나님을 두려워하는 빛이 없다 하니"를 취한 것이다. 인간이 죄를 짓는 근본적인 이유는 하나님을 두려워하지 않기 때문이다.

19-20절: 율법의 기능

이 단락의 마지막 부분에서 바울은 '율법'에 관하여 언급한다. 이는 유대인들이 율법을 받았다는 자부심 때문에 교만해질 수 있었으며, 이방인들이 율법을 받지 않았다는 것 때문에 하나님을 향한 의무에 소홀해질 수 있었기 때문이다. 따라서 바울은 율법에 관해 말함으로써 유대인들과 이방인들의 생각을 교정하고자 한다.

19절: 바울은 인간이 짓는 죄들을 기술한 후에 불의한 인간이 심판받는다는 사실을 말한다. 헬라어 문장의 앞부분에 내용의 전환을 알리는 단어 'δε'(데)가 있어서 앞 단락(9-18절)과 이 단락(19-20절)을 구분해 준다.[163] "우리가 알거니와"라는 문구는 지금 말하려는 것이 누구나 아는 자명한 사실임을 시사한다(참고. 2:2). "율법 아래에 있는 자들"은 유대인을 가리키지만, 이방인도 포함한다. 왜냐하면 유대인은 기록된 율법을 가졌지만, 이방인은 마음에 새겨진 율법을 가졌기 때문이다. "모든 입을 막고"라는 말은 변명할 수 없게 한다는 뜻이다. 즉 하나님의 심판 법정에서 변명할 말이 없을 것임을 예고한다. 유대인들은 율법을 받았음에도 불구하고 죄를 지었으니 할 말이 없을 것이고, 이방인들은 양심의 가책을 받아서 죄를 멈추어야 함에도 불구하고 그렇지 않았으니 할 말이 없을 것이다. "온 세상으로 하나님의 심판 아래에 있게 하려 함이라"라는 말은 모든 사람이 하나님의 심판 아래에 있을 것임을 의미한다.

20절: 바울은 율법의 성격과 역할을 간략히 요약함으로 단락을 마무리한다. "그러므로 율법의 행위로 그의 앞에 의롭다 하심을 얻을 육체가 없나니 율법으로는 죄를 깨달음이니라." 이 말은 갈라디아서 2:16의 "사람이 의롭게 되는 것은 율법의 행위로 말미암음이 아니요 오직 예수 그리스도를 믿음으로 말미암는 줄 알므로 우리도 그리스도 예수를 믿나니 이는 우리가 율법의 행위로써가 아니고 그리스도를 믿음으로 의롭다 함을 얻으려 함이라 율법의 행위로써는 의롭다 함을 얻을 육체가 없느니라"와 같다. 율법은 전혀 쓸모없는 것이 아니다. 곧 언급하겠지만, 율법은 유용하다. 그것은 인간으로 하여금 죄를 깨닫게 하는 효용성을 지닌다.

---

163 John D. Harvey, *Romans*, 86.

"율법의 행위"(ἔργα νόμου, 에르가 노무)라는 표현은 학계에서 많은 논란을 낳았다.[164] 이 표현은 바울 서신에 9번 등장한다(참고. 롬 2:15, 3:20, 28; 갈 2:16(3회), 3:2, 5, 10). 표현이 사용된 문맥에 따라서 의미가 다를 수 있겠지만, 여기서는 '율법이 요구하는 모든 행동'을 가리킨다고 보는 것이 타당하다. 하나님은 인간에게 율법 조항 전체를 완벽하게 지킬 것을 요구하셨으나 인간이 그렇게 하지 못하기에 아무도 의롭게 될 수 없다. 한편, 율법은 의식법과 시민법과 도덕법으로 구분된다. 의식법은 제사 규례와 절기 등인데, 예수님의 구속 사역을 통해서 성취되었다. 시민법은 음식 규정이나 재판 방식 등인데, 이스라엘이라는 국가의 특수한 상황에 국한된 것이다. 도덕법은 십계명으로 요약되는데, 우리가 계속해서 지켜야 할 규범이다.

"율법으로는 죄를 깨달음이니라"라는 말은 율법의 기능(효용)을 알려준다. 인간은 율법을 완벽히 지킬 수 없기에 율법을 통해 구원받을 수 없다. 오히려 율법은 인간의 연약함을 깨닫게 한다(recognition).[165] 그래서 율법은 인간이 구원자를 찾도록 자극한다. 율법의 가장 중요한 기능(효용)은 세 가지이다. 첫째, 율법은 정치적 혹은 시민적 기능을 가진다(usus legis politicus/civilis). 이것은 율법이 인간의 악을 제어함으로 사회와 국가를 유지하게 한다는 뜻이다. 둘째, 율법은 가정 교사적 혹은 책망적 기능을 가진다(usus legis paedagogicus/elenchticus). 이것은 율법이 인간의 죄를 깨닫게 함으로 인간을 그리스도께로 돌아오게 한다는 뜻이다. 셋째, 율법은 교훈적 혹은 규범적 기능을 가진다(usus legis didacticus/normativus). 이것은 율법이 신자들에게 삶의 표준을 제시해 준다는 뜻이다.

---

164 Douglas J. Moo는 이 주제의 논쟁에 관하여 상세히 소개한다. Douglas J. Moo, *Romans*, 211-17을 보라. 또한 Joseph A. Fitzmyer, *Romans*, 337-39를 보라.

165 R. Jewett, *Romans*, 266.

• 설교자를 위한 지침 •

1. 바울은 1:18-32와 2:1-3:8, 그리고 3:9-20에서 각각 이방인의 타락과 그에 따른 하나님의 심판, 유대인의 타락과 그에 따른 하나님의 심판, 그리고 모든 인류의 타락과 그에 따른 하나님의 심판을 말한다. 그러므로 설교자는 '인간의 전적인 부패'와 '하나님의 심판'이라는 주제를 가지고 설교할 수 있다.

2. 바울은 인간의 타락이 다양한 양상으로 나타났음을 설명한다. 즉 인간의 타락은 말로, 행동으로, 사회적인 관계 속에서, 그리고 하나님을 섬기는 과정에서 다양하고 광범위하게 드러난다. 따라서 설교자는 죄의 근원과 죄의 보편적인 목록을 말할 수 있으며, 오늘날 죄가 어떤 식으로 존재하는지, 그리고 특정한 사회나 상황에서 어떤 모양으로 드러나는지를 설명할 수 있다. 아울러 죄를 짓지 않기 위해서 어떠한 노력을 기울여야 하는지를 말할 필요가 있다.

3. 바울은 이 단락의 마지막 부분에서 율법의 기능에 관하여 말했다. 율법에 관한 정확한 지식은 매우 중요한데, 이것이 잘못되면 율법주의자가 되든지, 아니면 반(anti)율법주의자가 된다. 따라서 이 단락을 설교할 때 율법에 관하여 정확하게 설명해 주는 것이 좋다.

믿음으로 의롭게 됨

앞 단원(1:18-3:20)에서 바울은 인간의 불의한 상태를 말했다. 이제 이 단원에서 그는 인간이 의롭게 되는 방법을 제시한다. 먼저, 3:21-31에서 인간이 예수 그리스도를 믿음으로 말미암아 의롭게 된다고 말한다. 그런 후에, 4:1-25에서는 아브라함의 예를 들면서 아브라함도 믿음으로 말미암아 의롭게 되었다고 주장한다. 바울은 아브라함이 모든 믿는 자의 조상이며 모범이기에 아브라함의 경우를 제시함으로써 자신이 앞에서 말한 논지를 발전시킨다.[166]

166 Thomas R. Schreiner, *Romans*, 176-77.

1. 3:21–31 믿음으로 말미암는 의

이 단락은 로마서에서 대단히 중요하다.[167] 여기서 바울은 불의한 사람이 어떻게 의롭게 되는지를 가르쳐 준다. 그는 우리가 예수 그리스도를 믿음으로 말미암아 의롭게 된다는 사실을 말하고, 이를 위해서 예수 그리스도가 치르신 대가를 언급한 후, 모든 사람이 차별 없이 이러한 의에 참여할 수 있다는 사실을 알려준다.

21–24절: 하나님의 의가 나타남

21절: 바울은 인간의 문제에 대한 하나님의 해결책을 묘사한다. "이제는 율법 외에 하나님의 한 의가 나타났으니 율법과 선지자들에게 증거를 받은 것이라." 한글 성경 개역개정판에는 이 구절이 "이제는"으로 시작되는데, 헬라어 본문에는 '그러나 이제는'(Νυνὶ δὲ, 누니 데; ESV: "but now")으로

---

167 상다수 학자는 이 단락을 로마서의 중심으로 본다. 이를 위해서, Thomas R. Schreiner, *Romans*, 178을 보라.

되어 있다. '그러나 이제는'이라는 문구는 사상의 전환을 보여준다.[168] 바울은 지금까지 '인간의 불의한 상태'에 관하여 말했는데, 이제 방향을 바꾸어서 이러한 상태에 관한 하나님의 해결책인 '예수 그리스도를 믿음으로 말미암는 의'에 관하여 말하려고 한다.

"율법 외에 하나님의 한 의가 나타났으니"에서 "율법"은 19-20절에 나왔는데, 여기에 다시 나온다. "율법 외에"(χωρὶς νόμου, 코리스 노무)라는 말은 '율법을 지키는 것에 바탕을 둔 것이 아니다'라는 뜻이다.[169] "하나님의 한 의"(δικαιοσύνη θεοῦ, 디카이오쉬네 데우)는 '하나님의 의'(ESV: "the righteousness of God")라고 번역해야 한다. 이 단어는 1:17에 나왔는데, 이 단락(3:21-31)에서 중심 단어가 되어 네 번이나 나온다(참고. 21, 22, 25, 26절). '하나님의 의'란 '하나님이 주시는 의', '하나님의 심판 기준에 맞는 의', '구원 얻을 만한 자격을 충족시켜 주는 의'를 의미한다. "나타났으니"(πεφανέρωται, 페파네로타이)라는 말은 위로부터, 곧 하나님으로부터 주어졌다는 뜻이다. 이것은 완료형이다. 따라서 이것은 이전에 나타나서 지금 우리 앞에 놓여 있다는 뜻이 된다.[170] 즉 과거의 결정적인 행동이 계속해서 영향을 미치는 것이다. 우리는 율법으로 의로워질 수 없다. 이제는 다른 방식으로 의로워질 수 있다.

바울은 하나님의 의에 대하여 "율법과 선지자들에게 증거를 받은 것"이라고 말한다. 이 말은 하나님의 의가 '구약 성경에서 증거를 받은 것'이라는 뜻이다. 여기서 '증거를 받다'(μαρτυρουμένη, 마르튀루메네)는 분사로서 현재 시상이다. 따라서 이 말은 '지금도 증거되고 있다'라는 뜻이다. 즉 지금도 성경을 펴면 예수 그리스도로 말미암는 하나님의 의가 증거되고 있음을 발견할 수 있다는 것이다(참고. 요 5:46-47).[171] 이 말은 바울이 1:2에

---

168 C. E. B. Cranfield, *Romans*, 201.

169 ESV Study Bible.

170 변종길, 『로마서』, 112; Thomas R. Schreiner, *Romans*, 181을 보라.

171 변종길, 『로마서』, 112.

서 "이 복음은 하나님이 선지자들을 통하여 그의 아들에 관하여 성경에 미리 약속하신 것이라"고 말한 것을 상기시킨다.

22절: 바울은 '하나님의 의'에 대하여 구체적으로 말한다. 헬라어 본문에는 "하나님의 의"가 문장 제일 앞에 나와서 강조되어 있다. 그리고 접속사 'δὲ'(데)가 21절에 이어 다시 붙어 있어서 의미의 풍성함을 더해 준다.[172] 따라서 바울은 21절에서 언급한 하나님의 의를 좀 더 구체적으로 말하는데, 하나님의 의를 받는 방법과 대상을 알려준다. 그는 하나님의 의가 우리에게 어떻게 미치며, 또한 어떤 사람에게 미치는지를 설명한다. 하나님의 의는 예수 그리스도를 믿음으로 말미암아 모든 믿는 자에게 미친다. 그런데 "차별이 없느니라"라는 문구가 문장 제일 뒤에 붙어서 강조의 역할을 한다. 유대인과 이방인은 의롭게 되는 대상에 있어서 차별받지 않으며, 의롭게 되는 방법에서도 전혀 다르지 않다.

그런데 "예수 그리스도를 믿음으로 말미암아"(διὰ πίστεως Ἰησοῦ Χριστοῦ, 디아 피스테오스 이에수 크리스투)라는 문구의 의미에 대하여 학계에서 상당한 논쟁이 있었다.[173] 여기서 '믿음'에 해당하는 헬라어 '**πίστις**'(피스티스)가 '믿음'(faith)과 '신실함'(faithfulness) 모두를 의미할 수 있고, 또한 이러한 속격 구문을 여러 방식으로 취할 수 있기 때문에 정확한 의미를 파악하기가 쉽지 않다. 전통적인 견해는 헬라어 본문의 '**διὰ πίστεως Ἰησοῦ Χριστοῦ**'(디아 피스테오스 이에수 크리스투)를 목적격적 속격으로 보아서 '예수 그리스도를 믿는 믿음'(through faith in Jesus Christ)이라고 이해하는 것이다. 그런데 근래에 들어서 상당수 학자는 이 문구를 주격적 속격으로 보아서 '예수 그리스도가 가진 신실함으로 말미암아'(through the fidelity of Jesus Christ)로 이해하려고 한다.[174] 문구 자체로 볼 때는 두 가지 해석이 다 가능하다. 하지만 로마서 전체에 내재해 있는 바울의 신학과 사상을 고려

172 James D. G. Dunn, *Romans* 1-8, 166.

173 Thomas R. Schreiner, *Romans*, 181-83.

174 James D. G. Dunn, *Romans* 1-8, 166-67을 보라.

할 때 전통적인 해석을 선택하는 것이 바람직하다. 그래서 우리는 이 문구를 '예수 그리스도를 믿음으로 말미암아'로 이해하고자 한다.[175]

23절: "모든 사람이 죄를 범하였으매 하나님의 영광에 이르지 못하더니"라는 문구는 22b절의 "차별이 없느니라"와 연관된다. 그리고 이는 헬라어 성경에서 23절의 문장 제일 앞에 접속사 'γάρ'(가르)가 있는 것으로부터 보완된다. 바울은 하나님의 의가 모든 사람에게 차별 없이 미치는 이유가 모든 사람이 죄를 범했기 때문이라고 한다. 즉 모든 사람이 죄를 범하였으므로 모든 사람에게 하나님의 의가 미쳐야 한다는 것이다. 여기서 "모든"(πάντες, 판테스)이란 단어는 범죄의 보편성을 드러낸다(참고. 9, 10, 11, 12, 19, 20, 22절).[176] 모든 사람이 죄를 범했다는 말은 아담이 지은 원죄와 그로 인한 모든 인류의 자범죄를 포괄한다. 필시 모든 사람, 곧 유대인과 이방인 모두에게 아담의 죄가 전가되었다.

"하나님의 영광"이라는 표현은 모호하며 설명하기가 쉽지 않다.[177] 이것을 '하나님이 주시는 완전한 의와 거룩과 복락의 상태'를 가리키는 것으로 보는 것이 무난하다.[178] 이것은 하나님의 창조 목적과 연관된다.[179] 하나님은 사람을 만드시면서 사람이 하나님의 영광을 드러내고, 그 영광에 참여하기를 원하셨다. 그러나 사람은 죄를 지음으로 그러한 일에 실패하게 되

---

175 이에 대한 충분한 논의를 위하여, Thomas R. Schreiner, *Romans*, 184-86을 보라.

176 C. E. B. Cranfield, *Romans*, 204.

177 Walter Daniel Jackson은 근래에 발표한 논문에서 "하나님의 영광에 이르지 못하더니"의 의미를 다음과 같이 진술한다. "I argue that Rom. 3:23 should be understood in light of a set of Greco-Roman conventions about divine presence and especially in light of a Jewish discourse related to the temple. Accordingly, Paul in Rom. 3:23 figures the human plight in terms of alienation from God-acondition with cultic and spatial dimensions." Walter Daniel Jackson, "The Logic of Divine Presence in Romans 3:23", *The Catholic Biblical Quarterly* 80.2 (2018): 293-305. 로마서에서 '영광'의 주제에 관한 포괄적인 연구를 위하여, Donald L. Berry, *Glory in Romans and the Unified Purpose of God in Redemptive History*, Eugene: Wipf and Stock Publishers, 2016을 참고하라.

178 변종길, 『로마서』, 113.

179 C. E. B. Cranfield, *Romans*, 204; Thomas R. Schreiner, *Romans*, 187.

었다. 즉 사람은 범죄한 이후 하나님의 영광을 잃어버렸고, 그 결과 하나님의 거룩한 내적 성품을 잃어버렸으며, 파괴적이고 오염된 죄의 성품들을 가지게 되었다(참고. 1:21-23; 3:9).[180]

24절: 그렇다면 인간은 이러한 상태로 방치되어 있는가? 이에 대해서 바울은 하나님이 인간을 위해서 마련하신 대책을 소개한다. 하나님은 죄를 범해서 하나님의 영광에 이르지 못하여 절망할 수밖에 없던 인간을 구원하실 방책을 마련해 주셨다. 바울은 "그리스도 예수 안에 있는 속량으로 말미암아 하나님의 은혜로 값없이 의롭다 하심을 얻은 자 되었느니라"고 말한다. '속량'(ἀπολύτρωσις, 아포뤼트로시스)이란 단어는 노예를 사기 위해서 돈을 지불하는 것을 뜻한다. 신약 성경에서 이 단어는 예수 그리스도가 우리를 위해 자신을 내어 주신 것과 관련하여 사용되었다(참고. 롬 8:23; 엡 1:7, 14; 골 1:14; 히 9:15). 이 구절에서 바울은 "그리스도 예수 안에 있는 속량"이란 표현을 사용하여 그리스도 예수께서 우리를 사시기 위하여 자기 생명을 내주신 구체적인 사건을 언급한다.

"하나님의 은혜로 값없이 의롭다 하심을 얻음"이라는 말은 사람이 의롭게 되려면 그에 합당한 대가를 지불해야 하는데, 하나님께서 독생자 예수님을 내어 주심으로 그 대가를 지불해 주셨음을 시사한다. 따라서 우리는 아무런 대가를 치르지 않고서 의롭게 되는 것이다. 필시 우리가 의롭게 되는 것은 우리의 공로와 완전히 무관하다. 하나님께서는 은혜를 베푸셔서 아무런 자격과 능력이 없는 우리가 의롭게 될 수 있는 길을 열어 주셨다. 이제 하나님의 호의를 받아들이는 사람은 의롭게 되지만, 그렇지 않은 사람은 여전히 불의한 상태로 남아 있게 된다. 그런데 우리가 꼭 기억해야 할 사실은 하나님이 자신의 공의를 만족시키기 위해서 대가를 지불하신 것이지, 일부 사람들이 주장하듯이 사탄에게 대가를 지불하신 것이

---

180 김곤주, 『로마서』, 82; 참고. Benjamin C. Blackwell, "Immortal Glory and the Problem of Death in Romans 3:23", *Journal for the Study of the New Testament* 32.3 (2010): 285-308.

아니라는 점이다.[181]

25-26절: 예수님이 치르신 대가

25-26절은 24절의 '그리스도 예수'에 대한 설명이다.[182]

25절: 바울은 하나님이 사람을 의롭게 하시기 위해서 어떤 대가를 지불하셨는지를 말한다. 즉 하나님이 사람을 속량하시기 위하여 자기 아들 예수 그리스도로 하여금 어떤 일을 치르게 하셨는지를 언급한다. 하나님은 그리스도를 '화목 제물'(ἱλαστήριον, 힐라스테리온)로 세우셨다.[183] 이 말은 하나님이 그리스도를 우리 죄를 없애기 위한 제물로 사용하셨다는 뜻이다.

"전에 지은 죄를 간과하심으로"라는 말이 무엇을 의미하는지 논란이 있다. 이는 '간과'에 해당하는 헬라어 '**πάρεσις**'(파레시스)가 신약에서 여기에만 나오고 70인 역에도 나오지 않기 때문이다. 이 단어를 어떻게 이해해야 하는가? 이것은 이전에 지은 죄를 하나님이 눈감아 주시거나 모르는 체 하셨다는 뜻인가? 아니면 이전에 지은 죄를 하나님이 진짜로 용서하지 않으시고 용서하는 척하셨다는 뜻인가? 그러나 로마서나 바울의 신학에서 그러한 의미를 지닐 가능성은 희박하다. 원래 성경 밖에서 '**πάρεσις**'(파레시스)는 빚이나 형벌의 '용서' 혹은 '면제'를 의미했다. 그래서 고대 해석자들과 라틴어 성경 불가타역(Vulgate)은 본문의 '**πάρεσις**'(파레시스)를 '용서' 혹은 '면제'로 이해했다.[184] 그러므로 우리는 이 단어를 단어 자체의 뉘앙스에 근거하여 하나님이 죄를 그냥 눈감아 주셨다(간과)는 뜻으로 여기

---

181 김곤주, 『로마서』, 83.

182 C. E. B. Cranfield는 다음과 같이 설명한다. "The whole of 25 and 26 is a single relative clause depending on Christ Jesus in v. 24." C. E. B. Cranfield, *Romans*, 208.

183 학계에서 '힐라스테리온'의 의미에 대한 치열한 논쟁이 있었다. 이를 위하여, Thomas R. Schreiner, *Romans*, 191-94를 보라. 또한 홍인규, 『로마서 어떻게 읽을 것인가』, 서울: 성서유니온, 2001, 77을 보라. 그리고 Douglas J. Moo, *Romans*, 233을 보라.

184 이에 관하여 Joseph A. Fitzmyer, *Romans*, 351-53을 보라.

지 말아야 한다. 이것은 실제적인 '용서'를 의미한다. 하나님은 우리의 죄를 깨끗이 용서해 주신다. 하나님이 우리를 용서해 주시는 이유는 "자기의 의로우심을 나타내려 하심"이다. 이것은 '하나님의 공의를 만족시키려 하심'이라는 뜻이다. 하나님은 우리를 용서하심으로써 자신의 공의를 만족(충족)시키신다.

26절: "곧 이 때에"(ἐν τῷ νῦν καιρῷ, 엔 토 뉜 카이로; ESV: "at the present time")라는 문구는 복음이 전파되는 시기(상황)를 강조한다.[185] 즉 복음이 전파됨으로 하나님의 의가 나타나는 것을 시사한다. "자기의 의로우심을 나타내사 자기도 의로우시며"라는 말은 25절에서와 같이 하나님께서 자신의 공의를 만족시키신다는 뜻이다. "또한 예수 믿는 자를 의롭다 하려 하심이라"라는 말은 인간의 칭의를 의미한다. 하나님은 능력이 있다고 해서 공의를 무시하지 않으신다. 또는 사랑의 하나님이라고 해서 율법을 무시하지 않으신다. 하나님은 자기 아들을 십자가에 죽게 하심으로 율법의 요구를 다 이루셨다(참고. 8:3-4; 요 19:30).[186] 하나님은 자기 본성의 완전한 정결함과 자기 의지의 완전한 올바름과 자신의 완전한 공의에 아무런 누도 끼치지 않기 위해서, 죄와 죄인을 미워하실 수밖에 없으면서, 동시에 예수님을 믿고 자신을 구주에게 던지는 자에게 은혜를 베푸신다.[187]

27-30절: 모든 사람이 믿음으로 의롭게 됨

1:18 이하에서 바울은 사람의 불의한 상태를 말했고, 이어서 예수님 안

---

185 John D. Harvey, *Romans*, 94; C. K. Barrett, *Romans*, 76.

186 변종길, 『로마서』, 116.

187 매튜 풀, 『로마서』, 376. Thomas R. Schreiner는 25-26절의 의미를 다음과 같이 요약한다. "Verses 25 -26 also solve the problem that has been building since 1:17. How do the saving and judging righteousness of God relate to each other? How can God mercifully save people without compromising his justice? Paul's answer is that in the death of Jesus the saving and judging righteousness of God meet." Thomas R. Schreiner, *Romans*, 198.

에 있는 속량을 말했으며, 이후 사람이 예수님께서 치르신 대가를 믿음으로 말미암아 의롭게 된다는 사실을 말했다. 이제 3:27-28에서 그는 사람이 믿음으로 의롭게 된다는 사실을 요약하고, 3:29-30에서 이러한 일에 유대인과 이방인의 차별이 없다는 사실을 말한다. 바울은 디아트리베(diatribe) 스타일을 다시 사용하여 질문과 대답 형태로 논의를 전개한다(참고. 2:1-5의 주석).

27절: 바울은 "그런즉 자랑할 데가 어디냐?"라고 질문한다. 이 질문의 의미는 '사람이 의롭게 된 것에 대해서 자신의 공로를 자랑할 수 있겠는가?'이다. 이에 대해서 바울은 "있을 수가 없느니라"고 답변한다. 그는 이어서 "무슨 법으로냐? 행위로냐?"라고 질문하고, "아니라 오직 믿음의 법으로니라"고 답변한다. 여기서 "법"(νόμος, 노모스)이란 '원리'(principle)를 의미한다. '법'은 넓은 의미에서 '원리', '이치', '도리'라는 뜻으로 사용된다(참고. 7:21).[188] 따라서 이 말은 세상의 원리나 방법, 즉 인간적인 행위로 의로움에 도달할 수 없으며, 오직 믿음의 원리나 방법으로서 그리스도의 의가 우리에게 전가되므로 의로워질 수 있다는 뜻이다.

28절: 이 구절은 27절을 설명한 것이다. 사람은 의롭게 된 것을 자신의 공로라고 자랑할 수 없다. 이는 사람이 의롭게 된 것이 하나님의 은혜로 값없이 된 것이기 때문이다. 그러므로 사람은 자신의 공로와 노력으로 말미암아 의롭게 되었다고 생각하여 자랑할 것이 아니라, 오직 그리스도께서 십자가 위에서 이루신 일을 믿음으로 말미암아 의롭게 되었음을 알고 하나님께 감사해야 한다(참고. 갈 2:16; 엡 2:8-9).

29절: 이제 바울은 어떤 사람이 의롭게 될 수 있는지를 다룬다. 그는 "하나님은 다만 유대인의 하나님이시냐? 또한 이방인의 하나님은 아니시냐?"라고 질문한다. 그리고 이어서 "진실로 이방인의 하나님도 되시느니라"고 답변한다. 바울은 '인간의 상태'를 말하는 단원에서(1:18-3:20) 유대인과 이

188 변종길, 『로마서』, 118.

방인 모두가 죄인이라고 역설했는데, 여기서 하나님이 유대인과 이방인 모두의 하나님이시라고 말함으로써, 하나님이 인간을 인종과 민족에 따라 나누고 차별하지 않으신다는 점을 분명히 말한다.

30절: 바울은 29절에서 말한바 하나님이 모든 사람의 하나님이시라는 사실을 전제하면서 말한다. 그의 의도는 유대인이든 이방인이든 모든 사람이 동일한 방식인 "믿음으로 말미암아" 의롭게 된다는 것이다. 그런데 하나님에 대하여 "의롭다 하실"(δικαιώσει, 디카이오세이)이라는 미래형이 사용된 것은 하나님께서 의롭다 하시는 일이 현재(참고. 28절의 "의롭다 하심을 얻는 것", δικαιοῦσθαι, 디카이우스다이)와 미래 모두에 일어나는데, 이는 미래적 선언이 현재의 실재를 보증하기 때문이다.[189] 그리고 "하나님은 한 분이시니라"라는 말이 덧붙여진 이유는 유대인과 이방인 모두가 섬기는 하나님이 바로 '유일하신 참 하나님'이시라는 사실을 강조하기 위해서이다. 그러므로 유대인과 이방인은 동일한 한 분 하나님을 섬기며, 그들 사이에는 분단과 분리가 없다. 그들은 모두 예수 그리스도를 믿음으로 말미암아 의롭게 된다.

31절: 율법의 역할

31절: 바울은 단락의 마지막 부분에서 율법에 관한 견해를 밝힌다. 이것은 그가 방금 말한 것으로부터 얻어질 수 있는 결론이 무엇인지를 묻는 것이다.[190] 즉 그는 유대인들의 반론을 예상하고 대비한다.[191] "그런즉 우리가 믿음으로 말미암아 율법을 파기하느냐?" 이 질문은 '율법으로가 아니라 믿음으로 말미암아 의롭게 된다면 율법의 역할은 무엇인가?', '이제 율법은 더 이상 필요 없는가?', '그렇다면 율법을 파기해야 하는가?'라는 뜻이다.

189 Thomas R. Schreiner, *Romans*, 206.

190 Thomas R. Schreiner, *Romans*, 206.

191 C. E. B. Cranfield, *Romans*, 223-24.

이러한 질문은 율법 무용론 혹은 율법 폐기론 혹은 반(反)율법주의와 연관된다. 이러한 반론에 대해서 바울은 "그럴 수 없느니라 도리어 율법을 굳게 세우느니라"고 대답한다. 믿음으로 의롭다고 인정받는다는 것은 율법을 무시하거나 율법 없이 살아도 된다는 뜻이 아니다. 오히려 의롭게 된 사람들은 율법에 순종해야 한다. 그리스도를 믿는 사람들은 윤리적으로 바른 삶을 살아야 한다.

• 설교자를 위한 지침 •

1. 설교자는 이 단락을 설교할 때 신학 용어들을 정확하게 설명해야 한다. 예를 들어, '하나님의 의', '이신칭의', '속량', '원죄와 자범죄', '의의 전가'와 같은 용어들의 의미를 정확하게 알려주어야 한다. 이를 위해서 신학 사전 등을 참고하여 충분히 공부할 필요가 있다.

2. 이 단락에서 바울은 인간의 불의함에 대한 하나님의 대책을 말한다. 즉 하나님께서 불의한 사람을 어떻게 의롭게 해 주시는지를 언급한다. 따라서 설교자는 인간의 불의한 상태가 의로운 상태로 전환되는 방법을 설명하는 일에 주목해야 한다. 또한 '이신칭의'의 의미를 바르게 설명하여 청중들이 하나님의 은혜를 깨달으면서 동시에 율법 무용론을 배격하게 해야 한다.

3. 이 단락의 설교 대지를 다음과 같이 구성할 수 있다.
   1) 우리는 값없이 의롭다는 판정을 받았다(21-24절).
   2) 하나님은 우리를 값없이 의롭다고 판정하시기 위하여 값비싼 대가를 치르셨다(25-26절).
   3) 하나님은 모든 사람을 차별 없이 의롭다고 여기신다(27-30절).
   4) 의롭다는 판정을 받은 사람은 감사하는 마음으로 율법을 지켜야 한다(31절).

2. 4:1–12 아브라함이 믿음으로 말미암아 의롭게 됨

앞 단락(3:21-31)에서 바울은 사람이 믿음으로 말미암아 의롭게 된다고 말했다. 이제 이 단락에서 그는 아브라함이 믿음으로 말미암아 의롭게 되었다는 사실을 언급한다. 아브라함은 모든 믿는 사람의 조상이다(참고. 4:1, 12). 특히 유대인들은 아브라함을 최고의 모범으로 생각했다. 따라서 아브라함이 어떻게 의롭게 되었는지를 살피는 것은 중요하며 적절하다. 바울은 아브라함이 믿음으로 말미암아 의롭게 되었다는 사실을 논증함으로써 모든 사람이 믿음으로 말미암아 의롭게 된다는 사실을 설득력 있게 증언한다.[192]

1–5절: 아브라함의 예

1절: 바울은 "그런즉 육신으로 우리 조상인 아브라함이 무엇을 얻었다

---

192 참고. Joshua W. Jipp, "Rereading the Story of Abraham, Isaac, and 'Us' in Romans 4", *Journal for the Study of the New Testament* 32.2 (2009): 217-42.

하리요?"라는 질문으로 논의를 시작한다. 이 질문은 '아브라함이 하나님에게서 무엇을 얻었는가?'라는 뜻이다. 즉 아브라함이 어떻게 의롭게 되었는지를 묻는 것이다. "육신으로 우리 조상"이라는 문구는 일차적으로 유대인의 조상이라는 뜻인데, 이 단락의 마지막 부분인 11-12절에서 '조상'의 의미가 확대되어서 유대인과 이방인 가운데 믿는 자(신자) 모두의 조상이라는 뜻이 된다.[193] 당시 사람들은 아브라함이 '행위'(선행)로 말미암아 의롭게 되었다고 생각했다. 따라서 바울은 이 질문에 '과연 아브라함이 행위로 말미암아 의롭게 되었느냐?'라는 의구심을 담아 놓았다.[194]

2절: 아브라함은 비록 선행을 많이 한 사람이긴 하지만 절대적으로 의로우신 하나님 앞에서 자랑할 만큼 완전한 선행을 하지 않았다. 당시 유대인들은 아브라함을 경건한 유대인의 전형과 모델로 여기면서, 그를 율법이 기록되지 않은 상태에서도 율법을 지킨 사람이라고 믿었다(참고. 창 26:5).[195] 즉 유대인들은 아브라함의 의를 그가 시험을 통과한 것과 율법을 준수한 덕분이라고 여겼다. 하지만 바울은 그러한 아브라함 이해에 동의하지 않고, 창세기 15장에 기록된 이야기로 돌아가려고 한다.[196]

3-5절은 1-2절에서 제기된 질문에 대한 답변이다. 3절은 2절의 주장에 대한 성경적 증거를 제시한 것이고, 4-5절은 3절을 구체적으로 설명한 것이다.

3절: 바울은 "성경이 무엇을 말하느냐?"라고 함으로 2절에서 진술한 말에 대한 성경적 증거를 제시하려고 한다.[197] 과연 아브라함은 어떻게 의롭게 되었는가? 이에 대해서 바울은 창세기 15:6을 인용하는데, "아브라함이

---

193 그러나 James D. G. Dunn은 바울이 "우리 조상인 아브라함"이라는 표현을 사용했을 때, 유대인들의 조상이라고만 생각한 것인지, 아니면 이방인들도 포함한 것인지가 분명하지 않다고 말한다. James D. G. Dunn, *Romans* 1-8, 199.

194 C. K. Barrett, *Romans*, 82.

195 James D. G. Dunn, *Romans* 1-8, 200.

196 Joseph A. Fitzmyer, *Romans*, 372.

197 C. E. B. Cranfield, *Romans*, 228.

하나님을 믿으매 그것이 그에게 의로 여겨진 바 되었느니라"고 말한다. 이 말은 갈라디아서 3:6에도 "아브라함이 하나님을 믿으매 그것을 그에게 의로 정하셨다 함과 같으니라"고 사용된다. 바울은 '아브라함이 하나님을 믿었다'라고 서술하며, '이로 인해 그가 의롭게 여겨진 바 되었다'라고 명시한다. 즉 아브라함이 하나님의 말씀을 믿었다는 사실과, 아브라함이 스스로 의롭게 된 것이 아니라, 하나님에 의해서 의롭게 여김을 받았다는 사실을 말한다. 그러므로 바울의 요지는 분명하다. '아브라함은 선행으로 의롭게 된 것이 아니라 믿음으로 의롭게 되었다.'

4절: 바울은 3절에서 말한 것을 4-5절에서 구체적으로 설명한다. 4절과 5절의 관계는 다음과 같다. 4절은 일반적인 인식이며, 5절은 일반적인 인식을 초월하는 신학적인 원리이다. 바울은 "일하는 자에게는 그 삯이 은혜로 여겨지지 아니하고 보수로 여겨지거니와"라고 기술한다. 이 말은 사람들의 일반적인 인식을 반영하는데, 일을 하면 삯을 받게 되며, 이렇게 하는 것이 정당하다는 뜻이다. 따라서 노동자에게 임금은 은혜가 아니라 정당하고 합당한 대가이다.[198]

5절: 바울은 이어서 4절의 일반적인 인식과 완전히 다른 경우를 말한다. 한글 성경 개역개정판에는 번역되어 있지 않지만, 헬라어 본문의 문장 제일 앞에 '그러나'에 해당하는 'δε'(데)가 있어서 상황의 전환을 알려준다.[199] (그러나) "일을 아니할지라도 경건하지 아니한 자를 의롭다 하시는 이를 믿는 자에게는 그의 믿음을 의로 여기시나니" 4절은 '일하는 자'를 말했지만, 5절은 '일하지 않는 자'를 말하는데, 바울은 '일하는 자'가 보상을 받는다는 일반적인 원리를 넘어서서 '일하지 않더라도 의롭게 된다'라는 신학적인 원리를 소개한다.[200] 이것은 사람이 하나님의 절대적인 의로움의 기준을 충족시켜 드릴 만한 일을 하지 않았고, 그분에게 부합하여 경건하지 않

198 홍인규, 『로마서 어떻게 읽을 것인가』, 87.

199 John D. Harvey, *Romans*, 106.

200 Douglas J. Moo, *Romans*, 264.

았는데도, 의롭다는 인정을 받았다는 뜻이다. 여기서 "경건하지 아니한 자를 의롭다 하시는 이"라는 문구는 하나님께서 인간의 경건함을 보시고 의롭다고 평가하시는 것이 아니라, 인간이 경건하지 않음에도 불구하고 그의 믿음을 보시고 의롭게 여기신다는 뜻이다.

6-8절: 다윗의 말

바울은 자신의 주장을 확실히 하기 위해서 다윗의 말을 인용한다. 다윗은 아브라함과 더불어 매우 중요한 인물이다. 따라서 다윗의 말(증언)은 아브라함이 믿음으로 말미암아 의롭게 되었다는 바울의 주장(사실)을 권위있게 해준다.

6절: 바울은 5절에서 "일을 아니할지라도 경건하지 아니한 자를 의롭다 하시는 이를 믿는 자에게는 그의 믿음을 의로 여기시나니"라고 말했는데, 여기서 다시 이를 반복하여 아브라함이 일한 것(의롭다고 인정받을 만한 선행)이 없지만 의롭다고 여기심을 받았다는 사실을 분명히 한다. 비록 아브라함이 하나님의 말씀에 순종하여 많은 일을 했지만, 하나님이 보시기에는 그가 한 일이 여전히 작고 보잘것없었다. 따라서 그는 일한 것이 없는 사람으로 묘사된다.

7-8절: 바울은 다윗이 지은 시편 32:1-2를 인용한다. 7절과 8절은 같은 말을 다르게 표현한 것이다. 즉 "불법이 사함을 받고 죄가 가리어짐을 받는 사람들은 복이 있고"와 "주께서 그 죄를 인정하지 아니하실 사람은 복이 있도다"는 같은 말이다.[201] 죄가 있으면 괴롭고 고통스럽다. 이는 죄로 인하여 하나님과의 관계가 단절되기 때문이다. 하지만 죄 사함을 받으면 행복하고 즐거워진다. 이는 하나님과의 관계가 회복되기 때문이다. 따라

201 James D. G. Dunn은 바울이 다음의 문구들을 동의어로 분명히 간주한다고 주장한다. '의로 여기다'(reckon righteous) = '불법을 사하다'(forgive acts of lawlessness) = '죄를 덮다'(cover sins) = '죄로 여기지 않다'(not reckon sins). James D. G. Dunn, *Romans* 1-8, 207.

서 죄 사함을 받은 사람은 복이 있다.

바울은 3절에서 창세기 15:6을 인용하고, 7-8절에서 시편 32:1-2를 인용했는데, 이렇게 그가 창세기 15:6을 시편 32:1-2와 연결하는 것은 타당하다.[202] 이는 하나님께서 사람의 행위가 아니라 믿음을 보시며 의롭다고 여겨 주신 것과 하나님께서 사람의 죄를 기꺼이 용서해 주시는 것이 연관되어 있기 때문이다. 아브라함은 완전한 사람이 아니었다. 그는 여전히 부족하고 연약한 사람이었다. 하지만 하나님께서 그를 택하셔서 믿음을 주시고 의롭다고 여겨 주셨다. 그러므로 아브라함이 의롭게 된 것은 오직 하나님의 은혜였다. 마찬가지로 사람이 선행을 어느 정도 했다고 해서 이미 지은 죄가 없어지는 것은 아니다. 죄의 대가는 선행과 별도로 반드시 치러져야 한다. 하지만 하나님은 사죄를 구하는 자의 불법을 용서해 주시고 죄를 가리어 주신다. 그의 죄를 인정하지 않아 주신다. 그러므로 신자의 일생은 전적인 은혜로 이루어진다.

9-12절: 할례자와 무할례자

9절: 지금까지 바울은 아브라함이 믿음으로 말미암아 의롭게 되었다는 사실을 말했는데, 이제는 "그런즉 이 복이 할례자에게냐? 혹은 무할례자에게도냐?"라는 수사학적 질문(rhetorical question)을 던짐으로 아브라함과 같이 믿음으로 말미암아 의롭게 되는 복이 할례를 받은 유대인에게만 해당하는지 아니면 할례를 받지 못한 이방인에게도 해당하는지를 말하려고 한다. 바울은 이에 대한 답변을 제공하기 전에 앞에서 말했던 "아브라함에게는 그 믿음이 의로 여겨졌다"라는 말을 반복한다. 이것은 그의 논지를 확증하기 위한 것이다.

---

202 Douglas J. Moo, *Romans*, 266.

여기서 바울이 '할례자'라는 표현을 사용한 것은 유대인들이 할례를 대단히 중요하게 여겼기 때문이다. 그들은 아브라함이 할례받은 것에 따라 모든 유대인이 할례받는 것을 큰 특권이라고 생각했다. 그들은 할례가 선택받은 언약 백성의 표지로서 의의 수단이 된다고 믿었다. 하지만 바울은 그들의 견해에 반대하여 할례가 의의 수단이 되지 못한다고 주장한다.

10절: 바울은 계속해서 수사학적 질문을 던지는데, "그런즉 그것이 어떻게 여겨졌느냐? 할례시냐? 무할례시냐?"라고 묻는다. 그리고 이어서 "할례시가 아니요 무할례시니라"고 답변한다. 질문의 의미는 '아브라함이 언제 의롭다고 인정되었는가?'이다. 그리고 답변의 의미는 '그가 할례를 받은 후가 아니라 할례를 받기 전이다'이다. 즉 바울은 아브라함이 의롭다고 여겨진 것이 할례를 받기 전이라고 주장한다. 아브라함이 믿음으로 의롭다고 판정받은 것은 창세기 15장에 기록되어 있다. 그리고 아브라함이 할례를 받은 것은 창세기 17장에 기록되어 있다. 이 두 장 사이의 간격은 최소한 14년이다.[203] 그러므로 이 말은 만일 아브라함이 의로 여기심을 받은 복이 할례에 따른 것이 아니었다면, 할례를 받지 않는 이방인들 역시 유대인들과 마찬가지로 얼마든지 그 복을 받을 수 있게 된다는 결론이 나온다.[204]

11절: 바울은 10절에 있는 바울의 주장에 대해서 '아브라함이 할례를 받기 전에 의롭다고 여겨졌다면 아브라함이 할례를 받은 것은 무엇을 의미하는가?'라는 질문을 예상하고 그에 대해 답변한다. "할례의 표"(the sign of circumcision)라는 표현은 할례가 겉으로 드러나는 것임을 반영한다. 할례는 하나님의 언약 백성이라는 사실을 보여주는 외적인 표였다(참고. 창 17:11). "인"(σφραγίς, 스프라기스, seal)을 쳤다는 말은 도장을 받았다는 말로 외적인 증명을 획득했다는 뜻이다. "무할례 시에 믿음으로 된 의를 인친 것이니"라는 말은 아브라함이 할례를 받기 전에(무할례시에) 이미 믿음

---

203 Douglas J. Moo는 랍비들의 계산에 따르면, 이 일이 29년이 지난 후의 일이라고 언급한다. Douglas J. Moo, *Romans*, 268.

204 매튜 풀, 『로마서』, 383.

으로 말미암아 의롭게 되었다는 뜻으로, 그가 적어도 14년 후에 할례를 받음으로 믿는 자라는 사실을 외적으로 증명했음을 의미한다. 따라서 할례는 그 자체로 사람을 의롭게 하지 않으며, 다만 의롭게 된 사실을 확인해 주는 표식이 된다.

바울은 이어서 "이는 무할례자로서 믿는 모든 자의 조상이 되어 그들도 의로 여기심을 얻게 하려 하심이라"고 말한다. "무할례자로서 믿는 모든 자"는 모든 이방인 신자를 가리킨다. 따라서 이 말은 아브라함이 할례를 받기 전에 믿음으로 말미암아 의롭다고 여기심을 받은 것이 그가 할례를 받지 않은 모든 이방인 신자의 조상이 되어서 이방인 신자들도 의롭다고 여기심을 받을 수 있는 증거가 된다는 뜻이다. 그러므로 바울의 요지는 분명하다. 아브라함은 할례를 받은 유대인 신자들의 조상일 뿐만 아니라 할례를 받지 않은 이방인 신자들의 조상도 되며, 아브라함이 할례를 받기 전에 의롭다고 여겨진 것은 유대인 신자들과 이방인 신자들 모두가 할례와 관계없이 의롭다고 여기심을 받을 수 있는 근거가 된다.

12절: "할례자의 조상이 되었나니 곧 할례받을 자"라는 말은 아브라함이 유대인 신자들의 조상이라는 뜻이다. 그리고 "우리 조상 아브라함이 무할례 시에 가졌던 믿음의 자취를 따르는 자들"은 이방인 신자들을 가리킨다. 따라서 바울은 아브라함이 이방인들(무할례자들) 가운데 믿는 자들과 유대인들(할례자들) 가운데 믿는 자들 모두의 조상이 되었다고 말한다. 이처럼 바울은 1절에 이어서 11-12절에서도 아브라함이 모든 신자의 조상이라고 말하는데, 이후 16절에서 이를 다시 언급할 것이다. 결국, 이 단락은 유대인이나 이방인 모두 할례를 통해서 의롭게 되는 것이 아니라 믿음으로 말미암아 의롭게 된다는 사실을 주장한다.

설교자를 위한 지침

1. 설교자는 이 단락에 드러난 바울의 지혜를 본받아야 한다. 그는 주장을 강화하기 위해서 수사학적 질문을 던지고, 구약 성경을 인용하며, 모든 사람이 모범으로 생각하는 인물(아브라함)을 예로 든다. 이렇게 설교자의 말에는 설득하는 장치와 성경적 근거가 있어야 한다.

2. 설교자는 구약과 신약의 관계를 염두에 두면서 본문을 해석하고 전달해야 한다. 구약과 신약은 같은 말씀이지만, 구약이 신약을 예언하고 신약이 구약을 성취한다는 점에서 차이가 있다. 따라서 어떤 본문을 택하든지 구약과 신약의 관계를 고려하여 이해하고 전달해야 한다.

3. 이 단락에 강한 '선교 모티프'가 담겨 있다. 바울은 아브라함이 유대인과 이방인 모두의 조상이 된다고 말한다. 그리고 유대인과 이방인 모두 같은 방법으로 구원받는다고 주장한다. 전 세계 모든 민족은 모두 중요하고 귀하다. 그들은 같은 복음을 통해서 구원받을 수 있다. 따라서 우리 민족을 전도하는 일이 중요하지만, 다른 민족에게 복음을 전하는 것도 필요하다.

3. 4:13–25 아브라함이 믿음으로 말미암아 언약을 받음

앞 단락(4:1-12)에서 바울은 아브라함이 믿음으로 말미암아 의롭게 되었다는 사실을 말하면서, 이에 따라 모든 사람이 믿음으로 말미암아 의롭게 된다는 사실을 주장했다. 이제 이 단락에서 바울은 앞 단락과 유사하지만 조금 다른 측면을 말하는데, 아브라함이 '언약'을 받은 것이 율법이 아니라 믿음으로 말미암았다고 말한다. 즉 당시 유대인들은 언약이 율법으로 말미암아 주어졌다고 믿었으나 바울이 이를 반박한다. 따라서 바울은 유대인들과 이방인들 모두가 믿음으로 말미암아 의인이 되며 언약의 상속자가 된다는 사실을 공고히 한다.

13–15절: 율법으로 말미암지 않은 언약

13절: 하나님이 아브라함과 맺으신 언약은 "아브라함과 그의 후손이 세상의 상속자가 되리라고 하신 언약"이다. 이러한 언약 문구는 창세기 특정 구절에서 발견되지 않지만, 창세기 12:3의 "땅의 모든 족속이 너로 말미암아 복을 얻을 것이라"라는 말의 보편성(universality)을 반영한다.[205] 이러한 보편성은 창세기 전체에서 세 가지로 요약되는데, 아브라함이 많은 수의 후손을 가지게 될 것이라는 약속(참고. 창 12:2; 13:16; 15:5; 17:4-6, 16-20; 22:17), 그가 땅을 소유하게 될 것이라는 약속(참고. 창 13:15-17; 15:12-21; 17:8), 그리고 천하 만민이 그로 말미암아 복을 받을 것이라는 약속(참고. 창 12:3; 18:18; 22:18)이 그것이다.[206]

"율법으로 말미암은 것이 아니요 오직 믿음의 의로 말미암은 것이니라"라는 말에서 "율법"이란 선행이나 공로를 의미하며, "믿음의 의"란 믿음으로 말미암는 의를 뜻한다. 따라서 이 말은 아브라함과 그의 후손에게 세상의 상속자가 되리라는 하나님의 언약이 주어진 것이 선행이나 공로로 말미암은 것이 아니라 믿음을 통해서 얻어진 의로 말미암은 것이라는 뜻이다. 실제로 창세기 15:6에 "아브람이 여호와를 믿으니 여호와께서 이를 그의 의로 여기시고"라는 말씀이 있고, 창세기 16:7에 "또 그에게 이르시되 나는 이 땅을 네게 주어 소유를 삼게 하려고 너를 갈대아인의 우르에서 이끌어 낸 여호와니라"라는 말씀이 있다. 하나님은 아브라함을 의롭다고 여기신 이후에 그에게 나타나셔서 가나안 땅을 주겠다고 약속하셨다.

14절: 바울을 대적하는 자들은 율법에 근거를 두고 있는 삶이 아브라함에게 주어진 약속에 참여하는 길(상속자가 되는 길)이라고 주장한다.[207] 그러나 바울은 다음과 같이 말한다. "만일 율법에 속한 자들이 상속자이면 믿음은 헛것이 되고 약속은 파기되었느니라."

"율법에 속한 자들"이란 율법을 완벽히 지키는 자들을 가리킨다. 만일 율법을 완벽히 지키는 자들이 상속자가 된다면 "믿음은 헛것"이 된다. 즉 믿음은 필요 없어진다. 이는 그저 율법을 완벽히 지키기만 하면 되기 때문이다. 하지만 이 세상에 그런 사람은 존재하지 않는다. 율법을 완벽히 지

---

205 Joseph A. Fitzmyer, *Romans*, 384.

206 Douglas J. Moo, *Romans*, 274.

207 홍인규, 『로마서 어떻게 읽을 것인가』, 90.

킬 수 있는 사람은 없다. 따라서 사람에게는 반드시 믿음이 필요하다. 이는 갈라디아서 5:4의 "율법 안에서 의롭다 함을 얻으려 하는 너희는 그리스도에게서 끊어지고 은혜에서 떨어진 자로다"라는 말씀과 일치한다. "약속은 파기되었느니라"라는 말은 하나님께서 아브라함에게 약속을 주셨는데, 만일 율법을 완벽히 지킬 때 약속을 이루어 주겠다고 하셨더라면, 그것이 애당초 이루어지기가 불가능한 것이기에 아무런 소용이 없다는 뜻이다.

15절: 그렇다면 율법의 역할은 무엇인가? 이에 대하여 바울은 "율법은 진노를 이루게 하나니 율법이 없는 곳에는 범법도 없느니라"고 말한다. "율법은 진노를 이루게 하나니"라는 말은 율법 자체가 진노를 이루게 한다는 뜻이 아니라, 율법이 사람에게 죄인이라는 사실과, 따라서 하나님의 진노를 받을 수밖에 없는 존재라는 사실을 알려준다는 뜻이다. 사람은 율법을 통해서 자신의 부족함과 무능함을 깨닫고 하나님께 돌아가려고 한다. 이것은 율법의 중요한 역할이다(참고. 3:20의 주석). "율법이 없는 곳에는 범법도 없느니라"라는 문구는 앞 문구의 의미를 확실히 하기 위한 것이다.[208] 이 문구는 5:13("율법이 없었을 때에는 죄를 죄로 여기지 아니하였느니라")에서 약간 다른 형태로 다시 나온다(참고. 3:20). 이 문구는 율법이 있기 전에도 당연히 죄가 있었지만, 율법이 없었기 때문에 그것이 '범법'(παράβασις, 파라바시스, 율법을 어김)이 되지 않았다는 뜻이다.[209] 하지만 이제는 율법이 있기 때문에 그것의 위반, 즉 범법이 있다.

16-22절: 믿음으로 말미암는 언약

13-15절에서 바울은 아브라함이 율법으로 말미암아 언약을 받은 것이 아니라고 말했다. 이제 16-22절에서 그는 아브라함이 믿음으로 말미암아

---

208 C. E. B. Cranfield, *Romans*, 241.

209 변종길, 『로마서』, 135.

언약을 받은 것이라고 말한다. 그리고 이러한 사실은 아브라함의 후손들이 율법이 아니라 믿음으로 말미암아 언약의 상속자가 된다는 메시지를 함의한다.

16절: 아브라함이 믿음으로 상속자가 되었듯이 그의 후손도 믿음으로 상속자가 된다. "율법에 속한 자"는 유대인 신자를 가리키고, "아브라함의 믿음에 속한 자"는 이방인 신자를 가리킨다. 따라서 바울의 말은 아브라함이 모든 신자의 조상임을 시사한다. 바울이 아브라함을 모든 신자의 조상이라고 표현한 것은 1절과 11-12절에 이어서 이번이 세 번째이다.[210]

17절: 바울은 자신의 주장을 결론지으면서 창세기 17:5를 인용한다. 이것은 그 자신의 생각을 성경적으로 입증하기 위한 장치이다.[211] "기록된 바 내가 너를 많은 민족의 조상으로 세웠다 하심과 같으니"라는 말은 하나님께서 아브라함을 모든 신자의 조상으로 세우셨다는 뜻이다. "그가 믿은 바 하나님은 죽은 자를 살리시며 없는 것을 있는 것으로 부르시는 이시니라"에서 "죽은 자를 살리시며"라는 문구는 하나님의 살리시는 능력(참고. 8:11; 고전 15:22, 36, 46)과 생명을 주심으로써 죽음을 이기시는 그분의 능력(참고. 신 32:39; 삼상 2:6)을 가리키는 것이 분명하다. 그리고 "없는 것을 있는 것으로 부르시는 이"라는 문구는 하나님이 존재하지 않는 것을 마치 존재하는 것처럼 부르시는 분임을 의미한다. 이는 아브라함에게 아무것도 없었지만, 하나님께서 그로부터 민족과 후손을 부르겠다고 약속하신 것과 관련된다. 그러므로 아브라함은 아직 후손이 존재하지 않았음에도 불구하고 하나님이 후손을 존재하게 하실 것이라는 사실을 믿었다.[212]

18-22절: 이 구절들은 17절의 내용을 자세히 설명한 것이다. 하나님께서는 아브라함에게 그의 후손이 하늘의 별처럼 많을 것이라고 약속하셨다(참고. 창 15:5). 그러나 당시에 아브라함은 아들이 없었을 뿐만 아니라, 이

210 James D. G. Dunn, *Romans* 1-8, 216.

211 C. E. B. Cranfield, *Romans*, 243.

212 Thomas R. Schreiner, *Romans*, 236.

미 나이가 100세나 되어서 아들을 낳을 가능성도 없었다. 그의 몸이 죽은 것 같았고, 사라의 태도 죽은 것 같았다(참고. 창 17:1-22). 따라서 하나님의 약속은 인간적으로 보기에 실현 불가능했다. 하지만 아브라함은 의심하지 않았다. 그는 바랄 수 없는 중에 바라고 믿었다. 그는 믿음이 없어 하나님의 약속을 의심하지 않았고, 믿음으로 견고하여져서 하나님께 영광을 돌리며, 약속하신 그것을 능히 이루실 줄을 확신하였다(참고. 롬 4:20-21). 그리고 그것이 그에게 의로 여겨졌다(참고. 창 15:6).

23-25절: 모든 사람에게 적용함

23-25절에서 바울은 아브라함의 예를 모든 신자에게 적용한다.[213] 아브라함의 경우는 처음부터 아브라함에게만 적용되는 것이 아니라, 그의 모든 후손에게도 적용될 수 있는 것이었다.[214] 따라서 바울이 아브라함의 경우를 로마의 성도들을 비롯한 후세대 사람들에게 적용하는 것은 타당하다.

23절: "그에게 의로 여겨졌다 기록된 것은 아브라함만 위한 것이 아니요"라는 진술은 아브라함에게 의로 여겨졌다고 기록된 것이 아브라함만을 위한 것이 아님을 분명히 한다. 창세기 15:6은 아브라함이 어떻게 의롭게 되었는지를 말하려고만 주어진 것이 아니다. 그것은 모든 인류에게 의롭게 되는 방법을 알려주기 위해서 기록된 것이다.[215] 따라서 이제 바울은 아브라함의 예를 모든 사람에게 적용하려고 한다.

24절: 이 구절은 아브라함에게 적용된 원리가 우리에게도 적용된다는 뜻이다. 그렇다면 누가 의롭게 되는가? "예수 우리 주를 죽은 자 가운데서 살리신 이를 믿는 자"이다. 즉 하나님을 믿되 예수 그리스도의 죽음과 부활을 믿는 자이다. 그리고 이들은 신자들이다. 아브라함이 믿은 하나님은 "죽

---

213 Thomas R. Schreiner, *Romans*, 241.

214 C. E. B. Cranfield, *Romans*, 250.

215 James D. G. Dunn, *Romans* 1-8, 239.

은 자를 살리시며 없는 것을 있는 것으로 부르시는 이"였다(참고. 17절). 그리고 우리가 믿는 하나님은 "예수 우리 주를 죽은 자 가운데서 살리신 이"이시다. 따라서 아브라함이 믿는 하나님과 우리가 믿는 하나님은 같은 분이다. 하나님께서는 아브라함에게 생명을 주셨듯이, 우리에게도 예수님을 통하여 생명을 주신다.

25절: 바울은 24절에서 예수님의 죽으심과 부활을 간략하게 언급했는데, 여기서 예수님의 죽으심과 부활이 어떤 목적을 가지는지를 말한다. 예수님의 죽으심과 부활은 우리의 구원을 위한 것이었다. 예수님의 죽으심과 부활은 분리되지 않는다. 그리고 하나님은 용서하신 사람들을 또한 옹호하신다.[216] 우리는 예수님의 죽으심과 부활을 따라 옛 사람이 죽고 새 사람이 태어나는 것을 경험한다. 또한 우리는 예수님의 죽으심과 부활하심에 근거하여 아브라함에게 주셨던 약속을 상속받는다.[217]

216 Thomas R. Schreiner, *Romans*, 243.

217 이에 대해서, Douglas J. Moo는 다음과 같이 설명한다. "As Jesus' death provides the necessary grounds on which God's justifying action can proceed, so his resurrection, by vindicating Christ and freeing him forever from the influence of sin (cf. 6:10), provides for the ongoing power over sins experienced by the believer in union with Christ." Douglas J. Moo, *Romans*, 290.

• 설교자를 위한 지침 •

1. 이 단락을 읽으면서 성경 해석에 있어서 중요한 원리를 발견할 수 있다. 그것은 아브라함의 예가 아브라함 자신에게만 적용되는 것이 아니라 모든 사람에게 적용될 수 있다는 사실에서 비롯된다. 따라서 구약에 언급된 이야기를 당대의 기록으로만 볼 것이 아니라 신약적으로 어떻게 이해하고 적용할 것인지를 생각해야 한다.

2. 이 단락은 '언약'을 다룬다. 따라서 설교자는 '언약'을 가르치되 하나님께서 아브라함에게 주신 언약이 모세와 다윗을 거쳐 예수님을 통해서 성취되어 우리에게 어떻게 적용되는지를 설명해야 한다. 즉 우리가 언약의 상속자로서 어떠한 은덕을 누리게 되었는지를 말해야 한다.

3. 이 단락의 설교 대지를 다음과 같이 구성할 수 있다.
   1) 아브라함은 하나님이 생명을 주시는 분임을 믿음으로 언약을 받았다(13-22절).
   2) 하나님이 예수님을 죽은 자 가운데서 살리신 분임을 믿어야 한다(23-24절).
   3) 예수님의 죽음과 부활을 믿을 때 아브라함처럼 의로운 자가 될 수 있다(25절).

단원 4. 5:1-8:39

의로운 삶

1:18-3:20에서 바울은 인간의 불의한 상태와 그로 인한 하나님의 진노를 말했다. 그리고 3:21-4:25에서는 인간이 예수 그리스도를 믿음으로 말미암아 의롭게 된다고 하면서, 아브라함조차도 믿음으로 말미암아 의롭게 되었다고 설명함으로 자신의 논증을 강화했다. 이제 5-8장에서 그는 믿음으로 말미암아 의롭게 된 사람의 '의로운 삶'에 관하여 말한다.[218] 따라서 어떤 면에서 1-4장은 '칭의'를 다루고, 5-8장은 '성화'를 다룬다고 할 수 있다. [219]이 단원에서 바울은 성화를 하나님께서 의롭게 된 사람 안에서 역사하심으로 의로운 삶을 이루어 가시는 일이지만, 또한 의롭게 된 사람이 하나님의 역사에 반응하

---

218 학자들은 로마서의 구조를 설정하면서 5장을 4장에 붙이기도 하고, 5:1-11을 4장에 붙이기도 하며, 4장과 5장을 분리하여 5-8장을 한 단원으로 묶기도 한다. 이에 관한 학계의 논의를 위해서, Stanley E. Porter, "The argument of Romans 5: can a rhetorical question make a difference?", *Journal of Biblical Literature* 110.4 (1991): 655-77을 보라. Thomas R. Schreiner는 4장과 5장을 구분하는 문제에 대한 학계의 논의를 간략히 소개하면서, 4장과 5장을 구분하는 근거가 주제의 변화라고 주장한다. 그는 이를 다음과 같이 설명한다. "The break between chapters 1-4 and 5-8 must be demonstrated thematically. Chapters 1-4 emphasize that God has fulfilled his promises so that both Jews and Gentiles are now part of the family of Abraham, and human beings can enter into the people of God by faith, whereas chapters 5-8 highlight the hope that belongs to those who are right with God. Since God's promises are already being realized for those in Christ, believers can be confident that they will certainly inherit the glory pledged to them. …… A major break in the argument between Rom. 4 and 5 depends ultimately on detecting a change in theme." Thomas R. Schreiner, *Romans*, 246. Douglas J. Moo는 논증의 전환점을 4장과 5장 사이에 두는 것이 낫다고 생각한다면서도, 바울이 조직신학을 쓰고 있는 것이 아니라 편지를 쓰고 있는 것이니 주제의 변화를 감안해야 한다고 말한다. Douglas J. Moo, *Romans*, 291. 그는 5:1-11과 8:18-39가 공통 주제(환난 중에도 하나님의 사랑에 근거하여 구원의 확신을 가짐)를 다룬다고 하면서, 다음과 같이 말한다. "Both 5:1-11 and 8:18-39 affirm, against the threat of tribulation and suffering, the certainty of the Christian's final salvation because of God's love, the work of Christ, and the ministry of the Holy Spirit. This theme, the 'hope of sharing in God's glory' (cf. 5:2 and 8:18, 30), 'brackets' all of chaps. 5-8. Assurance of glory is, then, the overarching theme in this second major section of Romans." Douglas J. Moo, *Romans*, 293.

219 James D. G. Dunn, *Romans* 1-8, 242를 보라.

여 적극적으로 이루어 가야 할 일이라고 설명한다. 하지만 이는 '신인 협력'이 아니라 하나님이 하시는 일에 대한 인간의 순종이다.

1. 5:1–11 칭의의 결과

3:21-31에서 바울은 이신칭의, 곧 "예수 그리스도를 믿음으로 말미암아"(διὰ πίστεως Ἰησοῦ Χριστοῦ, 디아 피스테오스 이에수 크리스투; ESV: "through faith in Jesus Christ") 의롭게 된다는 사실을 말했다(참고. 3:22). 이제 5:1-11에서 바울은 예수 그리스도를 믿음으로 말미암아 의롭게 된 사람이 얻는 결과(칭의의 결과)가 무엇인지를 설명한다.[220] 곧 믿음으로 말미암아 의롭게 된 사람이 어떤 은택을 받는지를 기르쳐 준다.[221]

---

220 James D. G. Dunn은 5:1-11을 이전에서 논의한 것들의 '첫 번째 결론'(first conclusion)으로 간주한다. James D. G. Dunn, *Romans* 1-8, 242를 보라.

221 Joseph A. Fitzmyer는 이 단락을 1-5절과 6-11절로 구분하면서, 1-5절은 의롭게 된 그리스도인들인 '우리'가 하나님의 사랑 때문에 경험하게 되는 영광의 소망을 다루며, 6-11절은 하나님의 사랑이 어떻게 인간의 약함과 죄와 불경건함을 극복하게 하는 능력 가운데 나타나는지를 설명한다고 주장한다. Joseph A. Fitzmyer, *Romans*, 394.

1-5절: 의롭게 된 사람이 받는 복

1-5절에는 '의롭게 된 사람이 받는 세 가지 복'이 기록되어 있다. 그것은 '하나님과 화평을 누리는 것', '은혜에 들어감을 얻는 것', 그리고 '하나님의 영광을 바라고 즐거워하는 것'이다.[222]

1절: "그러므로"(οὖν, 운)라는 접속사는 새로운 단락이 시작되었음을 암시한다. 이 접속사는 지금까지 말한 것들(1-4장)과 지금부터 말할 것들을 연결해 준다.

"우리가 믿음으로 의롭다 하심을 받았으니"라는 문구는 지금까지 말한 내용(특히 3:22-26)을 요약한 것이다.[223] 헬라어 본문에는 "의롭다 하심을 받았으니"(Δικαιωθέντες, 디카이오덴테스)가 문장 앞에 나와서 강조되며, 그런 다음에 접속사 "그러므로"(οὖν, 운)가 나온다. "의롭다 하심을 받았으니"(Δικαιωθέντες, 디카이오덴테스)는 아오리스트(consummative aorist) 분사로 되어 있는데, 이는 '행동의 완성'(the completion of action), 곧 과거에 일어난 일을 암시하는 것으로 '사람이 단번에 의롭다 하심을 받았다'라는 사실을 강조한다.[224] 따라서 하나님은 사람이 예수 그리스도를 믿을 때 '의롭게 되었다'라고 선포하신다. 그리고 그렇게 선포된 결과는 영원히 지속되며, 어떤 상황에서도 취소되거나 변경되지 않는다(성도의 견인).

"우리 주 예수 그리스도로 말미암아"(διὰ τοῦ κυρίου ἡμῶν Ἰησοῦ Χριστοῦ, 디아 투 퀴리우 헤몬 이에수 크리스투)라는 말은 하나님과 우리를 연결해 주는 유일한 중재자가 '우리 주 예수 그리스도'이심을 보여준다. 그런데 이 문구는 단락(5:1-11)의 마지막인 11절에 "우리 주 예수 그리스도로 말미암아"(διὰ τοῦ κυρίου ἡμῶν Ἰησοῦ Χριστοῦ, 디아 투 퀴리우 헤몬 이에수 크리스투)로 다시 나와서 단락 전체를 주관하는 느낌을 준다. 그리고

222 Thomas R. Schreiner, *Romans*, 253.

223 Joseph A. Fitzmyer, *Romans*, 394.

224 John D. Harvey, *Romans*, 127.

1절과 마찬가지로 11절에도 '우리가 하나님과 화목하게 되었다'라는 주제가 나온다. 또한 "우리 주 예수 그리스도로 말미암아"라는 문구는 5장의 마지막 절(21절) 마지막 부분에 단어의 순서를 조금 바꾼 채 다시 나와서(διὰ Ἰησοῦ Χριστοῦ τοῦ κυρίου ἡμῶν, 디아 이에수 크리스투 투 퀴리우 헤몬) 5장 전체를 감싸는 형태를 취한다.

"하나님과 화평을 누리자"라는 말은 의롭게 된 사람이 받는 복이다.[225] 그러므로 의롭게 된 사람이 받는 첫 번째 복은 '하나님과 화평을 누리는 것'이다.[226] 즉 의롭게 된 사람이 가장 먼저 그리고 근본적으로 받는 복은 하나님과 화평을 누리는 것이다(참고. 골 1:20-22). 바울은 고린도후서 5:18-20에서 이 주제를 다음과 같이 말한다. "모든 것이 하나님께로서 났으며 그가 그리스도로 말미암아 우리를 자기와 화목하게 하시고 또 우리에게 화목하게 하는 직분을 주셨으니 곧 하나님께서 그리스도 안에 계시사 세상을 자기와 화목하게 하시며 그들의 죄를 그들에게 돌리지 아니하시고 화목하게 하는 말씀을 우리에게 부탁하셨느니라. 그러므로 우리가 그리스도를 대신하여 사신이 되어 하나님이 우리를 통하여 너희를 권면하시는 것같이 그리스도를 대신하여 간청하노니 너희는 하나님과 화목하라."

성경을 통전적으로 볼 때 '화평'(εἰρήνη, 에이레네)은 세 가지 의미를 지니는데, 이것들은 분리되지 않고 서로 긴밀히 연결된다. 첫째, 화평은 하나님께서 우리를 받아 주심으로 우리와 하나님의 관계가 회복되는 것을 의미한다. 둘째, 화평은 우리 마음이 차분하고 평온한 상태가 되는 것을 뜻한다. 셋째, 화평은 우리가 다른 사람이나 피조물과 평화로운 관계를 지니

---

225 이 구절의 "화평을 누리자"라는 문구에는 사본학적 논란이 있다. 한글 성경 개역개정판에는 '화평을 누리자'로 되어 있다. 하지만 이 문구는 사본학적으로 청유형인 '화평을 누리자'와 서술형인 '화평을 누린다'의 두 독법(reading)이 있는데, 이들의 사본학적 증거가 팽팽하게 나뉘어서 사본 자체를 가지고서는 어느 것이 옳은지 판가름하기가 어렵다. 그러나 문맥상으로 보면 '누린다'라는 서술형으로 읽는 것이 바람직하다. 이는 바울이 우리가 무엇을 어떻게 하자는 윤리적 권면을 말하고 있는 것이 아니라, 우리가 이신칭의의 결과로 무엇을 얻었는지를 말하고 있기 때문이다. 변종길, 『로마서』, 147.

226 Douglas J. Moo, *Romans*, 299; C. K. Barrett, *Romans*, 95.

는 것을 가리킨다. 화평(평강)은 하나님이 의인에게 주시는 선물이다. 이사야 48:22에는 "여호와께서 말씀하시되 악인에게는 평강이 없다 하셨느니라"라는 말씀이 있고, 이사야 57:21에는 "내 하나님의 말씀에 악인에게는 평강이 없다 하셨느니라"라는 말씀이 있다. 죄를 짓고 하나님과의 관계가 끊어진 사람에게는 화평이 없으나, 죄 사함을 받은 사람은 화평을 누린다.

2절: "우리가 믿음으로 서 있는 이 은혜"란 믿음으로 말미암아 의롭게 된 상태를 다르게 표현한 것이다. "서 있는"(ἵστημι, 히스테미, stand)이란 단어는 전투 중에도 자신의 위치를 지키고 있는 병사로부터 취한 은유이다.[227] 따라서 이것은 신자의 항구적이고, 확실하며, 견고하고, 안정된 지위를 의미한다. 또한 이 단어는 신자들이 마지막 심판의 날에 하나님 앞에서 서 있는 모습을 상기시킨다(참고. 롬 14:4; 고전 10:12).[228]

"들어감을 얻었으며"(προσαγωγή, 프로스아고게)라는 단어는 신약 다른 곳에서 두 번 사용되었다(참고. 엡 2:18; 3:12). '**προσαγωγή**'(프로스아고게)는 우리가 하나님의 성소에 담대히 들어가는 모습을 반영한다(참고. 히 10:19-20). 히브리서 4:16에는 "그러므로 우리는 긍휼하심을 받고 때를 따라 돕는 은혜를 얻기 위하여 은혜의 보좌 앞에 담대히 나아갈 것이니라"라는 말씀이 있다. 또한 '**προσαγωγή**'(프로스아고게)는 우리가 왕 앞에 나아가는 것을 뜻한다(참고. 엡 2:18; 3:12).[229] 바울은 이러한 이미지를 사용하여 에베소서 3:12에서 "우리가 그 안에서 그를 믿음으로 말미암아 담대함과 확신을 가지고 하나님께 나아감을 얻느니라"고 말한다.

그러므로 의롭게 된 사람이 받는 두 번째 복은 '은혜에 들어감을 얻는 것'이다. 즉 "이 은혜"는 칭의의 결과로 누리는 것이다. 그런데 여기서 "은혜"는 "들어감을 얻었으며"라는 동사와 같이 사용되어서 어떤 '공간'이라는 느낌을 준다. 이것은 하나님의 은혜에 의하여 구획된 공간, 차원 혹은 상태

---

227 매튜 풀, 『로마서』, 393.

228 Thomas R. Schreiner, *Romans*, 254.

229 Thomas R. Schreiner, *Romans*, 254.

를 가리킨다.[230] 믿음으로 말미암아 의롭게 된 사람은 하나님의 호의를 누리는 상태에 접어든다. 그곳에는 원수가 해하러 들어오지 못한다. 하나님의 은혜 안에 들어온 사람들은 그리스도에 의해서 무죄 선언을 받아 하나님 앞에 선다. 그들이 가진 의의 상태는 그들 자신에게서 나온 것이 아니라 그리스도의 은혜로부터 나온 것이다.[231]

헬라어 본문에서 2절의 "이 은혜에 들어감을 얻었으며"와 "하나님의 영광을 바라고 즐거워하느니라"는 접속사 'καί'(카이, '그리고')로 구분되어 있다. 이는 믿음으로 의롭다 하심을 받은 사람이 받는 또 다른 복, 즉 세 번째 복이 '하나님의 영광을 바라고 즐거워하는 것'임을 시사한다. 이 문구를 헬라어 원문에 근거하여 풀어 쓰면, '하나님의 영광에 참여할 것이라는 소망을 즐거워한다'가 된다(TEV: "the hope we have of sharing God's glory"). 따라서 여기에 '소망'이 강조되어 있다. 그리고 이어지는 3-4절에서도 '소망'은 핵심 단어(key word)이다.[232]

신학적으로 '하나님의 영광'은 현재성과 미래성을 모두 가진다. 신자는 지금 하나님의 영광을 체험하지만, 장차 하나님의 영광에 참여할 것이다. 따라서 "하나님의 영광을 바라고 즐거워하느니라"라는 문구는 그리스도인이 지금 하나님의 영광이 충만한 것으로 인하여 즐거워하지만, 또한 장차 하나님의 영광을 기대하면서 즐거워한다는 뜻이다(참고. 벧전 1:8-9). 바울은 3:23에서 모든 사람이 죄를 지었기 때문에 하나님의 영광에 이르지 못한다고 말했다. 그런데 이제 여기서는 믿음으로 의롭게 된 사람이 하나님의 영광에 참여할 수 있다고 말한다.

이것은 의롭게 된 사람이 받는 세 번째 복인 동시에, 우리가 하나님 안에서 화평을 누린 결과(의롭게 된 사람이 받는 첫 번째 복의 결과)이며, 우리가 은혜의 자리에 들어간 결과(의롭게 된 사람이 받는 두 번째 복의 결과)이다. 따

230 James D. G. Dunn, *Romans* 1-8, 248.

231 Joseph A. Fitzmyer, *Romans*, 396.

232 John D. Harvey, *Romans*, 129.

라서 의롭게 된 사람이 받는 복들, 곧 칭의의 결과들은 서로 긴밀히 연결되어 있고, 점점 진전된다. 곧 믿음으로 의롭게 된 사람은 하나님과 화평을 누리며, 은혜에 들어감을 얻고, 나아가서 소망을 가진다.

3-4절: 바울은 그리스도인들이 하나님 영광의 소망 안에서 즐거워하는 가운데(참고. 2절), 현실에서 마주하는 '환난 중에도 즐거워'한다고 말한다. 그리스도인들이 왜 환난 중에도 즐거워하는가? 이는 "환난은 인내를, 인내는 연단을, 연단은 소망을 이루는 줄"을 알기 때문이다. 우리는 환난이 성화에 유익한 것을 알고 즐거워한다. 우리가 하나님의 자녀가 되었다고 해서 이 세상에서 살아가는 중에 환난을 만나지 않는 것이 아니다. 우리의 삶에는 여러 모양과 종류와 정도의 고난이 있다. 하지만 우리는 믿지 않는 사람들과 전혀 다른 자세로 이를 맞이한다. 우리는 고난을 겪으면서 인내를 배우고, 그것이 우리의 인격과 믿음을 연단해 주는 것을 기대하며, 그것이 우리가 주님 안에 있는 것을 소망하게 만들어 준다는 것을 믿는다.

5절: "소망이 우리를 부끄럽게 하지 아니함은"이라는 말은 소망이 우리를 속이거나 실망하게 하지 않는다는 뜻이다. 이 말은 시편 22:6과 시편 25:20을 암시한다. 앞의 구절들과 연결할 때 이 말은 하나님 영광의 소망이 헛된 것이 아님을 강조한다. 그리스도인들은 결코 헛된 소망으로 인하여 당황하지 않을 것이다.[233]

여기에 '소망'이라는 단어가 나오는 것을 주목해야 한다. 이 단락 전체(5:1-11)가 '소망'에 초점을 맞추고 있다.[234] 2절에 '소망'(ἐλπίδι, 엘피디, 바라고)이 나오고, 4절 끝에도 '소망'(ἐλπίδα, 엘피다)이 언급되는데, 여기에 다

---

233 Joseph A. Fitzmyer, *Romans*, 397.

234 Douglas J. Moo는 이 단락에 드러난 주제인 '소망'을 다음과 같이 설명한다. "This verse makes clear that 'hope' is the focal point of 5:1-11. It functions as a 'hinge' in the paragraph, attached on the one side to v. 2b, which v. 5a reiterates and expands, and on the other side to vv. 6-10, which v. 5b introduces. We can rejoice in hope, knowing it will not disappoint us, because of the 'amazing grace' of God's love (vv. 5b-8) and because of the decisive and final significance of what God has done for us in Christ (vv. 9-10)." Douglas J. Moo, *Romans*, 304.

시 '소망'(ἐλπίς, 엘피스)이 나온다. 즉 소망이란 단어가 2절, 4절, 5절에 연이어 등장한다. 물론 이 단어는 각 구절에서 조금씩 다른 각도로 사용되었다.[235] 결국, 바울이 칭의의 결과로 '소망'을 강조하려는 의도를 가지고 있음을 알 수 있다.

바울은 이어서 "우리에게 주신 성령으로 말미암아 하나님의 사랑이 우리 마음에 부은바 됨이니"라고 말한다. 헬라어 본문에서 이 문장은 이유를 나타내는 'ὅτι'(호티, because)로 시작된다. 바울은 2절에서 칭의의 두 번째 결과로 소망을 말했고, 3-4절에서 환난이 결국 소망을 이룬다고 했는데, 여기서 소망의 긍정성(유익)을 언급하면서, 그 이유로(ὅτι, 호티) 우리에게 주어진 성령으로 말미암아 하나님의 사랑이 우리 마음에 부어졌기 때문이라고 한다. 즉 신자들은 성령으로 말미암아 하나님의 사랑이 부어진 것을 깨닫고, 그로 인하여 소망을 가진다.

그러면 "우리에게 주신 성령"이란 무슨 뜻인가? 이는 중생할 때 성령께서 우리 안에 들어오시는 것을 의미하는데, 이를 '성령의 내주'라고 부른다. 성령은 우리로 하여금 하나님의 사랑을 느끼게 하시며, 우리의 마음을 하나님을 향한 사랑으로 채우는 일을 하신다.[236] 더욱이 하나님의 사랑은 신적이며, 인간들에게서 경험할 수 있는 것이 아니고, 또한 이 세상의 무엇과도 비교할 수 없는 초월적인 것이다. 그렇기에 성령의 역사가 없으면 그 사랑이 수용될 수 없다.[237] 하나님께서 우리에게 선물로 주신 성령은 하나님의 사랑이 부어지는 것을 증언하실 뿐만 아니라 또한 그것의 매개체이기도 하시다(참고. 8:15-17; 갈 4:6). 하지만 성령이 단지 인식의 수단으로만 존재하시는 것은 아니다. 성령은 의롭게 된 그리스도인들을 향한 하나님의 현존(presence)이시다.[238] 따라서 우리는 성령께서 우리 안에 계시

235 Thomas R. Schreiner, *Romans*, 256.

236 매튜 풀, 『로마서』, 394.

237 홍인규, 『로마서 어떻게 읽을 것인가』, 101.

238 Joseph A. Fitzmyer, *Romans*, 398; James D. G. Dunn, *Romans* 1-8, 252.

는 것 자체로 즐거워한다.

그런데 성령과 하나님의 사랑 사이를 날카롭게 구분하지 말아야 한다. 하나님의 사랑은 성령이 우리 마음에 부어질 때 경험되는데, 이는 성령이 하나님의 사랑을 신자들에게 부으시는 독특한 사역을 하신다는 사실을 의미한다. 성령은 우리를 향한 하나님의 사랑으로 우리에게 거저 주어진 하나님의 선물이다(참고. 갈 3:2, 5; 롬 8:14, 26). 따라서 성령이 부어진 것과 하나님의 사랑이 부어진 것은 같은 것이다. 그런데 여기서 '부은바 됨'(ἐκκέχυται, 에케퀴타이)이라는 단어는 완료형이다. 이것은 과거 어느 시점에 부어져서 지금도 부어진 상태로 있는 것을 의미한다.[239] 우리가 예수님을 믿을 때, 곧 믿음으로 의롭다고 판결받을 때(중생했을 때) 성령은 우리에게 부어졌으며(중생과 성령 받음은 동시에 일어남), 그 후로 성령이 우리 마음에 부어진 상태로 계속해서 거하신다.[240]

6–8절: 이미 구원받았음

헬라어 본문에서 6절 문장 첫머리에는 이유를 나타내는 단어 'γάρ'(가르)가 있다. 이것은 6–8절이 앞에서 말한 내용의 이유가 됨을 시사한다. 즉 6–8절은 5절에 언급된 신적인 사랑의 성격(속성)을 보여 준다.[241] 바울은 우리가 의롭게 되어서 하나님의 사랑이 부어진 것을 경험하게 된 것이 어떻게 가능했는지를 알려준다. 그는 하나님께서 우리를 사랑하셔서 그리스도를 죽게 하심으로 우리가 의롭게 될 수 있는 근거가 마련되었다고 말한다.[242]

---

239 Thomas R. Schreiner, *Romans*, 257.

240 변종길, 『로마서』, 149-50.

241 C. E. B. Cranfield, *Romans*, 263.

242 Douglas J. Moo는 6-8절이 하나님의 사랑에 대한 단일한 논증(single argument)을 형성한다고 주장한다. "Verses 6-8 form a single argument that demonstrates the abundant and absolute nature of God's love for us." Douglas J. Moo, *Romans*, 305. 또한 바울이 이 구절들에 있는 논증의 통일성을 알리기 위해서 헬라어 본문에서 각 문장을 '죽다'(die)로 끝맺는다고 말한다. Douglas J.

6절: “우리가 아직 연약할 때에”란 말은 ‘우리가 아직 죄인이었을 때에’라는 뜻이다. 이는 ‘우리가 스스로를 돕거나 구속할 수 없었을 때’라는 뜻이다.[243] 즉 이어지는 “경건하지 않은 자”와 같은 것이다. “경건하지 않은 자를 위하여”라는 말은 ‘하나님과 원수 됨으로 말미암아 아무런 호의도 받을 자격이 없는 자를 대신하여’라는 뜻이다(참고. 5:10).[244] “기약대로”(κατὰ καιρὸν, 카타 카이론'; ESV: “at the right time”)는 ‘때를 따라’를 의미한다(참고. 갈 4:4). 이것은 예수님이 하나님께서 정해 놓으신 때(프로그램)에 십자가에서 죽으신 것을 암시한다. 예수님은 아무 때에 아무렇게나 태어나셔서 어느 날 우발적으로 죽으신 것이 아니다. 하나님께서 그분의 의도와 작정에 따라 적절한 때에 예수님을 이 땅에 보내셨고, 또한 정해진 때에 십자가에서 죽게 하셨다(참고. 3:26; 8:18; 13:11). 예수님은 하나님이 일을 행하심에 있어서 늘 ‘때’를 의식하시고서 ‘때’에 따라 행동하셨다(참고. 요 2:4; 7:6; 12:23; 17:1 등).[245]

7-8절: 바울은 세상의 예를 사용하여 그리스도가 우리를 위하여 죽으신 이유가 무엇인지를 밝힌다. 먼저, 7절에서 그는 일반적인 현상을 말한다. “의인을 위하여 죽는 자가 쉽지 않고 선인을 위하여 용감히 죽는 자가 혹 있거니와.” 이것은 드물긴 하지만 세상에서 일어날 수 있는 일이다. 다음으로, 8절에서 그는 특별한 경우를 말한다. “우리가 아직 죄인 되었을 때에 그리스도께서 우리를 위하여 죽으심으로 하나님께서 우리에 대한 자기의 사랑을 확증하셨느니라.” 이것은 세상에서 흔히 일어날 수 있는 일이 아니다. 이것은 매우 특별한 사건으로 하나님께서 자신의 사랑하는 아들을 죄인을 위하여 주신 일이다. 이러한 일은 하나님이 우리를 지극히 사랑하셨기 때문에 가능했다. 예수님이 십자가에서 죽으신 것은 우리에 대한 하나

Moo, *Romans*, 306.

243 매튜 풀, 『로마서』, 394; R. Jewett, *Romans*, 358.

244 매튜 풀, 『로마서』, 394.

245 변종길, 『로마서』, 152.

님의 사랑이 얼마나 큰지를 확증한다. 이에 요한일서 4:9-10은 "하나님의 사랑이 우리에게 이렇게 나타난 바 되었으니 하나님이 자기의 독생자를 세상에 보내심은 그로 말미암아 우리를 살리려 하심이라 사랑은 여기 있으니 우리가 하나님을 사랑한 것이 아니요 하나님이 우리를 사랑하사 우리 죄를 속하기 위하여 화목 제물로 그 아들을 보내셨음이라"고 진술한다.

9–11절: 장차 구원받을 것임

9-11절은 8절의 '확증하셨다'(συνίστημι, 쉬니스테미)라는 표현을 확장한 것이다. 바울은 8절에서 말한 '하나님의 사랑의 확증'을 토대로 하여 9-11절에서 구원의 확실성을 주장한다. 곧 우리가 아직 죄인이었을 때 그리스도께서 우리를 위하여 죽으심으로 하나님께서 우리를 향한 자신의 사랑을 확증하셨기에 우리가 미래에 확실히 구원받을 것이 보장되었다는 사실을 알려준다. 특히 9-10절에서 바울은 당시에 잘 알려진 '작은 것에서 큰 것으로'(a minori ad maius)라고 부르는 논법을 취하는데, 자신의 필요에 따라서 순서를 바꾸어 '큰 것에서 작은 것으로'의 틀을 사용하여, 하나님께서 가장 어려운 것을 해 주셨다면 그보다 더 쉬운 것을 당연히 해주신다는 메시지를 드러낸다(참고. 9, 10, 15, 17절).[246]

9절: 접속사 "그러면"(οὖν, 운)은 지금부터 말하려는 것이 6-8절에서 도출된 것임을 보여준다.[247] 헬라어 본문에서는 이 구절이 '그러면 더욱 더'(πολλῷ οὖν μᾶλλον, 폴로 운 말론)로 시작된다. 바울은 앞에서 현재의 구원에 관해 말했는데, 이제 미래의 구원에 관해 말하려고 한다. 현재 우리는 예수 그리스도를 믿음으로 말미암아 의롭다 함을 받아서 하나님과 더

---

246 Douglas J. Moo, *Romans*, 310. 바울은 이러한 기법을 5장에서 4번 사용한다(9, 10, 15, 17절). 그 밖에 마태복음 6:30; 고린도전서 12:22; 고린도후서 3:9, 11; 빌립보서 1:23; 2:12; 참고. 마태복음 7:11//누가복음 11:13; 마태복음 10:25; 누가복음 12:28; 로마서 11:12, 24; 빌레몬서 1:16; 히브리서 9:14에 이 기법이 사용되었다. James D. G. Dunn, *Romans* 1-8, 257.

247 Thomas R. Schreiner, *Romans*, 262.

붙어 화평을 누리며, 하나님의 영광을 바라보면서 즐거워하고, 하나님의 사랑을 날마다 확신한다. 그렇다면 우리의 미래 구원은 '더욱 더'(πολλῷ μᾶλλον, 폴로 말론) 그러할 것이다.[248] 우리는 이미 의롭게 되었기에 미래에 하나님의 진노하심에서 구원받을 것이다.

"이제 우리가 그의 피로 말미암아 의롭다 하심을 받았으니"라는 문구는 하나님께서 우리를 의롭다고 여겨 주시기 위해서 그리스도가 십자가 위에서 피 흘리셨음을 뜻한다. 따라서 우리가 의롭게 된 것은 거저 된 것이 아니었다. 그것은 가장 값비싼 대가를 치르고 된 것이었다. 바울은 이렇게 우리가 예수님의 십자가 공로 때문에 의롭게 되었다는 사실을 진술하면서 "더욱 그로 말미암아 진노하심에서 구원을 받을 것이니"라고 말하는데, 이는 심판의 날에 우리가 구원(건짐)받을 것이라는 뜻으로, 미래 구원의 확실성을 묘사하는 표현이다.

10절: 이 구절은 그리스도의 죽음으로 우리가 하나님과 화목하게 되었다는 뜻이다. 따라서 이 말은 9절과 유사하지만, '칭의'(justification) 대신 '화목'(reconciliation)을 말하는 면에 있어서 차이가 있다.[249] '칭의'와 '화목'은 하나님께서 그리스도 안에서 우리를 위해 행하신 것을 묘사하는 두 개의 다른 은유(metaphor)인데, 이것들은 이스라엘이 받은 복이었고, 지금 교회가 받는 복이다.[250] 하지만 칭의와 화목을 지나치게 구분하는 것은 바람직하지 않다. 칭의는 하나님 앞에서 옳다고 여겨진 것으로 바울이 1-4장에서 상당히 심혈을 기울여 논증한 주제이다. 그리고 화목은 칭의와 유사하지만, 칭의보다 인격적인 의미를 함축한다.[251]

---

248 변종길, 『로마서』, 154. Joseph A. Fitzmyer는 칭의의 현재성과 미래성을 다음과 같이 설명한다. "Justification is subordinated to salvation, and the latter is regarded as something begun but still to be consummated or brought to its full expression(10:9, 13; 11:14, 26); yet that consummation is guaranteed." Joseph A. Fitzmyer, *Romans*, 400.

249 C. E. B. Cranfield, *Romans*, 266; Douglas J. Moo, *Romans*, 311.

250 Thomas R. Schreiner, *Romans*, 263.

251 James D. G. Dunn, *Romans* 1-8, 259.

바울의 논증은 다음과 같다. 우리는 하나님과 원수가 되었다. 하지만 예수님의 죽으심으로 하나님과 화목하게 되었다. 이제 '더욱'(πολλῷ μᾶλλον, 폴로 말론) 우리는 예수님의 살아나심으로 말미암아 구원받을 것이다(구원의 현재성). 우리는 예수님의 죽음으로 하나님과 화목하게 되었다. 지금 우리는 그 구원의 은덕을 누리고 있다. 그리고 우리는 예수님의 부활로 구원받을 것이다(구원의 미래성). 오래전에 예수님이 죽음에서 살아나신 일은 장차 우리가 살아날 것을 보증하는 사건이다. 즉 그리스도는 잠자는 자들의 첫 열매이다(참고. 고전 15:20). 따라서 우리가 나중 열매가 될 것이다. 비록 칭의와 화목이 지금 일어난 것이라고 하더라도(구원의 현재성), 이러한 구원은 완전한 의미에서 여전히 일어나야 하는 일이다(구원의 미래성).[252]

11절: 바울은 이 단락에서 사용한 주요 요소들을 반복함으로 단락을 요약한다.[253] 그는 "그뿐 아니라"(οὐ μόνον δέ, 우 모논 데; ESV: "more than that")라는 문구를 사용하면서,[254] "이제 우리로 화목하게 하신 우리 주 예수 그리스도로 말미암아 하나님 안에서 또한 즐거워하느니라"고 말한다. 그는 1절에서 칭의의 첫 번째 복(가장 우선되고 근본이 되는 복)이 '하나님과 화평하게 되는 것'이라고 말했는데, 여기서는 하나님과 화목하게 되는 것에서 더 나아가 '하나님 안에서 즐거워하는 것'을 말한다. 이것은 2절에서 언급한 칭의의 세 번째 복인 '하나님의 영광을 바라고 즐거워하는 것'을 반영한다. 그러므로 사람이 의롭게 되면 하나님과 화목한 상태로 지낼 뿐만 아니라, 하나님 안에서 즐거워하게 된다. 즉 신분의 변화만 있는 것이 아니라, 신분의 변화에 따른 실질적인 현상(경험)이 있다. 더욱이, 2-4절에서는 하나님 안에서 즐거워하는 것이 '지금 이 세상에서' 구원받은 사람이 경험하는 것으로 묘사되었는데(현재성), 11절에서는 '장차 하늘나라에서' 그들이 구원받을 것을 즐거워하는 것으로 그려진다(미래성).

---

252 Joseph A. Fitzmyer, *Romans*, 401.

253 Douglas J. Moo, *Romans*, 313.

254 참고. C. E. B. Cranfield, *Romans*, 268.

• 설교자를 위한 지침 •

1. 이 단락을 설교할 때는(다른 단락도 마찬가지지만) 로마서 전체의 구조 속에서 이 단락이 차지하는 위치를 고려해야 한다. 지금까지 바울이 진행해 온 논의를 기억하면서 본문이 어떠한 메시지를 담고 있는지를 드러내야 한다. 1–4장이 칭의에 대해서 다루었고, 5–8장이 성화에 대해서 다룬다는 사실을 염두에 두면서, 이 단락의 역할을 밝혀야 한다. 이 단락에서 바울은 '칭의의 결과'를 말하면서, 지금까지 했던 논의를 정리하고, 앞으로 해야 할 말을 준비한다.

2. 바울은 믿음으로 말미암아 의롭게 된 사람이 받는 세 가지 복을 말한다. 따라서 설교자는 이러한 복을 가지고 다음과 같이 대지를 작성할 수 있다.
   1) 의롭게 된 사람은 하나님과 화평을 누린다(화평).
   2) 의롭게 된 사람은 은혜에 들어감을 얻는다(은혜).
   3) 의롭게 된 사람은 하나님의 영광을 바라고 즐거워한다(소망).

3. 이 단락에서 바울은 신자의 '소망'에 관하여 말한다. 1–5절에는 '소망'(ἐλπίς, 엘피스)이 반복해서 나온다. 그리고 6–11절도 소망을 근거로 한 구원의 현재성과 미래성이 언급된다. 따라서 '소망'이라는 주제를 가지고 설교할 수 있다. 다음과 같은 대지 구성이 가능하다.
   1) 그리스도인은 '이미' 의롭게 된 일 때문에 소망을 가진다(1–2절).
   2) 그리스도인은 '현재' 환난 중에도 소망을 가진다(3–5절).
   3) 그리스도인은 '장차' 있을 일에 대해서 소망을 가진다(6–11절).

2. 5:12-21 구원 역사 요약

바울은 구원 역사(history of salvation)를 개관한다.[255] 즉 인류 역사를 구속사적으로 요약하여 진술한다. 그가 이 지점에서 구원 역사를 말하는 것은 지금까지 말한 것을 정리하면서, 또한 그리스도를 통해서 주어진 은택의 풍요로움을 상기시켜 주기 위해서이다. 그는 아담의 죄에서 시작하여 율법 시대를 거쳐 그리스도까지를 말한다. 요지는 명확하다. 아담의 범죄로 인류가 사망에 이르렀으나, 이제 그리스도의 순종으로 생명을 얻을 수 있게 되었다는 것이다.

---

255 John D. Harvey, *Romans*, 146. Joseph A. Fitzmyer는 이 단락에 대해서, 바울이 그리스도인의 의롭게 된 지위와 그리스도께서 오시기 전에 인류가 가졌던 지위를 비교함으로써 그리스도가 오심으로 인류가 풍성한 은덕을 얻었음을 묘사한다고 설명한다. Joseph A. Fitzmyer, *Romans*, 405. Douglas J. Moo는 신학적인 중요도에 있어서 이 단락이 3:21-26에 겨룰만하다고 주장하면서 바울이 구속사의 조감도를 대략 그린다고 말한다. Douglas J. Moo는 바울의 캔버스가 인류의 역사이며, 범위가 우주 전체라고 하면서, 여기에 유대인과 이방인의 구분이 없는데, 그들이 인류라는 큰 범주에 포함된다고 말한다. Douglas J. Moo, *Romans*, 314-15. Thomas R. Schreiner는 5:12-21이 바울의 모든 편지 중에서 해석하기가 가장 어렵고 논란이 많은 단락 중 하나라고 고백한다. Thomas R. Schreiner, *Romans*, 267.

12절: 아담 – 죄의 유입과 그 결과

12절: 접속사 "그러므로"(Διὰ τοῦτο, 디아 투토)는 단락의 전이(transition)를 보여준다(참고. 2:1; 15:22).[256] 이것은 지금까지 바울이 말한 내용, 즉 1:18-5:11에서 전개된 논의에 대해서 이제 결론을 맺는다는 표시가 된다.[257]

바울은 죄가 어떻게 세상에 들어왔는지, 그리고 그러한 죄의 유입으로 말미암아 어떤 일이 벌어졌는지를 말한다. "한 사람으로 말미암아 죄가 세상에 들어오고"라는 말에서 "한 사람으로 말미암아"라는 문구를 이 단락에서 12번이나 사용함으로써 그 중요성을 강조한다. 비록 바울이 "사람"에 'ἄνθρωπος'(안드로포스)라는 일반적인 단어를 사용하지만, 이 "사람"은 남성으로 아담 혹은 그리스도를 가리킨다.[258] 그리고 "세상"(κόσμον, 코스몬, world)이라는 단어는 인간에 초점을 맞춘다.[259] 따라서 이 문구는 아담이 선악과를 따먹음으로 죄가 인류 역사에 들어온 사실을 가리킨다. "죄로 말미암아 사망이 들어왔나니"라는 말은 아담이 선악과를 먹은 것의 결과가 사망이라는 뜻이다. 성경은 사망을 자연적인 현상이라고 말하지 않는다. 사망을 죄의 결과라고 말한다. 따라서 그리스도가 다시 오실 때 사망은 정복될 것이다(참고. 고전 15:26, 54).[260]

바울이 말하는 "사망"은 '육적 죽음'과 '영적 죽음' 모두를 가리킨다(total death).[261] 그는 지금 창세기 2:16-17의 "여호와 하나님이 그 사람에게 명

---

256 Joseph A. Fitzmyer, *Romans*, 411.

257 James D. G. Dunn, *Romans* 1-8, 271-72; C. E. B. Cranfield, *Romans*, 271; 참고. John Kirby, "The Syntax of Romans 5.12: A Rhetorical Approach", *New Testament Studies* 33 (1987): 283-86; James W. Haring, "Romans 5:12, Once Again: Is It a Grammatical Comparison?", *Journal of Biblical Literature* 137.3 (2018): 733-41.

258 Joseph A. Fitzmyer, *Romans*, 411.

259 Thomas R. Schreiner, *Romans*, 272.

260 ESV Study Bible.

261 대다수의 주석가들이 이렇게 본다. Thomas R. Schreiner, *Romans*, 272; Douglas J. Moo, *Romans*, 320을 보라.

하여 이르시되 동산 각종 나무의 열매는 네가 임의로 먹되 선악을 알게 하는 나무의 열매는 먹지 말라 네가 먹는 날에는 반드시 죽으리라 하시니라"를 반영하는 것이 틀림없다. 이 말씀은 하나님께서 아담에게 주신 것이다. 뱀(사탄)이 하와를 유혹했고, 하와가 아담을 유혹함으로 그들이 죄를 짓게 되어서 죽음이라는 사형 선고를 받았다. 비록 하와가 먼저 따먹었고 아담에게 권해서 아담도 먹었지만, 아담이 인류의 대표이기에 아담이 죄를 지은 것이 된다. 그리하여 그들은 '반드시 죽으리라'라는 하나님의 경고에 따라 영원한 죽음을 형벌로 받게 되었다. 하지만 그들이 죄를 짓고 난 후에 육적 죽음이 즉시 따른 것은 아니다. 그들은 살았지만, 오히려 하나님으로부터 분리되었다. 따라서 아담과 하와에게 내려진 죽음 심판은 육적 죽음과 영적 죽음 모두를 의미한다.

"이와 같이 모든 사람이 죄를 지었으므로 사망이 모든 사람에게 이르렀느니라"라는 말은 아담이 죄를 지은 것이 모든 사람에게 영향을 미쳐서 모든 사람이 죄를 지은 것이 되었다는 뜻이다. 그리고 모든 사람이 죄를 지었으므로 죄의 결과인 사망이 모든 사람에게 이르게 되었다. 그러므로 아담의 죄는 인류 전체에게 치명적인 영향을 미쳤고, 누구도 이를 해결할 수가 없었다. 오로지 하나님이 친히 이 문제를 해결해 주셔야 한다. 아담이 죄를 지은 것이 모든 사람이 죄를 지은 것이 되는 이유는 그의 범죄에 삼중의 의미가 있기 때문이다(참고. 창 3:17-19; 고전 15:21-22; 롬 6:23; 약 1:15; 히 9:27; 시 90:3).

첫째, 아담이 인류의 대표로서 죄를 지었기 때문에 그의 후손은 자동으로 죄인이 되었다.

둘째, 아담이 죄를 지음으로 모든 사람은 죄의 성향을 지니고 태어났다.

셋째, 아담이 죄를 지음으로 모든 사람이 죄의 지배 아래서 실제로 죄를 짓게 되었다.

13-14절: 율법 시대 - 죄와 율법

13절: 바울은 이제 아담에서 율법 시대로 옮겨간다. "죄가 율법 있기 전에도 세상에 있었으나"라는 말은 모세가 시내산에서 율법을 받기 전에도 죄가 세상에 있었다는 뜻이다. 그리고 "율법이 없었을 때에는 죄를 죄로 여기지 아니하였느니라"라는 말은 율법이 없었기에 죄가 좀 더 분명하게 드러나지 않았다는 뜻이며, 또한 율법이 없었기에 죄를 공적으로 판결(정죄)하지 않았다는 뜻이다. 따라서 율법이 있고 난 뒤로 인간의 죄가 분명하게 드러났으며, 죄에 대한 공적인 판결(정죄)이 있게 되었다.

14절: 이 구절은 13절을 고려하면서 읽어야 한다. 아담 이후로 모세가 율법을 받기 전에도 죄가 세상에 있었고, 따라서 줄곧 사망이 왕 노릇을 했다(참고. 고전 15:22). 여기서 '왕 노릇하다'(βασιλεύω, 바실류오)라는 단어가 사용된 것은 사망이 강력하고 보편적이며 불가피한 것임을 강조한다.

"아담의 범죄와 같은 죄를 짓지 아니한 자들까지도"라는 문구는 '아담처럼 선악과를 따먹는 죄를 짓지 않은 자들까지도'라는 뜻으로 아담의 후손들을 향한 말인데, 아담 덕분에 모든 사람이 죄를 지은 것이 되었으며, 사망의 지배를 받게 되었음을 암시한다. 따라서 "아담으로부터 모세까지 아담의 범죄와 같은 죄를 짓지 아니한 자들까지도 사망이 왕 노릇 하였나니"라는 문구를 풀어서 말하자면 '모세가 율법을 받기 전에는 죄에 대한 공적인 판결이 없어서 죄를 죄라고 규정하기가 어려웠지만, 그럼에도 불구하고 모세 이전에 분명히 죄가 있었다'가 된다.

바울은 율법 이전에 있었던 죄와 사망에 관해서 말하다가, "아담은 오실 자의 모형이라"고 기술하는데, 이는 '아담이 그리스도의 모형'이라는 뜻이다.[262] '모형'(τύπος, 튀포스)은 고대 세계에서 자주 사용된 은유이다. 아담과

---

262 참고. Ryan S. Schellenberg, "Does Paul call Adam a 'type' of Christ?: an exegetical note on Romans 5:14", *Zeitschrift für die neutestamentliche Wissenschaft und die Kunde der älteren Kirche* 105.1 (2014): 54-63.

그리스도는 인류의 두 대표(모형)로서 모두 인류의 운명을 결정한 이들이다. 하지만 이들 사이에는 근본적인 차이가 있다. 모형과 실제 사이의 유사성은 완벽하지 않으며, 차이점이 존재하고, 15-19절에서 그러한 차이점이 여실히 진술된다.[263] 따라서 "아담은 오실 자의 모형이라"라는 문구는 문예적인 장치의 측면에서 볼 때 전환점 역할을 하는데, 이어지는 15-21절에서 언급될 '아담과 그리스도의 대조'를 이끈다.

15-19절: 아담과 그리스도를 대조함

15-19절에서 바울은 아담과 그리스도 사이를 대조한다. 그는 아담과 그리스도 사이의 모형론적 혹은 예표적 관계(typological relationship)를 설명한다.[264] 아담은 인류의 대표로서 그의 범죄가 모든 인류의 범죄를 야기하고 사망을 가져왔다. 하지만 그리스도께서는 인류의 새로운(진정한) 대표로서 그분의 속죄 사역이 인류의 죄를 속했고 생명을 가져왔다.

15절: 15-16절에 '은사'(χάρισμα, 카리스마), '선물'(δωρεά, 도레아), '은혜'(χάρις, 카리스)가 많이 나오는데, 이 용어들은 모두 예수 그리스도를 믿음으로 말미암아 의롭게 되는 것(구원)을 의미한다.[265]

"이 은사는 그 범죄와 같지 아니하니"에서 "이 은사"는 믿는 사람에게 주어지는 선물, 곧 구원(칭의)을 가리킨다. 그리고 "그 범죄"란 아담의 죄와 그 죄가 가져온 결과(사망)를 의미한다. 따라서 이 말은 그리스도께서 행하신 일이 아담이 오래전에 행한 일과 같지 않다는 뜻이다. 바울은 이어서 "그 범죄"를 구체적으로 말하는데, "곧 한 사람의 범죄를 인하여 많은 사람이 죽

---

263 Joseph A. Fitzmyer, *Romans*, 418.

264 Douglas J. Moo, *Romans*, 334; 참고. James D. G. Dunn, "Adam and Christ", *in Reading Paul's Letter to the Romans*, ed. Jerry Sumney, RBS, Atlanta: Society of Biblical Literature, 2012.

265 김곤주, 『로마서』, 120.

었은즉"이라고 한다. 이것은 아담의 죄로 인해서 많은 사람이 죽게 된 사실을 반영한다. 그리고 여기서 죽었다는 말은 앞에서 언급했듯이, 하나님으로부터 완전히 분리되었다는 뜻이다.

바울은 이어서 아담보다 우월하신 그리스도를 말한다. "더욱 하나님의 은혜와 또한 한 사람 예수 그리스도의 은혜로 말미암은 선물은 많은 사람에게 넘쳤느니라." 바울은 "더욱"(πολλῷ μᾶλλον, 폴로 말론)이라는 단어 사용에다가(참고. 9절, 10절, 17절), "하나님의 은혜"와 "예수 그리스도의 은혜"라는 표현을 사용하고, "선물"(δωρεά, 도레아)이 많은 사람에게 넘쳤다고 말함으로써 자신의 주장을 강조한다. 즉 그는 '작은 것에서 큰 것으로'(aminori ad maius) 논증하고(참고. 5:9-10; 11:12, 24; 고후 3:9, 11), 대조적이고 단계적인 평행 구조로 표현한다. 그는 하나님의 은혜와 그분의 '값없는 선물'(free gift)이 인류에게 풍성히 주어졌다고 하는데,[266] 이는 그리스도를 통한 은혜가 아담을 통한 범죄보다 훨씬 크고 풍성함을 시사한다.

아담과 그리스도는 한 사람으로 말미암아 많은 사람이 영향을 받게 되었다는 원리에 있어서 같지만, 범죄의 경우(아담)보다 은혜의 경우(그리스도)가 '더욱 풍성하다'라는 점에서 다르다.[267] "그리스도의 순종은 의롭다 하심과 구원을 가져다줌에 있어 아담의 죄가 정죄를 가져다주는 것보다 훨씬 더 강력한 능력을 가진다. 단순히 사람일 뿐인 자의 범죄가 그의 모든 자연적인 후손들에게 사망과 진노를 가져다줄 수 있었다면, 하물며 사람일 뿐만 아니라 하나님이신 분의 순종은 그의 모든 영적인 후손들에게 죄 사함과 생명을 얼마나 더 풍성하게 가져다줄 수 있겠는가!"[268] 이에 바울은 디모데전서 1:14에서 "우리 주의 은혜가 그리스도 예수 안에 있는 믿음과 사랑과 함께 넘치도록 풍성하였도다"라고 선언한다.

---

266 Joseph A. Fitzmyer, *Romans*, 419.

267 변종길, 『로마서』, 168.

268 매튜 풀, 『로마서』, 399.

16절: 이 구절은 15절과 유사하나 강조점이 다르다. 15절은 '이 은사는 그 범죄와 같지 않다는 사실'을 말하지만, 16절은 '이 선물은 범죄한 한 사람으로 말미암은 것과 같지 않다는 사실'을 말한다. 따라서 15절은 '정도'(degree)를 말한 것이며, 16절은 '결과'(consequence)를 말한 것이다. 이렇게 같은 내용을 조금 다른 각도에서 말한 것은 아담과 그리스도의 차이를 더욱 부각한다.

"이 선물은 범죄한 한 사람으로 말미암은 것과 같지 아니하니"라는 말은 그리스도를 믿는 자에게 주어지는 선물(구원)이 아담으로 인해 세상에 들어온 것(사망)과 같지 않다는 뜻이다. 또한 "심판은 한 사람으로 말미암아 정죄에 이르렀으나"(ESV: "for the judgment following one trespass brought condemnation")라는 말은 아담이 죄를 지음으로 모든 사람이 정죄(유죄 판결, 사형 선고)에 이르게 되었다는 뜻이다. 그리고 "은사는 많은 범죄로 말미암아 의롭다 하심에 이름이니라"(ESV: "the free gift following many trespasses brought justification.")라는 말은 아담의 범죄로 인해 많은 사람이 유죄 판결(정죄)을 받았지만, 이후 하나님이 선물을 주셔서 많은 사람이 무죄 판결(구원)을 받게 되었다는 뜻이다.

17절: 이 구절은 16절의 이유(γάρ, 가르, for)가 된다.[269] 바울은 5장에서 네 번째로 '폴로 말론'(πολλῷ μᾶλλον, how much more)을 사용하는데(참고. 9절, 10절, 15절), 이 단어는 '풍성한 은혜'(τὴν περισσείαν τῆς χάριτος, 텐 페리세이안 테스 카리토스; ESV: "the abundance of grace")라는 표현과 함께 의도적으로 사용되어 강조 효과를 지닌다.[270]

---

269 Thomas R. Schreiner는 17절과 16절의 관계를 다음과 같이 설명한다. "Verse 17 functions as the ground of verse 16 (gar, for). What is the evidence that all are condemned through Adam and all are righteous in Christ? The evidence for universal condemnation is the reign of death over all people by virtue of Adam, and the evidence for the gift of righteousness is the reigning in life that becomes a reality through Jesus Christ." Thomas R. Schreiner, *Romans*, 285-86. C. E. B. Cranfield는 17절이 16b절보다 16a절과 연관된다고 주장한다. C. E. B. Cranfield, *Romans*, 287.

270 Joseph A. Fitzmyer, *Romans*, 420; James D. G. Dunn, *Romans* 1-8, 281.

"한 사람의 범죄로 말미암아 사망이 그 한 사람을 통하여 왕 노릇 하였은즉"은 아담의 범죄로 인하여 사망이 모든 사람을 주관하게(왕 노릇) 되었다는 뜻이다. 아담의 범죄로 사망의 왕 노릇이 시작되었다는 것이다.[271] 여기서 바울은 "한 사람"이라는 문구를 두 번 반복함으로써 아담이 한 일을 강조한다.[272] "더욱 은혜와 의의 선물을 넘치게 받는 자들"이란 그리스도를 통해서 생명을 얻는 자들을 가리킨다. 그리고 "한 분 예수 그리스도를 통하여 생명 안에서 왕 노릇 하리로다"라는 말은 예수 그리스도의 구속 사역으로 생명을 얻게 되었음을 뜻한다.

18절: 바울은 12절에서 아담과 그리스도의 대조를 시작했고, 13-14절에서 역사적인 측면에서 보충하여 언급했으며, 15-17절에서 부연 설명을 했는데, 이제 18-19절에서 완성한다.[273] 18절 문장 첫머리에 있는 접속사 "그런즉"(ἄρα οὖν, 아라 운, therefore then)은 18-19절이 15-17절에서 도출되었음을 시사한다.[274] 18절은 12절에서 시작되고, 13-17절에서 전개된 대표성의 원리에 근거한 논증, 곧 아담과 그리스도의 대조가 요약된 것이다. 한 사람(아담)의 범죄로 많은 사람이 정죄에 이르게 되었듯이, 한 사람(그리스도)의 의로운 행위로 많은 사람이 의롭다는 판정을 받아서 생명에 이르게 되었다.

19절: 바울은 18절에서 말한 것을 반복함으로써 논증을 강화한다. 한 사람(아담)이 순종하지 않음으로써 많은 사람이 죄인이 된 것 같이, 한 사람(그리스도)이 순종하심으로써 많은 사람이 의인이 되었다. 그러므로 사람이 사망에 이르게 된 것은 인류의 대표인 아담의 잘못 때문이며, 이와 마찬가지로 사람이 생명에 이르게 되는 것도 인류의 새로운 대표이신 예수 그리스도의 은덕 때문이다.

---

271 Thomas R. Schreiner, *Romans*, 286.

272 Thomas R. Schreiner, *Romans*, 286.

273 참고. Douglas J. Moo, *Romans*, 340.

274 Thomas R. Schreiner, *Romans*, 286; C. E. B. Cranfield, *Romans*, 288-89.

그런데 여기에 '많은 사람'(πολλοί, 폴로이)이나 '모든 사람'(πάντες, 판테스)이라는 용어가 나온다고 해서 '만인 구원설'이 입증되는 것은 아님을 알아야 한다. 그리스도로부터 영향을 받은 '많은 사람'과 '모든 사람'은, 아담의 죄로부터 영향을 받은 '많은 사람'과 '모든 사람'과 같지 않다. 뒤의 집단은 보편적(universal)이지만, 앞의 집단은 그리스도께 속한 모든 사람으로 한정되어 있다.[275] 즉 로마서 전체에서 바울은 아담의 죄로 인하여 모든 사람이 영향을 받았다고 말하지만, 그리스도의 의로운 행동으로 인한 혜택을 받는 사람이란 믿음으로 말미암아 의롭게 되는 특정한 부류임을 분명히 한다. 그리고 언어학적으로, 로마서의 많은 구절에서 '모든 사람'(all)이 '모든 개인'(every single human being)을 항상 의미하는 것은 분명히 아니다(예. 8:32; 12:17, 18; 14:2; 16:19).[276] 다시 말해서, 하나님의 은혜가 모든 사람에게 부어졌으나, 모든 사람이 그 은혜를 받아들이는 것은 아니다. 오로지 하나님의 선택을 받은 사람들만이 하나님의 은혜에 대하여 긍정적으로(믿음으로) 반응한다.

20-21절: 율법의 역할

바울은 앞에서 죄의 원인과 그 결과를 말했고, 율법이 죄를 더욱 분명하게 드러낸다는 사실을 언급했으며, 아담과 그리스도를 대조하면서 그리스도의 구원 사역을 말했는데, 이제 이 구절에서 그렇다면 그리스도 이후에 율법이 어떤 역할을 하는지를 말한다.

20절: "율법이 들어온 것은 범죄를 더하게 하려 함이라"라는 말은 율법 때문에 죄가 더 많아졌다는 뜻이 아니다. 오히려 이 말은 율법이 있기 전에 죄가 있었으나, 율법이 들어옴으로 죄가 더욱 분명히 드러나게 되었고, 그

275 Thomas R. Schreiner, *Romans*, 292; James D. G. Dunn, *Romans* 1-8, 285.

276 Douglas J. Moo, *Romans*, 344.

동안 죄인 줄 몰랐던 것들이 명확하게 죄로 규정되었다는 뜻이다. 그래서 율법은 인간이 얼마나 심각한 죄인인지를 알게 하고, 그가 하나님의 표준에 도달할 수 없는 존재임을 자각하게 하며, 그에게 구원자(그리스도)가 필요하다는 사실을 깨닫게 한다. 바울은 갈라디아서 3:19에서도 "그런즉 율법은 무엇이냐? 범법하므로 더하여진 것이라"고 말했다.

"그러나 죄가 더한 곳에 은혜가 더욱 넘쳤나니"(ESV: "but where sin increased, grace abounded all the more")라는 문구는 죄를 많이 지을수록 은혜가 더욱 넘치니 죄를 많이 지으라는 뜻이 아니다. 오히려 율법을 읽을 때 자신이 얼마나 심각한 죄인인지를 깨닫게 되었고, 따라서 죄 용서받았을 때 하나님의 은혜에 감사하는 마음이 너무나도 컸음을 시사한다. 실제로 하나님의 말씀을 부지런히 공부하면 할수록 자신의 연약함과 부족함이 더욱 분명하고 커다랗게 느껴져서 괴로움을 느끼고, 이에 따라 하나님의 은혜를 더욱 간절히 구하게 된다. 따라서 바울은 죄와 은혜를 대조하면서, 은혜가 '더욱 강하다'는 사실을 강조한다.

21절: 헬라어 원문에서 이 구절은 목적을 의미하는 'ἵνα'(히나; ESV: "so that")로 시작된다. 따라서 이 구절은 20절 뒷부분의 "죄가 더한 곳에 은혜가 더욱 넘쳤나니"의 목적이 무엇인지를 보여주고, 죄(아담)와 은혜(그리스도)를 비교하고 대조하는 논증의 절정에 이른다.[277] 21절을 풀어서 말하면 다음과 같다. '지금까지는 죄가 사망 안에서 왕 노릇(지배) 했지만, 이제는 하나님의 은혜(그리스도를 십자가에서 죽게 하심으로 우리를 의롭게 한 은혜)가 왕 노릇(지배) 한다. 그리고 이러한 왕 노릇은 우리 주 예수 그리스도로 말미암아 영생에 이르게 한다.'

바울은 "죄가 사망 안에서 왕 노릇 한 것 같이"와 "은혜도 또한 의로 말미암아 왕 노릇 하여"를 대조한다. 14절에서부터 반복적으로 나온 '왕 노릇 하다'라는 동사는 강력한 힘의 이미지를 심어 준다. 이 동사는 죄가 사

277 Douglas J. Moo, *Romans*, 349.

람을 다스리는 것 혹은 은혜가 사람을 다스리는 것을 시사한다. 죄와 은혜는 강력한 지배력을 가지고 있어서 사람이 그 밑에서 종 노릇할 수밖에 없다. 바울은 17절에서 "사망이 그 한 사람을 통하여 왕 노릇" 했다고 말했는데, 여기서 "죄가 사망 안에서 왕 노릇" 한다고 언급한다. 따라서 그는 왕 노릇 하는 실체를 '죄'라고 말한다. 이는 죄로 말미암아 사망이 왕 노릇한다는 뜻이다. 그리고 그는 앞에서 아담과 그리스도를 대조했는데, 여기서 죄와 은혜 그리고 죄의 권세와 은혜의 권세를 대조한다. 하지만 그는 은혜가 왕 노릇 하는 것이 죄가 왕 노릇 하는 것보다 강하다는 사실을 드러낸다. 그리고 이는 20절에서 죄와 은혜를 대조하면서 은혜가 '더욱 넘쳤다'라고 말한 것과 같은 맥락을 가진다.

바울은 은혜가 왕 노릇하는 것에 이어서 "우리 주 예수 그리스도로 말미암아 영생에 이르게 하려 함이라"고 말한다. 헬라어 본문에서 이 문장의 앞에는 'εἰς'(에이스, leading to)가 붙어 있는데, 이는 앞에서 말한 것의 결과를 보여준다는 의미이다. 즉 "은혜도 또한 의로 말미암아 왕 노릇하여"의 결과가 "우리 주 예수 그리스도로 말미암아 영생에 이르게 하려함"(ESV: "… leading to eternal life through Jesus Christ our Lord.")인 것을 알려준다. 헬라어 원문에서 5:1 마지막 부분에 "우리 주 예수 그리스도로 말미암아"라는 문구가 나왔는데, 5:21 마지막 부분에도 이 문구가 나온다. 따라서 바울은 5장 전체를 "우리 주 예수 그리스도로 말미암아"라는 문구로 감싼다(수미상관).

• 설교자를 위한 지침 •

1. 이 단락은 아담부터 그리스도까지의 '구속사'(history of salvation)를 개관한다. 따라서 설교자는 이 단락을 설교할 때 구속사에 관하여 설명해 줄 필요가 있다.

2. 아담과 그리스도를 대조하는 부분을 설명하면서 '죄의 전가' 교리를 다루는 것이 유용하다. 즉 아담의 죄가 온 인류에게 영향을 미친 것과 그리스도의 사역이 우리에게 영향을 미친 것에 관해서 설명하는 것이 필요하다. 그 밖에 이 단락에 드러난 주요 주제는 다음과 같다. 원죄와 자범죄, 죽음의 문제(영적인 죽음과 육적인 죽음), 모형론(typology), 만인구원론, 율법의 용도 등. 로마서에는 신학 주제들이 대단히 풍부하게 드러나 있는데, 설교자는 이러한 주제들을 충분히 익힌 후 청중들에게 알기 쉽게 가르쳐야 한다.

3. 설교자는 하나님의 은혜에 관하여 설교할 수 있다. 아담으로 인해 죽게 된 인류가 그리스도로 인해 살게 되었다는 사실을 말하면서, 죄가 인류를 지배하는(왕 노릇 하는) 일과 하나님이 그리스도를 통해서 우리에게 은혜를 주신 일(왕 노릇 하는)을 대조하여 설명할 수 있다. 우리가 더 이상 죄의 지배를 받지 말고 은혜의 지배를 받아야 함을 말해야 할 필요가 있다.

3. 6:1-11 새로운 사람이 되었음

6장은 신자들이 죄에 대해서 승리한다는 주제를 다룬다.[278] 바울은 5장 마지막 부분에서 "죄가 더한 곳에 은혜가 더욱 넘쳤나니"라고 말했다(5:20). 이 말은 오해를 살 수 있었다. 사람들은 '죄를 많이 지으면 은혜를 많이 받는가?' 혹은 '은혜를 많이 받기 위해서는 죄를 많이 지어야 하는가?'라고 잘못 생각할 수 있었다. 이에 바울은 이 단락에서 이러한 잘못된 추론을 시정해 준다.[279] 그는 하나님의 은혜가 단지 죄 용서만이 아니라 주재권의 이전(a transfer of lordship)까지도 포함하기에 신자들이 더 이상 죄의 압제 아

278 6장에는 '죄'에 해당하는 헬라어 단어가 17번 나오는데, 명사형(ἁμαρτία, 하마르티아)이 1, 2, 6(2번), 7, 10, 11, 12, 13, 14, 16, 17, 18, 20, 22, 23절에 나오고(16번), 동사형(ἁμαρτάνειν, 하마르타네인)이 15절에 나온다(1번). 그리고 이 단어는 7장에서도 명사형으로 15번이나 나온다. 로마서의 다른 장들에서는 이 단어가 비교적 적게 나오는 것을 볼 때 바울이 6장과 7장에서 죄에 관하여 매우 많이 언급하고 있음을 알 수 있다. Joseph A. Fitzmyer, *Romans*, 430; James D. G. Dunn, *Romans 1-8*, 301을 보라.

279 Thomas R. Schreiner는 6장을 시작하는 "은혜를 더하게 하려고 죄에 거하겠느냐?"(1절)라는 질문이 5장에서, 특히 5:20-21을 마무리하는 문구에서 나온 것이 분명하다고 주장한다. Thomas R. Schreiner, *Romans*, 298.

래 있지 않다고 말한다.[280]

1-4절: 죄에 대하여 죽었음

1-2a절에서 바울은 앞의 내용과 연관해서 제기된 반론에 답하며, 2b절에서 신자들이 죄에 대하여 죽었으므로 더 이상 죄 가운데 살 수 없다고 주장한다.

1절: 바울은 "그런즉 우리가 무슨 말을 하리요? 은혜를 더하게 하려고 죄에 거하겠느냐?"라고 말한다. 그는 두 개의 수사학적인 질문을 사용하여 그가 앞에서 말한 내용과 이 단락을 연결한다.[281] 로마서에서 그는 이러한 수사학적인 질문을 종종 사용하여 자신의 논의를 효과적으로 진행하는데(참고. 3:5; 4:1; 7:7; 8:31; 9:14, 30), 이것을 디아트리베(diatribe) 양식이라고 한다(참고. 2:1-5의 주석).[282]

"그런즉 우리가 무슨 말을 하리요?"(τί οὖν ἐροῦμεν, 티 운 에루멘)라는 문구는 3:5에 나온 것과 같은 형태이다. 이 문구는 바울이 조금 전에 말한 것이 논란이 될 수 있는 데다 잘못 해석될 수 있는 여지가 있기 때문에 더 자세히 설명하기 위해 사용되었다.[283] "은혜를 더하게 하려고 죄에 거하겠느냐?"라는 문구는 바울이 5:20b에서 말한 "죄가 더한 곳에 은혜가 더욱 넘쳤나니"에 대하여 독자들이 잘못 생각할 수 있는 것을 염려하고서 이를 설명하려고 제기한 가상의 질문이다.[284] 그는 자신이 말한 것이 논란이 될 수 있음을 알고 있다. 그런데 어떤 학자들은 바울이 자신을 반대하는 유대주

280 Thomas R. Schreiner, *Romans*, 299.

281 John D. Harvey, *Romans*, 148; R. Jewett, *Romans*, 393.

282 Joseph A. Fitzmyer, *Romans*, 432; C. K. Barrett, *Romans*, 113.

283 James D. G. Dunn, *Romans* 1-8, 306.

284 C. E. B. Cranfield, *Romans*, 297.

의자들이 자주 제기한 한 질문에 답하고 있을 가능성이 있다고 본다.[285] 하지만 바울이 여기서 어떤 특정한 반대자들을 향하여 말하는 것은 아닌 것으로 보인다. 단지 논증을 진행하는 가운데 일반적으로 제기될 수 있는 질문을 염두에 둔 것 같다.[286] 즉 독자들에게 가르침을 주기 위해서 이러한 질문을 직접 제기한 것이다.[287]

죄를 적게 지은 사람은 적게 사함을 받고, 많이 지은 사람은 많이 사함을 받는다면 이것은 사람들의 오해를 발생시킬 가능성이 있었다. 곧 '은혜를 더욱 많이 체험하려면 죄를 더욱 많이 지어야 하는가?'라는 의문이 제기될 수 있었다. 이러한 오해는 대단히 잘못된 방종주의적 추론으로서 죄 사함의 은덕을 오해하고 남용하는 것이다. 회심과 부르심 이전에 지은 많은 죄는 죄 사함 안에서 하나님의 은혜를 더욱 풍성하게 나타내는 기회가 되지만, 회심과 부르심 이후에 행해진 죄들은 그렇지 않다.[288] 따라서 바울은 명확한 견해를 밝히려고 한다.

2절: 사람들의 잘못된 추론에 대하여 바울은 단호하게 "그럴 수 없느니라"고 대답한다(참고. 3:4). 이 말은 그리스도인이 은혜를 더 많이 얻기 위해서 죄를 지어야 한다는 생각을 강하게 거부하는 것이다. 그러면서 그는 "죄에 대하여 죽은 우리가 어찌 그 가운데 더 살리요?"라고 말함으로써 자기 생각을 수사학적인 질문 형태로 제시한다.[289] '죽었다'(ἀπεθάνομεν, 아페다노멘)에 해당하는 헬라어 동사는 아오리스트(aorist)로, 과거에 단번에 일어난 사실을 암시한다. 이 말은 우리가 죄에 대하여 기본적으로 관계가 끝났다는 것, 곧 죄가 지배하는 영역에서 벗어났다는 것을 의미한다(참고. 갈 2:19-20; 6:14). 다시 말해서, 우리가 그리스도를 믿을 때 일어난 법적, 신

285 ESV Study Bible.

286 Thomas R. Schreiner, *Romans*, 303.

287 Douglas J. Moo, *Romans*, 355.

288 매튜 풀, 『로마서』, 403.

289 Douglas J. Moo, *Romans*, 356.

분적, 영역적 상태의 변화를 알려준다. 우리는 죄의 권세에서 해방되었고 죄의 영역에서 벗어났다. 우리는 더 이상 '죄의 종'이 아니다.[290]

3-4절에서 바울은 '세례'에 대하여 말한다.[291] 하지만 이 구절의 주제가 세례인 것은 아니라는 점을 유념해야 한다.[292] 바울은 2b절에서 말한 '우리가 죄에 대하여 죽었다'라는 명제적 진술을 설명하기 위해서 세례 모티프를 사용한다.

3절: "알지 못하느냐?"(ἢ ἀγνοεῖτε, 에 아그노에이테)라는 문구는 로마서와 바울 서신에서 분명한 사실을 말할 때 자주 사용된 것이다(예. 6:16; 7:1; 고전 3:16; 5:6; 6:2, 3, 9, 15, 16, 19; 9:13, 24).[293] 여기서 이 문구는 로마의 그리스도인들이 기독교의 세례에 대하여 잘 알고 있음을 암시한다. 그리고 이 문구는 사도적인 교리 교육(apostolic catechesis)을 받은 로마의 그리스도인들이 세례의 고결한 효과에 대한 지식을 가지고 있어야 한다는 점을 시사한다.[294] 확실히 초기 신자들은 세례의 의미와 중요성을 잘 알고 있었다.

"그리스도 예수와 합하여"(ESV: "into Christ Jesus")라는 말을 어떤 이들은 '그리스도 예수의 이름으로'("into the name of Christ Jesus")의 축약형이

---

290 변종길, 『로마서』, 178-79.

291 참고. Hans Dieter Betz, "Transferring a Ritual: Paul's Interpretation of Baptism in Romans 6", in *Paul in his Hellenistic Context*, London: T & T Clark, 1994.

292 James D. G. Dunn은 이에 대해서 다음과 같이 말한다. "In view of the important role this passage has played in discussions of baptism, it is important to note that baptism is not the subject of the passage. The theme is one of death to sin and life under grace, which is documented by use of baptismal language in vv 3-4, but then also by different elaborations of the death/life theme (vv 5-6) and by a rationale in which baptism is not mentioned again (cf. 7ff.)." James D. G. Dunn, *Romans* 1-8, 308. 또한 Thomas R. Schreiner는 다음과 같이 말한다. "The death and resurrection of Christ are profoundly different from the dying and rising gods of the mysteries, for the former is rooted in history while the latter are mainly annual nature rites. Scholars have often detected a mystery connection in the use of the phrase 'with Christ.'" Thomas R. Schreiner, *Romans*, 306.

293 C. E. B. Cranfield, *Romans*, 300; R. Jewett, *Romans*, 396.

294 Joseph A. Fitzmyer, *Romans*, 433.

라고 생각한다.[295] 하지만 이 말은 우리가 세례를 받음으로 그리스도 예수에게 속하게 되었음을 의미한다. 곧 우리가 세례를 받음으로 그리스도 안으로 접붙여져서 그의 신비한 몸의 지체가 되었다는 뜻이다.[296] 물론, 이는 세례가 마술적으로 죄의 권세를 파괴한다는 의미가 아니다.[297] "그의 죽으심과 합하여 세례를 받은 줄"이라는 말은 '그리스도 예수의 죽으심 안으로 세례를 받았다'(ESV: "[…] were baptized into his death")라는 뜻으로, 우리가 세례를 받는 순간에 그리스도 안에서 죽었음을 시사한다.[298] 즉 사람이 물에 빠져서 죽듯이 우리가 그리스도에게 빠져서 완전히 죽었다는 것이다. 바울은 이와 유사하게 갈라디아서 3:27에서 "누구든지 그리스도와 합하기 위하여 세례를 받은 자는 그리스도로 옷 입었느니라"고 말한다.

4절: 이 구절은 논의의 결론이다. 바울은 우리가 세례를 받음으로 그리스도께서 죽으시고 장사되신 일에 참여하게 되었다고 언급한다.[299] "그와 함께 장사되었나니"(συνετάφημεν αὐτῷ, 쉰에타페멘 아우토)에서 '장사되다'에 해당하는 'συνετάφημεν'(쉰에타페멘)은 'συνθάπτω'(쉰답토)의 아오리스트(ingressive aorist) 수동태이다.[300] 이것은 우리가 확실히 죽었다는 사실을 뜻하면서, 또한 하나님에 의해서 이러한 일이 이루어졌다는 사실을 드러낸다. 그렇다면 우리의 삶은 죽어서 장사된 후에 끝나 버린 것인가? 더

---

295 Thomas R. Schreiner, *Romans*, 307; Douglas J. Moo, *Romans*, 360을 보라.

296 매튜 풀, 『로마서』, 404. 예전에 일부 학자들은 바울을 신비주의 종교에 의존했던 사람으로 보았다(참고. Bousset; Reizenstein). 하지만 오늘날 그렇게 보는 이는 거의 없다. 학자들은 오히려 바울이 헬라주의적 기독교의 세례 전통을 자신의 신학에 맞게 수정했다고 본다. 따라서 여기서 "그리스도와 함께"라는 문구는 신비주의 종교와 연관된 것이 아니라, 바울 자신의 것이다. Thomas R. Schreiner, *Romans*, 306.

297 ESV Study Bible.

298 Thomas R. Schreiner, *Romans*, 308.

299 Douglas J. Moo, *Romans*, 363.

300 John D. Harvey, *Romans*, 150. 바울은 그의 서신에서 'συν'(쉰)을 가지고 합성어를 많이 만들어 낸다. 그는 이러한 합성어를 주로 명사들과 함께 사용해서 신자의 특권이나 경험이나 의무를 묘사하기도 하고, 주로 동사들과 함께 사용하여 그리스도의 죽음과 생명을 공유하는 것을 묘사하기도 한다. 바울은 이를 통해서 그리스도 안에서의 공동체성(communality)에 의존하여 형성된 신자들의 공동체성을 표현한다. James D. G. Dunn, *Romans 1-8*, 313을 보라.

이상 우리는 이 땅에 없는 것인가? 그렇지 않다. 바울은 "이는 아버지의 영광으로 말미암아 그리스도를 죽은 자 가운데서 살리심과 같이 우리로 또한 새 생명 가운데서 행하게 하려 함이라"고 함으로 하나님이 그리스도를 죽은 자 가운데서 살리심과 같이 우리에게도 새로운 생명을 주셔서 새롭게 살게 하셨다고 말한다. 그리스도와 함께 장사된 그리스도인은 이제 부활하신 그리스도와 연합한 상태로 산다.[301] 우리는 세례를 받음으로 죽었고 장사되었기에 새로운 사람이 되었다. 세례는 옛 사람이 죽고 새 사람으로 태어나는 일이다. 이제 세례를 받은 사람은 새로운 사람으로서 새로운 삶의 방식을 따라 행해야 한다. 이에 바울은 고린도후서 5:17에서 "그런즉 누구든지 그리스도 안에 있으면 새로운 피조물이라 이전 것은 지나갔으니 보라 새 것이 되었도다"라고 말한다.

5-7절: 그리스도와의 연합

5절: 바울은 3-4절의 진술을 발전시킨다.[302] "만일 우리가 그의 죽으심과 같은 모양으로 연합한 자가 되었으면 또한 그의 부활과 같은 모양으로 연합한 자도 되리라." 이 말은 그리스도가 죽으셨다가 다시 살아나신 것처럼 우리가 세례를 받을 때 죽었다가 다시 살아났다는 뜻이다. "연합한 자가 되었으면"(σύμφυτοι γεγόναμεν, 쉼피토이 게고나멘)이라는 문구는 완료 시상으로 과거에 발생한 사실이 현재에 영향을 미친다는 점을 보여준다. 따라서 그리스도의 죽음과 부활은 우리의 삶에 영향을 미치고 있음이 드러

---

301 Joseph A. Fitzmyer, *Romans*, 434.

302 Thomas R. Schreiner를 비롯한 일부 학자들은 1-4절과 5절을 같은 단위로 묶고, 6절에서 새로운 단위가 시작되는 것으로 본다. 하지만 5-7절은 그리스도와 함께 죽는 것의 신학적 의미를 논한다는 측면에서 하나의 단위로 묶인다. 따라서 1-5절을 단위로 묶어도 되고, 5-7절을 단위로 묶어도 된다. John D. Harvey, Romans, 148을 보라. Thomas R. Schreiner 역시 5절의 기능에 대해서 다음과 같이 말한다. "The function of verse 5 is to support (gar, for) the main proposition of verse 4 and to provide an explanation for it." Thomas R. Schreiner, *Romans*, 311.

난다. "그의 부활과 같은 모양으로 연합한 자도 되리라"는 미래 시상이지만, 이것을 시간적으로 보아서 단지 미래에 일어날 일을 말하는 것으로만 이해해서는 안 된다. 그리스도의 부활과 그에 근거한 우리의 부활은 현재성과 미래성을 모두 가지는데, 지금 우리가 거듭남으로 부활을 경험했지만, 장래에 궁극적인 부활을 경험할 것이다. 더욱이, 이 진술의 강조점은 우리가 그리스도의 죽으심에 연합한 것이 분명하기에, 그리스도의 부활하심에 연합하는 것도 확실하다는 사실에 있다. 이에 골로새서 2:12에는 "너희가 세례로 그리스도와 함께 장사되고 또 죽은 자들 가운데서 그를 일으키신 하나님의 역사를 믿음으로 말미암아 그 안에서 함께 일으키심을 받았느니라"라는 언급이 있다.

6-7절은 5절에 대하여 '그렇다면 우리가 왜 죽었다가 살아나는가?'라는 질문이 제기될 수 있기에 나온 것이다. 바울은 이에 대해서 답변한다.

6절: 바울은 "우리가 알거니와"(τοῦτο γινώσκοντες ὅτι, '투토 기노스콘테스 호티'; ESV: "we know that")라는 문구와 함께 진술을 시작한다. 이는 지금 진술하려는 것이 이미 로마 성도들이 알고 있는 것임을 시사한다(참고. 3절). 즉 그가 말하려는 것을 로마 성도들이 이미 알고 있었지만, 그들에게 다시금 확인(상기)시켜 주려는 것이다.[303] "우리의 옛 사람이 예수와 함께 십자가에 못 박힌 것"이라는 문구에서 "옛 사람"(παλαιὸς ἄνθρωπος, 팔라이오스 안드로포스)이라는 용어는 바울에 의해서 일관되게 사용된 것인데, 회심하기 전의 자아, 곧 죄의 지배를 받고 진노에 노출된 자아 혹은 회심하기 전의 상태를 가리킨다(참고. 고전 5:7-8; 골 3:9).[304] 따라서 이 문구는 예

303 그러나 James D. G. Dunn은 이에 대해서 다음과 같이 설명한다. "Here the implication is not so much that the particular teaching which follows is already known (though cf. Gal 2:19), or is self-evident from their experience, as that it is an obvious deduction from or reformulation of the preceding argument (cf., e.g., Mark 4:13)." James D. G. Dunn, *Romans 1-8*, 318.

304 Joseph A. Fitzmyer, *Romans*, 436; James D. G. Dunn, *Romans 1-8*, 318. Thomas R. Schreiner는 "옛 사람"을 옛 시대에 속한 인간에 대한 구속사적 명칭으로 보면서, 그것이 신자가 속해 있는 공동의 구조를 가리킨다고 주장한다. 하지만 그는 이 용어에서 개인적 차원을 완전히 없애는 것이 옳

수님이 십자가에 못 박혀 죽으실 때 우리의 옛 사람이 함께 십자가에 못 박혀 죽었다는 뜻으로, 아담을 통해서 내려온 타락하고 부패한 옛 자아가 완전히 죽고 없다는 메시지를 함의한다.

그러면 우리의 옛 사람이 십자가에 못 박혀 죽은 목적은 무엇인가? 이에 대하여 바울은 "죄의 몸이 죽어 다시는 우리가 죄에게 종노릇하지 아니하려 함이니"라고 말한다. 헬라어 본문에서 이 문구 제일 앞에 'ἵνα'(히나, in order that)가 있어서 이 문구가 앞 문구의 '목적'임을 알려준다. "죄의 몸"은 "옛 사람"과 같은 뜻을 지닌다. "죄의 몸"은 죄로 오염되어 있으며, 부패하고, 타락하여 항상 죄를 짓는 존재로서, 언젠가 죄의 삯인 사망에 처할 것이다(참고. 23절). "죄의 몸이 죽어"(ESV: "the body of sin might be brought to nothing")라는 말은 '죄의 몸이 아무런 힘도 없는 상태가 되어'라는 뜻이다(참고. 7:24). 거듭나지 않은 사람들은 죄를 행할 뿐만 아니라 죄에 의해 행해진다.[305] 이에 디도서 3:3은 "우리도 전에는 어리석은 자요 순종하지 아니한 자요 속은 자요 여러 가지 정욕과 행락에 종노릇한 자요 악독과 투기를 일삼은 자요 가증스러운 자요 피차 미워한 자였으나"라고 말한다. 하지만 거듭난 사람은 죄를 지향하는 죄의 몸이 죽어서 더 이상 죄에 종노릇하지 않게 된다.[306]

7절: 이 구절은 6절의 이유이다. 이 구절의 헬라어 본문에서 문장 첫머리에 이유를 나타내는 'γάρ'(가르)가 있어서 이러한 사실을 일려준다.[307] 그러므로 "이는 죽은 자가 죄에서 벗어나 의롭다 하심을 얻었음이라"라는 말

지 않다고 말한다. 그는 구속사적 실재와 인간의 개인적 존재를 분리하는 것을 잘못된 이원론이라고 생각한다. Thomas R. Schreiner, *Romans*, 315.

305 매튜 풀, 『로마서』, 407.

306 Joseph A. Fitzmyer는 "죄의 몸이 죽어 다시는 우리가 죄에게 종노릇 하지 아니하려 함이니"라는 문장의 헬라어 형태에 대해서 다음과 같이 설명한다. "Paul uses the genitive of the articular infinitive to express result." Joseph A. Fitzmyer, *Romans*, 436.

307 Douglas J. Moo, *Romans*, 376; R. Jewett, *Romans*, 404. Thomas R. Schreiner는 7절이 6절의 이유라는 사실에 동의하지만, 이 두 구절 사이의 논리적 관계를 파악하는 일이 매우 어렵다고 말한다. Thomas R. Schreiner, *Romans*, 318.

은 6절의 요지인 죽음(예수님과 함께 십자가에 못 박힘)과 죄로부터의 자유(다시는 죄에게 종노릇하지 않음) 사이의 연결 관계를 설명한다.[308] 우리는 죄에 대하여 죽었으므로 죄에서 벗어났고 의롭다고 여김을 얻었다. 그래서 다시는 죄의 종이 되어서 죄의 지배를 받으면서 살지 않는다. 물론 이 말은 우리가 죄에서 벗어났다고 해서 죄를 전혀 짓지 않는다는 뜻이 아니다. 단지 우리에게 있어서 죄의 폭정, 지배, 통치가 무너졌다는 뜻이다.[309] 이제 우리는 죄의 종이 아니므로 단호하게 죄를 거부하고 점점 죄에서 멀어지는 삶을 살도록 노력해야 한다. 우리는 완전히 새로운 사람이 되었다. 그러므로 우리의 마음가짐은 새로워져야 하며, 우리의 생각과 행동은 실제로 점점 거룩해져야 한다.

8–11절: 그리스도와 함께 살아남

1-4절에서 바울은 우리가 죄에 대하여 죽은 것을 말했고, 5-7절에서 그리스도와 함께 연합하는 주제를 말했는데, 이제 8-11절에서 그리스도와 함께 살아난 것에 대해서 말한다. 즉 그리스도와 함께 죽은 것에서 그리스도와 함께 사는 것으로 강조점을 옮긴다.[310]

8절: "만일 우리가 그리스도와 함께 죽었으면 또한 그와 함께 살 줄을 믿노니"라는 말은 5절과 같다. "만일 우리가 그리스도와 함께 죽었으면"이라는 문구는 조건절인데, 이는 사실을 전제로 하고 말하는 것이다. 우리가 그리스도와 함께 죽었다는 것은 사실이다.[311] "또한 그와 함께 살 줄을 믿노니"라는 문구는 우리가 그리스도와 함께 죽은 것이 사실이기에 그리스도

---

308 Douglas J. Moo, *Romans*, 376.

309 ESV Study Bible.

310 Thomas R. Schreiner, *Romans*, 319. 바울이 사용한 '그리스도와 함께'의 신학적 용례에 대해서, Douglas J. Moo, *Romans*, 391-95를 보라.

311 변종길, 『로마서』, 186.

와 함께 사는 것도 사실임을 보여준다. 그런데 이 문구가 미래 시상으로 되어 있어서 혼란이 생긴다. 이것은 5절의 경우와 마찬가지이다. 여기서 "그와 함께 살 줄을"이라는 표현은 중생 후의 새 생명 가운데에서의 삶(참고. 4절)을 말할 뿐 아니라 마지막 날의 부활도 포함한다고 볼 수 있다.[312] 즉 이 표현은 우리가 현재 새로운 생명을 누리는 것을 의미하면서(구원의 현재성), 또한 미래에 장차 얻을 영원한 생명을 뜻한다(구원의 미래성).

9절: 헬라어 원문에서 이 구절의 제일 앞에는 'εἰδότες ὅτι'(에이도테스 호티; ESV: "we know that")가 있는데, 한글 성경 개역개정판에는 우리말 특성상 제일 마지막에 "…할 줄을 앎이로라"고 번역되어 있다. 이것은 보편적인 지식, 곧 분명한 어떤 사실을 의미한다.[313] 즉 바울은 로마의 성도들이 이미 알고 있는 사실을 다시금 확인시킨다(참고. 3절의 "알지 못하느냐?"; 6절의 "우리가 알거니와"). 그는 로마의 성도들이 잘 알고 있는 그리스도 부활의 영원성과 확실성에 기반하여 신자들 삶의 견고함과 확실함을 말한다. 이제 그들은 옛 사람으로 돌아가지 않으며, 옛 사람의 삶의 방식을 좋아하지 않고, 그러한 삶을 따르지도 않는다.

10절: 이 구절은 9절의 이유이다. 이는 헬라어 본문에 문장 제일 앞의 'γάρ'(가르)가 있기 때문이다(참고. 7절).[314] 따라서 9-10절을 연결하면 다음과 같은 의미가 된다. '그리스도께서 죽으셨다가 살아나신 후 그분이 다시 죽지 않으시고 사망이 다시 그를 주장하지 못하는 이유는 무엇인가? 이는 그리스도께서 죄에 대하여 단번에 죽으셨기 때문이며, 그가 살아 계신 것이 하나님께 대하여 살아 계시기 때문이다.' 이에 히브리서 9:28에는 "이와 같이 그리스도도 많은 사람의 죄를 담당하시려고 단번에 드리신바 되

---

312 변종길, 『로마서』, 186. Douglas J. Moo는 이를 다음과 같이 설명한다. "But this future life of resurrection casts its shadow into the believer's present experience, and it is clear from the sequel that Paul wants us to see the present implications of this promise of future resurrection life." Douglas J. Moo, *Romans*, 377.

313 James D. G. Dunn, *Romans* 1-8, 322.

314 John D. Harvey, *Romans*, 153.

셨고"라는 말씀이 있다.

따라서 바울이 말하려는 것은 다음과 같다. 그리스도의 죽음과 부활은 단번에 이루어진 일이고, 확실하고 영원한 일인데, 이에 따라 우리의 새로운 신분과 새로운 삶도 단번에 이루어져서 확실하고 영원히 이어진다. 그러므로 우리에게는 돌이킬 수 없는 변화가 일어났다. 우리에게는 완전히 새로운 삶의 환경이 마련되었고, 더 이상 옛 상태로 돌아가는 것이 불가능해졌다. 죽음은 과거에 일어난 사건이었고(aorist), 생명은 영원해졌다(present continuous). 이러한 새로운 시대에는 하나님만이 유일한 능력이시다. 이제 신자들이 그리스도와 함께 사는 것은 '하나님을 위해서' 사는 것이고, 더 이상 '죄를 위해서' 사는 것이 아니다.[315]

11절: 이제 바울은 결론을 내린다. "여길지어다"(λογίζεσθε, 로기제스데)는 명령법이다.[316] 바울은 지금까지 직설법으로 말하다가 이 구절에 이르러서 명령법을 사용하여 변화를 준다. 그는 논의를 마무리하면서 그리스도인의 실천(적용)을 언급한다. "이와 같이"는 앞에서 말한 그리스도와의 연합과 지금 말하려는 내용, 곧 그리스도와의 연합에 따른 삶의 변화를 연관 지어 준다. "너희도 너희 자신을 죄에 대하여는 죽은 자요 그리스도 예수 안에서 하나님께 대하여는 살아 있는 자로 여길지어다"라는 말은 그리스도인이 죄에 대해서 죽은 자이며, 하나님께 대해서 살아 있는 자인데, 이제 그러한 사실을 실재(實在)로 '여겨야 한다'(받아들여야 한다)라는 뜻이다. "그리스도 예수 안에서"라는 표현에서 알 수 있는 것은 그리스도인들이 성령으로 말미암아 부활하신 그리스도의 몸에 연합하며, 그렇게 함으로써 영

315 James D. G. Dunn, *Romans* 1-8, 323.

316 Joseph A. Fitzmyer는 이 구절에 대하여 바울이 지금까지 말한 것을 그리스도인에게 적용하는 것이라고 해석하면서, '로기제스데'가 이어지는 단락을 도입하는 역할을 한다고 본다. 그리고 그는 이 편지에서 '로기제스데'가 3:4의 '기네스토'에 이은 두 번째 명령법이라는 사실을 언급하면서, 다음과 같이 말한다. "It seeks to elicit the act of faith, which accepts the salvific event embodied in baptism. This is the conclusion of Paul's argument, as he expresses his view of the problem of the integration of Christian life." Joseph A. Fitzmyer, *Romans*, 438.

광 가운데 있는 그분의 활력 있는 생명을 공유한다는 사실이다.[317] 예수 그리스도는 우리의 영적인 생명의 뿌리이다. 어린 가지들이 줄기 안에서 사는 것처럼, 신자들은 그리스도 예수 안에서 하나님에 대하여 산다. 그리고 그들은 그로부터 영적 생명이 시작되고 유지되고 완성되는 자양분을 얻는다.[318] "하나님께 대하여는 살아 있는 자"로 여기라는 말은 하나님을 향해서 살아서 움직이는 자, 반응하는 자로 여기라는 뜻이다. 곧 하나님과 관계를 맺고 교제하며 하나님을 섬기는 자로 살라는 뜻이다.[319]

그러므로 2-11절의 논리는 다음과 같다. 신자들은 그리스도와 연합하여 죄에 대해서 죽었고 지금 부활의 능력을 경험하고 있으므로(2-10절), 자신을 죄에 대해서 죽었고 하나님에 대해서 살아 있는 자로 여겨야 한다(11절).[320]

---

317 Joseph A. Fitzmyer, *Romans*, 439.

318 매튜 풀, 『로마서』, 408.

319 변종길, 『로마서』, 187.

320 Thomas R. Schreiner, *Romans*, 321-22.

• 설교자를 위한 지침 •

1. 이 단락에서 바울은 '은혜를 더하게 하려고 죄를 짓겠느냐?'라는 질문을 던지고 이에 관해서 설명하는 형태로 논의를 진행한다. 이것은 고대인들의 잘못된 사고를 반영한다. 이와 마찬가지로 오늘날에도 어떤 사람들은 성경을 잘못 이해하여 잘못된 추론을 하고, 이상한 교리를 만들며, 그릇된 사상에 빠진다. 따라서 설교자는 바른 성경 이해의 중요성을 강조해야 한다. 바른 성경 이해가 바른 신앙과 바른 생활의 출발점이다.

2. 바울은 그리스도인이 죄에 대해서 죽었고 의에 대해서 살았다는 사실을 언급하면서 이러한 사실에 근거하여 그리스도인이 죄 가운데 살 수 없다고 말한다. 그런데 이 말은 그리스도인이 죄를 짓지 않는다거나 죄를 지을 수 없다는 뜻이 아니다. 그리스도인도 여전히 죄의 소욕에 이끌리며 죄를 짓는다(참고. 6:12). 따라서 설교자는 그리스도인이 죄를 지을 수 없으니 회개할 필요가 없다는 잘못된 가르침에 청중들이 물들지 않도록 주의를 주어야 한다.

3. 이 단락은 그리스도인의 정체를 밝히 드러낸다. 그리스도인은 그리스도와 연합하여 그의 죽으심과 함께 죽었고 그의 살아나심과 함께 살아난 자들이다. 우리는 신분이 완전히 바뀌었으므로 새로운 삶의 방식을 고수해야 한다. 따라서 설교자는 이러한 측면을 말해야 한다. 우리에게 돌이킬 수 없는 변화가 일어났으며, 완전히 새로운 삶이 시작되었으니, 더 이상 옛 상태로 돌아가서는 안 된다는 사실을 주지시켜야 한다.

4. 6:12–23 새로운 삶을 살아야 함

앞 단락(6:1-11)에서 바울은 그리스도인이 죄에 대하여 죽고 그리스도와 함께 살아남으로 새로운 사람이 되었다고 말했다. 그리고 단락을 마무리하면서(11절) 명령법을 사용하여 그리스도인이 새로운 삶을 살아야 한다고 촉구했다. 이제 이 단락에서는 그리스도인이 구체적으로 어떻게 새로운 삶을 살아야 하는지를 제시한다.[321] 따라서 앞 단락은 그리스도인의 신

321 어떤 학자들은 이 단락이 편지 전체와 잘 어울리지 않는다고 주장한다. 예를 들어, Joseph A. Fitzmyer는 6장의 단락 구분이 어렵다고 하면서, 이러한 구분이 논란이 되는 이유가 6:12-23이 이 서신 전체와 잘 연결되지 않기 때문이라고 주장한다. 그는 6:12-23이 5:12-21; 6:1-11; 7:1-25로부터 이탈하는 것처럼 보인다고 말한다. Joseph A. Fitzmyer, *Romans*, 431-32를 보라. 그리고 그는 다음과 같이 말한다. "The following verses, 12-23, are not well integrated into the letter and seen to be resume of a baptismal exhortation that Paul may at times have preached, but that he now incorporates into the letter in order to draw out practical conclusions from the preceding exposition on baptism." Joseph A. Fitzmyer, *Romans*, 444. Douglas J. Moo는 6장을 1-14절과 15-23절로 나눈다. 그는 12절 이하가 1-11절에 붙어야 한다고 주장한다. 그리고 더욱 분명한 단절이 15절에 있다고 본다. 그는 15절에서 "그런즉 어찌하리요?"와 뒤이어 나오는 질문이 1절과 흡사하다고 주장하면서 15절이 새로운 논증의 시작을 알리는 구절이라고 본다. 그는 1-14절과 15-23절 모두가 그리스도인이 죄의 영역에서 의의 영역으로 넘어가는 것을 다룬다고 주장한다. Douglas J. Moo, *Romans*, 351. 학자들 사이에 이러한 혼란이 있는 것은 12-14절 때문인데, 사실상 이 부분을 1-11절에 붙여도 별

분에 관한 것이지만, 이 단락은 그리스도인의 행동 지침에 관한 것이다. 하지만 이것은 세부적이고 구체적인 행동 지침이 아니라 전반적인 원리이다.

12-14절: 너희 지체를 의의 무기로 드리라

12-14절에는 명령형 동사들이 나온다. 여기서 바울은 신자들이 취해야 할 행동 지침을 제시한다. 그는 두 개의 금지(12절과 13a절)와 하나의 명령(13b절)을 말한다.[322]

12절: 접속사 "그러므로"(οὖν, 운)는 앞에서 말한 것을 끌어와서 말하고 있음을 보여준다.[323] 따라서 12절 이하는 신자가 자신을 죄에 대해서는 죽은 자요 그리스도 예수 안에서 하나님께대해서는 살아 있는 자로 여기려면 무엇을 어떻게 해야 하는지를 설명하는 것이라고 할 수 있다. 이에 대해서 바울은 죄가 우리 죽을 몸을 지배하지 못하게 하여 몸의 사욕에 순종하지 말게 하라고 권면한다.

"죽을 몸"이라는 표현은 사람의 몸이 연약하기 때문에 언젠가 죽을 것임을 반영한다. "죄가 너희 죽을 몸을 지배하지 못하게 하여"라는 말은 바울이 그리스도인이 죄에 대해서 죽었다고 해서 죄를 짓지 않을 것으로 생각하지 않는다는 점을 보여준다. 그는 그리스도인 역시 여전히 죄를 지을 수 있다. 따라서 죄가 그를 지배하지 못하게 해야 한다. 필시 사람이 죄를 인정하고 받아들이기 시작하면 죄의 지배를 받는다. 그래서 죄의 노예가 되고 포로가 되어서 벗어나지를 못한다. "몸의 사욕에 순종하지 말고"에서 "몸의 사욕"이란 '몸의 갈망'(ἐπιθυμίαις, 에피뒤미아이스', cravings)을 뜻한다(참고. 1:24; 6:12; 갈 5:16). 이것은 단지 육체적 욕망만이 아니라, 인간의 모든 필요를 충족시키고자 하는 것, 곧 육체적, 정서적, 지적, 사회적, 종교적 필

로 무리가 없고, 15-23절에 붙여도 그리 부자연스럽지 않다.

322 Douglas J. Moo, *Romans*, 381.

323 C. E. B. Cranfield, *Romans*, 316.

요들을 의미한다. 이러한 것들을 추구하면 노예적인 상태가 되어 압도적인 충동에 휩싸인다.[324] 그리스도인은 죄의 욕망을 전혀 느끼지 않는 사람이 아니다. 따라서 그리스도인은 몸의 사욕에 순종하지 말아야 하고, 그것에 저항해야 하며, 그것을 통제하고 극복해야 한다.

13절: 우리 지체를 불의의 무기로 죄에 내주지 말라는 말은 죄에 대하여 죽고 하나님께 대하여 살아 있는 자가 취해야 할 두 번째 금지이다. "너희 지체를 불의의 무기로 죄에게 내주지 말고"라는 문구는 우리 몸의 각 지체가 무기로 사용될 수 있다는 점을 암시한다. "무기"는 군인이 사용하는 공격용 도구이다.[325] 무기는 다른 사람들에게 큰 영향을 미친다. 그것은 생명을 구하는 일에 사용되기도 하지만 생명을 빼앗아 가는 일에 사용되기도 한다. 따라서 이 은유는 우리가 다른 사람들을 대할 때 주의해야 함을 암시한다. 우리는 "불의의 무기"가 되어서 죄짓는 일에 사용되지 말아야 한다. 오히려 "오직 너희 자신을 죽은 자 가운데서 다시 살아난 자 같이 하나님께 드리며 너희 지체를 의의 무기로 하나님께 드리라"라는 바울의 권면을 따라야 한다. 이 문장의 헬라어 본문에는 제일 앞에 접속사 'ἀλλὰ'(알라, 그러나)가 있어서 앞 문장과 이어지는 문장 사이의 강렬한 대조를 보여준다.[326] 이것은 자신을 죄에 대해서는 죽은 자요 그리스도 예수 안에서 하나님께 대해서는 살아 있는 자로 여겨야 하는 신자가 따라야 할 적극적인 명령이다. 우리는 이전에 "불의의 무기"로서 죄를 위하여 사용되었지만, 이제 "의의 무기"가 되어 하나님을 섬기는 일에 힘써야 한다.

14절: 헬라어 본문은 이유를 나타내는 'γάρ'(가르)로 시작된다. 따라서 이 구절은 12-13절의 이유가 된다. 이 구절에서 바울은 우리가 죄의 지배를 거부하고 우리를 의의 무기로 하나님께 드려야 하는 이유가 무엇인지

---

324 Joseph A. Fitzmyer, *Romans*, 446.

325 C. K. Barrett는 '무기'에 해당하는 헬라어 단어 '호플론'이 tool이나 instrument일 수도 있고, weapon일 수도 있다고 주장한다. C. K. Barrett, *Romans*, 119.

326 John D. Harvey, *Romans*, 155.

를 말한다.

바울은 명령법에서 직설법으로 돌아가서 논의를 끝맺는다. “죄가 너희를 주장하지 못하리니”라는 말은 ‘이는 죄가 우리를 주장하지 못할 것이기 때문이다.’라는 뜻이다. 이 말은 12-13절의 구체적인 명령의 근거가 되면서, 6장의 기조(keynote)를 요약한다.[327] 죄는 여기서 의인화(인격화)되어서 권세를 가진 존재로 묘사된다.[328] 그런데 “죄가 너희를 주장하지 못하리니”라는 말은 약속이기도 하다. 실제로 우리가 거듭난 후에 죄가 우리를 주장하지 못하는 것을 경험할 수 있다. 우리에게는 그리스도의 부활에 토대를 둔 능력이 있다. 그리고 성령께서는 실제로 우리를 도우셔서 죄에서 벗어나게 해주신다.

“이는 너희가 법 아래에 있지 아니하고 은혜 아래에 있음이라”라는 말은 우리가 죄의 지배를 받지 않는 이유가 법 아래에 있지 않고 은혜 아래에 있기 때문이라는 뜻이다. 하나님의 율법은 그 자체로 나쁘거나 연약한 것이 아니다. 오히려 율법은 거룩하고 선하고 의롭다(참고. 7:12). 다만 인간이 하나님의 율법을 지키지 못할 따름이다. 율법 아래에 있는 사람은 자기 속에 있는 죄성과 자기가 처할 죄책을 알 뿐이다. 그러나 은혜 아래에 있는 사람은 하나님의 구원하심과 도우심으로 하나님의 의를 얻어서 죄를 짓지 않을 수 있다. 그러므로 우리가 법 아래에 있지 않고 은혜 아래에 있기 때문에 죄가 우리를 주장하지 못한다는 말은 하나님께서 우리에게 은혜를 베푸셔서 우리를 의롭다고 하셨으며, 또한 우리가 실제로 의로운 삶을 살 수 있게 하신다는 뜻이다.[329]

---

327 Douglas J. Moo, *Romans*, 387.

328 로마서의 ‘의인화’에 관하여, Joseph R. Dodson, *The “Powers” of Personification: Rhetorical Purpose in the Book of Wisdom and the Letter to the Romans*, Berlin: De Gruyter, 2008을 보라.

329 매튜 풀은 이 말을 ‘우리가 옛 언약 아래 있지 않고 새 언약 아래 있다’라고 표현할 수 있다고 주장한다. 매튜 풀, 『로마서』, 410.

15-19절: 의의 종이 되라

15-19절에서 바울은 '종'(slavery) 모티프를 사용하여 그리스도인들이 죄의 종이 될 것이 아니라 의(순종)의 종이 되어야 한다고 촉구한다.

15절: "그런즉 어찌하리요?"(Τί οὖν, 티 운; ESV: "what then?")라는 말은 바울의 설명을 이해하지 못한 자들의 의문에 대해 답변하겠다는 표시이다. 그리고 이는 논증을 생생하게 하고 계속해서 이끌고 나가기 위해서 의도된 것이다(참고. 11:7; 고전 14:15, 26).[330]

바울은 "우리가 법 아래에 있지 아니하고 은혜 아래에 있으니 죄를 지으리요?"라고 가상의 질문을 던지는데, 이는 1절의 "그런즉 우리가 무슨 말을 하리요 은혜를 더하게 하려고 죄에 거하겠느냐?"라는 질문을 다른 말로 표현한 것이다.[331] 즉 이 질문은 '하나님의 은혜가 죄의 원인이 되는가?'라는 뜻이다. 그리고 이 질문은 14절의 "너희가 법 아래에 있지 아니하고 은혜 아래에 있음이라"라는 언급에 대한 사람들의 잘못된 이해를 가상의 반박 형태로 표현한 것이다. 바울의 말을 잘못 이해한 사람들은 '우리가 율법 아래에 있지 않고 은혜 아래에 있기 때문에 죄를 지어도 용서를 받을 수 있다고 한다면 계속해서 죄를 지어도 된다는 말인가?'라고 항변할 수 있다. 이에 대해서 바울은 "그럴 수 없느니라"(μὴ γένοιτο, 메 게노이토)라고 단호한 어조로 대답한다. 그는 이미 2절에서도 "그럴 수 없느니라"(μὴ γένοιτο, 메 게노이토)라고 한 적이 있다. 이러한 기조는 사도들의 글에서 일관되게 발견된다. 즉 바울은 "형제들아 너희가 자유를 위하여 부르심을 입었으나 그러나 그 자유로 육체의 기회를 삼지 말고 오직 사랑으로 서로 종노릇 하라"고 말하며(갈 5:13), 베드로는 "너희는 자유가 있으나 그 자유로 악을 가리는 데 쓰지 말고 오직 하나님의 종과 같이 하라"라고 말한다(벧전 2:16).

---

330 James D. G. Dunn, *Romans* 1-8, 340.

331 Thomas R. Schreiner, *Romans*, 329; R. Jewett, *Romans*, 462.

16절: 앞 절에서 바울은 믿는 자들이 결코 죄를 지어서는 안 된다는 사실을 말했는데, 이 구절에서 그 이유를 밝힌다. "너희가 알지 못하느냐?"(οὐκ οἴδατε ὅτι, 우크 오이다테 호티)라는 문구는 수사적인 의문문으로서 이미 잘 알려졌거나 너무나 명백한 사실을 소개할 때 사용하는 문구인데, 바울은 그의 서신에서 그가 가정하는 어떤 사실을 도입하기 위해서 자주 사용했다(참고. 3, 6, 9절; 고전 3:16; 5:6; 6:2-3).[332] 여기서 그는 단조로운 'οἴδαμεν γὰρ ὅτι'(오이다멘 가르 호티, for we know that)보다는 생생한 디아트리베(diatribe) 스타일을 선호한다(참고. 2:1-5의 주석; 7:14, 18; 8:22; 고후 5:1).[333]

"너희 자신을 종으로 내주어 누구에게 순종하든지 그 순종함을 받는 자의 종이 되는 줄을 너희가 알지 못하느냐?"라는 문구는 당시에 너무나 자명했던 사실을 반영한다. 당시에는 경제적인 어려움을 피하려고 자신을 종으로 파는 일이 종종 있었다.[334] "너희 자신을 종으로 내주어"는 현재 시상으로 계속해서 자신을 종으로 내주는 것을 뜻한다. 자신을 누군가에게 계속해서 내주면 결국 그의 종이 된다. 그는 "혹은 죄의 종으로 사망에 이르고 혹은 순종의 종으로 의에 이르느니라"라는 말을 통해서 두 개의 선택지를 언급한다. 하나는 "죄의 종"이 되어서 "사망"에 이르는 것이고, 또 다른 하나는 "순종의 종"이 되어서 "의"에 이르는 것이다. 여기서 "혹은… 혹은…"(either … or)이 사용된 것은 중립적인 상태가 될 가능성이 없다는 점을 분명히 한다. 주인에게서 벗어난 자유인은 없다. 자신을 자유인이라고 생각하는 비신자는 사탄에 의해서 만들어지고 유지되는 환각 상태에 빠져 있을 뿐이다. 사람들은 '죄를 섬길 것인가? 아니면 하나님을 섬길 것인가?'를 택해야 한다.[335] 하지만 이것은 진정한 신자들이 자신의 구원을 상실할 수 있다는 뜻이 아니라, 죄가 신자들을 그리스도와 함께하는 삶을 온전히

---

332 Douglas J. Moo, *Romans*, 391.

333 James D. G. Dunn, *Romans* 1-8, 341.

334 Douglas J. Moo, *Romans*, 398.

335 Douglas J. Moo, *Romans*, 399.

누리는 데서 멀어지는 방향으로 이끌어 갈 수 있다는 뜻이다.[336]

17-18절에서 바울은 우리의 신분이 변화되었다는 사실을 언급한다. 그는 우리가 중립적인 상태에 있지 않음을 말하며, 우리가 하나님을 섬겨야 하는 처지에 있음을 밝힌다.

17절: 바울은 갑자기 "하나님께 감사하리로다"라고 말한다. 그는 이러한 양식을 그의 서신들에서 종종 사용한다(예. 7:25; 고전 15:57; 고후 2:14; 8:16; 9:15).[337] 이어서 그는 "너희가 본래 죄의 종이더니"라고 말하는데, 이는 그들의 이전 상태를 가리킨다. 그들은 이전에 죄의 종이었다. 즉 죄로부터 지배를 받았다. 그러나 바울은 "너희에게 전하여 준 바 교훈의 본을 마음으로 순종하여"라고 말함으로 그들이 복음을 듣고 순종하여 변화되었음을 시사한다.

18절: "종이 되었느니라"(ἐδουλώθητε, 에둘로데테)라는 동사는 아오리스트 수동태로서 자기 스스로 의에 종이 된 것이 아니라 하나님에 의해서 의에 종이 되었음을 보여준다. 구약의 선지자 예레미야(31:31-34)와 에스겔(11:19-20; 36:26-27)은 하나님께서 그분의 백성들에게 율법을 지킬 수 있는 능력을 주실 날을 예언했고, 신자들은 이러한 약속이 이루어질 것이라고 가르침을 받았다. 그들은 하나님께서 변화시켜 주심으로 마음으로부터 순종할 것이다. 그러므로 17-18절은 사람들을 죄의 영역에서 의의 영역으로 옮기는 일에 있어서 하나님이 하신 일을 강조한다.[330]

19절: "너희 육신이 연약하므로 내가 사람의 예대로 말하노니"라는 말은 타락한 사람들이 말씀을 바르게 이해하지 못하기 때문에 이해하기 쉽게 설명하겠다는 뜻이다(참고. 고전 9:8; 갈 3:15). "전에 너희가 너희 지체를 부정과 불법에 내주어 불법에 이른 것 같이 이제는 너희 지체를 의에게 종으로 내주어 거룩함에 이르라"라는 말은 바울이 지금까지 말했던 것을 요

---

336 ESV Study Bible.

337 C. E. B. Cranfield, *Romans*, 323; Joseph A. Fitzmyer, *Romans*, 449.

338 Thomas R. Schreiner, *Romans*, 336-37.

약한 것이다. 예전에 그들은 그들의 지체를 부정과 불법에 내주어 불법에 이르렀다. 하지만 이제 그들은 그들의 지체를 의에게 종으로 내주어 거룩함에 이르러야 한다.

그러므로 바울은 로마의 성도들이 이해하기 쉽게 말하면서, 그들이 과거에 부정과 불법을 저지르면서 살았던 삶, 곧 예전에 그들이 부정과 불법을 저지르기 위해서 자신의 시간과 재능을 사용했던 삶의 원리에 근거하여, 이제 그러한 노력과 수고를 선하게 사용해서 의로운 삶을 지향함으로 거룩함에 이르라고 촉구한다.

20-23절: 거룩함에 이르는 열매를 맺으라

20-22절은 로마 성도들의 과거 상태와 현재 상태를 대조한 것이다(참고. 17-18절의 대조). 이는 19절에서 "전에… 이제는…"이 나온 것을 확대한다. 20-21절은 로마 성도들이 과거에 어떤 상태였는지를 표현하고, 22절은 그들이 현재 어떤 상태가 되었는지를 묘사한다.

20절: 이 구절은 17-18절을 더욱 간결한 형태로 서술한 것이다.[339] 여기서 "의"는 '하나님의 의'를 의미한다. 따라서 이 말은 사람이 죄의 종이었을 때 하나님의 의를 깨닫지 못했고, 하나님의 의에 전혀 관계되어 있지 않았으며, 하나님의 의에 아무런 관심이 없었고, 하나님의 의를 좋아하지도 않았으며, 하나님의 의를 추구하지도 않았다는 뜻이다. 실제로 거듭나지 않은 사람은 하나님의 의에 아무런 관심이 없다. 비록 그들이 양심과 상식에 근거하여 선한 일을 하기는 하지만, 복음에 드러난 '하나님의 의'를 추구하지는 않는다(참고. 1:17). 그것은 거듭난 사람만이 할 수 있는 일이다.

21절: "너희가 그 때에 무슨 열매를 얻었느냐?"라는 말은 거듭나기 전에 삶의 결실, 보람, 성취, 업적이 없었다는 뜻이다. "이제는 너희가 그 일을

339 James D. G. Dunn, *Romans* 1-8, 347.

부끄러워하나니"라는 말은 거듭난 후에 영적인 눈을 뜨게 되어서 과거에 아무런 값어치 없이 살았던 삶을 부끄러워한다(후회하고 반성함)는 뜻이다. "그 마지막이 사망임이라"라는 말은 강한 표현이다. 바울은 그들의 마지막 결과 혹은 운명을 강한 종말론적 언어를 사용하여 말한다(참고. 6:21-22; 고후 11:15; 빌 3:19; 벧전 4:17).[340]

22절: "그러나 이제는"(νυνὶ δὲ, 누니 데)이란 중생한 후의 상태를 반영한다.[341] 따라서 이것은 20-21절에 서술된 회심하기 이전 상태와 대조되는 회심한 이후의 상태를 묘사한다. 즉 로마 성도들이 현재 어떤 상태로 변화되었는지를 보여준다. "너희가 죄로부터 해방되고"라는 말은 이제 그들이 더 이상 죄의 종이 아니라는 사실을 알려준다. "하나님께 종이 되어"라는 말에서 알 수 있는 것은 죄의 종이 아니면 중립적인 상태로 있는 것이 아니라 하나님의 종이 된다는 것이다. 이제 그들은 하나님을 섬기는 사람이 되었다. "거룩함에 이르는 열매를 맺었으니"는 19절의 "거룩함에 이르라"가 여기서 반복되어 수미상관(首尾相關) 형태를 이룬 것이다. "거룩함에 이르는 열매"란 '성령의 열매'를 가리킨다(참고. 갈 5:22-23). "그 마지막은 영생이라"라는 말은 21절의 "그 마지막이 사망임이라"와 대조된다. 현재 하나님의 종이 되어서 거룩함에 이르는 열매를 맺은 이들은 마지막에 영생을 얻는다.

23절: 이 구절은 20-22절의 요약인 동시에, 6장 전체의 결론이다.[342] "죄의 삯은 사망이요 하나님의 은사는 그리스도 예수 우리 주 안에 있는 영생이니라." 여기서 "은사"(χάρισμα, 카리스마)는 하나님의 '선물'(gift)을 의미한다. 따라서 "영생"은 은혜로 주어진 하나님의 선물이다(참고. 엡 2:8-9).

---

340 James D. G. Dunn, *Romans* 1-8, 348.

341 John D. Harvey, *Romans*, 163.

342 John D. Harvey, *Romans*, 164. Thomas R. Schreiner는 다음과 같이 말한다. "The 'gar' in verse 23 restates a central theme in both verses 21 and 22 and brings the text to an impressive conclusion." Thomas R. Schreiner, *Romans*, 340. 또한 Douglas J. Moo, *Romans*, 408을 보라. Douglas J. Moo는 이 구절을 6장의 '적절한 절정'(a fitting climax)이라고 묘사한다.

바울은 21절에서 죄의 종이 당하는 마지막은 '사망'이라고 말하면서, 사망에 아무런 수식 문구를 붙이지 않았다. 이는 영원한 사망을 의미한다. 하지만 그는 22절에서 하나님의 종이 당하는 마지막이 영생이라고 하면서, 영생에 "그리스도 예수 우리 주 안에 있는"이란 수식 문구를 붙인다. 영생은 하나님의 선물인데, "그리스도 예수 우리 주 안에 있는" 것이다. 곧 영생은 예수 그리스도의 구속 사역에 근거하여 하나님께서 우리에게 주신 선물이다.

• 설교자를 위한 지침 •

1. '무기'를 소재로 하여 다음과 같은 설교 대지를 만들 수 있다(12-14절을 중심으로).

1) 죄가 우리를 지배하지 못하게 하여 몸의 사욕에 순종하지 말아야 한다(12절).
2) 우리 지체를 불의의 무기로 죄에 내주지 말아야 한다(13a절).
3) 우리 지체를 의의 무기로 하나님께 드려야 한다(13b절).

2. '종'을 소재로 하여 다음과 같은 설교 대지를 만들 수 있다(15-19절을 중심으로).

1) 죄의 종으로 사망에 이르고 순종의 종으로 의에 이른다는 점을 기억하자(16절).
2) 말씀을 믿음으로 죄로부터 해방되어 의에 종이 되었음을 기억하자(17-18절).
3) 우리 지체를 의에 종으로 내주어 거룩함에 이르러야 함을 기억하자(19절).

3. '열매'를 소재로 하여 다음과 같은 설교 대지를 만들 수 있다(20-23절을 중심으로).

1) 예전에 우리가 무슨 열매를 얻었는지 생각해 보자(21절).
2) 이제는 우리가 거룩함에 이르는 열매를 맺어야 한다(22절).
3) 앞으로 우리가 예수 그리스도 안에 있는 영생을 얻을 것임을 기대하자(23절).

5. 7:1-13 율법의 지배에서 벗어남

5-6장에서 바울은 그리스도께서 어떻게 죄와 사망의 통치를 끝내셨는지(5:12-21), 그리고 신자가 그리스도 안에서 새로운 삶을 시작하므로 어떻게 더 이상 죄를 생각하지도 않게 되었는지(6:1-23)를 설명했다.[343] 곧 신자가 죄의 지배에서 해방된 것에 관하여 말했다. 이제 7장에서 그는 율법을 다룬다. 곧 7장의 중심 주제는 율법이다.[344] 그는 율법의 성격과 역할을 거론하면서 신자가 율법의 지배에서 해방되는 것에 관하여 언급한다.[345] 그는 율법에 대한 논의를 5:20에서 시작하여 6:14-15에서 확대했지만, 여기서 조금 더 상세히 다룬다.[346] 이는 5:20-21에서 율법이 생명을 주는 은혜의 수단으로 말하기보다는 죄와 사망에 관련지어 언급했는데, 그것이 유대인

343 Joseph A. Fitzmyer, *Romans*, 454.

344 Douglas J. Moo, *Romans*, 409.

345 권연경은 7장의 강조점이 '죄로부터의 해방'이 곧 '율법으로부터의 해방'이기도 하다는 사실에 있다고 주장한다. 권연경, 『로마서 산책』, 198.

346 Thomas R. Schreiner, *Romans*, 343.

들에게 상당히 큰 충격을 주었으리라고 예상했기 때문이다.[347]

1-3절: 실례

1-3절은 실례이고, 4-6절은 이러한 실례를 신학적으로 적용한 것이다.

1절: 바울은 로마의 성도들을 "형제들아"(ἀδελφοί, 아델포이)라고 부른다. 그는 1:13에서 그들을 "형제들"이라고 부른 이후 여기서 두 번째로 이렇게 부른다. 이는 친근한 표현이다. 그는 지금부터 말하려는 주제가 매우 민감한 것이어서 서로 간의 신뢰가 매우 중요하다는 점을 염두에 두었다.[348]어떤 학자들은 바울이 이러한 용어를 사용함으로써 청중의 범위를 로마 교회의 전체 교인들에서 모세 율법을 아는 유대인 기독교인들로 변경한다고 생각하지만, 그가 이 서신에서 이 용어를 사용하는 용례와 문맥을 고려할 때 이는 사실이 아닌 것 같다.[349]

"내가 법 아는 자들에게 말하노니"에서 "법"(νόμος, 노모스)을 '율법'(토라)이라고 보는 학자들이 대다수지만, 로마법이라고 보는 학자들도 있고(예. Käsemann), 일반적인(보편적인) 법이라고 주장하는 학자들도 있다. 문맥상 이 "법"을 율법이라고 보는 것이 타당하다.[350] 하지만 어떻게 보든지 바울

---

347 James D. G. Dunn, *Romans* 1-8, 357.

348 James D. G. Dunn, *Romans* 1-8, 359.

349 Douglas J. Moo, *Romans*, 411.

350 James D. G. Dunn은 자신을 비롯한 상당수 학자가 여기서 '노모스'를 모세 율법(토라)이라 본다고 주장한다. James D. G. Dunn, *Romans* 1-8, 359를 보라. Thomas R. Schreiner 역시 이곳의 '노모스'를 모세 율법이라고 이해한다. Thomas R. Schreiner, *Romans*, 346. Joseph A. Fitzmyer 역시 같은 견해를 가지고 있다. 그는 1절의 'νόμος'(노모스, 법)에 관사가 없기 때문에 이 법을 '일반적인 법'이라고 보려는 견해를 비판하면서, 'νόμος'(노모스)에 관사가 붙어 있지 않다고 하더라도 이것이 모세 율법을 가리키는 것이 틀림없다고 한다. 그는 바울이 다른 곳에서도 관사 없이 모세 율법을 언급했다고 하면서(예. 2:12, 13, 14, 23, 25; 3:20, 21, 28, 31; 4:13; 5:13, 20 등), 4절의 '율법'이라는 용어가 이러한 용례를 분명하게 해준다고 한다. Joseph A. Fitzmyer, *Romans*, 457. Douglas J. Moo도 바울이 '노모스'에 관사를 붙이는 것이 일관적이지 않다고 말하면서, 여기서 '노모스'가 율법을 가리킨다고 주장한다. Douglas J. Moo, *Romans*, 412.

이 말하고자 하는 의도에는 큰 영향을 미치지 않는다.[351] 바울은 구약 성경을 잘 알고 있는 사람들과 유대 문헌에 자주 표현된 원리(법, 상식)를 가지고 호소한다.[352] 그는 "너희는 그 법이 사람이 살 동안만 그를 주관하는 줄 알지 못하느냐?"라고 말한다. 당시에 유대의 법은(랍비들의 금언도 마찬가지) 그 사람이 살아 있는 동안에만 그를 주관했다.[353] 즉 그 사람이 죽으면 법의 지배로부터 벗어났다. 따라서 그는 "너희는 알지 못하느냐?"라는 문구를 사용하여 자명한 사실을 설명한다(참고. 6:3의 주석).

2-3절은 1절에 밀접하게 연관된다.[354] 1절은 원리이며, 2-3절은 예증이다. 즉 바울은 1절에서 말한 법의 원리를 여기서 결혼의 경우에 적용한다.

2절: 유대 전통에서 아내는 남편의 소유물이었다. 그리고 남편만이 이혼을 요구할 수 있는 권한을 가지고 있었다(참고. 신 24:1-4).[355] 따라서 아내는 남편에게 완전히 얽매여 있었다. 하지만 로마법은 남편과 아내 모두가 이혼을 요구할 수 있었다.[356] 따라서 1절의 '법'은 유대법(율법)을 의미한다는 주장에 설득력이 있다.

3절: 이 구절은 2절에서부터 결론을 끌어낸 것이다.[357] 당시에 남편이 살아 있는 동안에 다른 남자와 결혼하는 여자는 음녀로 취급받았다. 하지만 남편이 죽으면 아내는 남편에 대한 의무에서 자유롭게 되었으며 그녀가 원하는 다른 남자와 결혼할 수 있었다.[358] 그래서 바울은 고린도전서 7:39에서 "아내는 그 남편이 살아 있는 동안에 매여 있다가 남편이 죽으면 자유

---

351 F. F. Bruce는 이 법을 유대법으로 보든, 로마법으로 보든, 그 법의 형태를 어떻게 보든지 의미에 영향을 미치지 않는다고 주장한다. 그는 어떠한 형태의 법이든 사람이 살아 있는 동안에만 법의 지배를 받는다고 말한다. F. F. Bruce, 『로마서』, 152.

352 Thomas R. Schreiner, *Romans*, 347.

353 Douglas J. Moo, *Romans*, 412.

354 C. E. B. Cranfield, *Romans*, 333.

355 James D. G. Dunn, *Romans* 1-8, 360.

356 Thomas R. Schreiner, *Romans*, 347.

357 Thomas R. Schreiner, *Romans*, 348.

358 Joseph A. Fitzmyer, *Romans*, 457.

로워 자기 뜻대로 시집 갈 것이나"라고 말한다.[359]

그러므로 1-3절의 내용을 정리하자면, 1절은 법의 지배에서 벗어나게 하는 것이 죽음이라는 원리를 말하고, 2-3절은 그 예증으로서 남편의 지배에서 벗어나는 것도 죽음이라는 사실을 말한다. 그런데 여기서 끝나는 것이 아니다. 2-3절은 죽음이 사람을 율법에서 해방해 준다는 일반적인 원리를 보여주지만, 나아가 율법에서 벗어나는 것이 새로운 관계를 맺을 수 있게 한다는 하나의 실례(혼인)를 제시함으로써 4절에서 신학적 적용을 할 수 있게 해준다.[360] 즉 사람이 예전의 관계를 청산함으로 새로운 관계를 맺을 수 있게 된다는 사실을 알려준다.

4-6절: 신학적 적용

바울은 1-3절에서 말한 실례를 4-6절에서 신학적으로 적용한다. 1-3절에서 그는 사람이 죽음으로 율법에서 벗어날 수 있으며, 따라서 새로운 관계에 들어갈 수 있다고 말했는데, 이제 4-6절에서 그런 사실을 신학적으로 적용하여 우리가 율법의 지배에서 벗어나서 새로운 관계로 들어갈 수 있게 되었다고 주장한다.

4절: 문장을 시작하는 접속사 "그러므로"(ὥστε, 호스테)는 바울이 1절에서 진술하고, 2-3절에서 논증한 원리로부터 결론을 끌어낸다는 사실을 암

359 여기서 주의해야 할 사실이 있다. 그것은 바울이 지금 그리스도인의 이혼과 재혼에 대하여 말하는 것이 아니라는 점이다. 그는 이 주제를 다른 곳에서 말한다(참고. 고전 7:10-15; 예수님의 말씀: 마 5:31-32; 19:3-12). Douglas J. Moo는 바울이 여기서 재혼에 대해서 가르치고 있는 것이 아니라고 주장한다. Douglas J. Moo, Romans, 413을 보라(특히 각주 24번). Thomas R. Schreiner는 이에 동의하면서 다음과 같이 설명한다. "The general principle is that divorce and remarriage constitute adultery, but we cannot conclude from this text alone that divorce and remarriage are always adultery. Paul employs a generalization for the sake of the illustration at hand. Thus this text should be employed only as confirmatory evidence for one's view of divorce and remarriage." Thomas R. Schreiner, *Romans*, 355.

360 Douglas J. Moo, *Romans*, 414.

시한다.[361] 그는 이 단어를 통해서 죽음이 옛 관계를 청산할 수 있다는 사실을 상기시킨다. 하지만 이 단어는 단지 신자들이 율법에 대해서 죽었다는 것만을 암시하지 않는다. 이 단어는 신자들이 새로운 관계로 들어가게 되었다는 점을 보여준다.[362] "내 형제들아"(ἀδελφοί μου, 아델포이 무)라는 친근한 표현이 1절에 이어서 다시 나오는 것은 지금 말하려는 주제가 민감하다는 것을 시사한다. 그는 율법을 다루는 것이 대단히 예민한 일이라는 사실을 잘 알고 있다.[363]

"너희도 그리스도의 몸으로 말미암아 율법에 대하여 죽임을 당하였으니"라는 문구는 그리스도의 구속 사역으로 말미암아 우리가 율법에 대하여 죽었다는 뜻이다. 바울은 "죽임을 당하였으니"(ἐθανατώθητε, 에다나토데테)라는 신적 수동태를 사용하여 하나님에 의해서 죽임을 당했다고 표현함으로 구속 사역에 있어서 하나님의 주도권을 강조하고자 한다(참고. 6:3-6의 신적 수동태에 대한 해설).[364] 율법은 하나님의 영원한 말씀이기에 없어지지(폐하여지지) 않는다. 다만, 그리스도께서 십자가에서 죽으심으로 우리가 모두 그리스도의 죽음 안에서 죽게 되었고(참고. 고후 5:14-15; 롬 6:2; 골 1:22), 율법의 요구를 완전히 충족시킬 수 있게 되어서 더 이상 율법에 얽매이지 않게 되었다. 그러므로 율법은 죽지 않고 여전히 존재하지만, 우리가 죽음으로 율법에서 해방되었다.

"이는 다른 이 곧 죽은 자 가운데서 살아나신 이에게 가서 우리가 하나님을 위하여 열매를 맺게 하려 함이라"라는 말은 우리가 율법에 대하여 죽임을 당한 이유(목적)가 무엇인지를 가르쳐 준다.[365] 우리는 그리스도 안에서

---

361 John D. Harvey, *Romans*, 169; C. E. B. Cranfield, *Romans*, 335; James D. G. Dunn, *Romans 1-8*, 361.

362 Thomas R. Schreiner, *Romans*, 349.

363 James D. G. Dunn, *Romans 1-8*, 361.

364 James D. G. Dunn, *Romans 1-8*, 361.

365 John D. Harvey, *Romans*, 170.

죽임을 당함으로 '전 남편'인 율법에서 벗어나서 '새 남편'인 그리스도에게로 가게 되었다. 그리고 그 목적은 "우리가 하나님을 위하여 열매를 맺게 하려 함"이었다. 우리는 과거에 열매를 맺지 못했다. 왜냐하면 모든 것을 두려움으로 행하고 억지로 했기 때문이다. 그래서 하나님의 계명에 순복하는 겉모양은 있었으나 마음속에 온갖 탐욕과 죄악이 가득 차 있었다.[366] 이에 바울은 6:21에서 "너희가 그 때에 무슨 열매를 얻었느냐?"라고 말했다. 하지만 이제는 우리가 새로운 생명을 받음으로 하나님을 위하여 열매, 곧 선한 행실의 열매인 성령의 열매를 맺을 수 있게 되었다(참고. 갈 5:22-23). 그래서 바울이 6:22에서 "거룩함에 이르는 열매를 맺었으니"라고 말한 것을 실천할 수 있게 되었다.

5-6절은 'γάρ'(가르)로 시작되는데, 이는 이 구절들이 4절에서 말한 내용을 좀 더 구체적으로 설명한다는 뜻이다.[367] 바울은 우리에게 익숙한 '그때는 … 지금은…'이란 서술 형식을 사용하여 그리스도인이 되기 전의 상황(5절)과 그리스도인이 되고 난 후의 상황(6절)을 말함으로써 신자가 왜 율법의 지배에서 벗어나는 것이 필요한지를 설명한다.[368]

5절: 바울은 거듭나기 전에 일어난 일을 진술한다. "우리가 육신에 있을 때"란 '육체가 우위를 점하여서 우리가 육체 안에서 살았을 때', 곧 '그리스도 없이 살았을 때'를 뜻한다. 다시 말해서 '그리스도인이 되기 이전에'라는 뜻이다.[369] "율법으로 말미암는 죄의 정욕이 우리 지체 중에 역사하여"라

366 변종길, 『로마서』, 207.

367 Thomas R. Schreiner, *Romans*, 345.

368 Douglas J. Moo, *Romans*, 418.

369 Joseph A. Fitzmyer, *Romans*, 459. James D. G. Dunn은 "우리가 육신에 있을 때"라는 표현이 '그리스도인이 되기 이전'을 암시한다고 보면서도, 이 표현이 그러한 뜻과 더불어 다양한 의미를 가진다고 주장한다. 그가 제시하는 용례를 위하여, James D. G. Dunn, *Romans* 1-8, 363-64를 보라. Thomas R. Schreiner는 바울이 이 단어를 사용한 용법을 다음과 같이 소개한다. "The word 'flesh' has many different uses in Paul. It is occasionally simply a designation for human beings (Rom. 3:20; 1 Cor. 1:29; Gal. 1:16; 2:20; Eph. 6:5). It can also designate physical life in the body, whether of human beings (2 Cor. 4:11; 12:7; Gal. 4:13, 14; Eph. 5:29; Phil. 1:22, 24; Col. 1:24; 2:1, 5) or of other creatures (1 Cor. 15:39). The term also refers to ethnic Israel (Rom.

는 말은 율법이 죄의 욕망을 더욱 충동질했음을 반영한다(참고. 6:12). 인간은 '하지 말라'고 하면 더 하고 싶은 충동을 느끼고, '하라'고 하면 더 하지 않는 고집을 부리고 있는데, 율법이 이러한 타락한 본성을 자극했다는 것이다(참고. 7b절).[370] 이는 마치 태양에 의해 쓰레기 더미에서 유독한 가스가 일어나는 것처럼, 율법에 의해 인간의 타락한 성향이 드러나고 자극되고 촉발되는 것이다.[371] "우리로 사망을 위하여 열매를 맺게 하였더니"라는 말은 죄의 마지막이 사망이라는 뜻이다(참고. 6:21). 인간은 죄의 정욕대로 행하므로 사망에 이르게 되었다. 여기서 사망은 전인적인 죽음, 곧 육체적인 죽음과 영적인 죽음을 포괄하는데, 하나님과의 영원한 분리(단절)를 뜻한다.

6절: 이제 바울은 거듭난 후에 일어난 일을 설명한다. 헬라어 본문에서 이 구절은 'νυνὶ δὲ'(누니 데, 그러나 이제는)로 시작하는데, 이것은 이 구절의 내용이 이전 구절들에서 말한 것들과 사뭇 달라짐을 암시한다. "우리가 얽매였던 것에 대하여 죽었으므로 율법에서 벗어났으니"라는 문구는 1-3절의 논증에 근거한 것으로 우리가 믿음으로 말미암아 의롭게 될 때 율법에 대하여 죽음으로써 율법에서 벗어났다는 뜻이다(참고. 갈 2:19). 이전에는 율법에 얽매여서 억지로 선행을 하려고 했으며, 그러다가 선행을 제대로 하지 못하는 자신의 무능함과 연약함으로 인해 절망하고 탄식했으나, 이제는 율법에 대하여 죽었기 때문에 더 이상 그러한 절망과 탄식의 상태에 머무르지 않는다.

"이러므로"(ὥστε, 호스테)는 새로운 삶의 상태를 함의한다. "우리가 영의 새로운 것으로 섬길 것이요"에서 "영"(πνεῦμα, 프뉴마)은 '성령'을 가리킨다. 따라서 "영의 새로운 것으로"(ἐν καινότητι πνεύματος, 엔 카이노테티 프뉴마토스)라는 말은 '성령의 새로운 방식으로'(ESV: "in the new way of the Spirit")라는 뜻이다. 성령은 거듭난 사람이 새로운 삶을 역동적으로 살게

9:3, 8; 11:14; 1 Cor. 10:18; cf. Eph. 2:11)." Thomas R. Schreiner, *Romans*, 354.

370 김곤주, 『원문 중심의 이야기 로마서』, 150.

371 매튜 풀, 『로마서』, 417.

하신다(dynamic principle).[372] "율법 조문의 묵은 것으로 아니할지니라"(οὐ παλαιότητι γράμματος, 우 팔라이오테티 그람마토스)라는 말은 '율법의 이전 방식으로 하지 않는 것'(ESV: "not in the old way of the written code")을 의미한다. 우리가 거듭나기 전에는 율법 조문에 따라 두려움과 의무감에 따라 억지로 마지못해서 행했지만, 이제 우리가 거듭난 후에는 율법에 대하여 죽었기 때문에 율법의 영향을 전혀 받지 않게 되어 성령께서 인도하시고 감동하시는 가운데 즐거움과 감사함으로 행한다.

7-13절: 율법의 역할

1-6절에서 바울은 그리스도인이 율법에서 벗어났다고 말했다. 이는 사람들의 오해를 살 수 있었는데, '그러면 율법이 나쁜 것이냐?'라고 생각하게 할 가능성이 있었기 때문이다. 그래서 그는 7-13절에서 율법 자체가 거룩하고 의로우며 선하다는 전제를 가지고 율법의 역할을 소개한다. 그는 율법에 부정적이지 않다. 다만 율법의 신약적 용도(역할)를 정확히 제시할 뿐이다.

7절: 바울은 디아트리베(diatribe) 스타일을 사용하여 "그런즉 우리가 무슨 말을 하리요? 율법이 죄냐?"라고 말한다(참고. 2:1-5의 주석). 그는 5절에서 "우리가 육신에 있을 때에는 율법으로 말미암는 죄의 정욕이 우리 지체 중에 역사하여 우리로 사망을 위하여 열매를 맺게 하였더니"라고 말했다. 이에 대해서 사람들은 '그렇다면 율법이 죄를 부추기는가?', '과연 율법은 우리를 타락하게 만드는 나쁜 것인가?'라고 비판할 수 있었다. 바울은 이러한 잘못된 가상적 비판에 대해서 "그럴 수 없느니라"(μὴ γένοιτο, 메 게노이토)라는 강한 표현을 사용하여 대답함으로써 율법 자체가 죄라는 생각

372 Joseph A. Fitzmyer, *Romans*, 460.

을 거부한다.[373] 그는 이 서신에서 자주 이 표현을 사용하여 그의 입장을 드러낸다(참고. 3:4의 주석).

바울은 "율법으로 말미암지 않고는 내가 죄를 알지 못하였으니 곧 율법이 탐내지 말라 하지 아니하였더라면 내가 탐심을 알지 못하였으리라"라고 말한다. "율법으로 말미암지 않고는 내가 죄를 알지 못하였으니"라는 문구는 율법의 역할을 알려준다(참고. 3:20b).[374] 율법은 죄가 아니라, 죄를 깨닫게 해준다. 율법이 없었을 때도 죄는 죄다. 하지만 율법이 우리에게 주어짐으로 우리는 죄를 더욱 분명하게 깨달을 수 있다. 다시 말해서, 율법이 없었다면 자신이 스스로를 겸비하게 하며 그리스도께 나아갈 수 있을 정도로 죄를 분명하고 효과적으로 알지 못했을 것이다. 하지만 율법은 죄를 찾아내며 드러내며 책망하며 저주한다.[375]

"율법이 탐내지 말라 하지 아니하였더라면 내가 탐심을 알지 못하였으리라"라는 말은 바울이 자기 경험을 가지고 논증하는 것이다. 그는 10계명 중 마지막 계명을 예로 든다. 탐심은 마음을 지켜야 하는 것이기에 지키기가 매우 힘들다. 유대인들은 십계명을 잘 지키려고 노력했다. 그리고 실제로 그들은 겉으로 드러나는 것들을 잘 지켰다. 바울도 자신이 율법을 잘 지키는 줄 알았다. 그런데 마지막 계명이 '탐내지 말라'는 것인데, 그가 자기 속을 들여다보았을 때 그의 마음에 탐심이 많은 것을 깨달았다. 탐심은 모든 죄의 원천이다. 그래서 야고보서 1:14-15에는 "오직 각 사람이 시험을 받는 것은 자기 욕심에 끌려 미혹됨이니 욕심이 잉태한즉 죄를 낳고 죄가 장성한즉 사망을 낳느니라"라는 말씀이 있다. 사람은 자기 힘으로 자기가 어떤 상태에 있는지 모른다. 그런데 율법이 바울에게 그러한 실

---

373 Thomas R. Schreiner, *Romans*, 358.

374 James D. G. Dunn은 '노모스'에 관사가 붙지 않은 것이 의미에 영향을 미치지 않는다고 말한다. 그는 이 단어가 5절에서 분명히 토라에 대한 언급이었는데, 그때 정관사를 가지고 있었다고 주장한다. James D. G. Dunn, *Romans 1-8*, 378-79.

375 매튜 풀, 『로마서』, 418.

상을 알려준다.

8-11절에서 바울은 죄가 인간을 어떻게 타락하게 만드는지를 설명하는데, 자기 경험을 고백적으로 진술하며,[376] 아담 모티프를 암시적으로 사용한다.[377]

8절: "죄가 기회를 타서 계명으로 말미암아 내 속에서 온갖 탐심을 이루었나니"라는 문구는 죄가 자신의 목적을 성취하기 위해서 율법을 자신의 심복(henchman)으로 삼아 자기 뜻을 이루었다는 뜻이다. 곧 죄는 자기 원수를 자신의 편으로 만들었다. 바울은 죄를 의인화하여 죄의 적극적이면

---

376 로마서 7장에서 '나'(ἐγώ, 에고)가 누구를 가리키는지에 대해서 논란이 있다. Thomas R. Schreiner는 '나'의 정체에 대한 학자들의 견해를 (비록 이 이론들의 변형이나 조합이 있지만) 세 가지로 제시한다. 1) '나'는 에덴동산에서 하나님의 명령을 경험한 아담이다. 2) '나'는 시내 산에서 율법 수여를 경험한 이스라엘이다. 3) '나'는 자서전적인 것으로 사도 바울의 경험을 반영한다. 이들 가운데, Thomas R. Schreiner는 세 번째 견해를 채택하여 '나'가 바울 자신이라고 주장한다. 그에 따르면, 바울은 자신의 경험을 전형적(paradigmatic)이라고 생각하며, 또한 율법 아래에 있는 모든 사람의 운명을 보여준다고 여긴다. 이에 대한 충분한 논의를 위하여, Thomas R. Schreiner, *Romans*, 359-65(세 가지 견해에 대해서는, 359-60)를 보라. James D. G. Dunn은 '나'(ἐγώ, 에고)가 아담이요 사람(=아담)이고, 죄와 사망의 영역 안에 사로잡혀 있는 모든 타락한 인류를 가리키는 것이 분명하다고 말한다. 그는 바울이 그러한 인류의 보편적인 경험을 자신의 것으로 삼아서 묘사하는데, 비단 그것이 거듭나지 못했을 때의 삶이지만, 또한 거듭난 이후에도 그러한 경험을 하고 있음을 보여준다고 한다. James D. G. Dunn, *Romans 1-8*, 404. 결론적으로, '나'의 정체에 대해서 학자들이 다양한 견해를 말하지만, 바울 자신으로 대표되는 전형적인 그리스도인 인간으로 보는 것이 무난하다(참고. 7:14-25의 주석). 그리고 그가 에덴동산 모티프를 사용하는 것은 사실이지만, 그렇다고 해서 '나'를 아담(인류의 아버지)이라고 이해하는 것은 바람직하지 않다. Joseph A. Fitzmyer, Romans, 463-65를 보라. 로마서 7장에 나오는 '나'(ἐγώ, 에고)에 관한 최근의 학문적 연구 동향을 파악하기 위하여, Channing L. Crisler, "The 'I' Who Laments: Echoes of Old Testament Lament in Romans 7:7-25 and the Identity of the ego", *The Catholic Biblical Quarterly* 82.1 (2020): 64-83을 보라. Channing L. Crisler는 이 주제에 대한 유용한 문헌 목록을 다음과 같이 제시한다. "Hermann Lichtenberger, *Das Ich Adams und das Ich der Menschheit: Studien zum Menschenbild in Römer 7*, WUNT 164, Tübingen: Mohr Siebeck, 2004, 13-105; Michael Paul Middendorf, *The 'I' in the Storm: A Study of Romans 7*, St. Louis: Concordia, 1997, 15-51; Günther Bornkamm, *Studien zum Neuen Testament*, Munich: Kaiser, 1985, 178-96; Hans Conzelmann, *An Outline of the Theology of the New Testament*, New York: Harper & Row, 1969, 228-35; Brian J. Dodd, *Paul's Paradigmatic 'I': Personal Example as Literary Strategy*, JSNTSup 177, Sheffield: Sheffield Academic Press, 1999, 221-34."

377 James D. G. Dunn, *Romans 1-8*, 400 이하를 보라. 또한 C. K. Barrett, *Romans*, 133을 참고하라.

서도 역동적인 힘을 강조한다(참고. 창 4:7).[378] 그는 율법/계명, 탐심, 죽음도 그렇게 할 것이다.[379] 그는 이 단락 전체에 걸쳐서 '율법'(νόμος, 노모스)과 '계명'(ἐντολή, 엔톨레)을 동의어로 사용한다(참고. 8, 9, 12절).[380] 그런데 여기서 주의해야 할 사실은 죄가 기회를 탔지, 계명(율법)이 죄를 짓게 한 것이 아니라는 점이다. 즉 죄가 나쁜 것이지 율법이 나쁜 것은 아니다. 죄는 계명이 인간에게 탐심을 가지지 말라고 하는 것을 이용하여 인간을 충동질하므로 인간이 더 많은 탐심을 가지게 했다.

"이는 율법이 없으면 죄가 죽은 것임이라"라는 문구는 율법이 없으면 죄가 존재하지 않는다는 뜻이 아니라 다만 죄가 왕성하게 활동하지 않는다는 뜻이다. 율법이 없을 때 죄는 양심을 위협하거나 혹은 무절제한 욕정을 충동시키는 힘을 갖지 못했다. 그때 그것은 마치 잠자는 사자와 같았다.[381] 하지만 율법이 있으면 죄가 왕성하게 활동한다. 이는 죄가 율법을 이용하기 때문이다. 사람은 부족하기 때문에 율법을 들었을 때 율법을 지켜야겠다고 생각하지만 실패하며, 율법을 억지로나 궁색하게 지키려고 하며, 심지어 율법을 거부하거나 극심하게 반발한다.

9절: 에덴동산에서 하나님이 아담에게 선악과를 따먹지 말라고 명령하시기 전에는 아담이 살아 있었다. 즉 하나님이 아담에게 계명을 주시기 전에는 뱀이 활동하지 않고 가만히 있었으며 아담도 죄를 짓지 않았다. 하지만 "계명이 이르매", 즉 하나님이 인간에게 계명을 주시자 뱀이 기회를 탔고 아담이 죄를 지었다. 따라서 이 구절의 실존적 의미를 다음과 같이 정리할 수 있다. '예전에 율법을 몰랐을 때는 내가 살아 있다고 생각했다. 그때 나는 누구 못지않게 좋은 상태에 있다고 판단했다. 그때는 어떠한 양심의 괴로움도 느끼지 않았다. 하지만 율법의 의미와 내용을 깨닫고 알게 되

378 Douglas J. Moo, *Romans*, 436.

379 Joseph A. Fitzmyer, *Romans*, 467.

380 James D. G. Dunn, *Romans 1-8*, 380.

381 매튜 풀, 『로마서』, 419.

었을 때, 다시 말해서 율법이 나의 악한 탐심과 욕정과 성향을 정죄했을 때 죄의 악함과 죄책이 살아나고, 그로 인해 나의 영혼 위에 죄의 생생한 의식이 생겨나고, 나의 타락성은 새로운 활력과 생명력을 받은 것처럼 보였다. 그리고 나의 양심은 치명적인 상처를 입은 것처럼 느꼈으며, 내가 사망과 저주의 상태 가운데 있음을 깨달았다.'[382]

10절: 에덴동산에서 하나님이 아담에게 선악과를 따먹지 말라고 명령하신 목적은 인간에게 생명을 주시기 위함이었다. 즉 하나님의 명령은 "생명에 이르게 할 그 계명"이었다. 하지만 그 계명이 도리어 아담을 사망에 이르게 한 것이 되었는데, 이는 아담이 그 계명을 어겼기 때문이다. 모세 율법 역시 그 규정들을 준수하는 사람들에게 생명을 약속했다. 여호와께서는 "너희는 내 규례와 법도를 지키라 사람이 이를 행하면 그로 말미암아 살리라"고 말씀하셨다(레 18:5).[383] 이러한 말씀은 로마서 10:5에서 "율법으로 말미암는 의를 행하는 사람은 그 의로 살리라"고 인용되고, 갈라디아서 3:12에서 "율법을 행하는 자는 그 가운데서 살리라"고 인용된다. 그러므로 율법은 생명에 이르게 한다. 율법을 지키면 죽지 않고 살 수 있다. 하나님은 인류에게 계명(율법)을 주시면서 그것을 행하면 살 것이라고 약속하셨다. 그러나 율법은 "도리어 사망에 이르게 하는 것"이 되었다. 즉 인간이 율법을 지키지 못하기 때문에 죽게 되었다. 율법은 순종하지 않는 사람에게 실제로 죽음이라는 유죄 판결을 내렸다(참고. 신 27:26; 고전 15:56; 고후 3:6; 갈 3:10).[384]

11절: 이 구절은 8-10절을 요약한 것이다. "나를 속이고"(ἐξηπάτησεν, 엑세파테센)라는 단어는 고린도후서 11:3의 "뱀이 그 간계로 하와를 미혹한 것 같이"와 디모데전서 2:14의 "여자가 속아 죄에 빠졌음이라"에서 사용되었다. 그리고 이것은 창세기 3:13(LXX)의 "뱀이 나를 꾀므로"(ἠπάτησεν,

382 매튜 풀, 『로마서』, 419.

383 Joseph A. Fitzmyer, *Romans*, 468; F. F. Bruce, 『로마서』, 156.

384 Joseph A. Fitzmyer, *Romans*, 468.

에파테센)에서도 사용되었다. 따라서 바울은 뱀이 인간을 유혹하고 속여서 죽게 한 것을 모티프로 삼아서 지금도 죄가 사람들을 속이고 죽이고 있다고 말한다. 죄는 계명이 주어진 기회를 타서, 그리고 계명이 주어진 상황을 이용해서 사람을 속이고 그것으로 사람을 죽인다. 여기서 죽였다는 말은 하나님과 분리되게 함으로 절망에 이르게 했음을 뜻한다.

12절: 이 구절은 7-11절의 결론이다. 바울은 7절에서 시작한 논의를 여기서 완성한다.[385] 문장 서두의 "이로 보건대"(ὥστε, 호스테)는 이 구절이 앞에서 말한 내용의 결과라는 사실을 알려준다.[386] 바울은 "율법은 거룩하고 계명도 거룩하고 의로우며 선하도다"라고 말한다. 그는 지금까지 율법이 나쁜 것이 아니며 죄의 원인도 아니라고 변호했는데, 여기서는 율법이 거룩하고 의로우며 선하다고 적극적으로 주장한다. 여기서 "율법"과 "계명"이 연달아 사용되었는데, 이는 같은 뜻이다(참고. 8절의 주석). 그러나 어떤 면에서는, "율법"에 "계명"이 포함되어 있다.[387] 율법은 하나님이 인간에게 주신 말씀이기에 거룩하고 의로우며 선하다. 율법은 인간에게 악을 행하라고 명령한 적이 한 번도 없다. 또 그것은 악의 수단이 아니다.[388] 더욱이 율법은 인간을 연약하게 해서 죄를 짓게 하지도 않았다. 오히려 인간이 연약해서 율법을 지키지 못했을 뿐이다. 따라서 죄가 나쁜 것이지 율법이 나쁜 것은 아니다.

13절: 12절(율법은 선한 것이라는 언급)에 근거해서 바울은 "그런즉 선한 것이 내게 사망이 되었느냐?"라고 가상의 질문을 제기한다.[389] 이러한 질문

385 Douglas J. Moo, *Romans*, 440.

386 C. E. B. Cranfield, *Romans*, 353.

387 C. E. B. Cranfield, *Romans*, 353.

388 Joseph A. Fitzmyer, *Romans*, 469

389 13절을 7:1-12(혹은 7:7-12)에 붙이는 학자들도 있고, 7:14-25에 붙이는 학자들도 있다. 이는 이 구절이 7:7-12를 '1) 율법은 선하다. 2) 율법으로 말미암아 죄가 드러난다. 3) 율법으로 말미암아 죄가 역사하여 사람을 죽게 한다.' 라고 요약하면서도, 이 구절이 질문을 제기하고 짧게 답변하는데, 그 대답이 7:14-25에 나와 있기 때문이다. 그래서 이 부분의 단락 구분에 혼란이 있다. 이를 위해서, Douglas J. Moo, *Romans*, 451-52를 보라.

은 유대의 신앙과 전통에 완전히 젖어 있는 사람에게서 나올 수 있는 것이다.[390] 이에 대해서 바울은 "그럴 수 없느니라"고 단호하게 답변한다(참고. 3:4의 주석). 이 말은 율법이 우리를 사망으로 이끌지 않는다는 뜻이다. 바울은 "오직 죄가 죄로 드러나기 위하여 선한 그것으로 말미암아 나를 죽게 만들었으니 이는 계명으로 말미암아 죄로 심히 죄 되게 하려 함이라"라고 말한다. 이 말은 죄가 문제라는 뜻이다. 율법에는 아무런 문제가 없다. 율법은 의롭고 선하다. 다만 율법은 죄가 죄로 드러나게 하며, 죄로 심히 죄 되게 한다. 이전에 율법이 없었을 때는 죄인 줄 몰랐거나 희미하게 알았지만, 이제 율법을 통해서 죄가 무엇인지를 알게 되며, 죄를 선명하게 분별할 수 있게 된다. 그러므로 바울은 7절에서 제기한 수사적인 질문을 여기서 다시 진술하고 확장한다.[391]

---

390 James D. G. Dunn, *Romans 1-8*, 386.

391 John D. Harvey, *Romans*, 179.

• 설교자를 위한 지침 •

1. 이 단락에 율법의 속성과 역할이 나온다. 율법은 거룩하고 의로우며 선하다(12절). 따라서 율법은 사람에게 죄를 짓게 하지 않는다. 문제는 사람이며, 사람 안에 있는 죄다. 오히려 율법은 사람이 죄인인 것을 가르쳐주어서 돌이키게 한다. 그러므로 설교자는 율법의 의미와 역할에 대해서 충분히 설명할 수 있다. 이는 로마서 전체에서도 매우 중요한 주제이다.

2. 이 단락에 성령에 관한 언급이 있다. 신자들은 더 이상 율법에 얽매이지 않으며, 성령의 새로운 방식으로 살아간다(6절). 따라서 설교자는 신자들이 성령께서 인도하시고 감동하시는 가운데 기쁨과 즐거움과 감사함으로 행하는 것에 대해서 설교할 수 있다. 즉 율법이 아닌 성령이 행동의 동기와 동력이라는 사실을 말할 수 있다.

3. 이 단락의 설교 대지를 다음과 같이 만들 수 있다.
   1) 우리는 율법에서 벗어났기에 율법에 얽매이지 말아야 한다(1–6절). 율법주의적 공로주의를 버려야 한다. 자기 공로 여부에 따라서 도취하거나 좌절하지 말아야 한다.
   2) 우리는 율법을 통해서 자신의 부족함을 깨달아야 한다(7–13절). 율법은 우리의 안내자와 같다. 율법을 통해서 우리는 나아갈 길을 알게 되며, 자신의 부족함과 연약함을 깨닫게 되고, 하나님을 의지하게 된다. 따라서 율법을 부지런히 읽고 공부하는 것은 필요하고 중요하다.
   3) 우리는 하나님을 위하여 열매를 맺어야 한다(4–5절). 과거에는 모든 것을 두려움으로 행하고 억지로 했기 때문에 열매를 맺지 못했다. 그러나 이제는 새로운 생명을 받았으므로 하나님을 위하여 열매, 곧 선한 행실의 열매인 성령의 열매를 맺어야 한다.

6. 7:14-25 바울의 탄식

바울은 '나'(ἐγώ, 에고)라는 1인칭 단수를 사용하여 자기 고백적 방식으로 진술한다. 앞에서 말했듯이, 여기서 '나'(ἐγώ, 에고)는 바울 자신이지만 또한 바울로 대표되는 전형적인 인간이다(참고. 7:7-13 주석). 그런데 '나'가 중생하기 전의 상태인지, 아니면 중생한 후의 상태인지에 대하여 팽팽한 논란이 있다. 우리는 중생한 후의 상태라고 본다. 따라서 '나'는 거듭난 그리스도인을 가리킨다. 바울은 7-13절을 과거형으로 기술했으나, 14-25절을 현재형으로 기술해서 죄에 대하여 죽었음에도(그리스도인임에도) 불구하고 여전히 죄를 짓는 자신을 묘사한다.

14-20절: 바울의 갈등

바울은 자신이 겪고 있는 내적인 갈등을 소개한다. 그는 자기 속에 있는 두 가지 법이 갈등을 일으킨다고 고백한다. 그는 선을 행하길 원하지만, 악을 행하는 자기 모습을 발견한다. 그리고 이러한 사실을 두 개의 병행되는

구절들(14-17절; 18-20절)을 통해서 설명한다.[392]

14절: 바울은 율법과 자신을 대조한다. "우리가 … 알거니와"(Οἴδαμεν, 오이다멘)라는 문구는 자명한 사실, 곧 당연한 사실을 암시한다. 그는 종종 이러한 표현을 사용한다(참고. 2:2; 3:19; 8:22, 28; 고전 8:4; 고후 5:1, 16). "율법은 신령한 줄"(ESV: "the law is spiritual")이라는 문구는 율법의 탁월성을 시사한다. 12절에는 율법이 거룩하고 의로우며 선하다고 묘사되었는데, 여기서는 신령하다고 묘사된다. 이 말은 율법이 성령을 통해서 주어진 것이고, 성령을 표현한 것이며, 성령을 드러낸다는 뜻으로, 율법을 성령의 관점에서 설명한 것이다.[393]

"나는 육신에 속하여"라는 말은 율법과 바울 자신을 대조한 것인데, 율법은 신령하나 자신이 신령하지 않은 실상을 반영한다. 따라서 바울은 율법을 지키지 못하고 율법의 의를 충족시키지 못하는 자기 모습을 시인한다. "죄 아래에 팔렸도다"라는 말은 고대에 사람이 노예로 팔려 가는 모습을 연상시키는데, 자신의 원함과 상관없이 강제로 죄에 노예로 팔려 가서 죄에서 벗어날 수 없게 된 상황을 묘사한다. 이것은 로마서에서 '죄의 종'이라는 말로도 종종 표현되는데, 죄가 강제력을 가지고 있어서 사람을 지배한다는 사상을 내재한다.

15절: 바울은 자신의 부패하고 무기력한 처지를 고백한다. 그것은 죄 아래 팔린 상태에서 행하는 일이다.[394] "내가 행하는 것을 내가 알지 못하노니"라는 말은 죄 아래에 팔려 간 사람이 죄의 영향과 힘 때문에 판단력을 상실하여 자신이 행하는 일이 무엇인지를 모른다는 뜻이다. "내가 원하는 것"이란 중생한 사람이 원하는 것을 의미한다. 사람이 중생한 후에는 선을 행하고자 하는 마음을 가지게 된다. "도리어 미워하는 것을 행함이라"라는 말은 말씀대로 행하고 싶으나 그렇게 하지 못하고, 오히려 하지 말아야 할

---

392 John D. Harvey, *Romans*, 179.

393 James D. G. Dunn, *Romans 1-8*, 387.

394 R. Jewett, *Romans*, 462.

일을 행한다는 뜻이다.

그러므로 바울은 믿는 신자의 내적인 갈등을 언급한다. 그것은 '원함'과 '행함' 사이의 대립이다.[395] 즉 원하는 것은 행하지 못하고 미워하는 것을 행하는 것이다. 이에 대하여 바울은 갈라디아서 5:17에서 "육체의 소욕은 성령을 거스르고 성령은 육체를 거스르나니 이 둘이 서로 대적함으로 너희가 원하는 것을 하지 못하게 하려 함이니라"고 말한다. 이러한 내적 갈등은 신자들이 실제로 겪는 일이다. 즉 신자들은 이러한 갈등을 경험하면서 일생을 산다. 따라서 지금 바울은 개인의 경험을 말하면서 동시에 신자들이 겪는 전형적인 경험을 진술한다.

16절: 자신이 옳은 것을 행하길 원하는 모습은 율법의 요구가 선하고 우수하다는 사실을 암묵적으로 시인하는 것이다.[396]

17절: 원하지 않는 일을 행하는 자는 자신이 아니라 자신 안에 있는 죄이다. 바울은 죄를 의인화(인격화)하여서 죄의 존재와 힘을 드러낸다(참고. 6:14). 그는 여기서부터 죄의 이미지를 다르게 제시하는데, 지금까지는 죄를 군사적인 힘으로(참고. 8, 11, 23절) 혹은 노예의 주인으로(참고. 14절) 제시했지만, 지금부터는 내부로부터 나오는 속박하는 힘으로 묘사한다.[397] 즉 죄가 자기 안에서 역사하여 자기를 지배한다. 그렇다면 자신은 죄에 대해서 아무런 책임이 없는가 하는 의문이 생긴다. 그렇지 않다. 실상 자신과 죄는 구분되지 않는다. 결국, 자신 안에 있는 '죄'란 자신의 연약한 모습을 의미한다. 여기서 우리는 바울이 자신의 책임을 회피하고 있는 것이 아니라 죄의 권세를 강조하고 있다는 사실을 기억해야 한다.[398]

18-20절은 14-17절을 다른 관점에서 반복한 것이다.[399] 하지만 18-20

---

395 Douglas J. Moo, *Romans*, 455.

396 Joseph A. Fitzmyer, *Romans*, 475.

397 James D. G. Dunn, *Romans 1-8*, 390.

398 ESV Study Bible.

399 Joseph A. Fitzmyer, *Romans*, 475; James D. G. Dunn, *Romans 1-8*, 407

절은 14-17절을 단순히 반복하지 않고, 14-17절을 기반으로 하는데, 이는 18절을 시작하는 'γάρ'(가르, for)가 17절에서 표현된 결론 위에 세워져 있기 때문이다.[400]

18절: "내 속 곧 내 육신에 선한 것이 거하지 아니하는 줄을 아노니"라는 말은 자신의 연약함을 의미한다. "원함은 내게 있으나"라는 문구는 중생한 사람 속에 선함을 추구하는 마음이 있음을 뜻한다. "선을 행하는 것은 없노라"라는 말은 중생했지만 선을 행하지 못하는 현실을 보여준다. 그러므로 바울은 'ἐγώ'(에고, 나) 속에 선한 것이 없기에 'ἐγώ'(에고)가 하나님의 뜻을 행할 수 없다고 말한다.[401]

19절: 이 구절은 15b절과 18b절의 사상을 조금 다르게 표현한 것이다.[402] 바울은 중생했으나 여전히 악을 행하는 자신을 목격한다. 이것은 신자가 처한 현실을 보여준다. 중생한 사람은 선을 행하길 원하는 마음을 지니고 있으나, 악을 행하는 어찌할 수 없는 현실을 마주한다.

20절: 이 구절은 16-17절을 요약한 것이면서,[403] 동시에 18-19절로부터 결론을 끌어낸 것이다.[404] 바울은 인간 속에 있는 '죄'에 악의 책임이 있다고 주장한다. 하지만 그는 죄의 책임을 인간에게 돌리지 않는다. 다만 '나'를 사로잡는 죄의 세력을 강조한다. 중생한 사람이라도 여전히 죄를 짓는다. 따라서 중생한 사람도 회개해야 한다.

21-25절: 바울의 깨달음

21-25절은 14-20절로부터 말미암아 인간의 상태를 추론한 것인데, 이

---

400 Thomas R. Schreiner, *Romans*, 374.

401 Thomas R. Schreiner, *Romans*, 375.

402 Thomas R. Schreiner, *Romans*, 375; Douglas J. Moo, *Romans*, 460.

403 James D. G. Dunn, *Romans 1-8*, 391.

404 Thomas R. Schreiner, *Romans*, 375.

구절들에서 '나'의 정서적인 충격(trauma)이 강조된다.[405]

21절: 바울은 이 단락에서 지금까지 논의한 것을 요약한다.[406] "그러므로 내가 한 법을 깨달았노니"라는 말에서 "법"은 성문화된 하나님의 율법이 아니다. 이것은 3:27에서와 같이 어떤 '원리'(혹은 '이치', principle)이다.[407] 바울은 중생과 죄의 주제에 대한 치열한 갈등을 겪으면서 '원리'(이치)를 깨달았다. 그 '원리'는 "선을 행하기 원하는 나에게 악이 함께 있는 것"이다(참고. 7:18b). 중생한 사람에게도 여전히 악이 있다. 물론 선을 행하는 사람에게 악이 함께 있는 것은 모순으로 보인다. 하지만 이것이 현실이다.

22절: 22-23절은 21절을 설명한 것이다. 이는 헬라어 본문에서 문장 첫머리에 'γάρ'(가르, for)가 있는 것을 통해 알 수 있다.[408] 바울은 21절에서 경험한 모순(paradox)을 여기서 설명한다.[409] "속사람"(the inner man)이란 거듭난 사람을 가리킨다. 곧 "속사람"은 그리스도의 죽음 안에서 그분과 연합하여 그분의 부활 생명에 참여한 '나'를 의미한다.[410] 거듭난 사람은 하나님의 법(율법)을 즐거워한다. 이것은 당연하며 자연스럽다.

23절: 바울의 갈등(탄식)은 한 지체 속에 두 법이 싸우고 있는 것 때문에 일어난다. 먼저, "내 지체 속에서 한 다른 법"은 율법이 아니다. 이것은 원죄로 인하여 선천적으로 타락한 본성이다. 다음으로, "내 마음의 법"은 거듭난 사람의 마음에 있는 변화된 성품이다. "죄의 법"은 악한 원리, 곧 내주하는 죄의 폭정이다.[411] 그러므로 바울이 갈등하는 이유는 자신 안에 두

405 Thomas R. Schreiner, *Romans*, 375.

406 Thomas R. Schreiner, *Romans*, 377; Douglas J. Moo, *Romans*, 460.

407 변종길, 『로마서』, 229; ESV Study Bible; Joseph A. Fitzmyer, *Romans*, 475; Douglas J. Moo, *Romans*, 460. 하지만 Thomas R. Schreiner는 이 '법'을 모세 율법이라고 주장한다. Thomas R. Schreiner, *Romans*, 377을 보라.

408 C. E. B. Cranfield, *Romans*, 362.

409 James D. G. Dunn, *Romans 1-8*, 393.

410 James D. G. Dunn, *Romans 1-8*, 394.

411 F. F. Bruce, 『로마서』, 161

개의 법이 존재하면서 싸우고 있는 현실 때문이다. 그는 하나님의 법을 즐거워하지만, 실제로는 하나님의 법을 지키지 못하고 죄의 법에 의해서 지배받는 모순된 현실 때문에 괴로워한다.

24-25절에서 바울은 인간의 문제를 말하고(24절), 이어서 하나님의 해결책을 제시한다(25절).

24절: 어떤 학자들은 이 부르짖음(cry)을 비그리스도인의 것이라고 주장한다.[412] 하지만 로마서 전체의 구조와 문맥을 고려할 때 이는 명백히 그리스도인의 것이다.[413] "오호라"(Ταλαίπωρος, 탈라이포로스)는 감탄사로서 신약 성경에서 오직 이곳과 요한계시록 3:17에만 나온다. 이 단어는 절망이나 정죄를 표현할 때 사용되었다.[414] "나는 곤고한 사람이로다"라는 말은 예수 그리스도를 믿고 거듭났음에도 불구하고 죄를 짓는 비참한 상태를 가리킨다. "사망의 몸"은 "죄의 몸"(6:6), "죽을 몸"(6:12), "내 육신"(7:18), "내 지체"(7:23)를 다르게 표현한 것이다.[415] 그러므로 바울은 그리스도로 말미암아 새로운 사람으로 거듭났으며, 이에 따라 죄를 짓지 않아야 하지만, 여전히 죄를 지으며 고통 중에 살아가는 자신의 연약한 모습을 탄식한다. 또한 그는 사망이 완전히 사라질 그날을 고대한다(참고. 고전 15:26).[416]

25절: 바울은 갑자기 하나님께 감사하는데, 이는 바울 서신에서 종종 발견되는 현상이다(참고. 6:17의 주석; 고전 15:57; 고후 2:14; 8:16; 9:15). "우리 주 예수 그리스도로 말미암아"라는 말이 나오는 이유는 예수 그리스도가 십자가에서 죽으심으로 죄와 사망의 문제가 해결되었기 때문이다. 따라서

---

412 예를 들어, Douglas J. Moo는 이 부르짖음을 비신자가 영적인 좌절과 정죄로부터 구원받기를 갈망하는 것이라고 해석한다. Douglas J. Moo, *Romans*, 466.

413 C. E. B. Cranfield, *Romans*, 365-66.

414 James D. G. Dunn, *Romans 1-8*, 396.

415 James D. G. Dunn, *Romans 1-8*, 397.

416 F. F. Bruce는 이것을 신자들이 완전히 거룩해질 때까지 부르짖는 부르짖음이라고 보면서, 그들 속에서 선한 일을 시작하신 분이 예수 그리스도의 날까지 그것을 이루실 것이라고 주장한다. F. F. Bruce, 『로마서』, 162.

이 문구는 24절의 부르짖음에 대한 간접적인 해결책이라고 볼 수 있다.[417]

바울은 결론적 언급을 한다. 그는 "마음으로는 하나님의 법"을 섬긴다. 즉 마음으로는 하나님의 법을 좋아하며 하나님의 법에 따라 행하기를 바란다. 하지만 "육신으로는 죄의 법"을 섬긴다. 즉 여전히 연약한 육신을 가지고 사는 동안 죄를 짓는다. 그런데 여기서 바울이 그리스도인의 삶이 지닌 모든 요소를 말한 것이 아님을 기억해야 한다. 그리스도인의 삶은 다양하게 전개된다. 그들은 영원한 생명을 가지게 된 것을 감사하고, 종종 죄를 미워하며 죄와 싸워서 승리한다. 하지만 여전히 죄를 지으며 죄에 굴복할 수도 있다.[418] 그러므로 바울은 단락을 끝내면서 그리스도인의 승리를 말하지 않고, 그리스도인 삶의 한 단면, 즉 그리스도인이 여전히 죄와 싸우고 있는 현실을 드러낸다. 그리고 이는 8장의 논의를 준비(전망)하는 역할을 한다.

---

417 C. E. B. Cranfield, *Romans*, 367.

418 C. K. Barrett, *Romans*, 143을 보라.

· 설교자를 위한 지침 ·

1. 이 단락에서 해결해야 할 중요한 주제는 '나'(ἐγώ, 에고)가 누구인지에 대한 것이다. 이에 대해서 학자들이 열띤 논쟁을 벌였다. 결론적으로, 여기서 '나'는 바울 자신이지만, 또한 바울로 대표되는 인간이다. 특히 그는 중생한 인간, 곧 그리스도인이다. 따라서 설교자는 이러한 관점을 가지고 단락 전체를 해석하고 적용해야 한다.

2. 이 단락에서 바울이 자신의 부족함과 연약함을 탄식하는 모습을 목격한다. 그는 선을 행하고 싶으나 악을 행하는 현실을 괴로워한다. 이는 모든 신자가 겪는 일이다. 따라서 설교자는 신자들이 이런 갈등을 겪는 것이 지극히 당연하며, 또한 이런 갈등이 있어야 성숙할 수 있다는 사실을 말해야 한다. 그들이 지나친 죄책감 속에서 절망하지 않도록 독려해야 한다.

3. 설교자는 죄의 강력한 힘과 교묘한 유혹을 설명해야 한다. 신자들은 강력한 죄의 지배를 받을 수 있고, 때로 강렬한 죄의 유혹에서 벗어나지 못할 수도 있다. 이는 죄의 힘이 너무나 강하고 그 맛이 달콤하기 때문이다. 따라서 설교자는 오늘날 우리 상황에서, 무엇이 죄이며, 그것을 어떻게 이길 수 있는지를 구체적인 실례를 들어서 설명할 필요가 있다.

7. 8:1-17 성령으로 말미암는 새로운 삶

이제 우리는 로마서에서 사람들의 사랑을 가장 많이 받아온 8장을 다루게 되었다.[419] 5-7장에서 바울은 신자가 죄와 율법으로부터 해방되었다는 사실을 말했다. 이것은 신자의 신분과 지위에 관한 언급이었다. 이제 8장에서 그는 신자의 실제적인 변화에 관하여 말한다. 곧 신자가 성령으로 말미암아 죄로부터 승리할 수 있다는 사실을 진술한다. 따라서 8장의 가장 특징적인 단어는 '성령'(πνεῦμα, 프뉴마)이다. 바울은 로마서에서 지금까지 '성령'(πνεῦμα, 프뉴마)을 4번 언급했지만(예. 1:4; 2:29; 5:5; 7:6), 8장에서

419 Douglas J. Moo는 로마서 8장에 대한 사람들의 평가를 다음과 같이 소개한다. "The inner sanctuary within the cathedral of Christian faith; the tree of life in the midst of the Garden of Eden; the highest peak in a range of mountains - such are some of the metaphors used by interpreters who extol chap. 8 as the greatest passage within what so many consider to be the greatest book in Scripture. While the varied riches of God's Word make any such comparisons precarious, Rom. 8 deserves to be put in the front rank for its rich and comprehensive portrayal of what it means to be a Christian." Douglas J. Moo, *Romans*, 467-68.

19번이나 언급한다.[420]

1–4절: 우리에게는 정죄함이 없음

1절: "그러므로 이제"(ἄρα νῦν, 아라 뉜)라는 문구로 단락이 시작된다.[421] "그러므로"(ἄρα, 아라)와 "이제"(νῦν, 뉜)의 결합은 강조를 위한 것으로, 이어지는 내용이 중요한 결론임을 알려준다.[422] 즉 이 문구는 이 단락이 지금까지(직접적으로는 6-7장이지만, 나아가서 1-7장 전체를 포함할 수 있음) 말한 내용을 토대로 하는 것임을 암시한다. 바울은 앞에서 믿음으로 말미암아 의롭게 된 신자가 죄와 율법에서 벗어났다고 했는데, 이제 이 사실에 근거하여 논의를 전개한다. 특히 그는 7:14-25에서 "오호라 나는 곤고한 사람이로다 이 사망의 몸에서 누가 나를 건져내랴?"(24절)라고 함으로 그리스도인임에도 불구하고 여전히 연약함을 가지고 있는 현실을 탄식했다. 이에 그는 하나님께서 이 문제를 어떻게 해결해 주시는지를 다루고자 한다.

바울은 신자의 상태에 대하여 "그리스도 예수 안에 있는 자에게는 결코 정죄함이 없나니"라고 선언적으로 진술한다.[423] "그리스도 예수 안에 있는"이란 문구는 그리스도께서 신자들 안에 계시는 것을 의미하기도 하지만(참고. 롬 8:10; 고후 13:5; 골 1:17), 여기서와 같이 신자들이 그리스도 안에 있는 것을 표시하기도 한다(참고. 고전 1:30; 요일 5:20). 그리스도는 그분의 영으로 말미암아 신자들 안에 거하시며, 신자들은 믿음으로 말미암아 그리스

---

420 Joseph A. Fitzmyer, *Romans*, 480; Douglas J. Moo, *Romans*, 468.

421 바울이 특징적으로 사용한 'ἄρα οὖν'(아라 운)과 여기서 사용한 'ἄρα νῦν'(아라 뉜)의 차이를 위하여, James D. G. Dunn, *Romans 1-8*, 415를 보라. Thomas R. Schreiner는 이 구절의 'ἄρα οὖν'(아라 운)이 구원사의 새로운 시대를 표시하는데, 하나님의 언약적 약속들이 성취되는 것을 알려준다고 주장한다. Thomas R. Schreiner, *Romans*, 397.

422 Thomas R. Schreiner, *Romans*, 472.

423 Joseph A. Fitzmyer는 이 문구를 'victory cry'(승리의 함성)라고 부른다. Joseph A. Fitzmyer, *Romans*, 481.

도 안에 거한다.[424] 따라서 "그리스도 예수 안에 있는 자"란 그리스도 예수와 영적으로 연합한 자를 의미한다. 이들은 그리스도와 함께 죽었고 그와 함께 살아날 것이다(참고. 6:1-11).[425] "정죄함이 없나니"란 사법적인(법정적인) 표현으로 아담의 자손들에게서 저주를 제거하는 것을 가리킨다(참고. 5:16, 18).[426] "결코 … 없나니"(οὐδὲν, 우덴)라는 단어는 글자 그대로 '하나도 없다'라는 뜻으로 정죄의 상태로부터 영원히 제외되는 것을 암시한다.[427]

그러므로 신자에게 결코 정죄함이 없다는 말은 무죄로 판명이 났다는 뜻이다. 즉 신자의 죄가 사라져서 그가 영원한 형벌(저주)을 받지 않게 되었다는 것이다. 하지만 이것은 신자가 이 세상에서 사는 동안 아무런 죄도 짓지 않는다는 뜻이 아니며, 이에 따라 신자가 어떠한 책망이나 징계도 받지 않는다는 의미가 아니다. 신자는 이 세상에서 사는 동안 여전히 죄를 지으며, 어려움을 당하기도 하고, 하나님의 준엄한 징계를 받기도 한다. 하지만 신자는 법적으로 무죄 판결을 받았기에 그러한 일에도 불구하고 영원한 구원을 얻을 수 있다(성도의 견인).

2-4절에서 바울은 그리스도 예수 안에 있는 자에게 결코 정죄함이 없는 이유를 알려준다.[428]

2절: 문장 첫머리의 "이는"에 해당하는 'γάρ'(가르)는 이어서 나오는 문장이 1절에서 말한 내용의 이유 혹은 근거임을 뜻한다.[429] 그리스도 예수 안에 있는 자에게 결코 정죄함이 없는 이유는 그리스도 예수 안에 있는 "생명의 성령의 법"이 "죄와 사망의 법"에서 그를 해방했기 때문이다. 어떤 학자들은 "생명의 성령의 법"을 '은혜'로 보고, "죄와 사망의 법"을 '율법'으로

424 매튜 풀, 『로마서』, 427.

425 Thomas R. Schreiner, *Romans*, 399.

426 Douglas J. Moo, *Romans*, 504; Joseph A. Fitzmyer, Romans, 481; Thomas R. Schreiner, *Romans*, 399.

427 Douglas J. Moo, *Romans*, 473.

428 Thomas R. Schreiner, *Romans*, 399.

429 Douglas J. Moo, *Romans*, 473.

보는데, 이는 옳지 않다.[430] 지금 바울은 은혜와 율법을 대조하려는 의도가 없다. 오히려 여기서 "법"을 '원리' 혹은 '권세'로 보아야 한다.[431] 구체적으로 말하자면, "성령의 법"이란 성령의 권세를 의미하는데, 여기에 "생명의"라는 속격이 덧붙은 것은 "성령의 법"의 속성(특성)을 나타낸다(속성의 속격). 그리고 "죄의 법"은 죄의 세력을 의미하는데(참고. 7:23, 25), 여기에 "사망"이 덧붙은 것은 죄의 결과가 사망이기 때문이다(참고. 6:23). 따라서 2절은 '성령의 권세'가 '죄의 권세'에서 우리를 해방했다는 뜻이다. 곧 성령이 그의 능력과 권세로 우리를 죄와 사망의 세력에서 건지시고 해방하셨다는 것이다(참고. 골 1:13; 행 26:18; 요 5:24).[432]

3-4절은 2절의 이유이다.[433] 이는 헬라어 본문에 3절의 제일 앞에 'γάρ'(가르, for)가 있기 때문이다. 이 구절들은 2절이 어떻게 가능해졌는지를 알려준다. 곧 하나님께서 어떻게 우리를 죄와 사망의 법에서 해방해 주셨는지를 가르쳐 준다. 바울은 하나님께서 자기 아들 예수님을 죄 있는 육신의 모양으로 보내셔서 십자가에서 죽게 하심으로 우리가 받아야 할 형벌을 다 받게 하셔서 율법의 요구를 이루셨기 때문에 우리가 죄와 사망의 법에서 벗어날 수 있게 되었다고 말한다.

3절: 바울은 "율법이 육신으로 말미암아 연약하여 할 수 없는 그것을"이라고 말한다. 율법은 하나님의 말씀으로서 거룩하고 의로우며 선하다(참고. 7:12). 만일 우리가 율법을 온전히 지킨다면 영생을 얻을 수 있다(참고. 7:10의 주석; 레 18:5). 하지만 우리는 연약하고 무능해서 율법을 온전히 지킬 수 없다(참고. 신 27:26). 따라서 율법이 문제가 아니라 사람이 문제다. "이는

---

430 이에 관한 논의를 위하여, C. E. B. Cranfield, *Romans*, 375-76; James D. G. Dunn, *Romans 1-8*, 416; Thomas R. Schreiner, *Romans*, 400; John D. Harvey, *Romans*, 189를 보라.

431 ESV Study Bible. 권연경은 여기서 "법"이라고 번역된 단어가 '구속력이 있는 원칙'이라는 의미로 사용된 것 같다고 말한다. 권연경, 『로마서 산책』, 221. F. F. Bruce도 이 단어를 '원리'로 이해해야 한다고 주장한다. F. F. Bruce, 『로마서』, 167.

432 변종길, 『로마서』, 244.

433 C. E. B. Cranfield, *Romans*, 378.

태양이 맹인의 눈에 빛을 줄 수 없는 것이 태양 자체의 무능함 때문이 아니라, 그 빛을 받는 눈의 무능함 때문인 것과 같다. 더욱이 거듭나지 않은 사람들은 율법을 지키지 못하며, 그것을 지킬 마음도 가지고 있지 않기 때문에 율법이 그러한 사람들을 변화시킬 수 없다. 따라서 율법은 인간의 문제를 해결해 줄 수 없으며, 정죄로부터 면제시켜 줄 수 없다."[434]

바울은 이어서 "하나님은 하시나니 곧 죄로 말미암아 자기 아들을 죄 있는 육신의 모양으로 보내어 육신에 죄를 정하사"라고 말한다. "하나님은 하시나니"라는 문구는 하나님이 인간의 구원을 주도하시고 계획하시고 실행하신 일을 반영한다. "자기 아들을 … 보내어"라는 문구는 32절에 다시 나오는데, 하나님의 구원 방법이 자기 아들 예수님을 세상에 보내는 것이었음을 반영한다. "죄 있는 육신의 모양으로"에서 "모양으로"(ἐν ὁμοιώματι, 엔 호모이오마티)는 '비슷하나 완전히 같지는 않은 것'을 의미한다.[435] 예수님은 우리와 똑같은 육신을 입으셨지만(인간이 되셨지만), 죄를 가지고 있지 않으셨다(참고. 히 4:15; 벧전 2:22; 요일 3:5).[436] "육신에 죄를 정하사"에서 "육신"은 타락한 본성이 아니라 그리스도께서 실제로 육신을 입고 사람이 되신 일을 가리킨다. "죄를 정하사"(κατέκρινεν τὴν ἁμαρτίαν, 카테크리넨텐 하마르티안)란 죄가 있다고 판결을 내리셨다(condemned)란 뜻이다. 따라서 "육신에 죄를 정하사"란 문구는 우리에게 죄가 있었고, 그리스도에게 죄가 없었지만, 하나님께서 우리의 죄를 그리스도에게 전가하셔서 우리가 받아야 할 죄의 대가를 그리스도가 받게 하셨음을 의미한다(참고. 사 53:4-8; 갈 3:13).

4절: 그렇다면 예수 그리스도가 십자가에 달리셔서 형벌을 받으신 목적

---

434 매튜 풀, 『로마서』, 111.

435 Douglas J. Moo는 여기서 'ὁμοίωμα'(호모이오마, 한글 성경 개역개정판에는 '모양'으로 번역됨)라는 단어가 likeness나 copy가 아니라 form이라는 뉘앙스를 가진다고 주장한다. Douglas J. Moo, *Romans*, 479.

436 변종길, 『로마서』, 245.

은 무엇인가? 이에 대해서 바울은 "육신을 따르지 않고 그 영을 따라 행하는 우리에게 율법의 요구가 이루어지게 하려 하심이니라"고 말한다. 이 문장의 헬라어 본문에는 문장 첫머리에 목적을 의미하는 'ἵνα'(히나)가 있어서 이 구절이 3절의 목적임을 알려준다.[437] 따라서 그리스도가 십자가에 달리신 목적은 "율법의 요구"가 이루어지게 하시기 위해서였다.[438]

"육신을 따르지 않고 그 영을 따라 행하는 우리"란 문구는 그리스도인에게 결코 정죄함이 없기 때문에 그리스도인이 육신을 따르지 않고 성령을 따라 행한다는 사실을 반영한다. 이것은 일반적인 사실을 진술한 것인데, 실제로 그리스도인은 생활 방식과 습관을 바꾸어서 육신의 정욕을 따르지 않고 성령의 인도를 따른다. 그리하여 그리스도인은 자연스럽게 성령의 열매를 맺는다(참고. 갈 5:22-23). "율법의 요구가 이루어지게 하려 하심이니라"라는 말은 그리스도께서 십자가에 달리심으로 율법의 요구를 모두 이루셨음을 시사한다. 그리스도는 이 땅에 계시는 동안 율법을 완벽히 지키셨고, 마지막 순간 십자가에서 형벌을 받으심으로 율법이 요구하는 것을 충족시키셨다. 따라서 그리스도 안에 있는 우리는 그리스도의 공로에 의지하여 율법의 요구를 이룰 수 있게 되었다. 결국, 그리스도가 율법을 행하시고 형벌을 당하신 것은 마치 우리가 율법을 행하고 형벌을 당한 것으로 간주된다. 바로 이것이 성경이 그토록 자주 이야기하는 '의의 전가'이다(참고. 5:19; 고전 1:30; 고후 5:21).[439]

5-8절: 육신을 따르는 자

5-8절에서 바울은 4절에서 말한 것을 좀 더 자세히 설명한다. 여기서 그

---

437 John D. Harvey, *Romans*, 192. James D. G. Dunn은 'ἵνα'(히나)에 상당한 관심을 두어야 한다고 주장한다. James D. G. Dunn, *Romans 1-8*, 423을 보라.

438 Thomas R. Schreiner, *Romans*, 404; Douglas J. Moo, *Romans*, 481.

439 매튜 풀, 『로마서』, 430.

는 '육신'(σάρξ, 사륵스)과 '영'(πνεῦμα, 프뉴마)을 대조한다.[440]

5절: "육신을 따르는 자"라는 표현은 타락한 육신이 원하는 일을 따르는 자를 가리킨다. 그리고 "육신의 일"은 타락한 육신의 본성이 원하는 일을 의미한다(참고. 갈 5:19-21의 '육체의 일). "영을 따르는 자"라는 표현은 성령의 인도와 지배를 따르는 자를 가리킨다. 그리고 "영의 일"이란 성령이 갈망을 주시는 일이다. '생각한다'(φρονέω, 프로네오)라는 동사는 '지향한다' 혹은 '추구한다'라는 뜻이다. 이것은 자꾸만 생각하고 지향하고 추구하는 것을 의미한다.

6절: 헬라어 본문에서 6절 문장 앞에는 'γάρ'(가르, for)가 있다.[441] 여기서 이 단어는 원인이나 이유가 아니라 '계속'을 나타낸다.[442] 바울은 "육신을 따르는 자"와 "영을 따르는 자"가 어떠한 결과를 얻게 되는지를 말한다. 육신의 생각은 사망이며, 영의 생각은 생명과 평안이다. 육신을 따르는 자는 육신의 일을 생각하다가 사망에 이른다. 하지만 영을 따르는 자는 영의 일을 생각하다가 생명과 평안에 이른다. 사망과 생명은 서로 반대되는 개념이다. 그리고 생명은 평안을 표식으로 한다.

7절: 헬라어 본문에서 문장 첫머리에 있는 'διότι'(디오티, because)는 이 구절이 육신을 따르다가 사망에 이르게 되는 이유를 설명하고 있음을 알려준다.[443] 즉 7절은 5-6절에서 "육신을 따르는 자들"에 대해서 말했던 주장의 근거가 된다. 육신을 따르는 자들이 육신이 일을 생각하다가 종말론적인 심판에 처하는 이유는 무엇인가? 그 이유는 육신의 생각이 하나님과 원수가 되기 때문이다.[444] 더욱이 육신을 따르는 자들은 육신의 일(악)을 행

---

440 Joseph A. Fitzmyer, *Romans*, 488; 참고. C. E. B. Cranfield, *Romans*, 385.

441 John D. Harvey, *Romans*, 127을 보라. 또한 C. E. B. Cranfield, *Romans*, 386을 참고하라.

442 Thomas R. Schreiner는 여기서 '가르'가 원인이 아니라 계속되는(연속되는) 것을 나타낸다고 주장한다. Thomas R. Schreiner, *Romans*, 412. Douglas J. Moo 역시 이 단어가 원인이나 설명이 아니라 계속적인(continuative) 것을 의미한다고 주장한다. Douglas J. Moo, *Romans*, 487.

443 Douglas J. Moo, *Romans*, 488.

444 Thomas R. Schreiner, *Romans*, 412.

하므로 하나님의 법(선)에 굴복하지 않을 뿐 아니라 굴복할 수도 없기 때문에 하나님과 원수가 된다. 그래서 그들은 사망에 이른다. 즉 하나님에게서 영원히 단절된다.

8절: 바울은 결론적으로 "육신에 있는 자들은 하나님을 기쁘시게 할 수 없느니라"고 말한다. 육신에 있는 자들은 하나님을 기쁘시게 할 수 없다. 이것은 근본적인 원리이다. 불신자들의 선행과 업적은 하나님을 약간 기쁘시게 할 수 있다. 하지만 그것은 동기와 목적의 한계가 분명하므로 하나님을 온전히 기쁘시게 할 수 없다. 어떤 면에서, 그들이 행하는 최고의 일조차도 죽은 행실에(그리고 어떤 사람이 표현한 것처럼 '우아한 죄'에) 불과하다(참고. 시 5:4-5; 히 11:6).[445] 그렇기에 바울은 갈라디아서 1:10에서 "이제 내가 사람들에게 좋게 하랴 하나님께 좋게 하랴 사람들에게 기쁨을 구하랴 내가 지금까지 사람들의 기쁨을 구하였다면 그리스도의 종이 아니니라"고 말한다.

9-11절: 영을 따르는 자

5-8절에서 바울은 육신을 따르는 자에 대해서 말했는데, 9-11절에서는 영(성령)을 따르는 자에 대해서 말한다. 9절의 헬라어 본문에는 '그러나'에 해당하는 반의 접속사 'δέ'(데)가 있어서 방향 전환을 표시한다.[446]

9절: 9-11절에서 바울은 '하나님의 영', '그리스도의 영', '성령'을 번갈아 가면서 사용한다. "만일 너희 속에 하나님의 영이 거하시면"이란 문구는 그리스도를 믿는 사람이란 '하나님의 영이 거하시는 집'이라는 사실을 반영한다(참고. 고전 6:19-20). "육신에 있지 아니하고"라는 말은 육신, 곧 타락한 본성이 원하는 대로 살지 않는다는 뜻이다. "영에 있나니"라는 말

445 매튜 풀, 『로마서』, 432.

446 Douglas J. Moo, *Romans*, 489.

은 성령 안에 있다는 뜻이다. 곧 성령의 지배와 인도를 받는다는 뜻이다.

바울은 이어서 "누구든지 그리스도의 영이 없으면 그리스도의 사람이 아니라"고 말한다.[447] 이는 '성령의 내주'를 의미한다. 그리스도인은 성령께서 내주하시는 사람이다. 그리스도인은 성령의 내주와 인도로 말미암아 성령에 따라서 살고 육신에 속한 죄를 짓지 않는다. 또한 성령의 열매를 맺는다(참고. 갈 5:22-23). 따라서 성령의 열매를 맺지 못하면 성령의 내주를 의심해 보아야 한다. 신자의 영적 생명은 그 생명의 힘이 아무리 적어도 드러나게 되어 있다. 그 영혼이 살아 있기 때문에 시련의 파도가 쳐도 세상 속으로 쉽게 휩쓸리지 않는다.[448]

10절: "그리스도께서 너희 안에 계시면"은 '그리스도의 내주'를 의미한다(참고. 고후 13:5; 갈 2:20; 골 1:27).[449] 바울은 9절에서 '하나님의 영이 거하시는 것'(성령의 내주)을 말했는데, 여기서 '그리스도가 거하시는 것'(그리스도의 내주)을 말한다. 이것은 신자의 몸이 '성전'(하나님의 집)이어서 신자 안에 삼위 하나님이 계신다는 사실을 알려준다.[450] 따라서 신자가 귀한 것은 그의 안에 주님이 계시기 때문이다. 아울러, 신자는 자신 안에 계시는

---

447 바울이 '성령'을 '그리스도의 영'으로 인식한 일에 관한 논의를 위해서, James D. G. Dunn, *Romans 1-8*, 429-30을 보라.

448 김곤주, 『로마서』, 165.

449 James D. G. Dunn, *Romans 1-8*, 430.

450 Douglas J. Moo는 신자 안에 하나님의 영과 그리스도의 영이 거하신다는 표현이 주는 함의를 다음과 같이 설명한다. "What this means is not that Christ and the Spirit are equated or interchangeable, but that Christ and the Spirit are so closely related in communicating to believers the benefits of salvation that Paul can move from one to the other almost unconsciously. Again, it is clear that the believer who by faith has come to be joined with Christ (see Rom. 6:1-11) has not only Christ but also the Spirit resident within. The indwelling Spirit and the indwelling Christ are distinguishable but inseparable. Moreover, the quick and unstudied movement from 'Spirit of God' (v. 9a) to 'Spirit of Christ' (v. 9b) to 'Christ' (v. 10a) to 'Spirit' (vv. 10b-11) reveals the 'practical trinitarianism' that already characterizes the NT. Note also, once more, the flexibility of Paul's theological metaphors. The union of the believer with Christ, our representative head (cf. 5:12-21), can be conveyed both by the language of the believer being 'in' Christ and of Christ being 'in' the believer." Douglas J. Moo, *Romans*, 491.

주님으로 인해 기뻐하고 감사해야 하며, 자기 몸과 마음을 정결하게 유지해서 주님이 거하시기에 합당하도록 해야 한다. "몸은 죄로 말미암아 죽은 것이나"라는 말은 신자의 몸이 다른 사람들의 몸과 마찬가지로 죽음에 예속되어 있음을 의미한다.[451] 비록 우리가 거듭났다고 하더라도 우리의 몸은 여전히 죄를 지을 수 있는 상태에 있다. 또한 우리의 몸은 병들고 약해지며 언젠가 육체적으로 죽는다(흙으로 돌아감). "영은 의로 말미암아 살아 있는 것이니라"라는 말은 우리의 영이 그리스도의 의로 말미암아 살아 있음을 암시한다. 즉 우리는 그리스도가 십자가에서 이루신 공로에 근거한 의로 인하여 하나님과 관계를 맺으며 살아간다. 그러므로 우리의 몸은 연약해서 죄로부터 완전히 벗어나지 못하며 이 땅에서 잠시 살다가 죽지만, 우리의 영은 살아서 하나님의 은혜를 구하며 하나님과 교제하다가 새 하늘과 새 땅에서 우리의 부활한 몸과 더불어 영원히 살 것이다.

11절: 이 구절은 10절을 더욱 상세히 설명한다.[452] 그러면서 앞으로 우리가 어떤 상태가 될 것인지를 알려준다. "예수를 죽은 자 가운데서 살리신 이의 영"이란 하나님의 영, 곧 성령을 가리킨다(참고. 4:24). "너희 안에 거하시면"은 성령의 내주를 뜻한다. "너희 안에 거하시는 그의 영으로 말미암아"를 통해서 알 수 있는 사실은 하나님께서 성령을 통하여 일하신다는 것이다. "너희 죽을 몸도 살리시리라"라는 말은 마지막 날에 있을 부활을 의미한다(참고. 고전 15:22).[453] 성령께서는 예수님을 살리셨듯이, 마지막 날에 우리를 살리실 것이다(구원의 완성).

12-17절: 하나님의 자녀로 살아감

12-13절에서 바울은 지금까지 논의한 것의 결론을 제시한다. 그는 우리

451 매튜 풀, 『로마서』, 433.

452 C. E. B. Cranfield, *Romans*, 390.

453 James D. G. Dunn, *Romans 1-8*, 432.

가 어떠한 존재이며, 어떻게 살아야 하는지를 말한다.

12절: 바울은 "그러므로 형제들아"라는 문구로 결론적 언급을 시작한다. "그러므로"(ἄρα οὖν, 아라 운)라는 접속사는 지금까지 논의한 것의 결론을 내리겠다는 표시가 된다. "형제들아"라는 호칭은 바울과 로마 그리스도인 간의 친밀한 관계를 드러낸다(참고. 1:13; 7:1의 주석).[454] "우리가 빚진 자로 되"라는 말은 우리가 하나님에게 빚진 자라는 뜻이다.[455] 하나님께서는 우리의 문제를 모두 해결해 주셨다. 예수님은 우리가 받을 형벌을 대신 받아 주셨다. 따라서 우리는 하나님에게 빚진 자이다. 그리고 우리는 하나님에게 빚진 것을 갚으면서 살아야 한다. 곧 하나님의 은혜에 보답하면서 살아야 한다. "육신에게 져서 육신대로 살 것이 아니니라"라는 말은 육신의 욕구에 굴복해서 그 욕구대로 살지 말라는 뜻이다(참고. 갈 6:8; 엡 4:22-24).

13절: 이 구절은 육신대로 사는 것의 결과와 영으로 사는 것의 결과를 보여준다. "육신대로 살면 반드시 죽을 것이로되"라는 말은 육신에 따라 계속해서 죄를 짓는 자는 '반드시'(μέλλετε, 멜레테) 사망에 이를 것이라는 뜻이다.[456] 여기서 사망이란 단순히 육체적인 죽음이 아니다. 이것은 6:23에서 말한 '죄의 삯'으로 얻게 되는 영원한 사망, 곧 하나님과의 완전한 단절(멸망)을 의미한다.[457] "영으로써 몸의 행실을 죽이면 살리니"라는 말은 성령으로써 몸이 짓는 죄를 죽이는 자가 생명을 얻을 것이라는 뜻이다.

하나님과 신자들은 성화에 있어서 각자 해야 할 역할이 있다. 성화는 "영으로써", 즉 성령의 능력과 역사로 가능하지만, 우리가 "몸의 행실을 죽이

---

454 Joseph A. Fitzmyer, *Romans*, 492.

455 Joseph A. Fitzmyer, *Romans*, 492.

456 James D. G. Dunn, *Romans 1-8*, 448; Douglas J. Moo, *Romans*, 527; Thomas R. Schreiner, *Romans*, 420.

457 Thomas R. Schreiner는 이를 다음과 같이 설명한다. "The death contemplated here is not merely physical death, for Rom. 8:10-11 has already indicated that those who are in the Spirit will all experience physical death. The death that is threatened, therefore, is death in the fullest theological sense, the death that is the wages of sin in 6:23 and is linked with condemnation in 5:15-19." Thomas R. Schreiner, *Romans*, 420.

면", 즉 우리가 죄악의 습관과 싸우는 데 적극적이어야만 이루어진다.[458] 특히 여기서 바울은 "죽이면"(θανατοῦτε, 다나투테)에 해당하는 헬라어에 현재 시상을 사용하여 우리가 몸의 행실을 계속해서 죽여야 한다는 사실을 드러낸다. 그러므로 우리는 항상 성령의 인도와 지시에 민감해야 하며, 성령께 절대 순종해야 한다. 성령께서 우리의 끊임없는 순종과 노력을 사용하셔서 우리를 거룩하게 하신다는 사실을 명심해야 한다. 그런데 이 구절에서 '죽인다'라는 표현의 과격성이 시사하듯, 현재의 삶에서 성령의 인도를 따르면서 미래의 약속을 소유한 하나님의 자녀로서 정체성을 지키는 일은, 우리를 다시 지배하여 죄의 노예로 삼으려는 육체의 욕망과 치열한 전투의 양상을 띤다.[459]

14-17절은 성령에 대한 보완 설명이다. 바울은 앞에서 육신에 따라 살지 말고 성령을 따라 살아야 한다고 말했다. 이에 이 구절들에서 성령이 하시는 일에 관해서 설명한다. 그런데 그는 성령의 사역을 말하되, 우리가 하나님의 아들이라는 사실과 연관된 측면을 말한다.[460]

14절: 바울은 하나님의 영으로 사는 사람에 관하여 말했는데, 여기서 "무릇 하나님의 영으로 인도함을 받는 사람은 곧 하나님의 아들이라"고 서술한다. 그렇다면 우리가 하나님의 영으로 인도함을 받는 것은 어떻게 가능한가? 이것은 하나님과 그 사람의 개인적인 관계에 근거하며, 하나님이 그 사람을 독특한 방식으로 대하시는 가운데 이루어지기에 일률적으로 말하기가 어렵다. 하지만 일반적으로는, 성경을 통해서 하나님의 말씀을 듣고, 경건한 지도자들과 동료들을 통해서 도움을 얻으며, 여러 상황을 통해서 인도하심을 받고, 성령께서 마음에 주시는 소원과 지혜를 통해서 깨달음을 얻을 수 있다.

---

458 ESV Study Bible.

459 권연경, 『로마서 산책』, 247.

460 Douglas J. Moo에 따르면, 1-13절을 지배하는 아이디어는 '생명'이었지만, 14-17절을 지배하는 개념은 '아들'(14, 15절) 혹은 '자녀'(16, 17절)이다. Douglas J. Moo, *Romans*, 496.

15절: 이 구절은 우리가 하나님의 아들이 된 이유를 가르쳐 준다. 이는 헬라어 본문에서 문장 첫머리에 이유를 나타내는 'γάρ'(가르)가 있는 것으로 알 수 있다.[461] 우리가 하나님의 아들이 된 이유는 "무서워하는 종의 영"을 받지 않고 "양자의 영"을 받았기 때문이다. "무서워하는 종의 영"이란 불신자의 마음 상태를 반영하는데, 공허함, 막연한 두려움, 평안이 없음, 만족과 기쁨이 없음, 죽음에 대한 무서움, 지옥 형벌에 대한 무서움 등을 의미한다. "양자의 영"이란 하나님의 영이 우리를 하나님의 자녀로 삼으신다는 것을 의미한다. 그래서 우리는 하나님을 "아빠 아버지"로 부르짖는다(참고. 막 14:36; 갈 4:6).[462] 그리고 '받았다'(ἐλάβετε, 엘라베테)라는 표현은 회심을 의미한다. 신자는 회심할 때 성령을 받는다.[463]

16절: 바울은 앞에서 말한 것을 여기서 다시 진술하면서 의미를 분명히 한다.[464] 그는 우리가 성령으로 말미암아 하나님의 아들이 되었다고 했는데, 이제 "성령이 친히 우리의 영과 더불어 우리가 하나님의 자녀인 것을 증언하시나니"라고 말한다. 따라서 성령은 우리를 하나님의 자녀로 삼으셨을 뿐만 아니라 우리가 하나님의 자녀인 것을 깨닫게 하신다.[465] 그런데

---

461 John D. Harvey, *Romans*, 197.

462 "아빠 아버지"에 해당하는 헬라어는 'αββα ὁ πατήρ'(압바 호 파테르)인데, 이것을 한글 성경 개역개정판은 '아빠 아버지'라고 번역했다(참고. 막 14:36; 갈 4:6). 이는 고대에 '아빠'(αββα, 압바)라는 용어가 우리 말 '아빠'와 같이 자녀가 아버지를 친근하게 부를 때 사용한 호칭이라고 여겼기 때문이다. 하지만 이러한 이해는 정확하지 않다. 'αββα'(압바)는 아람어 '아브'의 강세형으로 그냥 '아버지'를 뜻한다. 바울은 아람어(압바) '아버지'와 헬라어(파테르) '아버지'를 같이 사용했을 뿐이다. 문법적으로 보자면, '압바'와 '호 파테르'는 둘 다 주격(호격)으로서 서로 동격 관계(apposition)이다. 따라서 이 둘은 서로 다른 것이 아니라 같은 것이다. 변종길, 『로마서』, 263-64. 그러므로 예전 개역 성경과 같이 이 문구를 '아바 아버지'라고 번역해야 한다. 그리고 바울이 아람어 '압바'와 헬라어 '아버지'를 같이 사용한 것은 하나님이 모든 인류의 아버지이심을 드러내기 위해서이다. James D. G. Dunn은 '압바'가 예수님에 의해서 사용된 호칭으로 예수님이 하나님의 친밀한 아들임을 드러냈는데, 예수님의 제자들이 이를 기억하고서 사용했다고 주장한다. James D. G. Dunn, Romans 1-8, 453. Thomas R. Schreiner는 이 견해에 동의한다. Thomas R. Schreiner, *Romans*, 426.

463 James D. G. Dunn, *Romans 1-8*, 451.

464 R. Jewett, *Romans*, 500.

465 Douglas J. Moo는 이를 다음과 같이 표현한다. "The Holy Spirit is not only instrumental in making us God's children; he also makes us aware that we are God's children." Douglas J.

여기서 "성령이 친히 우리의 영과 더불어"라는 표현을 어떻게 이해해야 하는가? 이것은 성령도 우리가 하나님이 자녀인 것을 증언하시고 우리의 영도 우리가 하나님의 자녀인 것을 증언한다는 뜻인가? 그렇지 않다. 이것은 성령께서 우리 안에 계셔서 우리로 하여금 우리가 하나님의 자녀인 것을 알게 하신다는 뜻이다. 즉 성령께서 우리의 영에 우리가 하나님의 자녀라는 사실을 확신시켜 주신다는 것이다.[466] 성령이 우리 영에게 우리가 하나님의 자녀인 것을 확신시켜 주심으로 우리에게 믿음과 담대함이 생기며, 평안과 안식이 존재하고, 성령의 열매가 나타난다(참고. 갈 5:22-23).

17절: 이 구절은 전환 구절이다. 바울은 이 구절에서 신자들이 지금 누리는 하나님의 자녀 됨에 관한 사실과 18-30절에서 언급할 자녀가 얻을 완전한 혜택에 대한 묘사를 연결한다.[467] 그는 하나님의 자녀가 누리는 특권과 의무를 말한다. 우리는 하나님의 자녀이기 때문에 "하나님의 상속자"(κληρονόμοι, 클레로노모이)이다(참고. 갈 4:7). 따라서 우리는 하나님의 영광을 물려받을 것이다. 즉 하나님이 가지고 계시는 모든 좋은 것을 받아 누릴 것이다. 특히 우리는 "그리스도와 함께 한 상속자"이다. 따라서 그리스도와 더불어 하나님의 유업을 얻을 것이다. 하지만 그리스도께서 상속자시라는 사실과 우리도 상속자라는 사실은 다르다. 그리스도는 본질로 말미암은(by nature) 상속자이시며, 우리는 은혜로 말미암은(by grace) 상속자이다.[468]

바울은 이어서 "우리가 그와 함께 영광을 받기 위하여 고난도 함께 받아

Moo, *Romans*, 503.

466 ESV Study Bible.

467 C. E. B. Cranfield, *Romans*, 405. Douglas J. Moo는 17절의 역할을 다음과 같이 설명한다. "This verse is transitional, connecting Paul's description of the adoption as children that believers enjoy at the present time (vv. 14-16) with his moving portrait of the culmination and full benefits of that adoption that await the believer in the future (vv. 18-30)." Douglas J. Moo, *Romans*, 504.

468 매튜 풀, 『로마서』, 438.

야 할 것이니라"고 말한다. 이것은 우리가 감당해야 할 의무를 보여준다. 우리는 이 땅에서 하나님의 자녀로서 책임 있는 삶을 살아야 하며, 그런 가운데 고난 당할 수 있음을 알아야 한다. 말씀에 근거한 삶에는 반드시 고난이 따른다(참고. 딤후 3:12). 그러므로 고난 속에서 그리스도를 기꺼이 따르려는 자세는 그가 하나님의 자녀라는 또 다른 표지이다.[469] 이에 베드로전서 4:12-14에는 "사랑하는 자들아 너희를 연단하려고 오는 불 시험을 이상한 일 당하는 것 같이 이상히 여기지 말고 오히려 너희가 그리스도의 고난에 참여하는 것으로 즐거워하라 이는 그의 영광을 나타내실 때에 너희로 즐거워하고 기뻐하게 하려 함이라 너희가 그리스도의 이름으로 치욕을 당하면 복 있는 자로다 영광의 영 곧 하나님의 영이 너희 위에 계심이라"라는 말씀이 있다.

469 ESV Study Bible.

• 설교자를 위한 지침 •

1. 바울은 신자의 법적인(신분상의) 지위를 말하면서, 그리스도 예수 안에 있는 자에게 결코 정죄함이 없다고 선언한다. 신자는 예수 그리스도의 공로 덕분에 의로운 사람이 되었다. 그런데 우리가 의로운 사람이 되었지만, 여전히 연약한 육신을 가지고 있어서 불의를 행할 때가 있다. 그리고 우리는 고생하고, 병들며, 결국 육신의 죽음을 맞이한다. 하지만 마지막 날에는 성령으로 말미암아 부활하여 온전한 변화(구원)를 경험할 것이다. 그러므로 설교자는 신자의 신분과 현실 사이에 존재하는 모순처럼 보이는 이러한 문제를 잘 설명해 주어야 한다.

2. 이 단락에서 바울은 성령에 관하여 많이 말한다(특히 12-17절). 성령께서는 우리 안에 거하시면서 우리가 하나님의 자녀가 되게 하시며, 우리가 하나님의 자녀인 것을 깨닫게 하시고, 우리를 올바른 길로 인도하시고, 우리를 위로하시고 격려하신다. 그러므로 설교자는 이 단락에 드러난 성령의 속성과 사역을 충분히 설명할 필요가 있다.

3. 이 단락의 설교 대지를 다음과 같이 구성할 수 있다.
   1) 신자의 지위(1-4절): 우리에게는 결코 정죄함이 없다.
   2) 신자의 행실(5-11절): 우리는 육신을 따르지 말고 영을 따라야 한다.
   3) 신자의 승리(12-17절): 우리는 성령의 보호와 인도를 받으며 살아가야 한다.

8. 8:18–30 영광의 소망

앞 단락 마지막 부분(8:17)에서 바울은 신자들이 영광을 받으나 고난도 함께 받는다고 말했다. 이제 이 단락에서 그는 이 주제와 관련하여 현재의 고난이 미래의 영광과 비교할 수 없다고 말함으로써 고난을 참고 이겨야 한다고 주장한다. 바울은 이 단락의 처음(18절)과 마지막(30절)에서 '영광'(δόξα, 독사)을 언급함으로 단락 전체를 '영광'이라는 단어로 감싼다.[470]

18절: 미래의 영광을 고대함

18절: "생각하건대"라는 단어는 22절과 28절에 있는 '우리가 안다'와 같은 역할을 하지만, 바울의 진지함을 잘 드러낸다.[471] 바울은 8:17에서 언급

470 John D. Harvey, *Romans*, 202. James D. G. Dunn은 이 단락이 6-8장의 절정(climax)이며, 특별히 1:18-8:30의 절정이라고 말한다. 그리고 이 단락이 의도적으로 유대적인 모티프를 많이 사용하고 있는 것을 볼 때 9-11장을 준비하는 부분으로 이해할 수 있다고 주장한다. James D. G. Dunn, *Romans 1-8*, 467.

471 James D. G. Dunn, *Romans 1-8*, 467-48.

했던 '미래에 있을 영광'과 '현재에 있는 고난'의 주제를 여기서 다시 거론한다. "현재의 고난"이란 그리스도를 주로 고백하는 일로 인해서 직접적으로 겪게 되는 시련(박해)뿐만 아니라, 질병, 사별, 굶주림, 경제적인 어려움, 죽음 등을 모두 포함한다.[472] 비록 신자들이라 하더라도 이 땅에서 이러한 일을 겪는다. 그래서 바울은 신자들을 격려하기 위하여 "현재의 고난은 장차 우리에게 나타날 영광과 비교할 수 없도다"라고 말한다. 이것은 현재의 고난이 미래의 영광에 비할 수 없을 만큼 사소하고 하찮다는 뜻이다. 따라서 신자들은 미래의 영광을 기대하면서 현재의 고난을 견뎌야 한다. 또한 그는 고린도후서 4:17-18에서 "우리가 잠시 받는 환난의 경한 것이 지극히 크고 영원한 영광의 중한 것을 우리에게 이루게 함이니 우리가 주목하는 것은 보이는 것이 아니요 보이지 않는 것이니 보이는 것은 잠깐이요 보이지 않는 것은 영원함이라"고 말한다.

19-22절: 피조물이 고대함

19-22절은 피조물이 고대하는 것에 관하여 다룬다. 바울은 종말론적인 관점에서 진술한다.[473]

19절: "피조물이 고대하는 바는 하나님의 아들들이 나타나는 것이니"라는 말은 이 세상 모든 피조물의 바람을 서술한 것이다. 여기서 "피조물"(κτίσις, 크티시스)은 누구 혹은 무엇을 가리키는가? 이들은 인간을 포함하는가? 아니면 인간을 배제하는가? 여기에 천사들이나 불신자들을 포함하는가? 이에 대한 논의가 수 세기 동안 진행되었다. 그러나 대다수 학자가 주장하는 바와 같이, 인간을 제외한 모든 피조물(subhuman creation)이

472 Douglas J. Moo, *Romans*, 511.

473 참고. Harry Alan Hahne, "Paul's Apocalyptic Theology in Romans 8:19-22", *Criswell Theological Review* 16.1 (2018): 101-22.

라고 보는 것이 타당하다(참고. Wisdom 2:6; 5:17; 16:24; 19:6).[474]

바울은 "피조물"을 의인화하여 이성적이며 인격적인 존재로 취급한다. 성경에서 비이성적인 피조물을 묘사하면서 이성적인 존재에게나 합당할 만한 표현을 사용하는 것은 흔한 일이다(참고. 시 96:11-12; 히 2:11; 약 5:4). 성경의 다른 곳에서도 피조물은 고대하며, 굴복하며, 바라며, 탄식하는 존재로 묘사된다.[475] "고대하는"(ἀποκαραδοκία, 아포카라도키아)이라는 단어는 종말론적 긴장을 잘 드러내 준다.[476] 바울은 이 단어를 항상 종말과 연관 지어서 사용한다(참고. 8:23, 25; 고전 1:7; 갈 5:5; 빌 3:20; 또한 히 9:28).[477] "하나님의 아들들이 나타나는 것"이란 마지막 날에 하나님의 자녀들(성도들)이 부활하여 영광스럽게 나타나는 것을 의미한다. 피조물은 마지막 날에 있을 성도들의 온전한 구원(부활)을 고대한다. 즉 피조물은 성도들이 온전한 구원을 받을 때를 기다린다(참고. 골 3:4). 이는 성도들의 부활이 자신들의 회복이 되기 때문이다.

20-21절에서 바울은 피조물의 현재 상태와 바람(고대함)을 상세히 언급한다. 즉 이 구절들은 19절에서 언급된바 피조물이 하나님의 아들들이 나타나는 것을 고대하는 이유(20절의 'γάρ', 가르)가 무엇인지를 보여준다.[478]

20절: 이 구절은 피조물의 현재 상태를 보여준다. "허무"(ματαιότης, 마타이오테스, futility)란 단어는 원래 목표에 도달하지 못한 상태, 곧 혼돈과 좌절과 부패와 죽음의 상태를 의미한다. 이는 창세기 3:17-18의 "아담에게 이르시되 네가 네 아내의 말을 듣고 내가 네게 먹지 말라 한 나무의 열매를 먹었은즉 땅은 너로 말미암아 저주를 받고 너는 네 평생에 수고하여야 그 소산을 먹으리라. 땅이 네게 가시덤불과 엉겅퀴를 낼 것이라"는 말

---

474 Douglas J. Moo, *Romans*, 514; Thomas R. Schreiner, Romans, 435.

475 매튜 풀, 『로마서』, 439-40.

476 James D. G. Dunn, *Romans 1-8*, 469.

477 Thomas R. Schreiner, *Romans*, 435.

478 C. E. B. Cranfield, *Romans*, 413.

씀을 암시하는 것이 분명하다.[479] 피조물은 자기들이 잘못해서가 아니라, 아담이 범죄하는 바람에 "허무한 데" 굴복하게 되었다. 즉 아담의 범죄는 피조물에 나쁜 영향을 미쳤다(자연 파괴, 평화가 사라짐 등). "굴복하게 하시는 이"는 하나님을 가리킨다. 하나님께서는 아담의 죄로 인해 인간과 모든 피조물이 고통을 당하게 하셨다.

21절: 이 구절은 피조물의 바람(고대함)을 진술한 것이다. 즉 바울은 피조물의 소망에 관한 종속 문단을 마치고, 19절에서 시작한 피조물이 구원을 고대한다는 주제로 돌아간다.[480] 지금은 인간의 죄로 인하여 피조물이 파괴되어 있지만, 마지막 날에 피조물이 완전히 변화되어 죄의 효과에서 벗어나게 될 것이며, 즉시 우리가 상상할 수 있는 것보다 훨씬 더 아름답고 생산적이며 좋게 변할 것이다.[481] 선지자 이사야는 사막에 꽃이 무성하게 피며(참고. 사 35:1 이하), 이리가 어린 양과 함께 거하는(참고. 사 11:6 이하) 영광스러운 변화를 예언했다(참고. 계 22:1-3). 그렇게 변화된 세계는 '새 하늘과 새 땅'으로 불린다(참고. 사 65:17; 66:22; 계 21:1; 벧후 3:13).[482]

22절: 바울은 피조물이 현재 어떤 상태에 있는지를 다시 언급한다. 이것은 20-21절에서 표현된 피조물(created order)에 내려진 고통을 다시 서술한 것이다.[483] 그는 인간의 죄악 때문에 피조물이 함께 탄식하고 고통을 겪는 것을 말하면서, 하나님께서 성도들을 온전히 구원해 주심으로 피조물들도 구원받아야 한다고 암시적으로 언급한다. 그러므로 인간과 피조물의 연관 관계는 밀접하다. 인간의 범죄로 자연이 파괴되고, 인간의 구원으로 자연이 회복된다.

---

479 홍인규, 『로마서 어떻게 읽을 것인가』, 150.

480 Douglas J. Moo, *Romans*, 518.

481 ESV Study Bible.

482 홍인규, 『로마서 어떻게 읽을 것인가』, 151.

483 Thomas R. Schreiner, *Romans*, 437.

23-25절: 신자들이 고대함

19-22절에서 바울은 구원을 간절히 고대하는 피조물과 그들의 구원을 신자들에게 '나타날 영광'에 결부시켰다. 이제 23-25절에서는 신자들이 피조물의 고대에 어떻게 참여하는지를 설명한다.[484]

23절: 바울은 피조물만 탄식하며 구원을 기다리는 것이 아니라, "우리 곧 성령의 처음 익은 열매를 받은 우리까지도 속으로 탄식하여 양자 될 것 곧 우리 몸의 속량을 기다리느니라"고 말한다. "성령의 처음 익은 열매를 받은 우리"란 표현은 하나님의 영이 우리 안에 거하시므로 말미암아 우리가 구원받게 되었고, 그 구원이 이루어지도록 우리가 갈망하면서 살아가고 있으며, 언젠가 완전한 구원을 경험할 수 있을 것이라는 의미를 담고 있다. "속으로 탄식하여"라는 말은 신자들이 지금 이 땅에서 사는 동안 죄를 짓고 있는 것을 탄식하며, 그들의 몸과 마음이 여전히 질병과 죽음으로 고통받고 있는 현실을 탄식한다는 뜻이다. "양자 될 것"이란 신자들이 이미 하나님의 양자가 되었으나, 아직 완전한 양자됨을 누리지 못하고 있는 상태를 반영한다. "우리 몸의 속량"이란 신자들 속에 여전히 남아 있는 모든 연약함을 해결하는 것, 곧 최종적인 구원을 의미한다. 그러므로 비록 우리가 중생해서 새롭게 되었다고 하더라도 아직은 연약한 육신을 가지고 있어서 죄를 짓고 질병에 걸리기에 우리는 탄식한다(참고. 7:24). 하지만 마지막 날에 우리의 몸이 부활하게 되면 그러한 연약함이 모두 사라질 것이다.

24-25절은 신자들의 소망에 관한 언급이다.[485] 바울은 23절의 종말론적 요점을 설명하면서('γάρ', 가르, for) 신자들이 갈망하는 소망이 여전히 미래적임을 강조한다.[486]

---

484 Douglas J. Moo, *Romans*, 518-19.

485 변종길, 『로마서』, 271.

486 Thomas R. Schreiner, *Romans*, 439.

24절: 소망은 지 보이는 어떤 것이 아니다. 이는 소망이 이미 실현되었다면 그것은 더 이상 소망이 아니라 이미 실현된 실재이기 때문이다.[487] 우리는 이미 구원을 얻었다. 구원은 이미 이 세상에서 성취된 사건이다. 하지만 우리는 아직 구원의 모든 은덕을 누리고 있지 않다. 우리는 단지 그것들을 받아서 누릴 수 있다는 보증을 얻었을 뿐이다. 따라서 우리는 눈에 보이지 않는 그것들을 바라며 소망한다(참고. 고후 4:18). 이처럼 구원에는 현재성과 미래성이라는 두 측면이 있다.

25절: 바울은 "만일 우리가 보지 못하는 것을 바라면 참음으로 기다릴지니라"고 권면한다. 우리는 눈에 보이지 않는 것을 바라기 때문에 인내하면서 기다려야 한다(참고. 살전 1:3).

26-27절: 성령이 우리를 도우심

이제 바울은 성령을 언급한다. 우리는 비록 구원받았으나 여전히 연약하며 부족하다. 소망을 가져야 하지만 때로 좌절한다. 이때 성령께서 연약한 우리를 도우신다. 우리를 위로하시고 격려하셔서 우리의 소망을 강화하신다. 특히 성령께서 우리를 위하여 기도하신다.

26절: "이와 같이"(ὡσαύτως, 호사우토스)라는 부사는 지금까지 논의했듯이 인간의 범죄와 그로 인한 자연의 탄식을 반영한다.[488] "성령도 우리의 연약함을 도우시나니"라는 말은 피조물과 인간이 탄식하듯이 성령께서도 탄식하시면서 인간의 연약함을 도우신다는 뜻이다. "도우시나니"에 해당하는 헬라어 'συναντιλαμβάνεται'(쉬난티람바네타이)는 두 개의 접두어('σύν, 쉰'+'ἀντί, 안티')가 붙어서 '함께 들어 올린다' 혹은 '맞은편에서 들어 올린다'라는 뜻이 된다. 즉 성령께서 우리의 짐을 함께 들어 주신다는 것이다. 우

---

487 Thomas R. Schreiner, *Romans*, 440.

488 C. E. B. Cranfield, *Romans*, 421. 그러나 R. Jewett는 이 구절이 25절에 연관된다고 주장한다. R. Jewett, *Romans*, 521.

리가 하나님의 뜻을 따라 살고자 할 때 우리의 마음을 살피시는 성령께서는 우리의 연약함을 '함께' 도우신다. 그러므로 우리는 가만히 있어도 성령께서 알아서 해주신다고 생각해서는 안 된다.[489] 오히려 우리는 적극적으로 성령의 도우심을 의지하면서 연약함을 극복하려고 노력해야 한다. 성령의 도우심을 바라는 사람은 인간의 노력을 중시해야 한다.

그러면 성령께서는 어떻게 우리를 도우시는가? 이에 대해서 바울은 "우리는 마땅히 기도할 바를 알지 못하나 오직 성령이 말할 수 없는 탄식으로 우리를 위하여 친히 간구하시느니라"고 말한다. 성령께서는 우리를 위해서 기도하신다. 어떤 학자들은 이것을 방언 기도라고 주장하지만(예. Käsemann; Fee) 이는 문맥과 어울리지 않는다.[490] 이것은 중보기도이다.[491] 34절에는 예수님이 우리를 위하여 기도하신다는 말씀이 있는데, 여기에는 성령님이 우리를 위하여 기도하신다는 말씀이 있다. 따라서 우리를 위하여 성부 하나님께 기도하시는 분은 성자 예수님과 성령 하나님이시다. 우리는 하나님께 무엇을 기도해야 하는지 모르고, 또한 제대로 기도하지도 못하는데, 성령께서는 말할 수 없는 탄식으로 우리를 위하여 친히 간구하신다. 이에 따라서 우리가 부족하고 연약한데도 하나님의 사랑 안에 영원히 거할 수 있다.

27절: 바울은 성령께서 하시는 중보기도에 관한 논의를 이어가면서, 이러한 중보기도가 가진 효과에 초점을 맞춘다.[492] "마음을 살피시는 이"는 성부 하나님이시다. 유대인들은 오직 성부 하나님만이 각 사람의 마음을 아시고(참고. 삼상 16:7; 왕상 8:39; 시 44:21; 139:1-2, 23; 잠 15:11), 마음을

---

489 김곤주, 『로마서』, 175.

490 대부분의 학자들은 이 기도를 방언 기도라고 보지 않는다. Thomas R. Schreiner는 이것을 방언 기도라고 보는 학자들의 주장을 소개하고 이를 비판한다. Thomas R. Schreiner, *Romans*, 444-46을 보라.

491 Douglas J. Moo, *Romans*, 524-26을 보라.

492 Douglas J. Moo, *Romans*, 526

시험하시는(참고. 시 17:3; 26:2; 렘 11:20; 12:3; 17:10) 분으로 묘사한다.[493] "성령의 생각을 아시나니"라는 말은 성부와 성령의 내밀한 교통을 보여준다. "이는 성령이 하나님의 뜻대로 성도를 위하여 간구하심이니라"라는 말은 성부와 성령이 서로 잘 아시기 때문에 성령이 성부의 뜻대로 성도를 위하여 간구하신다는 의미이다. 성령께서는 성부의 뜻을 아시기에 성부의 뜻에 맞게 기도하심으로 성부께서 성령의 기도를 들으시고 응답하신다. 따라서 우리는 성령 하나님의 기도와 성부 하나님의 응답 덕분에 우리의 구원을 유지할 수 있으며, 더 이상 타락하지 않을 수 있고, 계속해서 하나님의 자녀로 살아갈 수 있다.

28-30절: 그리스도인의 승리

바울은 그리스도인의 승리를 선언하고(28절), 그 이유를 제시한다(29-30절).

28절: 바울은 이 땅에서 그리스도인들에게 일어나는 모든 일이 어떤 식으로든 하나님의 섭리로 지배를 받는다고 확언한다.[494]

"우리가 알거니와"(οἴδαμεν, 오이다멘)라는 문구는 자명한 사실을 말할 때 바울이 자주 사용한다(참고. 22절). "하나님을 사랑하는 자 곧 그의 뜻대로 부르심을 입은 자들"은 신자들이 하나님을 사랑하는 자들이며, 하나님의 뜻대로 부르심을 입은 자들임을 보여준다. 5:5, 8에서 바울은 의롭게 되고 화해하게 된 사람들을 향한 하나님의 사랑을 말했고, 8:39에서 이 사랑에 관하여 다시 이야기하는데, 여기서는 같은 동사를 사용하여(고전 2:9; 8:3; 엡 6:24에서와 같이) 신자들이 하나님을 사랑하는 것에 대해서 말한다.[495] 우리가 하나님을 사랑하게 된 것은 하나님이 먼저 그런 사랑으로

---

493 James D. G. Dunn, *Romans 1-8*, 479

494 Joseph A. Fitzmyer, *Romans*, 522.

495 Joseph A. Fitzmyer, *Romans*, 522.

우리를 부르신 결과이다. 우리가 하나님의 뜻대로 부르심을 받은 것은 하나님의 사랑을 입었기 때문이다. 의롭게 된 사람들이 하나님을 사랑하고 하나님을 찾아온 것이 아니라, 그 이전에 하나님이 먼저 사랑으로 그들을 선택하시고 부르신다.[496]

"모든 것이 합력하여 선(善)을 이루느니라"라는 말은 우리의 죄나 잘못을 합리화하는 것이 아니라 우리의 결국이 좋게 된다는 뜻이다. 왜냐하면 하나님이 그렇게 역사하시기 때문이다. 하나님은 우리를 사랑하시고 우리를 구원하시며 우리에게 복 주시기로 정하시고 부르셨다.[497] 하나님은 섭리 가운데 이 세상에서 우리가 겪는 모든 일을 통제하셔서 선하고 아름답고 유익하게 만드신다. 하나님이 선을 이루시는 일은 일시적이기도 하지만, 결국 영적이며 영원한 것으로 귀결된다. 그러므로 우리는 이 땅에서 일어나는 일들에 대해서 염려하거나 불평하지 말아야 한다. 그것을 섭리의 관점에서 이해해야 한다. 하나님의 자녀들에게 일어나는 모든 섭리는 그들을 이 땅에서 하나님에게로, 그리고 장차 천국으로 더 가까이 데려가기 위한 것이다.[498] 그리하여 하나님은 연약함과 부족함 중에 있는 우리가 결국에는 승리하게 하신다.

29-30절은 그리스도인들이 모든 것이 합력하여 선을 이룬다고 확신할 수 있는 이유를 설명한다.[499] 즉 그리스도인들이 궁극적으로 승리할 수 있는 이유를 알려준다. 헬라어 본문에는 29절의 제일 앞에 접속사 'ὅτι'(호티, for)가 있어서 이러한 주장을 뒷받침해 준다.

29절: "미리 아신 자들"이란 하나님이 우리를 미리 아셨음을 반영한다(예지). "그 아들의 형상을 본받게 하기 위하여"란 예수 그리스도의 형상을 본받는 것을 의미한다(성화). 이것은 하나님이 우리를 정하셔서 부르신 목적

---

496 Joseph A. Fitzmyer, *Romans*, 524.

497 변종길, 『로마서』, 276.

498 매튜 풀, 『로마서』, 446.

499 ESV Study Bible.

이다. "미리 정하셨으니"란 하나님께서 우리를 구원하시기로 미리 정하셨다는 뜻이다(예정). "그로 많은 형제 중에서 맏아들이 되게 하려 하심이니라"에서 "맏아들"에 해당하는 명사 'πρωτότοκος'(프로토토코스, firstborn)는 그리스도의 탁월함을 암시하고, 또한 그분이 수많은 그리스도인과 아들의 지위를 공유하는 것을 반영한다(참고. 골 1:15, 18; 히 1:6; 2:10; 계 1:5).[500] 예수님은 하나님의 맏아들이시며, 우리는 예수님의 형제이다. 우리는 예수님을 점점 닮아가다가 나중에 천국에서 예수님과 형제가 되는 영광과 특권을 누릴 것이다. 그러나 우리는 예수 그리스도와 같게 되더라도, 그와 동등하게 되지는 않을 것이다. 그는 여전히 갑절의 분깃을 갖는 맏아들의 존귀함을 가지신다. 그는 하늘과 땅의 모든 가족의 머리이며 통치자이시다.[501]

30절: "미리 정하신 그들을 또한 부르시고"라는 말은 하나님께서 예정하신 자들을 부르신다는 뜻이다. 이 부르심을 '유효한 부르심'(effective calling)이라고 한다. 이는 하나님의 부르심이 반드시 이루어지며, 실패나 취소가 없기 때문이다. "의롭다 하시고"라는 문구는 '칭의'(justification)를 의미한다. 이것은 하나님이 죄 없다고 선언하시는 것이다. "영화롭게 하셨느니라"라는 말은 '에독사센'으로 아오리스트(aorist)이다. 헬라어에서 아오리스트는 단호하고 분명한 의미를 가진다. 즉 이것은 미래에 확실히 일어날 일을 강조한다.[502] 따라서 우리가 장차 영화롭게 되는 것은 확실하다. 하지만 이러한 상태는 이 땅에서 사는 동안에 불가능하며, 새 하늘과 새 땅에 들어갔을 때 가능하다. 바울은 하나님께서 우리를 아시고 예정하신 후 부

---

500 Joseph A. Fitzmyer, *Romans*, 525. Thomas R. Schreiner는 "맏아들"의 의미를 탁월성과 연대성의 관점에서 다음과 같이 설명한다. "The word 'firstborn' also signifies both Christ's preeminence (cf. Col. 1:15, 18) over and solidarity with other human beings. As the messianic Son (Ps. 2:7-9) and firstborn (cf. Ps. 89:27) he will rule the world. Those who are his heirs (Rom. 8:17) will rule the world with him (4:13), but Jesus will be the first among many brothers and sisters, and retain his preeminence." Thomas R. Schreiner, *Romans*, 454.

501 매튜 풀, 『로마서』, 447.

502 F. F. Bruce는 바울이 예언적 아오리스트(prophetic aorist)를 사용하여 예언된 사건이 너무도 확실히 성취될 것이므로 이미 일어난 것처럼 묘사했다고 주장한다. F. F. Bruce, 『로마서』, 186.

르셔서 그리스도의 형상을 본받게 하신 후 우리를 영화롭게 하셨다고 함으로 우리가 궁극적으로 승리한다는 사실을 가르쳐 준다.

• 설교자를 위한 지침 •

1. 이 단락에서 우리는 인간과 피조물의 밀접한 관계를 볼 수 있다. 신학적으로, 인간의 행동은 피조물에 영향을 미친다. 인간의 범죄로 자연이 파괴되고, 인간의 구원으로 자연이 회복된다. 즉 자연의 모든 문제는 인간에게서 비롯된다. 오늘날에도 이러한 연관 관계는 여전하다. 지금도 인간의 이기적인 욕심 때문에 환경이 파괴되고 있다. 그러므로 설교자는 성도들이 자연을 보호하고 환경을 지켜야 한다는 사실을 일깨워 주어야 한다.

2. 이 단락에는 성령의 역사가 언급되어 있다. 성령께서는 우리가 하나님의 자녀가 되게 하셨는데, 우리와 영원히 함께하시면서 보호하시고 인도하신다. 더욱이 성령은 우리를 위하여 성부께 기도하신다. 이처럼 성령은 우리 삶의 전 과정에 개입하신다. 그러므로 설교자는 성령의 속성과 역사를 구체적으로 설명할 필요가 있다.

3. 이 단락의 설교 대지를 다음과 같이 구성할 수 있다.
   1) 소망: 우리는 피조물과 함께 미래의 영광을 고대한다(18–25절).
   2) 성령: 성령께서 우리를 도우신다(26–27절).
   3) 승리: 우리는 반드시 승리한다(28–30절).

9. 8:31-39 하나님의 사랑

바울은 단원(5:1-8:39)을 마무리하면서 우리를 향한 '하나님의 사랑'을 언급한다. 이것은 적절한 결론이다.[503] 그는 이 구절들을 5:1-11과 인클루시오(inclusio)를 이루면서 단락을 마무리한다.[504] 그런데 하나님의 사랑은 우리의 승리를 확신하게 해준다. 즉 우리가 승리를 확신할 수 있는 근거는 우리를 향한 하나님의 사랑이다. 바울은 이 단락에서 수사학적인 질문을 여러 개 사용하여 강렬하게 그리고 효과적으로 설득한다.

31-32절: 우리를 대적할 자가 없음

31절: 바울은 수사학적인 질문을 던진다(참고. 6:1의 주석). "그런즉 이 일에 대하여 우리가 무슨 말 하리요?"는 그가 이 서신에서 자주 사용한 질문

503 James D. G. Dunn, *Romans 1-8*, 498-99를 보라.

504 Thomas R. Schreiner, *Romans*, 456.

형식이다(참고. 3:5). 이 질문은 앞에서 말한 것들을 도입하는 역할을 한다.[505] 그런데 "이 일"(these things)을 바울이 방금 28-30절에서 말한 것으로 보거나 혹은 8장 전체에서 말한 것에 국한해서 볼 것이 아니라, 그가 5-8장에서 말한 그리스도인들에게 속한 모든 복을 포함하는 것으로 보아야 한다.[506]

"만일 하나님이 우리를 위하시면 누가 우리를 대적하리요?"라는 질문에 내포된 대답은 '하나님이 우리를 위하시기 때문에 우리를 대적할 자가 아무도 없다'이다. 여기서 강조점은 '우리를 위하시는 하나님'이다. 하나님은 믿는 사람들을 구원하시기를 기뻐하셨다(참고. 고전 1:21). 예수님의 죽음은 우리를 위하시는 이러한 하나님의 속성을 잘 보여준다. 하나님이 우리를 위하시기 때문에 우리를 대적하기 위해서 모인 세력들은 아무것도 아니게 된다. 그들은 우리를 이길 수 없다.[507] 그러므로 신자들은 아무것도 염려할 필요가 없다.

32절: 이 구절은 하나님이 우리를 위하신다는 사실을 강조한다.[508] 바울은 큰 것에서부터 작은 것으로 논증해 나간다.[509] 하나님은 자기 아들을 우리에게 주셨다. 즉 자신이 가장 귀하게 여기시는 독자를 우리에게 주셨다. 그렇다면 하나님이 우리에게 주시지 않을 것이 무엇이겠는가? 하나님은 기꺼이 우리에게 모든 좋은 것을 주시기를 원하신다. 하나님은 아무것도 아까워하지 않으시고 기쁨으로 모든 것을 우리에게 주신다(참고. 눅 12:32; 빌 4:19). 단지 우리의 믿음 없음과(참고. 막 11:23-24; 약 1:5-8) 구하지 아니함과(참고. 마 7:7-11; 약 4:2) 잘못된 목적으로 구하는 것과(참고. 약 4:3) 잘못된 생활을 하면서 구하는 것이(참고. 약 5:16; 잠 15:8) 문제일 따름이다.[510]

---

505 C. E. B. Cranfield, *Romans*, 435; James D. G. Dunn, *Romans 1-8*, 499.

506 Douglas J. Moo, *Romans*, 539. C. E. B. Cranfield는 31-39절이 로마서 8장만이 아니라 1-8장 전체의 결론이라고 주장한다. C. E. B. Cranfield, *Romans*, 435.

507 Joseph A. Fitzmyer, *Romans*, 530.

508 Joseph A. Fitzmyer, *Romans*, 530.

509 Thomas R. Schreiner, *Romans*, 460.

510 변종길, 『로마서』, 280.

33-34절: 우리를 고발하거나 정죄할 자가 없음

33절: 이 질문에 내포된 대답은 '아무도 없다'이다. 하나님이 택하신 자들을 아무도 고발할 수 없다. 사탄이 그들을 고발할 수 없으며, 포악한 자들과 원수들과 대적자들이 그들을 고발할 수 없고, 심지어 자신이 양심의 가책을 받아서 자신을 고발할 수도 없다. 이는 우리를 의롭다고 하신 이가 하나님이시기 때문이다. 하나님께서 최고의 재판장으로서 우리를 의롭다고 선포하셨기에 누구도 우리에게 죄가 있다고 말할 수 없다(참고. 사 50:8-9). 특히 이 질문에 사용된 미래 시상은 최후 심판에 관심을 쏟게 만든다.[511]

34절: 이 구절은 33절의 질문을 다르게 반복한 것이다.[512] 바울은 "누가 정죄하리요 죽으실 뿐 아니라 다시 살아나신 이는 그리스도 예수시니 그는 하나님 우편에 계신 자요 우리를 위하여 간구하시는 자시니라"고 말한다. 아무도 우리를 정죄할 수 없는데(참고. 1절), 이는 그리스도가 우리를 위하여 죽으셨다가 다시 살아나셨기 때문이다. 즉 그리스도가 우리를 대신하여 정죄를 받아서 죽으셨기에 우리에게는 아무런 죄가 없으며, 그리스도가 죽음에서 살아나심으로 죄와 사망을 이기셨기에 우리가 죄와 사망에서 해방되었다. 이제 그리스도는 하나님의 우편(영광, 권능)에 계시면서(참고. 시 110:1) 우리를 위하여 간구하시고 대언하신다(중보 사역).

35-39절: 우리를 하나님의 사랑에서 끊을 자가 없음

35-39절은 그리스도 안에서 우리를 위하시는 하나님의 사랑을 찬가 형태로 노래한 것이다.[513] 바울은 여기서 우리를 하나님의 사랑에서 끊을 자가 아무도 없다고 말한다.

---

511 Douglas J. Moo, *Romans*, 541; 참고. R. Jewett, *Romans*, 539-40.

512 Thomas R. Schreiner, *Romans*, 462; Douglas J. Moo, *Romans*, 542.

513 홍인규, 『로마서 어떻게 읽을 것인가』, 157.

35절: 이 질문에 내포된 대답은 '아무도(어떤 것도) 우리를 그리스도의 사랑에서 끊을 수 없다'이다. 따라서 그리스도인들은 안심할 수 있다. 그런데 이 질문 속에는 하나님이 우리를 사랑하신다고 해서 우리가 이 세상을 살면서 아무런 어려움을 겪지 않고 지낼 수 있는 것이 아니라는 사상이 들어 있다. 실제로 주 예수님의 삶을 포함해서 바울을 비롯한 사도들의 삶에는 수많은 환난과 곤고와 박해와 기근과 위험이 있었다.

36절: 그래서 바울은 "기록된 바 우리가 종일 주를 위하여 죽임을 당하게 되며 도살당할 양 같이 여김을 받았나이다 함과 같으니라"고 말한다. 이 말은 시편 44:22(LXX, 43:22)를 축어적으로(verbatim) 인용한 것이다.[514] 시편 44편은 공동체 탄식시(community lament)이다. 이 시의 저자는 원수들이 신실한 이스라엘 공동체에 행한 불의한 일을 탄식하고, 이스라엘이 여호와께 충성한 것을 상기시키면서, 여호와의 도우심과 구원을 바랐다.[515] 따라서 이 시는 하나님의 백성들이 계속해서 하나님을 위하여 죽임을 당하며 수모를 당하는 현실을 반영한다.

37절: 바울은 다음과 같이 결론을 내린다. "그러나 이 모든 일에 우리를 사랑하시는 이로 말미암아 우리가 넉넉히 이기느니라." 여기서 "그러나"(ἀλλά, 알라)라는 접속사는 이 문장을 35절의 질문에 연결한다. 바울은 35절에서 미리 부정을 정해 놓은 질문을 했는데, 여기서 더욱 적극적으로 나아간다.[516] 우리를 하나님의 사랑에서 끊을 수 있는 것은 아무것도 없다. 하지만 이 정도에서 그치는 것이 아니다. 하나님의 백성들은 죽음과 수모를 겪음에도 불구하고 그들을 사랑하시는 하나님으로 말미암아 넉넉히 이긴다. 하나님의 선택과 그리스도의 사랑은 온갖 수모와 고통 가운데 있는

514 James D. G. Dunn, *Romans* 1-8, 505; 참고. David Ian Starling, "'For Your Sake We Are Being Killed All Day Long': Romans 8:36 and the Hermeneutics of Unexplained Suffering", Themelios 42.1 (2017): 112-21; Dalit Rom-Shiloni, "Psalm 44: The Powers of Protest", The Catholic Biblical Quarterly 70 (2008): 683-84.

515 Joseph A. Fitzmyer, *Romans*, 534.

516 Douglas J. Moo, *Romans*, 544.

그리스도인들에게 중요한 요소이다. 그리스도인들은 그리스도의 사랑과 은혜 덕분에 이 세상의 모든 어려움 중에서 승리한다.[517]

38-39절: 마지막으로 바울은 확신한다. 바울은 어떠한 것도 우리를 그리스도 안에 있는 하나님의 사랑에서 끊을 수 없다고 믿는다. 그는 이러한 안전을 위협할 가능성이 있는 것들을 짝지어서 열거한다. "사망과 생명", "천사들과 권세자들", "현재 일이나 장래 일", "높음이나 깊음"이 그것이다. 오로지 "능력"이 짝에서 이탈해 있는데, 이 단어가 "권세자들"에 연관되었을 수 있으나 정확히 판별하기가 어렵다.[518]

"천사들"(ἄγγελοι, 앙겔로이)이라는 용어는 좋은 천사들에 대해서 사용되지만, 적대적인 천사들에 대해서도 사용된다(참고. 창 6:1-4; 에녹1서 6-8).[519] "권세자들"(ἀρχαί, 아르카이)은 천상의 영적 존재들과 지옥의 악한 존재들을 가리킨다(참고. 고전 15:24; 엡 1:21; 2:2; 3:10; 6:12; 골 1:16; 2:10, 15; 유 1:6).[520] "능력"(δύναμις, 뒤나미스)은 힘을 가지고 있는 존재들을 의미한다. 이들은 영적인 존재들일 수도 있고, 세상의 권력자들일 수도 있다. "높음"(height)과 "깊음"(depth)은 피조 세계의 모든 영역과 범위를 포괄하는 표현일 것이다. 하지만 어떤 이들은 이 용어들이 천국과 지옥을 가리킨다고 주장한다.[521] "다른 어떤 피조물이라도"라는 말은 혹시라도 독자들이 하나님의 사랑에서 그들을 끊을 수 있는 것을 생각해 낼수도 있어서 바울이 일부러 집어넣은 용어이다. 하나님만이 유일한 창조주이시기에, 하나님 외에 모든 것은 피조물에 포함된다.[522]

---

517 Joseph A. Fitzmyer, *Romans*, 534.

518 Douglas J. Moo, *Romans*, 544.

519 James D. G. Dunn, *Romans* 1-8, 507.

520 변종길, 『로마서』, 284; John D. Harvey, *Romans*, 219. Thomas R. Schreiner는 "권세자들"을 'angelic rulers'라고 주장한다. Thomas R. Schreiner, *Romans*, 465. Joseph A. Fitzmyer는 아마도 이 영들이 다양한 종류와 질서와 계급으로 구성되었을 것이라고 생각한다. 그는 '죽음'과 '생명' 혹은 '높음'과 '깊음'이 양 끝을 나타내는 것을 근거로 삼아 '천사들'과 '권세자들'이 양 끝의 종류나 계급을 나타내는 것일 수 있다고 말한다. Joseph A. Fitzmyer, *Romans*, 535.

521 John D. Harvey, *Romans*, 220을 보라.

522 James D. G. Dunn, *Romans 1-8*, 508.

· 설교자를 위한 지침 ·

1. 이 단락은 단원(5-8장) 전체를 마무리하는 부분이다. 따라서 설교자는 단락을 설교하면서 단원의 주요 주제를 요약하여 전할 필요가 있다. 이 단원에서 다루어진 것이 '성화'임을 참작하여 그리스도인들의 신분(지위)과 그들이 겪는 현실과 하나님의 도우심을 말할 수 있다.

2. 이 단락에서 바울은 하나님의 사랑과 그에 따른 그리스도인의 승리를 언급한다. 즉 의롭게 된 사람은 하나님의 사랑과 도우심 때문에 승리할 수 있다는 사실을 말한다. 따라서 설교자는 이러한 측면을 부각해서 설교할 필요가 있다.

3. 이 단락의 설교 대지를 다음과 같이 구성할 수 있다.
   1) 아무도 우리를 대적할 수 없다(31-32절).
   2) 아무도 우리를 고발하거나 정죄할 수 없다(33-34절).
   3) 아무도 우리를 하나님의 사랑에서 끊을 수 없다(35-39절).

단원 5. 9:1-11:36

이스라엘의 구원

로마서의 구조가 8장에서 한 단원이 끝나고 9장에서 새로운 단원이 시작되는 것에 이의를 제기하는 학자는 없다. 하지만 8장과 9-11장은 완전히 분리된 단원이 아니라 밀접하게 연관된 단원이다.[523] 바울은 1-8장에서 말한 것들을 9-11장에서 반복하며 또한 적용한다. 바울은 1-8장에서 믿음으로 말미암는 하나님의 의에 관하여 말했다. 그런데 9-11장에서는 이스라엘 백성의 구원에 관하여 말한다. 그는 이 장들에서 하나님의 의가 이스라엘 백성에게(또한 이방인에게) 어떻게 적용되는지를 설명한다. 이런 가운데 그는 다양한 주제들, 이를테면, 하나님의 주권, 이스라엘과 이방인, 선택과 유기, 율법과 언약, 믿음으로 말미암는 의, 성화, 영화, 성도의 견인 등에 대해서 말한다. 따라서 이 단원은 대단히 풍부한 주제들을 담고 있다.

---

523 C. K. Barrett, *Romans*, 164. 어떤 학자들은 로마서 9-11장이 로마서에서 벗어난 부분이라고 생각한다. 하지만 Douglas J. Moo는 그러한 견해를 반박한다. 그는 9-11장이 로마서에서 필수 불가결한 부분이라고 주장한다. 그는 이 부분을 로마서의 주변 이야기로 평가절하하려는 사람들의 의견을 반박한다. 그는 이 부분이 로마서 전체 맥락에서 벗어나지 않는다고 하면서 다음과 같이 말한다. "Romans 9-11, therefore, is an integral part of Paul's letter to the Romans. These chapters contribute to Paul's exposition of the gospel by showing that it provides fully for God's promises to Israel, when those promises are rightly understood. The appropriateness of Rom. 9—11 within the letter is revealed also in the many specific textual and thematic contacts with chaps. 1-8." Douglas J. Moo, *Romans*, 551. 그리고 Thomas R. Schreiner는 9-11장이 서신의 논의를 방해한다는 주장이 오늘날 거의 사라졌고, 오히려 이 장들이 서신의 중심을 이루고 있으며, 바울 논의의 절정(climax)으로 불린다고 말한다. Thomas R. Schreiner, *Romans*, 469. C. E. B. Cranfield는 9-11장과 로마서의 다른 장들 사이의 관계에 대한 학자들의 논쟁을 소개한다. C. E. B. Cranfield, *Romans*, 445-50을 참고하라.

1. 9:1–13 이스라엘을 향한 하나님의 약속

바울은 자기 동족 이스라엘의 구원에 대한 애절한 심정을 드러낸다. 그는 이스라엘 백성들이 얼마나 큰 특권을 받았는지를 나열하지만, 그들이 이스라엘 백성이라고 해서 자동으로 구원받는 것이 아니라, 그들 중에서 하나님의 선택을 받은 자들만 구원받을 수 있다고 말한다.[524]

1–3절: 바울의 근심

1-2절: 바울은 자신이 가지고 있는 근심과 고통을 언급한다. 그는 이것을 "큰 근심이 있는 것과 마음에 그치지 않는 고통이 있는 것"이라고 표현

524 이스라엘의 회복에 관한 주제를 위하여, J. M. Scott, "Restoration of Israel", in *Dictionary of Paul and His Letter*, Downers Grove: IVP, 1993, 796-805(특히 로마서에 관련된 부분은 802-803)를 참고하라. 바울과 이스라엘의 회복의 연관성에 관하여, Lionel J. Windsor, *Paul and the Vocation of Israel : How Paul's Jewish Identity Informs His Apostolic Ministry, with Special Reference to Romans*, Beihefte Zur Zeitschrift Für Die Neutestamentliche Wissenschaft Ser., Berlin: De Gruyter, 2014를 참고하라.

한다. 그리고 "내가 그리스도 안에서 참말을 하고 거짓말을 아니하노라"고 하며, "내 양심이 성령 안에서 나와 더불어 증언하노니"라고 함으로 자신의 진정성을 강조한다.[525] 그가 이렇게까지 강조하는 이유는 무엇인가? 그것은 그가 이방 지역에서 사도로 일하는 동안, 유대인 그리스도인들에게 그가 주로 이방인들에게 복음을 전한 것이 유대인들의 구원에 관한 관심을 포기한 것이 아니며, 또한 그가 이방인 그리스도인들과 합세하여 유대인들을 멸시하고 무시했을 것이라는 의혹이 사실이 아니라고 설득하기 위해서이다(참고. 11:13-24).[526] 그는 유대인들이 자신을 배교자요 반역자로 고발한 것에 대해서 아무런 적의도 가지고 있지 않음을 드러낸다(참고. 고후 2:17; 12:19).[527]

3절: 바울은 자기가 가지고 있는 큰 근심과 그치지 않는 고통이 구체적으로 무엇인지를 밝힌다. 헬라어 본문의 문장 첫머리에 있는 'γάρ'(가르)는 이 구절이 2절의 설명임을 시사한다.[528] 바울은 유대인들을 향하여 "나의 형제"라고 지칭한다. 그는 1:13에서 동료 그리스도인들에게 '형제'라는 용어를 사용했는데, 여기서는 예전의 동료 종교인들(his former coreligionist)에게 이 용어를 사용한다.[529] "형제"에 이어서 나오는 "골육의 친척"이라는 표현은 "형제"라는 표현을 보완하면서 더욱 구체적으로 설명한다(참고. 16:7, 11, 21). 이 용어는 실제 '친척'을 뜻하는 것이 아니라, 단지 자신의 '동족'을 친근하게 지칭하는 것이다. 그는 자신이 여전히 유대인이라는 사실을 알리기 위해서, 그리고 자신이 유대인의 구원에 깊은 관심과 애정을 품고 있다는 사실을 밝히기 위해서 이렇게 친근한 표현을 사용한다.[530]

---

525 C. E. B. Cranfield, *Romans*, 452.

526 Douglas J. Moo, *Romans*, 556

527 Joseph A. Fitzmyer, *Romans*, 543.

528 C. E. B. Cranfield, *Romans*, 454.

529 Joseph A. Fitzmyer, *Romans*, 544.

530 Joseph A. Fitzmyer는 다음과 같이 말한다. "Paul recognizes that Jews are still fellow members of God's chosen people, despite their failure to accept the gospel." Joseph A.

바울은 지금 이방 지역에서 이방인들에게 복음을 전하면서 지내고 있으며, 유대의 의식들을 비판한 일로 동족 유대인들로부터 민족을 배신한 자라는 오해와 비난을 받고 있다. 하지만 그는 동족의 구원을 고민하고 있다. 그래서 그의 절박하고 간절한 소원에 대하여 "자신이 저주를 받아 그리스도에게서 끊어질지라도 원하는 바"라고 표현한다. 물론 그는 자신의 구원이 취소되지 않는다는 사실을 잘 알고 있다(참고. 8:38-39; 요 10:28).[531] 하지만 그는 어떠한 대가를 치르고서라도 자기 형제들이 구원받기를 바라는 마음을 이렇게 표현한다. 이는 바울이 동족 이스라엘 사람들의 구원을 얼마나 애절히 소원하는지를 보여준다. 그런데 바울의 이러한 바람은 위대한 지도자 모세의 기도를 생각나게 한다. 모세는 금송아지를 섬긴 죄를 범한 이스라엘을 용서해 달라고 기도하면서 다음과 같이 말했다. "이제 그들의 죄를 사하시옵소서 그렇지 아니하시오면 원하건대 주께서 기록하신 책에서 내 이름을 지워 버려 주옵소서"(출 32:32).

4-5절: 이스라엘의 특권

4-5절: 바울은 "그들은 이스라엘 사람이라"고 말한다. 그는 일반적인 민족 명칭인 '유대인' 대신에(참고. 3:28-29) '이스라엘'이라는 명칭을 일부러 사용하는데, 이는 오래전에 여호와께서 자기 백성의 선조에게 부여하

Fitzmyer, *Romans*, 545.

531 Thomas R. Schreiner는 바울이 미완료동사 'ηὐχόμην'(에우코멘)을 사용했기에 이루어질 수 없는 바람을 말한 것이라고 주장한다. "Paul refers to his own destiny here and uses the imperfect verb ēuchomēn (I could wish), which has engendered debate over whether such a wish was genuine. The verb should be interpreted to say that 'I could wish to be cursed from Christ if that were possible, but of course such a wish is impossible.' The imperfect tense can bear this meaning. And the wish cannot be fulfilled, for we have already seen that nothing can sever believers from Christ's love (Rom. 8:35-9). Thus Paul expresses an impossible wish, for there is no such world in which believers can suffer banishment from Christ forever for the sake of others." Thomas R. Schreiner, *Romans*, 480.

신 영예로운 명칭이었다(참고. 창 32:29).[532] 더욱이 바울은 '그들은 이스라엘 사람이었다'(과거형)라고 하는 것이 아니라, "그들은 이스라엘 사람이라"(현재형)라고 함으로써 그들에게 여전히 그 이름과 관련된 조상들의 유산을 자랑할 권리가 있다는 것을 드러낸다.[533] 그리고 이어서 이스라엘 사람들이 얼마나 많은 특권을 받았는지를 나열한다. 그들이 받은 특권은 다음과 같다.

1) 그들은 양자로 입양되어서 하나님의 자녀가 되었다(참고. 8:15-23). 하나님은 출애굽 이후 그들을 맏아들로 선택하시고(참고. 출 4:22; 신 14:1), 그들에게 아버지의 사랑을 보여주시고(참고. 신 1:31; 8:5), 그들에게 자식의 순종을 기대하셨다(참고. 신 14:1; 말 1:6).[534]

2) 그들은 하나님의 영광을 경험했다. 하나님은 출애굽하는 과정과 광야, 그리고 성막과 성전에서 자신의 영광을 그들 앞에 드러내셨다.

3) 그들은 하나님과 더불어 언약을 맺었다. 하나님은 아브라함과 이삭과 야곱을 통하여 언약을 맺으셨다.

4) 그들은 시내산에서 율법을 받았다(참고. 출 20:1-17; 신 5:1-22).

5) 그들은 하나님께 바른 예배(제사와 제의)를 드릴 수 있게 되었다(참고. 출 25-31장).

6) 그들은 하나님으로부터 이생의 약속들과 내세의 약속들을 받았다. 이 약속은 하나님이 족장들을 통해서 주셨고, 메시아를 통해서 온전히 성

---

532 참고. W. S. Campbell, "Israel", in *Dictionary of Paul and His Letter*, Downers Grove: IVP, 1993, 441-46(특히 444-45).

533 Joseph A. Fitzmyer, *Romans*, 545. 또한 James D. G. Dunn은 바울이 "이스라엘 사람"이라는 용어를 사용한 것에 대해서 분명히 고의적이라고 주장하면서, 그가 단지 자신과 같은 민족으로서 '유대인'을 말하지 않고, '이스라엘 사람'을 말함으로, 그들이 아브라함의 후손이요 또한 구체적으로는 야곱에 의해서 갱신된 언약 백성(창 35:10-12)이라는 점을 부각시키려 했다고 본다. 그렇다면 바울에게 있어서 '이스라엘'이란 넓은 범위의 칭호로서, 아브라함과 이삭과 야곱에게 하신 약속을 이어받은 모든 사람을 포함할 수 있다. James D. G. Dunn, *Romans 9-16*, Word Biblical Commentary, Dallas: Word, 1988, 533.

534 Joseph A. Fitzmyer, *Romans*, 545.

취하셨다.

7) 이스라엘의 위대한 조상들, 곧 아브라함과 이삭과 야곱은 그들의 자랑이었다.

8) 무엇보다도 그리스도가 그들 민족 가운데서 태어나셨다(참고. 마 1:1-17).

바울은 "그는 만물 위에 계셔서 세세에 찬양을 받으실 하나님이시니라 아멘"이라는 말로 이스라엘 백성들이 받은 특권 나열하기를 마친다.[535] 이것은 송영(doxology)이다. 문맥을 고려할 때 이는 성부 하나님께 드리는 송영이 아니라, 성자 예수 그리스도께 드리는 송영이다.[536] 그리고 이것은 하나님과 그리스도가 한 분이시라는 사실을 알려준다. 그런데 그리스도는 "만물 위에" 계신다. 이 말은 그리스도가 유대인과 이방인 모두의 위에 계신다는 뜻이다. 결국, 바울은 자신의 동족 이스라엘 백성들이 많은 특권과 큰 복을 받았음에도 불구하고, 지금 그리스도를 거부하며 복음을 받아들이지 않고 있는 것을 보면서 큰 근심과 고통을 느낀다.

---

535 "육신으로 하면 그리스도가 그들에게서 나셨으니 그는 만물 위에 계셔서 세세에 찬양을 받으실 하나님이시니라 아멘"이라는 문장에서 구두점을 어디에 찍느냐에 따라 기독론 교리에 영향을 미친다. 그래서 이 문장의 해석 때문에 상당한 논란과 토론이 있었다. 이에 대해서 Joseph A. Fitzmyer, *Romans*, 548-49를 보라. 또한 Douglas J. Moo, *Romans*, 565-68을 보라. Douglas J. Moo는 하나님을 그리스도에 연결해야 한다고 보면서, 바울이 여기서 메시아 예수님을 하나님이라고 부름으로써 그분의 완전한 신적 신분을 드러낸다고 주장한다. "Connecting 'God' to 'Christ' is therefore exegetically preferable, theologically unobjectionable, and contextually appropriate. Paul here calls the Messiah, Jesus, 'God,' attributing to him full divine status. The frequent association of God with 'blessed' makes it likely that these should be kept together, and the whole taken in apposition to 'the one who is over all': 'Christ, who is supreme over all things, God blessed forever.'" Douglas J. Moo, Romans, 568. James D. G. Dunn은 이 문장의 의미에 대한 두 가지 견해를 제시한다. 첫째로, 이 문장을 관계사절로 끊어서 읽으면서 선행사를 그리스도로 보는 것인데, 그렇게 되면 이 문장이 그리스도를 언급하는 것이 된다. 둘째로, 이 문장을 독립된 송영으로 보는 견해가 있는데, 그렇게 되면 이 송영이 하나님을 향한 것이 된다. James D. G. Dunn, *Romans 9-16*, 528-29.

536 변종길, 『로마서』, 294; John D. Harvey, *Romans*, 225.

6-9절: 아브라함과 이삭의 예

1-5절에서 바울은 이스라엘이 큰 특권을 받았음을 말했다. 이에 대해서 어떤 사람들은 하나님이 이스라엘에 큰 복을 주셨는데도 그들이 복음을 받아들이지 않고 있는 것은 하나님의 목적이 실패했다는 것을 의미하지 않는가 하고 반문할 수 있었다.[537] 그리고 그 반면에 원래 언약에서 제외된 것으로 여겨지던 이방인들이 복음을 받아들이고 구원받게 된 것은 뭔가 방향이 틀어진 것이 아니냐고 의문을 가질 수 있었다. 이에 바울은 6-9절에서와 10-13절에서 이렇게 제기될 수 있는 가상의 질문에 대하여 답변한다.

먼저, 6-9절에서 바울은 아브라함과 이삭의 예를 들어서 하나님의 주권과 선택에 관하여 말한다. 그는 하나님께서 모든 유대인이 자동으로 하나님의 자녀가 된다고 약속하신 것이 아니라, 하나님이 주권적으로 선택하신 자들만 하나님의 자녀가 된다고 약속하셨음을 언급한다.

6절: 바울은 "그러나 하나님의 말씀이 폐하여진 것 같지 않도다"라고 말한다.[538] 이는 앞에서 말했듯이 바울이 사람들의 반론을 예상하면서 대답한 것이다. 사람들은 다음과 같이 반론을 제기할 수 있었다. '만일 유대인들이 버려졌다면 하나님은 신실하지 않은 하나님이 될 것이며, 아브라함과 이삭과 야곱과 그들의 자손에게 주신 약속들은 결국 아무 효력이 없는 것이 되고 말 것이다.'[539] 이에 대해서 바울은 "하나님의 말씀", 곧 '이스라엘을 향한 약속'이 폐하여진 것 같지 않다고 말한다. 비록 이스라엘 백성이 예수 그리스도를 박해했고, 하나님의 말씀을 거부했지만, 이스라엘 백성에게 주어진 하나님의 약속은 폐하여지지 않았다는 것이다.

그리고 그 이유에 대해서 바울은 "이스라엘에게서 난 그들이 다 이스라

---

537 Joseph A. Fitzmyer, *Romans*, 558.

538 Thomas R. Schreiner는 이 문구가 9-11장 전체의 주제라고 주장한다. Thomas R. Schreiner, *Romans*, 472.

539 매튜 풀, 『로마서』, 458.

엘이 아니요"라고 말한다. 이 말은 이스라엘 백성(혈통적 이스라엘) 중에서 하나님이 택하셔서 구원받게 하신 자들(영적 이스라엘)이 있는 반면에, 그렇지 않은 자들도 있다는 뜻이다. 당시 이스라엘 사람들 가운데는 하나님이 이스라엘 민족을 특별히 선택하셨기 때문에 그들 모두가 자동으로 구원받는다고 생각하는 이들이 있었다. 하지만 하나님은 결코 그렇게 말씀하신 적이 없다. 민족적(혹은 혈통적) 이스라엘 백성이라고 해서 자동으로 구원받는 자(영적 이스라엘)가 되는 것이 아니다. 이스라엘 사람이든 이방인이든 반드시(오로지) 예수 그리스도를 믿어야 구원받을 수 있다.

7-9절은 6b절에 관한 설명이다.[540] 영적인 이스라엘, 곧 언약의 자손에 대한 언급이다. 이 구절들에서 바울은 누가 진정한 이스라엘(영적 이스라엘, 언약의 자손)인가를 다룬다.

7절: 이 구절은 아브라함의 씨라고 해서 다 언약의 자녀가 되는 것이 아니라, 이삭으로부터 난 자라야 언약의 자녀가 된다는 뜻이다(참고. 창 17:19-21). "아브라함의 씨가 다 그의 자녀가 아니라"라는 말은 아브라함의 육신적 아들로 이삭과 이스마엘이 있었는데, 이삭이 선택을 받았고 이스마엘이 선택을 받지 못한 사실을 반영한다(참고. 갈 4:22-23; 히 11:18).[541] "오직 이삭으로부터 난 자라야 네 씨라 불리리라"라는 말은 아브라함의 진정한 자녀란 이삭의 계보를 통해서 태어나는 자들이라는 뜻이다. 아브라함에게 주어진 약속은 이삭의 계보를 통해서 유지되고 지속될 것이며, 결국 이삭의 계보에서 태어나신 메시아로 말미암아 새 언약의 백성 공동체(교회)

---

540 Thomas R. Schreiner는 7-9절을 6b절의 자세한 설명이라고 보면서, 이 구절들의 구조를 다음과 같이 본다. It is not the case that all the children are the seed of Abraham (7a). / But in Isaac your seed will be called (7b). / That is, the children of flesh, these are not the children of God (8a), / but the children of promise are reckoned as seed (8b). / For this is the word of promise, "At this time I will come and Sarah shall have a son" (9). Thomas R. Schreiner, *Romans*, 492.

541 아브라함의 아들에 대해서 상세히 말하면 다음과 같다. 아브라함에게는 여러 명의 부인이 있었는데, 하갈에게서 태어난 이스마엘(참고. 창 16:15), 사라에게서 태어난 이삭(참고. 창 21:2), 그두라에게서 태어난 여섯 명(시므란, 욕산, 므단, 미디안, 이스박, 수아; 참고. 창 25:2), 그리고 하인 다메섹에게서 태어난 엘리에셀(참고. 창 15:2)이 있었다. Joseph A. Fitzmyer, *Romans*, 560.

가 설립됨으로써 성취될 것이다.

8절: 7절의 주장은 8-9절에서 확인된다. 바울은 "육신의 자녀가 하나님의 자녀가 아니요 오직 약속의 자녀가 씨로 여기심을 받느니라"고 말한다. 이 말은 7절과 같은 뜻이다. 아브라함은 여러 부인을 통해서 많은 자녀를 낳았다. 하지만 이삭을 제외한 다른 자녀들은 약속(선택)을 얻지 못했다. 오직 이삭이 약속의 자녀로 선택되었다. 그러므로 아브라함으로부터 물리적인 혈통을 이어받았다고 해서 하나님의 자녀가 되는 것이 아니라, 하나님이 아브라함에게 주신 약속에 따라 태어난 사람이 '씨'가 되어서 그에게서부터 하나님의 자녀가 계속 생산된다는 것이다. 그런데 이 말은 하나님이 아브라함의 다른 자녀들을 돌보지 않으신다는 것이 아니라, 다만 그들이 사라에게서 태어난 이삭처럼 약속을 상속할 자가 아니었다는 뜻이다.[542]

여기서 '씨'(σπέρμα, 스페르마, a seed)라는 단어가 중요하다. 이 단어는 히브리어로 '제라'인데, 하나님이 아브라함에게 '자손'을 말씀하실 때는 항상 단수 '제라'를 사용하셨다. 이것은 의미 있는데, 바울이 갈라디아서 3:16에서 이것이 '그리스도'를 가리킨다고 말하기 때문이다. 이 사실은 아브라함에게 주신 하나님의 약속이 그리스도에게 초점이 맞추어져 있으며, 그리스도를 통해서 실현될 것임을 의미한다. 그리고 이 "씨" 안에는 '그리스도에게 속한 자들'이 포함되어 있다(참고. 갈 3:28).[543] 따라서 우리는 하나님이 아브라함에세 주신 약속을 이스라엘 민족의 번성이라는 차원으로 받아들일 것이 아니라 구속사적인 맥락에서 이해해야 한다.

9절: 바울은 이어서 창세기 18:10, 14를 인용하여 "약속의 말씀은 이것이니 명년 이 때에 내가 이르리니 사라에게 아들이 있으리라 하심이라"라고 말한다(참고. 창 17:15-16). 당시에 아브라함과 사라는 나이가 많아서 아이를 낳을 수 없었다. 하지만 하나님은 불가능한 것을 가능하게 하셔서 그

542 Joseph A. Fitzmyer, *Romans*, 561.

543 변종길, 『로마서』, 295.

들에게서 아들이 태어날 것이라고 약속하셨고, 결국 약속이 이루어져서 이삭을 통하여 구속사의 맥이 이어졌다. 즉 이삭이 태어난 것은 하나님의 약속이 이루어진 결과였다. 그러므로 이처럼 약속에 속한 자들은 누구든지 아브라함의 자손이며, 믿음과 순종에 의해 하나님의 자녀로 받아들여질 것이다.[544] 더욱이 이 말씀은 하나님의 능력과 약속과 선택으로 이삭이 태어난 것처럼, 우리가 아브라함의 자손(믿는 자)이 되는 것도 인간적으로는 불가능하지만, 하나님의 능력과 약속과 선택으로 가능해진다는 사실을 암시한다.

10-13절: 야곱과 에서의 예

10-13절에서 바울은 야곱과 에서의 예를 들어서 다시금 하나님의 주권과 선택에 관하여 말한다. 이를 통하여 혈통적인 아브라함의 자손이라고 해서 모두 구원받는 것이 아니라는 사실이 확인된다. 하나님의 선택은 인간의 예측과 매우 다르다. 야곱과 에서는 아버지와 어머니가 같았고, 심지어 쌍둥이였다. 하지만 하나님께서는 야곱을 택하셨고 에서를 택하지 않으셨다.[545]

10절: 바울은 6-9절에서 아브라함과 그의 아내 사라 사이에서 태어난 아들 이삭에 관해서 말했는데, 이제부터 이삭과 그의 아내 리브가 사이에서 태어난 두 아들 야곱과 에서에 관해 이야기한다. 이를 통해 그는 하나님의 주권과 선택에 대하여 한 번 더 설명한다.[546]

---

544 매튜 풀, 『로마서』, 459.

545 ESV Study Bible. Brian J. Abasciano는 9:10-18의 구약 인용에 관한 포괄적인 연구를 수행했다. Brian J. Abasciano, *Paul's Use of the Old Testament in Romans 9.10-18 : An Intertextual and Theological Exegesis*, London: T & T Clark, 2011을 보라. 또한 Aaron Sherwood, *The Word of God Has Not Failed : Paul's Use of the Old Testament in Romans 9*, Bellingham: Lexham Press, 2015를 참고하라.

546 변종길, 『로마서』, 297.

11절: 이 구절은 야곱과 에서가 아직 태어나지도 않았고, 따라서 그들이 무슨 선이나 악을 행한 것도 아니지만, 하나님이 자기 뜻에 따라서 그들 중 한 명(야곱)을 선택하셨다는 뜻이다. 따라서 하나님의 선택이 인간의 상태나 공적이나 혈통에 근거하지 않는다는 교훈이 도출된다. "오직 부르시는 이로 말미암아 서게 하려 하사"라는 말은 하나님이 자신의 절대적인 주권과 의지에 따라서 홀로 결정하셨다는 사실을 보여준다. 참으로, 하나님은 오직 자신의 의지와 주권에 따라서 결정하시고 행동하시는 분이다.

12절: "큰 자가 어린 자를 섬기리라"는 말은 하나님께서 "큰 자"(에서)가 아닌 "어린 자"(야곱)를 선택하셨다는 뜻이다. 비록 이삭과 리브가 사이에 에서가 먼저 태어났고("큰 자"), 야곱이 뒤이어 태어났으나("어린 자"), 하나님의 주권적인 뜻에 따라 에서가 아닌 야곱이 선택받았다. 밑에서 언급하겠지만, 야곱과 에서는 단지 개인이 아니라 각각 하나님의 선택을 받은 사람(야곱)과 하나님의 선택을 받지 않은 사람(에서)을 상징한다.

13절: 바울은 말라기 1:2-3을 인용하면서 "내가 야곱은 사랑하고 에서는 미워하였다"라고 말한다.[547] 이것은 그가 12절에서 말했던 약속을 확증하고 상술하는 것이다.[548] "에서는 미워하였다"라는 말은 하나님께서 에서를 향해 느끼신 단순한 감정을 드러낸 것이 아니다. 여기서 "야곱과 에서"라는 명칭은 야곱과 에서 개인뿐 아니라, 나아가서 이들을 조상으로 삼고 있는 각 민족, 즉 야곱의 후손 이스라엘과 에서의 후손 에돔을 가리킨다.[549]

---

547 Gert Jacobus, Steyn은 로마서에서 소선지서 인용이 9-11장에 집중되어 있다는 사실을 언급하면서 (1:17에 있는 하박국 2:4만 예외), 9-11장에 있는 소선지서 인용을 연구했다. Gert Jacobus Steyn, "Observations on the text form of the Minor Prophets quotations in Romans 9-11", *Journal for the Study of the New Testament* 38.1 (2015): 49-67. 또한 Brian J. Abasciano, *Paul's Use of the Old Testament in Romans 9.1-9: An Intertextual and Theological Exegesis*, LNTS, London: T & T Clark, 2005를 참고하라.

548 Thomas R. Schreiner, *Romans*, 500. 또한 Thomas R. Schreiner는 이 구절이 이중예정(double predestination)을 말한다고 주장한다. Thomas R. Schreiner, *Romans*, 501.

549 F. F. Bruce는 이렇게 개인을 통해서 그 집단을 말하는 표현 방식은 성경의 사상과 언어에 있어서 (특별히 구약) 개인과 집단을 교체적으로 사용하는 흔한 실례라고 주장한다(참고. 5:12 이하). F. F. Bruce, 『로마서』, 202.

따라서 하나님이 야곱을 사랑하셨다는 말은 야곱의 후손 이스라엘을 선택하셨다는 사실을 알려주며, 에서를 미워하셨다는 말은 에돔 민족을 유기하셨다는 사실을 알려준다.[550] 곧 이 말은 하나님이 에서를 선택하지 않기로 정하셨다는 뜻이다.[551]

바울은 하나님의 주권에 따른 선택에 관해서 언급하는 가운데, 하나님의 주권을 강조하기 위하여 비교적 강한 느낌을 주는 구약 성경을 인용한다. 에서가 야곱을 섬길 것이라는 앞 절의 말씀이 야곱의 택함 받음과 에서의 버려짐을 충분하면서도 분명하게 나타내지 못하는 것처럼 보였기 때문에, 바울은 그것을 좀 더 충분하게 설명하기 위해서 성경의 다른 구절을 끌어온다. 그러면서 그는 에서가 야곱을 섬기는 것이 야곱에 대한 하나님의 값없는 사랑과 에서에 대한 하나님의 공의로운 미움에 따른 것이라고 표현한다.[552]

그러므로 6-13절에서 바울은 아브라함, 이삭, 야곱의 이야기를 통해서 혈통적 이스라엘 백성이라고 해서 자동으로 구원받는 것이 아니라, 하나님께서 이스라엘 백성들 가운데 주권적으로 선택하신 사람들이 구원받는다고 말한다. 즉 하나님께서 유대인 모두를 선택하시고 구원받게 하시는 것이 아니라는 것이다. 따라서 우리는 육신적 혈통이 구원의 근거가 될 수 없을 뿐만 아니라, 인간의 행위와 공로가 구원의 조건이 될 수 없고, 오로지 하나님이 그분의 주권적인 의지에 따라 선택해 주신 사람들만 구원받을 수 있다는 사실을 알 수 있다.

---

550 Douglas J. Moo, *Romans*, 584; 참고. Eric Hankins, "Romans 9 and the Calvinist Doctrine of Reprobation", *Journal for Baptist Theology & Ministry* 15.1 (2018): 62-74.

551 Joseph A. Fitzmyer는 이 말을 고대 근동의 과장(an ancient Near Eastern hyperbolic)으로서 '덜 사랑했다'(loved less)는 뜻이라고 설명한다. 즉 이것은 하나님께서 에서와 에돔인들(이두메인들)을 선택하지 않았음을 의미한다는 것이다. Joseph A. Fitzmyer, *Romans*, 563.

552 매튜 풀, 『로마서』, 461.

설교자를 위한 지침

1. 설교자는 이 단락을 다루면서 나라와 민족을 사랑하는 마음, 그리고 그들에게 복음을 전해야 한다는 사명감을 고취할 수 있다. 이를 위해 우리가 구체적으로 무엇을 할 수 있는지를 제시해야 한다. 필시 그리스도인은 나라를 사랑하는 사람이 되어야 하며 이를 위해서 무엇인가를 해야 한다. 하지만 이러한 일이 국가주의나 민족주의로 흐르지 않게 해야 한다.

2. 설교자는 청중들이 얼마나 많은 특권을 받았는지를 돌아보게 해야 한다. 실제로 우리가 가지고 있는 것을 세어 보면 너무나 풍족하다는 사실을 알 수 있다. 하지만 우리는 이에 관해서 감사하지 않고, 이를 잘 활용하지도 못한다. 오히려 가지지 않은 것을 불평하고, 다른 사람과 자신을 비교하면서 열등감에 빠지거나, 혹은 자신이 많이 가지고 있는 것으로 인하여 교만하며 사치한다. 따라서 청중들이 가지고 있는 좋은 것들을 발견해서 선용하게끔 해야 한다.

3. 설교자는 이 단락에 하나님의 절대 주권과 선택과 유기 사상이 담겨 있음을 발견하고 설명해야 한다. 하나님은 자기 뜻과 의지에 따라서 결정하시고 행동하신다. 하지만 무지한 인간은 이에 대해서 제대로 이해할 수 없다. 단지 인간은 하나님께 절대적으로 순종해야 한다. 따라서 설교자는 하나님이 작정하신 뜻이 이루어지도록 우리가 기도해야 하며, 하나님이 그분의 뜻을 이루시는 일에 있어서 우리가 사용되어야 한다는 사실을 일깨워 주어야 한다.

2. 9:14–29 하나님의 주권적인 선택

앞 단락(9:1-13)에서 바울은 이스라엘을 향한 하나님의 약속을 언급하면서, 이스라엘 백성이라고 해서 자동으로 구원받는 것이 아니라는 사실을 말했다. 그러면서 그는 구원에 있어서 인간의 신분이나 노력이나 혈통이 아무런 역할을 하지 못한다는 사실을 강변했다. 이제 이 단락에서는 모세와 바로의 예를 들어서 하나님의 절대 주권을 주장한다. 그리고 토기장이의 비유를 사용하여 하나님의 절대 주권을 인간이 전적으로 순응해야 한다고 권면한다.

14–18절: 하나님의 선택과 유기

14절: 바울은 어떤 사람들이 하나님을 향하여 '왜 누구는 사랑하시고 누구는 미워하시느냐?'라고 항의할 수 있음을 가정하면서, 이에 대한 답변을 제시한다. 그는 먼저 "그런즉 우리가 무슨 말을 하리요?"라고 하는데, 이는 이 서신에서 종종 발견되는 그의 어법이다(참고. 3:5; 6:1). 그는 이어서 "하나님께 불의가 있느냐?"(μὴ ἀδικία παρὰ τῷ θεῷ, 메 아디키아 파라 토 데오)라고 질문하는데, 여기에 헬라어 단어 'μή'(메, not, lest)가 사용된 것은 부정의 답변을 기대하는 것이다.[553] 이는 누구도 하나님이 불의하시다고 생각하지 않기 때문이다. 따라서 그는 "그럴 수 없느니라"고 단호하게 말한다(참고. 3:4). 이것은 인간이 하나님의 주권적인 선택에 대해서 이의를 제기하거나 불평할 수 없다고 명확히 선을 긋는 것이다.

15절: 이 구절은 14절의 이유를 알려준다.[554] 바울은 하나님의 선택을 불공정하다고 항의할 수 없다고 말하기 위하여 하나님께서 모세에게 말씀하신 것을 언급한다(참고. 출 33:19).[555] 하나님께서는 모세에게 "내가 긍휼히 여길 자를 긍휼히 여기고 불쌍히 여길 자를 불쌍히 여기리라"고 말씀하셨다. 여기서 '긍휼히 여기는 것'과 '불쌍히 여기는 것'은 같은 뜻이다. 이렇게 같은 말을 반복하는 것은 하나님께서 긍휼을 베푸시는 일에 임의성(任意性)이 있다는 사실을 강조한다. 하나님께서 어떤 사람에게 긍휼을 베푸시고 다른 사람에게 그렇게 하지 않으신다고 하더라도, 그분이 결코 불의하다고 비난받으실 수는 없다. 이는 하나님께서 누구에게도 불의하게 행하지 않으셨을 뿐만 아니라, 또한 누구에게도 빚을 지지 않으셨기 때문이다.[556] 하나님은 긍휼히 여길 대상을 자신이 스스로 결정하신다.

16절: 이 구절은 15절을 보충한 것이다.[557] 바울은 14절에서 하나님의 불의에 대한 가상의 질문을 제기했고, 15절에서 하나님을 불의하다고 볼 수

---

553 James D. G. Dunn, *Romans 9-16*, 551.

554 Thomas R. Schreiner는 15절에 등장하는 'γάρ'(가르)를 하나님이 사람들의 행위와 관계없이 어떤 사람은 택하시고 다른 사람은 거절하신다고 하더라도 왜 불의하시지 않는가에 대한 이유나 설명을 제공하기 위한 것으로 보는 것이 가장 자연스럽다고 주장한다. Thomas R. Schreiner, Romans, 506. 로마서 9-11장에 나타난 유대인과 이방인의 구원 문제에 관하여, Bruce W. Longenecker, "Different Answers to Different Issues: Israel, the Gentiles and Salvation History in Romans 9-11", *Journal for the Study of the New Testament* 11.36 (1989): 95-123을 보라.

555 John D. Harvey, *Romans*, 233.

556 매튜 풀, 『로마서』, 462.

557 John D. Harvey, *Romans*, 234.

없다고 답변했는데, 이 구절에서 15절의 답변을 보충하여 말한다. 바울의 말은 하나님께서 특정한 사람을 선택하신 것이 그 사람이나 다른 사람이 원해서가 아니고, 그 사람이나 다른 사람이 노력하거나 강요해서도 아니며, 오로지 하나님께서 그를 긍휼히 여기셨기 때문이라는 뜻이다. 그러므로 누구도 하나님을 불공평하다고 말할 수 없다. 하나님은 그분의 자의적이면서도 절대적인 뜻에 따라서 행동하신다. 하나님은 어떤 일을 결정하시고 집행하실 때, 누구의 도움이나 간섭도 받지 않으신다.

17절: 이 구절은 14절에서 제기된 "하나님께 불의가 있느냐?"라는 질문에 대한 또 하나의 답변이다.[558] 바울은 하나님이 심지어 악도 주관하신다는 사실을 보여주기 위하여 출애굽기 9:16을 인용한다. "내가 이 일을 위하여 너를 세웠으니 곧 너로 말미암아 내 능력을 보이고 내 이름이 온 땅에 전파되게 하려 함이라." 이것은 하나님이 바로에게 하신 말씀이다. 하나님은 온 세상을 자기 뜻에 따라 다스리신다. 이에 하나님은 바로를 이집트의 통치자로 세우셨고, 바로를 통하여 자기 능력과 이름이 온 세상에 전파되게 하셨다.[559] 따라서 하나님의 주권이 미치지 않는 영역은 없다. 잠언 16:4는 이와 관련하여 다음과 같이 말한다. "여호와께서 온갖 것을 그 쓰임에 적당하게 지으셨나니 악인도 악한 날에 적당하게 하셨느니라."

18절: 하나님이 바로를 완악하게 하신 것에 대하여 사람들은 '하나님이 바로를 완악하게 하셨으니 하나님께 책임이 있는 것이 아니냐?'라고 항의할 수 있다. 이에 대해서 바울은 "그런즉 하나님께서 하고자 하시는 자를 긍휼히 여기시고 하고자 하시는 자를 완악하게 하시느니라"고 선제적으로 답변한다. 이 말은 하나님께서 '원하시는'(θέλει, 델레이) 자를 긍휼히 여기

---

558 Thomas R. Schreiner는 헬라어 본문에서 이 구절이 'γάρ'(가르)로 시작되는데, 이것 역시 14절의 이유를 알려주기 위한 것이라고 주장한다. 따라서 그는 14절의 이유가 15절과 17절이 되며, 모두 하나님이 왜 불의하신 것이 아닌지에 대해서 대답한다고 말한다. Thomas R. Schreiner, *Romans*, 508.

559 ESV Study Bible.

시고, '원하시는'(θέλει, 델레이) 자를 완악하게 하신다는 뜻이다.[560] 하나님은 자신의 주권적인 뜻에 따라서 긍휼히 여기실 대상과 완악하게 하실 대상을 결정하신다. 따라서 인간은 하나님께 항의(불평)할 수 없다. 오직 하나님이 그분의 선하신 뜻대로 행하신다.

그런데 하나님은 사람의 마음을 고의로 완악하게 만들지 않으신다. 즉 하나님은 사람의 부드러운 마음을 완악하게 하지 않으시며, 임의로 사람들의 마음속에다가 완악함을 집어넣지도 않으시고, 일부러 그들의 마음이 완악해지도록 이끌지도 않으신다. 다만, 하나님은 두 가지 방식으로 사람들의 마음을 완악하게 하신다. 첫째는 그들을 그냥 내버려 두심으로 완악하게 하신다. 즉 그들의 마음을 부드럽게 만들지 않으심으로써, 태양이 자신의 광채를 거둘 때 어둠이 따르는 것처럼, 하나님이 자기 은혜의 광채를 거두실 때 완악함이 따르게 하신다. 둘째는 그들을 징벌하심으로 완악하게 하신다. 하나님은 그들의 완악함에 대한 형벌의 차원에서 그들을 더욱 완악하게 하신다.[561] 그리하여 사람의 완악함은 하나님의 형벌이 된다.

그러므로 하나님께서 바로의 마음을 완악하게 하셨다는 말로 하나님에게 잘못이 있고 바로에게 잘못이 없다고 생각해서는 안 된다. 오히려 그 반대이다. 이것을 '신정론'과 '유기'의 관점에서 이해할 수 있는데, 하나님이 바로를 긍휼히 여기셔서 그에게 선한 마음을 심어 주시면 그가 선을 행하게 되지만, 하나님이 그를 긍휼히 여기지 않으시고 그의 마음을 완악한 상태로 내버려 두시면 그가 완악해지는 것이다. 즉 하나님이 역사하시지 않고 내버려 두셨기 때문에 바로가 완악해진 것이다. 따라서 잘못은 하나님께 있는 것이 아니라 바로에게 있다.

560 변종길, 『로마서』, 300.

561 ESV Study Bible.

19–23절: 토기장이의 권한

19절: 바울은 디아트리베(diatribe) 스타일을 계속하는데(참고. 2:1-5의 주석), 이는 예상되는 반대자들의 불만(항변) 때문이다. 하지만 그는 반대자들의 정체를 밝히지 않는다. 아마도 그는 전파하고 가르칠 때 이러한 반대에 자주 직면했을 것이다.[562] 반대자들은 하나님의 절대 주권에 근거한 선택과 유기에 대하여 반론을 제기할 가능성이 있었다. 바울은 "혹 네가 내게 말하기를 그러면 하나님이 어찌하여 허물하시느냐? 누가 그 뜻을 대적하느냐?"라면서 예상되는 (그동안 직면해 왔던) 불평을 서술한다. 이 말은 구원이 전적으로 하나님께 달려 있고 하나님께서 자신이 원하시는 자를 긍휼히 여기시거나 완악하게 하신다면, '어떻게 하나님이 누군가에게 유죄를 선고하실 수 있는가?', '하나님의 뜻을 거역할 수 없는데 어떻게 하나님이 누군가에게 죄를 물으실 수 있는가?'라는 질문이다.[563] 그렇게 '선택이 하나님의 의지에 근거한다면 악인에 대한 하나님의 심판은 정당한가?'라며 반대 주장을 펼치는 사람들에게 바울은 다시 한번 쐐기를 박는다.[564]

20절: 이 구절은 인간이 자신을 창조하신 하나님께 항의할 수 없으며, 자신을 왜 이렇게 만들었느냐고 불평할 수 없다는 뜻이다.

21절: 바울은 토기장이 비유를 든다. 예레미야 18:2-4에 토기장이 비유가 나오는데, 이 비유는 창조주 하나님과 피조물 인간을 묘사하기에 적절하다(참고. 토기장이 이미지의 구약 배경: 욥 10:9; 시 2:9; 사 29:16; 45:9; 64:8; 렘 18:1-12). 하지만 구약에서 이 비유의 의도와 초점은 다양하다.[565] 여기서 "귀히 쓸 그릇"은 구원받을 사람을 가리키고, "천히 쓸 그릇"은 구원받지 못할 사람을 가리킨다. 따라서 이 말은 구원받을 사람과 구원받지 못할

---

562 Thomas R. Schreiner, *Romans*, 513.

563 ESV Study Bible.

564 김곤주, 『로마서』, 215.

565 C. E. B. Cranfield, *Romans*, 491.

사람을 정해 놓으실 권한이 하나님께 있다는 뜻이다. 더욱이 토기장이는 자신의 그릇들에 자신이 그와 같이 만든 이유를 설명할 필요가 없다. 이처럼 하나님은 어떤 사람을 선택하실 수 있고, 어떤 사람을 유기하실 수 있으며, 그의 피조물들에 그렇게 한 것에 대해서 일일이 설명하실 필요가 없다. 진흙 덩어리를 가지고 어떤 그릇을 만들든, 토기장이는 아무런 잘못을 한 것이 아니다. 이와 마찬가지로, 창조주 하나님께서 어떤 사람을 만드시든, 하나님은 아무런 잘못을 하지 않으셨다.[566] 그러므로 인간은 하나님의 주권에 항변할 수 없다.

22-23절: 19-21절에서 바울은 하나님이 그분의 주권을 가지고 결정하시는 일에 인간이 함부로 불평하거나 이의를 제기할 수 없다는 사실을 말했다. 그런데도 사람들은 하나님께서 사람들을 다르게 다루시는 이유가 무엇인지에 대해서 항의할 수 있다. 사람들은 하나님께서 어떤 사람을 버리는 것을 가지고 그분이 자비롭지 않기 때문이라고 생각할 것이다. 이에 바울은 하나님께서 사람들을 다르게 다루시는 이유를 말한다. 여기서 바울은 두 종류의 그릇에 관하여 이야기한다. 하나는 '진노의 그릇'이며, 다른 하나는 '긍휼의 그릇'이다. 이것은 앞에서 '천히 쓸 그릇'과 '귀히 쓸 그릇'이라고 언급한 것과 같은 맥락이다.[567]

바울은 "만일 하나님이 그의 진노를 보이시고 그의 능력을 알게 하고자 하사 멸하기로 준비된 진노의 그릇을 오래 참으심으로 관용하시고 또한 영광 받기로 예비하신바 긍휼의 그릇에 대하여 그 영광의 풍성함을 알게 하고자 하셨을지라도 무슨 말을 하리요?"라고 말한다. 이 말은 이 세상에 "진노의 그릇"과 "긍휼의 그릇"이 있는데, "진노의 그릇"은 하나님이 그의 진노를 보이시고 그의 능력(심판하시는 능력)을 알게 하고자 하사 멸하기로 준비된 것으로, 하나님이 그에 대하여 오래 참으심으로 관용하실 수 있고,

566 매튜 풀, 『로마서』, 465.

567 ESV Study Bible.

"긍휼의 그릇"은 하나님께서 영광을 받으시기 위해 예비하신 것으로, 하나님이 그를 통하여 그 영광의 풍성함을 알게 하실 수 있는데, 이에 대해서 누가 감히 하나님께 반론을 제기할 수 있느냐는 뜻이다.

하나님은 어떤 사람(진노의 그릇)을 선택하지 않으심으로 그가 합당한 형벌을 당하도록 내버려 두시며, 또한 어떤 사람에 대해서는 죄를 지었을 때 바로 형벌을 내리실 수 있지만, 그렇게 하지 않으시고 참아 주신다. 그리고 하나님은 어떤 사람(긍휼의 그릇)을 선택하셔서 그에게 자신의 자비와 사랑을 크고 풍성하게 드러내심으로 자신의 영광이 얼마나 위대한지를 드러내신다. 이러한 모든 일은 하나님이 전적으로 하시는 일이기에 누구도 항의할 수 없다.[568]

24-29절: 남은 자들이 있음

24절: 이 구절은 23절의 '긍휼의 그릇'에 대한 설명을 덧붙인 것이다.[569] 14-23절에서 바울은 하나님의 약속이 아브라함의 육신의 자손들에게만 해당하는 것이 아님을 계속해서 보여주었다. 이러한 논증을 그는 6-23절에서 진행해 왔다. 이제 24절에서 그는 아브라함의 참된 씨, 곧 약속의 자녀가 누구인지를 명백히 밝힌다.[570] 그에 따르면, 긍휼의 그릇은 유대인 중

---

568 이 구절을 가지고 이중 예정(선택과 유기) 교리를 주장하는 이들이 있다. 이에 대해서, 김곤주, 『로마서』, 216-18을 보라. 김곤주는 이중 예정 교리를 부정할 필요가 없으나, 이 주제를 강조하거나 매달릴 필요도 없다고 말한다. 그는 다음과 같이 설명한다. "개혁주의와 성경이 말하는 이중 예정은 멸망 가운데 하나님께서 은혜로 부르신 택자들이 있지만, 그 나머지 사람들은 자신의 강퍅함을 따라 자신의 죄로 인하여 스스로 심판의 길을 가도록 내버려 두시는 하나님의 구원과 심판의 양면성을 말합니다."

569 24절이 19-23절(토기장이 이야기)에 붙는지, 아니면 25-29절에 붙는지에 관해서 주석가들 사이에 논란이 있다. 이는 24절이 앞 절의 결론인 것처럼 보이지만, 바울이 앞에서 말한 것의 결론을 내리지 않고 단지 하나님의 자유로운 선택과 참으심을 말하기 때문이다. 이에 대해서 Joseph A. Fitzmyer, *Romans*, 572를 보라. Thomas R. Schreiner는 24절의 관계 대명사 '후스'(whom) 때문에 구문론적으로 24절이 23절과 연결된다고 보지만, 그럼에도 실질적으로 24절에서 새로운 단락이 시작된다고 주장하는데, 이는 바울이 앞 구절들에서 하나님이 원하시는 대로 누구든지 선택하신다는 하나님의 주권과 자유사상을 확립했기 때문이라고 한다. Thomas R. Schreiner, *Romans*, 525.

570 매튜 풀, 『로마서』, 466.

에서 부르신 자들과 이방인 중에서 부르신 자들이다. 즉 하나님께서 구원을 베푸시려고 부르신 사람들에는 유대인과 이방인이 모두 포함된다. 한편, 바울은 로마서에서 '유대인'이라는 명칭을 이곳과 10:12에서만 사용한다.[571]

24절의 주장은 25-29절에서 보완된다.[572] 25-29절에서 바울은 호세아의 글(25-26절)과 이사야의 글(27-29절)을 인용하여, 북이스라엘을 향한 예언과 남유다를 향한 예언을 각각 이방인과 유대인에게 적용한다. 이 구절들에는 이방인이나 유대인이 어떤 조건이나 공로 때문에 구원받는 것이 아니라, 하나님의 은혜와 긍휼로 구원받는다는 사실이 명시되어 있다.

먼저, 25-26절에서 바울은 북이스라엘의 선지자 호세아의 글을 인용하여 메시지를 전달한다. 이 메시지는 이방인들을 향한 것이다.[573]

25절: 바울은 호세아 2:23을 인용한다. "내 백성 아닌 자"와 "사랑하지 아니한 자"라는 문구는 호세아가 고멜과의 사이에서 낳은 둘째 아들과 셋째 아들의 이름을 각각 로루하마('사랑받지 못한 자')와 로암미('내 백성이 아님')로 지었다는 사실을 반영한다. 따라서 "내 백성 아닌 자"와 "사랑하지 아니한 자"는 같은 대상을 일컫는데, 곧 패역하고 타락하여 하나님에게서 버림받은 북이스라엘 백성을 가리킨다. 이는 원래 호세아에게 주어진 예언이 북이스라엘 열 지파에 주어졌기 때문이다. 그들은 언약에서 벗어났기에 이방인들과 같이 취급되었다.

26절: 바울은 호세아 1:10을 인용한다. 이 말은 하나님께서 이방인들을 부르셔서 하나님의 자녀로 삼아 주신다는 뜻이다.

다음으로, 27-29절에서 바울은 남유다의 선지자 이사야의 글을 인용하여 메시지를 전달한다. 이 메시지는 유대인들을 향한 것이다.

---

571 Joseph A. Fitzmyer, *Romans*, 572-73을 보라.

572 R. Jewett, *Romans*, 599.

573 참고. 김경식, "바울의 호세아 인용과 이방인 구원이 무슨 상관이 있는가?: 롬 9:25-26에서의 호세아 사용 연구", 『신약연구』 16.3 (2017): 71-109.

27-28절: 바울은 이사야 10:22-23을 인용한다. 이사야는 이스라엘 자손들 가운데 일부분만이 구원받을 것이라고 예언했다. 실제로 이사야 1:9에 언급되어 있듯이 이스라엘은 소돔과 고모라처럼 일소되었어야 마땅하지만, 하나님께서 긍휼을 베푸셔서 일부를 남겨 두셨다.[574] 그런데 바울은 그러한 소수의 남은 자들을 백성들 가운데 택함을 받은 사람들의 모형으로 만든다. 그들은 예수 그리스도를 믿는 믿음으로 말미암아 구원받을 자들이다.[575] 결국, 바울이 말하는바 이스라엘 백성 가운데 남은 자만 구원을 받을 것이라는 말은 혈통적인 이스라엘 백성이라고 해서 자동으로 구원받는 것이 아니라, 그들 중에서 하나님의 선택을 받은 사람들만 구원받을 수 있다는 뜻이다.

29절: 바울은 이사야 1:9를 인용한다. 이는 하나님이 이스라엘 백성에게 '씨'(27절의 '남은 자'와 같은 사람들)를 남겨 두지 아니하셨더라면 이스라엘이 소돔과 고모라처럼 되었을 것이라는 뜻이다. 즉 이는 이스라엘 백성들이 소돔과 고모라처럼 멸망했어야 했지만(참고. 렘 50:40), 하나님의 은혜와 긍휼로 소수가 남아서 명맥을 유지하다가 나라를 다시 일으킨 것을 시사한다. 당시에 이스라엘 백성 중 소수가 포로 생활에서 돌아왔으며, 그들의 수고로 나라와 성전이 재건되었다.

574 ESV Study Bible.

575 매튜 풀, 『로마서』, 468.

• 설교자를 위한 지침 •

1. 이 단락은 하나님의 절대 주권에 대해서 말한다. 따라서 설교자는 하나님의 절대 주권의 의미와 적용에 초점을 맞추어서 설교해야 한다. 특히 이러한 교훈을 실제 생활에서 어떻게 적용할 수 있는지를 설명해 주어야 한다.

2. 설교자는 우리가 선택받은 것이 전적으로 하나님의 은혜 덕분임을 언급해야 한다. 우리가 잘나서 혹은 우리가 자격을 갖추었기에 선택받은 것이 아니라는 사실을 일깨워 주어야 한다. 그리고 누가 선택받았는지 혹은 누가 선택받지 못했는지를 우리가 알 수 없으니, 그저 만나는 사람들에게 복음을 전해서 하나님의 뜻이 이루어지는 데 헌신해야 함을 알려주어야 한다.

3. 이 단락의 설교 대지를 다음과 같이 구성할 수 있다.
   1) 하나님은 자기 뜻에 따라서 선택하시거나 유기하신다(14–18절).
   2) 하나님의 선택과 유기에 대해서 인간은 항의할 수 없다(19–23절).
   3) 하나님은 선택과 유기를 하실 때 인간의 조건과 공로를 고려하지 않으신다(24–29절).

3. 9:30-10:4 이스라엘의 실패

9장에서 시작된 새로운 단원에서 지금까지 바울은 이스라엘의 구원 문제를 말하는 가운데, 이스라엘 사람이라고 해서 자동으로 구원받는 것이 아니며, 하나님의 절대 주권에 따라 선택받은 사람만 구원받는다고 말했다. 이제 이 단락에서 바울은 이스라엘이 실패한 원인이 하나님에게 있는 것이 아니라 이스라엘에 있다는 사실을 말한다. 따라서 9:1-29는 이스라엘의 문제를 하나님의 관점에서 다루지만, 이 단락에서는 그 문제를 이스라엘의 관점에서 다룬다. 바울은 의를 따르지 않은 이방인들이 믿음으로 의롭게 된 것과, 의의 법을 따라간 이스라엘 사람들이 행위를 좇다가 불의하게 된 것을 언급한다. 그런 후에는 동족 이스라엘의 구원을 위한 간절한 소망을 다시금 드러내면서 그들이 실패한 이유를 바로 깨닫고 회개하기를 촉구한다.

30–33절: 실패의 내용

30-33절에서 바울은 이방인들과 이스라엘 백성들의 결과가 엇갈렸다는 사실을 말한다. 그는 30절에서 이방인들에 대해서 말하고, 31-33절에서 이스라엘 백성들에 대해서 말한다.

30절: 바울은 "그런즉 우리가 무슨 말을 하리요?"라는 말로 논의를 시작한다. 그는 이러한 수사학적 질문을 사용하여 예상되는 반론을 잠재우면서 지금까지 말한 하나님의 주권에 관한 이야기의 결론을 내리려고 한다(참고. 6:1; 7:7; 9:14).[576] 그는 "의를 따르지 아니한 이방인들이 의를 얻었으니 곧 믿음에서 난 의요"라고 말한다. 이는 이방인들에 관한 말이다. 바울은 "의"(하나님의 말씀, 율법)를 따르지 않았고 그것에 관심도 없었던 이방인들이 "의"(하나님과 올바른 관계, 구원)를 얻었는데, 곧 믿음에서 난 "의"(하나님과 올바른 관계, 구원)를 얻었다고 말한다. 이방인들은 선행이나 공로가 아니라 그리스도를 믿음으로 의롭게 되었다.

31절: 31-33절은 이스라엘 사람들에 관한 말이다. 여기서 "의의 법"과 "율법"은 모두 시내산에서 모세를 통해 이스라엘 백성들에게 주어진 '모세의 법'을 가리킨다. 그러므로 이 말은 의의 법(율법)을 따라간 이스라엘 사람들이 율법(율법의 기준)에 이르지 못했다는 뜻이다. 이스라엘 사람들은 율법을 행하면 의롭게 된다고 생각해서 율법을 지키려고 노력했다(참고. 마 19:16-20). 하지만 율법이 요구하는 기준에 도달하지 못해서 실패했다. 그러므로 이스라엘의 문제는 이르려는 목표, 즉 '의'(uprightness)에 있는 것이 아니라, 16절과 23절에서 분명히 알 수 있듯이, 그것을 추구하려고 한 방식에 있었다. 그들은 하나님 앞에서 의를 얻는 것이 사람의 의지나 노력이 아니라 하나님의 자비에 달려 있다는 사실을 알았어야 했다.[577]

---

576 John D. Harvey, *Romans*, 245.

577 Joseph A. Fitzmyer, *Romans*, 578. 그리고 Douglas J. Moo, *Romans*, 624-27에 있는 논의를 참고하라. Douglas J. Moo는 이를 다음과 같이 설명한다. "Israel, pursuing a law that promised

32절: 바울은 "어찌 그러하냐?"라는 가상의 질문을 제기하고, 이어서 "이는 그들이 믿음을 의지하지 않고 행위를 의지함이라. 부딪칠 돌에 부딪쳤느니라"고 답변한다. 이스라엘 사람들은 믿음을 의지하지 않고 행위(율법)를 의지했다. 그들은 자신들의 힘으로 구원받을 수 있다고 생각했다. "부딪칠 돌"(stumbling stone)이란 '걸려 넘어지게 하는 돌'이라는 뜻이다. 이 돌은 메시아(그리스도)를 가리킨다. 이스라엘 사람들은 율법의 의미와 목표인 그리스도를 알아보지 못했다.[578] 그들은 그리스도로 말미암아 의를 찾고자 하는 것으로부터 너무나 멀리 떨어져 있었다. 그들은 자신들의 행위로 의를 세우려고 하다 보니 그리스도를 찾으려 하지 않았고, 도리어 그리스도로 말미암아 걸려 넘어짐으로써 스스로 멸망을 자초했다.[579] 결국, 그들은 율법의 진정한 의미와 목적을 이해하지 못함으로 의를 얻는 일에 실패하고 말았다.

33절: 바울은 구약을 사용하여 이스라엘의 잘못을 입증한다. 그는 이사야 28:16을 인용하는 가운데 이사야 8:14를 도입한다. 이 예언은 베드로에 의해서도 인용되었다(참고. 벧전 2:6-8).[580] "걸림돌"과 "거치는 바위"(넘어지게 만드는 바위)는 예수 그리스도를 가리킨다. 예수 그리스도는 보배로운 머릿돌이면서 동시에 결과적으로 걸림돌, 즉 걸려 넘어지게 만드는 돌이다(참고. 눅 2:34).[581] 이스라엘 사람들에게 있어서 예수 그리스도는 걸림돌이었고 거치는 바위였다. "그를 믿는 자는 부끄러움을 당하지 아니하리라"는 말은 예수님을 믿는 자가 구원을 받는다는 뜻이다. 구약의 선지자들은 이

---

righteousness, did not attain that law. For what reason did Israel not attain the law that promises righteousness? Because Israel pursued that law that promises righteousness not on the basis of faith but as if 43 it could have been attained on the basis of works." Douglas J. Moo, *Romans*, 626.

578 Joseph A. Fitzmyer, *Romans*, 579.

579 매튜 풀, 『로마서』, 469.

580 매튜 풀, 『로마서』, 469.

581 매튜 풀, 『로마서』, 469; 참고. M. B. Thompson, "Stumbling block", in *Dictionary of Paul and His Letter*, Downers Grove: IVP, 1993, 918-19.

미 이스라엘이 예수님을 거부할 것을 예언했다. 그리하여 율법을 모르는 이방인들은 예수님을 믿음으로 말미암아 의롭게 되었으나, 율법을 아는 유대인들은 율법(행위)을 통해서 의롭게 되려다가 도리어 실패하고 말았다.

1-4절: 실패의 원인

1-4절은 바울이 9:31-33의 주제를 반복하거나 확대하기 전에 이스라엘의 곤경에 대한 개인적인 대답을 끼워 넣은 것이다.[582] 따라서 1-4절은 바울의 마음 상태를 보여준다. 즉 이스라엘이 구원받기를 간절히 바라며 기도하는 바울의 심경을 알려준다. 이러한 언급은 9장의 시작 부분에 나왔다. 따라서 10장의 시작 부분은 9장의 시작 부분과 유사하다.[583]

1절: 바울은 자주 로마의 그리스도인들을 "형제들"이라고 부른다(예. 1:13; 7:1, 4; 8:12; 11:25; 12:1; 15:14, 30; 16:17). 그런데 문예적으로, "형제들"이라는 칭호를 붙이는 것은 화제의 전환을 표시한다. 하지만 여기서 바울은 화제 자체를 전환하려는 것이 아니라 화제의 한 측면에서 다른 측면으로 전환하려고 한다.[584] 그는 이스라엘 백성들이 율법주의에 빠짐으로 실패했던 오류를 지적하면서도, 자신이 여전히 동족 이스라엘 백성들의 구원을 간절히 바라며, 이를 위해 하나님께 간구한다고 말한다(참고. 9:1-3).

2절: 그렇다면 이스라엘 백성이 구원받지 못하는 이유는 무엇인가? 이에 대하여 바울은 "그들이 하나님께 열심이 있으나 올바른 지식을 따른 것이 아니니라"고 말한다. "그들이 하나님께 열심이 있으나"라는 말은 이스라엘 백성들이 하나님께 대하여 열심을 가지고 있었음을 의미한다. 바울의 말대로, 이스라엘 백성들은 하나님께 대하여 열심이 있었다. 그들은 하나님만을 섬기려고 했고, 하나님의 율법을 소중하게 간직하면서 그것을 지키

582 Thomas R. Schreiner, *Romans*, 542.

583 권연경, 『로마서 산책』, 281-82.

584 Douglas J. Moo, *Romans*, 631.

려고 무척이나 노력했다.[585] 따라서 이스라엘을 향한 바울의 증언은 그들이 하나님께 칭찬받을 만하다는 긍정적인 어조로 시작된다.[586] "올바른 지식을 따른 것이 아니니라"라는 말은 그들의 열정이 올바른 지식이 아니라 잘못된 지식에 따른 것이라는 뜻이다. 즉 그들은 하나님께 대하여 열심을 가지고 있었으나 잘못된 열심을 가지고 있었다. 율법의 진정한 의미와 역할을 이해하지 못했다. 율법을 문자적이고 형식적으로 지키기에 급급했으며, 율법이 지향하는 것이 그리스도라는 사실을 알지 못했다. 그리하여 율법주의에 빠지고 말았다.

3절: "하나님의 의를 모르고"라는 말은 이스라엘 백성들이 하나님께서 의로우신 분임을 몰랐다는 뜻이 아니다. 여기서 "하나님의 의"는 자기 백성을 자신과 관계 맺게 하시는 하나님의 역동적인 행동을 의미한다. 이러한 하나님의 의는 그리스도 안에서 나타났으며(참고. 3:21), 복음에서 선포되었다(참고. 1:17). 따라서 하나님의 의를 몰랐다는 말은 하나님이 구원 활동을 하시겠다고 약속하신 것을 예수 그리스도를 통하여 이행하셨다는 사실을 몰랐다는 뜻이다.[587]

"자기 의를 세우려고 힘써"라는 문구는 이스라엘 백성들이 공로와 노력을 통해서 의를 얻으려고 한 것을 뜻한다. 그리고 그들이 자신들만의 전통과 규례를 세워 놓고 그것을 지켜야 의롭게 된다고 주장한 일을 반영한다. "하나님의 의에 복종하지 아니하였느니라"라는 문구는 이스라엘 백성들의 무지 뒤에 있었던 교만을 보여준다. 그들은 필요한 것이 자기 안에 있다고 생각하면서 밖으로 나가려고 하지 않았다. 그들은 자신들의 공로로 말미암은 충분한 의를 가지고 있다고 생각해서 하나님의 의를 거절하

---

585 Joseph A. Fitzmyer는 이에 대해서 다음과 같이 설명한다. "In postexilic and late pre-Christian Judaism, 'zeal' for God, his law, or his Temple was considered the characteristic of the faithful Jew." Joseph A. Fitzmyer, *Romans*, 582.

586 Douglas J. Moo, *Romans*, 632.

587 Douglas J. Moo, *Romans*, 633.

고 그것으로부터 스스로를 돌이켰다.[588] 그리하여 그들은 하나님이 주신 율법의 진정한 의미를 이해하지 못했으며, 따라서 하나님이 율법을 주신 목적과 의도에서 벗어났다. 그들은 율법주의적 문자주의에 빠져서 하나님의 의를 모르고 오로지 자기 의를 세우려고 힘썼다. 그 결과 그들은 불의한 자들이 되어 버렸다.

4절: 이 구절은 3절에 대한 이유 설명이다. 곧 3절에서 말한 '하나님의 의'가 무엇인지, 또는 누구인지에 대한 설명이다.[589] 바울은 이스라엘이 하나님의 의에 대하여 무지하기에 이에 대해서 좀 더 설명한다. 헬라어 본문에서는 "마침"(τέλος, 텔로스)이라는 단어가 문장 제일 앞에 나온다. 비록 이러한 구문 형태가 어색하긴 하지만, 바울은 "마침"이라는 단어를 강조하기 위해서 의도적으로 이렇게 문장을 구성한다.[590] "마침"에 해당하는 헬라어 단어 'τέλος'(텔로스)는 '끝', '목적', '목표', '완성', '완전' 등 다양한 뜻이 있다. 따라서 학자들은 이 단어의 의미를 두고 치열한 논쟁을 벌였다.[591] 우리는 'τέλος'(텔로스)가 '목표'(goal)와 '끝'(end)이라는 두 가지 의미를 모두 가진다고 생각한다.[592] 우선, 그리스도는 율법의 '목표'이시다. 그리스도는 율법이 요구하는 것을 모두 이루셨다. 따라서 그리스도 안에 있는 사람

---

588 매튜 풀, 『로마서』, 471.

589 변종길, 『로마서』, 316.

590 James D. G. Dunn, *Romans* 9-16, 596-98.

591 John D. Harvey, *Romans*, 249를 참고하라. 또한 이 단어의 의미에 관한 학계의 논의를 이해하려면, Joseph A. Fitzmyer, *Romans*, 584-85; Douglas J. Moo, *Romans*, 638-42; Massinelli, Georges, "Christ and the Law in Romans 10:4", The Catholic Biblical Quarterly 77.4 (2015): 707-26을 보라. 그리고 이에 대한 포괄적인 연구를 위하여, Robert Badenas, *Christ the End of the Law: Romans 10.4 in Pauline Perspective*, JSNTSup 10, Sheffield: JSOT Press, 1985를 보라.

592 Thomas R. Schreiner는 'τέλος'(텔로스)를 '목표'(goal)로 보는 것을 반대하고, '마침'(end)으로 봐야 한다고 주장한다. Thomas R. Schreiner, *Romans*, 545. 권연경은 이 단어의 의미에 대하여, 루터 교회 전통에서는 율법의 '끝'으로, 그리고 칼뱅주의 전통에서는 율법의 '완성' 내지 '목적'으로 보려는 경향이 있다고 설명하면서, 자신은 후자의 해석에 끌린다고 말한다. 그는 복음 자체를 율법(성경)과 연결하여 설명하는 바울의 태도나, 복음이 율법을 폐하는 것이 아니라 세우는 것이라는 진술을 고려한다면(1:2; 3:31; 7:12, 14; 8:4; 13:8-10), 그리스도를 율법의 '마지막'으로 보기가 어렵다고 주장한다. 권연경, 『로마서 산책』, 287.

은 율법을 이룬 사람이 된다. 또한, 그리스도는 율법의 '마침'이시다. 그리스도가 오심으로 율법은 끝났고 더 이상 구속력을 가지지 못한다.[593] 그러므로 그리스도가 오심으로 의롭게 될 수 있는 길이 열렸다. 이제 우리는 그리스도 안에 있을 때 율법의 요구를 모두 이루어서 의롭게 될 수 있다.

593 ESV Study Bible.

• 설교자를 위한 지침 •

1. 설교자는 이 단락을 설교할 때 잘못된 목표 설정과 잘못된 지식이 어떠한 결과를 낳는지를 강조해야 한다. 우리나라 기독교인들이 가지고 있는 열심과 정성은 세계 어느 나라 기독교인에 못지않지만, 우리가 당연한 것으로 여기는 것 중에서 잘못된 목표와 잘못된 지식에 근거한 것이 있을 수 있다. 따라서 청중들이 이를 숙고하면서 돌이키게 해야 한다.

2. 바울은 여기서 유대인과 이방인 모두에게 말한다. 이는 세상의 모든 사람이 잘못된 목표와 잘못된 지식을 가질 수 있음을 시사한다. 인간은 모두 연약하다. 인간은 끊임없이 잘못된 방향으로 나아갈 수 있다. 따라서 설교자는 인간의 연약함과 어리석음을 주지시키면서 청중들이 바른 방향으로 나아가도록 촉구할 필요가 있다.

3. 그리스도는 율법의 '마침'(τέλος, 텔로스)이 되신다. 이 말의 의미는 그리스도가 율법의 '목표'이면서 동시에 율법의 '마침'이라는 것이다. 이에 설교자는 율법과 그리스도의 관계에 대해서 충분히 설명해야 한다. 율법과 그리스도에 대한 바른 이해가 없으면 율법주의에 빠지거나 반(反)율법주의에 빠진다.

4. 10:5–13 믿음으로 구원을 받음

이 단락은 4절의 "그리스도는 모든 믿는 자에게 의를 이루기 위하여"라는 문구의 해석이다.[594] 따라서 4절과 5절을 나누는 것이 실질적(substantial) 이지는 않다.[595] 여기서 바울은 율법주의자들의 실패를 언급하면서, 구원을 얻음이 말씀을 믿음으로 가능하고, 말씀에 대한 믿음이란 그리스도를 전인격적으로 영접하고 공적으로 고백하는 것이라고 말한다.

5–8절: 믿음으로 말미암는 의

5절: 헬라어 본문에서 5절을 시작하는 접속사 'γάρ'(가르, for)는 5절 이하(아마도 5-8절)가 4절의 설명임을 보여준다.[596] 앞에서 바울은 이스라엘 백

---

594 Douglas J. Moo, *Romans*, 645.

595 James D. G. Dunn, *Romans* 9-16, 599.

596 Joseph A. Fitzmyer, *Romans*, 589; Douglas J. Moo, *Romans*, 645; Thomas R. Schreiner, *Romans*, 550.

성들의 실패를 언급했다. 그는 이스라엘 백성들이 오랫동안 율법으로 말미암아 의를 얻을 수 있다고 생각한 것이 잘못되었다고 지적했다. 따라서 이제 그는 자신의 주장을 구약 성경을 인용함으로 확증하려고 한다.

바울은 모세의 글을 인용한다. "율법으로 말미암는 의를 행하는 사람은 그 의로 살리라." 이 말씀은 레위기 18:5를 인용한 것이다.[597] 원래 이 말씀은 율법을 완벽히 지키면 생명을 얻을 수 있다는 뜻이다. 하지만 율법을 지킴으로 의를 얻으려고 하면 율법의 모든 조항을 완벽하게 지켜야 한다. 이에 관해서 신명기 27:26은 "이 율법의 말씀을 실행하지 아니하는 자는 저주를 받을 것이라 할 것이요 모든 백성은 아멘 할지니라"고 하며, 갈라디아서 3:10은 "무릇 율법 행위에 속한 자들은 저주 아래에 있나니 기록된바 누구든지 율법책에 기록된 대로 모든 일을 항상 행하지 아니하는 자는 저주 아래에 있는 자라 하였음이라"고 한다. 그러므로 이 말씀에는 율법으로 의를 얻는 것이 불가능하다는 의미가 내재해 있다.

6-8절: 바울은 5절과 대조되는 말을 한다.[598] 6절은 헬라어 단어 'δέ'(데, but)로 시작된다. 즉 5절은 "모세가 기록하되…"라고 되어 있으나, 6절은 "믿음으로 말미암는 의는 이같이 말하되…"라고 되어 있다. 따라서 6-8절에서 바울은 율법을 행함으로 의를 얻는 것에 대조되는 것, 곧 말씀을 믿음으로 의를 얻는 것에 대해서 말한다. 5절에서 바울은 레위기 18:5를 인용했는데, 6-8절에서는 신명기 30:12-14를 자유롭게(조금 바꾸어서) 인용한다.[599] 신명기에서 이 말씀의 의미는 하나님의 말씀이 사람들에게 어려

---

597 C. E. B. Cranfield, *Romans*, 520.

598 C. E. B. Cranfield, *Romans*, 520; Joseph A. Fitzmyer, *Romans*, 589; Douglas J. Moo, *Romans*, 646.

599 Douglas J. Moo는 이것을 다음과 같이 설명한다. "As Paul therefore uses Lev. 18:5 to summarize the essence of 'the law,' so he quotes Deut. 30:12-14 to encapsulate 'the gospel.' Throughout salvation history, these two 'words' from the Lord have operated side by side: God making his demand of his people on the one hand and providing in his grace for their deliverance on the other." Douglas J. Moo, *Romans*, 654. 참고. Per Jarle Bekken, *The Word Is near You: A Study of Deuteronomy 30:12-14 in Paul's Letter to the Romans in a Jewish*

운 것이 아니며, 멀리 있는 것도 아니고, 매우 가까이 있으니 이를 듣고 행할 수 있다는 것이다. 바울은 "믿음으로 말미암는 의는 이같이 말하되"라고 말함으로써 "믿음으로 말미암는 의"를 의인화(인격화)한다. 여기서 "믿음으로 말미암는 의"란 5절의 "율법으로 말미암는 의"에 대조되는 것으로, 이것은 사람이 예수 그리스도를 믿음으로 말미암아 의롭게 된다는 사실을 반영한다. 바울은 '말씀'을 '그리스도'로 대체한다. 이는 그리스도가 말씀을 통해서 우리 가운데 '현존'(presence)하시기 때문이다. 6-8절에 담겨 있는 바울의 요지는 다음과 같다(참고. 10절). '그리스도를 이 땅에 모셔 오기 위해서 하늘에 올라가거나 무저갱에 내려갈 필요가 없다. 하나님은 이미 그리스도를 이 땅에 보내셨고 죽게 하셨다가 부활하게 하셔서 승천하게 하심으로 온 세상에 충만하게 하셨다. 따라서 우리는 영원한 생명을 얻기 위해서 온 우주를 돌아다닐 필요가 없으며, 단지 우리에게 전파된 말씀을 마음으로 믿고 입으로 고백하면 된다.'

9-13절: 누구든지 믿으면 구원받음

9절: 헬라어 본문은 이 구절을 'ὅτι'(호티)로 시작한다. 이 단어를 'that' 혹은 'because'로 번역할 수 있지만, 여기서는 문맥상 'because'로 번역하는 것이 자연스럽다. 그렇다면 9절은 8절의 "말씀이 네게 가까워 네 입에 있으며 네 마음에 있다 하였으니"라는 문구를 설명하는 것이 된다.[600] 따라서 이 구절은 하나님의 말씀이 우리에게 가까이 있으니 우리가 간단하게 응답하면 된다는 뜻이다. 바울은 8절의 '입'과 '마음'에 어울리도록 여기서 "입으로 시인하며"와 "마음으로 믿으면"이라는 문구를 사용하여 하나님이 예수님을 통해서 이루신 구속 사역에 완전히 동의할 것을 요청한다. 특히

Context, Berlin: De Gruyter, 2007; Steve Moyise, *Deuteronomy in the New Testament: The New Testament and the Scriptures of Israel*, London: T & T Clark, 2007 (특히 99-117).

600 Douglas J. Moo, *Romans*, 657.

그는 "하나님께서 그를 죽은 자 가운데서 살리신 것"을 말함으로 그리스도의 부활을 기독교 신앙의 핵심과 구원의 토대로 제시한다(참고. 4:24; 살전 4:14; 고전 15:14-15; 고후 5:15).[601]

10절: 바울은 9절을 되풀이한다. 그런데 앞에서는 '시인'과 '믿음'의 순서로 되어 있었으나, 여기서는 순서를 바꾼다.[602] 이는 '믿음'과 '시인'이 동시에 일어나는 일이기 때문이다. 따라서 9-10절의 의미는 예수님을 마음 깊은 곳에서, 즉 전인격적으로 신뢰하는 것과 더불어 그 사실을 사람들 앞에서 공적으로 고백할 정도로 확신하면 의롭게 되고 구원받을 수 있게 된다는 것이다. 여기서 '의'와 '구원'이 병행되는데, '의'는 6절에 나왔고, '구원'은 9절에 나왔다. 한편, 중세 교황주의자들은 이 구절을 빙자하여 믿음(마음으로 믿는 것)뿐만 아니라 선한 행동(입으로 시인하는 것)이 구원의 원인이라고 주장했다.[603]

11절: 바울은 9-10절에서 말한 논지를 입증하기 위해서 구약 증거 본문을 인용한다.[604] 이는 9:33의 "그를 믿는 자는 부끄러움을 당하지 아니하리라"를 재진술한 것이며, 이사야 28:16에 토대를 둔 것이다. 그는 9:33의 진술에다 "누구든지"(πᾶς, 파스)를 덧붙여서 적용의 보편성(the universality of the application)을 강조한다.[605] 그리고 "누구든지"에 해당하는 헬라어 단어 'πᾶς'(파스, '누구든지' 혹은 '모든'이라는 뜻)는 11-13절에서 네 번이나 나온다. 따라서 그는 이 구절과 이어지는 구절들에서 그리스도를 믿는 '모든' 사람이 심판에 이르지 않는다는 사실을 상조한다.

12-13절에서 바울은 11절에서 소개된 'πᾶς'(파스, 누구든지)를 끄집어내서 논의를 전개한다.[606] 그는 구원에 관한 약속이 유대인과 헬라인(이방인)

---

601 Joseph A. Fitzmyer, *Romans*, 592.

602 John D. Harvey, *Romans*, 255.

603 매튜 풀, 『로마서』, 475.

604 Thomas R. Schreiner, *Romans*, 560.

605 Joseph A. Fitzmyer, *Romans*, 592.

606 Thomas R. Schreiner, *Romans*, 561.

에게 차별 없이 적용된다고 말한다.

12절: 믿음으로 구원받는다는 점에 있어서는 유대인이나 헬라인(이방인)이나 차별이 없다. 그 이유는 "한 분이신 주께서" 모든 사람의 주가 되셔서 그분을 부르는 모든 사람에게 부요하시기 때문이다. "한 분이신 주께서"라는 말은 의미심장하다. 당시에 로마 황제를 '유일한 주'라고 불렀던 상황을 고려할 때 예수님을 "한 분이신 주"라고 부르는 것은 쉽지 않았다. "그를 부르는 모든 사람에게 부요하시도다"라는 말은 '그를 부르는 모든 사람에게 부유함을 주신다'(ESV: "bestowing his riches on all who call on him")라는 뜻이다. 따라서 유대인들은 이방인들이 부르심을 받아서 구원받은 것을 시기할 필요가 없다. 이방인들이 많은 것을 가졌다고 해서 유대인들이 더 적게 가지는 것이 아니다. 주님은 무궁무진한 분량의 은혜와 긍휼을 가지고 계신다. 그의 샘은 우리의 목마름을 모두 채우고도 남는다.[607]

13절: 이제 바울은 결론을 낸다. 이 말은 요엘 2:32의 "누구든지 여호와의 이름을 부르는 자는 구원을 얻으리니"라는 말을 살짝 바꾸어서 인용한 것이다. 여기서 "누구든지"는 유대인과 헬라인, 즉 모든 인류를 가리킨다. "주의 이름을 부르는 자"라는 문구는 요엘 2:32에서 "여호와의 이름을 부르는 자"를 바꾼 것이다. 구약 성경(LXX)에서는 '주'(κύριος, 퀴리오스)가 여호와를 가리키지만, 여기서 바울은 '주'를 예수 그리스도에게 적용한다.[608] '이름을 부르는 것'은 그 대상을 전적으로 신뢰하고 의지하는 행동을 뜻한다. 이것은 9-10절에서 '마음으로 믿고 입으로 시인하는 것'으로 표현되었다. "구원을 받으리라"라는 말은 총체적인 구원을 받을 것이라는 뜻이다. 구원에는 현재성과 미래성이 있어서, 지금 여기서 구원을 받지만, 훗날 새 하늘과 새 땅에서 궁극적인 구원을 받을 것이다.

---

607 매튜 풀, 『로마서』, 476. C. K. Barrett는 바울이 '부요함'을 매우 즐겨 사용한다고 주장한다(참고. 11:33; 고전 1:5; 빌 4:19; 골 1:27; 3:16). C. K. Barrett, *Romans*, 188.

608 그리스도를 '주'(κύριος, 퀴리오스)라고 인용하는 문구들에서 그 의미가 논란이 되고 있다. 이에 대하여, Douglas J. Moo, *Romans*, 660을 보라(특히 footnote 77).

• 설교자를 위한 지침 •

1. 이 단락은 믿음으로 구원받는다는 사실과 누구든지 믿으면 구원받는다는 사실을 알려준다. 따라서 설교자는 이 단락을 설교하면서 구원에 관한 사실을 전할 수 있다. 즉 '전도설교'를 할 수 있다. 이는 교회를 방문한 비신자들에게 적당하지만, 복음과 구원에 대해서 잘 모르는 기성 신자들에게도 유용하다. 따라서 설교자는 종종 전도설교를 할 필요가 있다.

2. 설교자는 '주님을 믿는다'라는 것이 무슨 뜻인지를 설명해야 한다. 바울은 '마음으로 믿고 입으로 시인한다'라고 말했다. 이는 전인격적으로 신뢰하는 것과 함께 그 사실을 사람들 앞에서 공적으로 고백하는 것을 의미한다. 따라서 성경을 믿는다는 것은 표면적 동의 정도가 아니다. 그것은 마음 깊은 곳으로부터 우러나오는 확신이다. 아울러, 교회는 성도들이 자신이 믿는 바를 공적으로 드러낼 수 있도록 기회를 마련해 주는 것이 좋다. 이러한 공적인 믿음 고백은 고백하는 사람과 듣는 사람 모두에게 유익하다.

3. 이 단락에 선교 모티프가 강하게 담겨 있다. 바울은 구원받는다는 점에 있어서 "유대인이나 헬라인이나 차별이 없음이라"라고 말하고, "누구든지 주의 이름을 부르는 자는 구원을 받으리라"고 말한다. 따라서 설교자는 선교에 관해 다룰 수 있다.

5. 10:14–21 복음 전파와 불순종

앞 단락(10:5-13)에서 바울은 사람이 복음을 믿음으로 구원받는다는 사실을 역설했다. 이제 이 단락에서 그는 사람이 복음을 들어야만 믿을 수 있다는 사실을 언급하고, 이스라엘이 복음을 들었으나 믿지 않았다고 말하며, 하나님께서 이스라엘의 완고함에도 불구하고 그들이 돌아오기를 기다리신다고 말한다.

14–17절: 들어야 믿을 수 있음

14-15절: 바울은 네 개의 수사학적 질문을 연속해서 던진다. "그런즉 그들이 믿지 아니하는 이를 어찌 부르리요? 듣지도 못한 이를 어찌 믿으리요? 전파하는 자가 없이 어찌 들으리요? 보내심을 받지 아니하였으면 어찌 전파하리요?" 그는 이 질문들을 모두 "어찌"(πῶς, 포스, how)라는 단어로 시작하며, 한 질문의 끝에서 사용된 동사를 다음 질문의 시작 부분에 놓음으로써, 사람이 구원을 얻기 위해서 밟아야만 하는 일련의 단계를 제시한

다.[609] 한편, 이렇게 바울이 질문을 던지면서 논증하는 것은 그가 독자 친화적인 입장에 서 있음을 보여준다.

바울은 13절에서 "누구든지 주의 이름을 부르는 자는 구원을 받으리라"고 말했다. 그러나 복음을 전해 주지 않으면 아무리 주의 이름을 부르려고 해도 부를 수가 없다. 누군지도 모르는 이의 이름을 부를 수가 없기 때문이다. 따라서 복음을 듣지 못하면 구원을 받을 도리가 없다. 즉 그리스도에 관한 참되고 바른 지식을 가지지 못하면 그리스도를 통한 구원을 받을 수가 없다. 참된 믿음은 맹목적이거나 허황한 것이 아니라 내용과 근거를 가진 것이다. 또한 이 문구에는 복음 전파의 사명이 담겨 있다. 복음은 누군가에 의해서 전파되어야 한다. 즉 우리가 복음을 받았으면, 그 복음을 충분히 공부한 후에, 다른 사람들에게 전해야 한다. 그래서 다른 사람들도 복음을 들을 수 있게 해야 한다. 그리고 이는 바울이 수고와 고난을 그토록 겪으면서도 복음을 전하러 다녔던 이유가 된다.

"아름답도다 좋은 소식을 전하는 자들의 발이여"라는 말은 이사야 52:7을 줄여서 인용한 것이다. 원래 이 말은 이사야 선지자가 이스라엘이 바벨론 포로 생활에서 해방될 것을 예언한 것이다. 포로가 된 사람들에게 가장 좋은 소식은 '이제 해방되었으니 고향으로 가라'라는 것이다. 마찬가지로 영원한 형벌에서 해방되고 구원받을 수 있는 소식만큼 죄인들에게 기쁜 소식이 어디 있겠는가? 그래서 예수 그리스도를 믿는 자마다 죄와 죽음, 그리고 억눌림에서 해방되어 참 자유와 영원한 생명을 얻게 된다는 사실이 가장 기쁜 소식이다.[610] 복음은 최고로 소중한 지식과 정보이다. 그것을 듣고 믿는 사람은 구원받으며 영구한 기쁨과 평강을 경험한다. 그렇기에 복음을 전하는 사람은 아름답다. 아울러, 이 문구는 바울과 사도들이 적법한 복음 전파자이며, 그들이 전한 복음이 정통한 것임을 드러내려는 의

609 Douglas J. Moo, *Romans*, 663.

610 김곤주, 『로마서』, 252.

도를 가진다. 구약에는 '공적으로 승인받은 말씀 전파자 제도'(a system of authorized messengers)가 예견되어 있다.[611]

16절: 복음은 먼저 유대인에게 전파되었고 이후 이방인에게 전파되었다. 주님의 종들은 처음에 예루살렘에서 복음을 전하다가 이후에 많은 이방 지역으로 가서 복음을 전했다. 하지만 사람들은 복음을 순종하지(받아들이지) 않았다. 그래서 바울은 "그러나 그들이 다 복음을 순종하지 아니하였도다"라고 말한다. 이것은 그가 10:3에서 이미 말한 것이다. 그는 이어서 이사야 53:1의 "주여 우리가 전한 것을 누가 믿었나이까?"를 인용함으로 복음에 대한 유대인들의 불순종이 이사야에 의해 예언되었음을 알려준다. 하지만 이사야가 예언했다고 해서 유대인들의 불신앙이 당연한 것은 아니다. 이사야는 단지 그들이 믿지 않을 것이라고 예언했을 뿐이다.

17절: 문장 첫머리의 "그러므로"(ἄρα, 아라)라는 접속사는 지금까지 논증한 것을 요약한다는 표식이다. 사람은 복음을 들어야 믿을 수 있다. 사람이 들어야 할 복음은 '그리스도의 말씀', 즉 그리스도에 대한 말씀으로서 그가 십자가에 못 박히시고, 장사되셨다가, 부활하시고, 승천하신 사실이다.[612] 복음은 우리가 그리스도를 믿고 구원받을 수 있게 하는 유일한 수단이다. 물론 그리스도는 복음을 초월하신다. 그리스도의 구원과 능력은 제한받지 않는다.[613] 하지만 그분은 복음을 통하여 우리를 구원하시기를 기뻐하신다. 다르게 표현하자면, 성령께서는 주로 말씀을 매개체로 사용하셔서 사람들의 마음에 믿음을 일으키신다. 즉 성령이 믿음의 주체이시며, 말씀이 믿음의 방편이다. 그러므로 우리는 말씀을 들어야 믿게 된다는 보편적인 진리를 확신하고 이에 따라서 전도자의 사명을 수행해야 한다.

---

611 Joseph A. Fitzmyer, *Romans*, 597.

612 ESV Study Bible.

613 매튜 풀은 여기서 바울이 믿음을 일으키는 '일반적인 수단'에 대해서 말한 것이라는 점을 유념해야 한다고 설명한다. 그는 바울이 아무런 수단 없이도 특별한 방법으로 믿음을 일으키는 혹은 일으키실 수 있는 성령의 역사를 제한하지 않는다고 주장한다. 매튜 풀, 『로마서』, 479.

18-21절: 이스라엘의 불순종

18-19절에서 바울은 지금까지 말한 것과 연관해서 사람들이 제기할 수 있는 두 가지 질문을 가상으로 언급하고, 이에 대해서 답변한다.

18절: 바울은 17절에서 '들음'의 중요성을 말했다. 그는 믿음이 들음에서 난다는 사실을 말했는데, 이는 듣지 못하면 믿을 수 없다는 사실을 함의한다. 그렇다면 이스라엘 백성들은 자신들이 복음을 듣지 못했기 때문에 믿을 수 없었다고 항변할 수 있었다.[614] 이에 그는 "그들이 듣지 아니하였느냐?"라고 질문하는데, 이것은 모든 사람에게 해당하는 말이지만, 특히 이스라엘 백성들을 가리켜 말하는 것으로, 그들이 이미 복음을 들었다는 사실을 시사한다.[615]

이스라엘 백성들이 복음을 듣지 못했을 수도 있다는 가상의 항변에 대해서 바울은 시편 19:4를 인용하여 말한다. "그 소리가 온 땅에 퍼졌고 그 말씀이 땅 끝까지 이르렀도다." 이 말은 복음이 온 땅에 전파되었기 때문에 이스라엘 백성들이 당연히 들었을 것이고, 그들이 복음을 들었음에도 불구하고 믿지 않았기 때문에 변명할 수 없다는 뜻이다. 하지만 어떤 사람들은 원래 이 문구가 단지 하나님의 창조 신비에 대해서 말하는 것(일반계시)이지, 사람들이 구원을 얻을 만한 복음을 말하는 것(특별계시)이 아니지 않느냐고 반문할 수 있을 것이다. 이에 대해서는 다음과 같이 설명할 수 있다. 원래 이 문구가 일반계시를 가리키는 것은 사실이지만, 바울이 이것을 복음에 적용하고 있다. 사람들이 자연을 보면서 하나님이 계신다는 사실을 부정할 수 없기에(참고. 1:20), 일반계시와 특별계시는 그 목적이 같다고 볼 수 있다.[616] 또한, 어떤 사람들은 당시에(주후 57년 어간에) 어떻게 복음

---

614 R. Jewett, *Romans*, 643.

615 Douglas J. Moo, *Romans*, 666.

616 변종길, 『로마서』, 324-25; Douglas J. Moo는 이것을 다음과 같이 설명한다. "His application probably rests on a general analogy: as God's word of general revelation has been

이 온 땅에 퍼졌다고 단언할 수 있느냐고 이의를 제기할 수 있다. 이에 대해서 바울이 세상(지구) 전체를 생각한 것이 아니라 로마 제국 전체를 생각했을 것이며, 복음이 모든 개인에게 전파되었다고 말하는 것이 아니라 모든 민족(유대인과 이방인)에게 전파되었다고 말하는 것이라 대답할 수 있다 (참고. 15:19-21).[617]

19a절: 바울은 또 다른 가상의 질문(a supplementary question)을 제기한다.[618] "이스라엘이 알지 못하였느냐?" 이 말은 과연 이스라엘 백성이 복음의 의미를 몰랐느냐는 뜻이다. 이러한 수사학적인 질문에 내포된 대답은 '그들이 분명히 알았다'이다. 그들은 이미 율법을 잘 알았는데, 율법에 복음이 내재되어 있다. 따라서 그들이 복음을 몰랐다는 것은 핑계에 불과하다.

19b-21절은 19절의 질문에 대한 대답과 연관된 구약 인용이다.

19b절: 바울은 이스라엘의 잘못을 직접적으로 지적하지 않고, 신명기 32:21을 인용하여 말한다. "내가 백성 아닌 자로써 너희를 시기하게 하며 미련한 백성으로써 너희를 노엽게 하리라." 여기서 "내가"(ἐγώ, 에고)가 강조되어서, 일하시는 주체이신 하나님이 두드러져 있다.[619] "백성 아닌 자"와 "미련한 백성"은 모두 이방인들을 가리킨다. 바울은 하나님이 이방인들을 사용하셔서 이스라엘 백성으로 하여금 시기하게 하고 노엽게 하셨다고 말한다. 이것은 이스라엘 백성들 대신 이방인들이 복음을 받아들여 하나님의 백성이 되는 것을 의미한다. 그렇다면 이렇게 된 일을 통해서 하나님이 보여주신 의도는 무엇인가? 하나님은 이스라엘 백성들로 하여금 이방인들이 복음을 이해하고 받아들였다는 사실을 알았을 때 시기심이 생겨서

---

proclaimed all over the earth, so God's word of special revelation, in the gospel, has been spread all over the earth.35 His intention is not to interpret the verse of the Psalm, but to use its language, with the 'echoes' of God's revelation that it awakes, to assert the universal preaching of the gospel." Douglas J. Moo, *Romans*, 667.

617 Douglas J. Moo, *Romans*, 667.

618 C. E. B. Cranfield, *Romans*, 538.

619 R. Jewett, *Romans*, 645.

자신들도 복음을 듣고 구원받아야겠다는 마음이 들기를 바라셨다. 유대인과 이방인의 관계에 대한 이러한 측면은 매우 중요하기에 바울은 이것을 11:11 이하에서 다시 언급한다.[620]

20-21절은 이사야 65:1-2를 인용한 것이다. 바울은 토라의 증언에다가 선지자의 증언을 덧붙여서 이스라엘 백성들이 이해하지 못했다고 변명하는 것을 조용하게 만든다.[621] 즉 율법과 선지자 모두가 증언한다는 사실을 말함으로써 이스라엘 백성들이 복음을 이해하지 못했다는 변명을 할 수 없게끔 한다.

20절: 이 구절은 이사야 65:1을 인용한 것으로, 이방인에 관한 말씀이다. 바울은 이사야가 매우 담대하게 말했다고 하면서, "내가 나를 찾지 아니한 자들에게 찾은 바 되고 내게 묻지 아니한 자들에게 나타났노라"고 한다. "나를 찾지 아니한 자들"과 "내게 묻지 아니한 자들"은 같은 부류의 사람들인데, 모두 이방인들을 가리킨다. 하나님은 자신을 전혀 찾지 않고 묻지도 않은 이방인들에게 자신을 드러내셨다. 이 말은 9:30의 "의를 따르지 아니한 이방인들이 의를 얻었으니"와 같은 것이다.[622] 더욱이 이방인들이 하나님을 찾지도 않고 묻지도 않았는데, 구원을 받은 것은 구원이 값없는 선물이라는 사실을 가르쳐 준다(참고. 엡 2:8-9). 이처럼 구약 성경은 유대인들뿐만 아니라 이방인들에게도 복음이 전파되는 것과 그들이 믿는 것을 말한다.

21절: 이 구절은 이사야 65:2를 인용한 것으로, 이스라엘 백성에 관한 말씀이다. 바울은 "이스라엘에 대하여 이르되"라는 말로 자신이 지금 인용하는 이사야의 말이 이스라엘 백성들을 향한 것임을 분명히 한다. 그는 "순종하지 아니하고 거슬러 말하는 백성에게 내가 종일 내 손을 벌렸노라"고 말한다. "순종하지 아니하고 거슬러 말하는 백성"은 이스라엘 백성을 가

620 C. K. Barrett, *Romans*, 191.

621 Joseph A. Fitzmyer, *Romans*, 600.

622 Douglas J. Moo, *Romans*, 669.

리킨다. 그들은 복음을 들었으나 복음에 순종하지 않고 거슬러(obstinate) 말했다. 헬라어 본문에서 이 구절에 사용된 단어들은 70인 역과 거의 같다. 하지만 바울은 70인 역과 단어 배열을 다르게 하는데, "내가 종일 내 손을 벌렸노라"(ὅλην τὴν ἡμέραν ἐξεπέτασα, 홀렌 텐 헤메란 엑세페타사)에서 "종일"(ὅλην τὴν ἡμέραν, 홀렌 텐 헤메란)이라는 단어를 문장의 제일 앞부분에 일부러 배치하여 하나님의 마음을 강조하려고 한다. 즉 이 문장은 이스라엘 백성들이 돌아오기를 기다리시는 하나님의 마음을 잘 보여준다. 하나님은 이스라엘 백성들이 완고함에도 불구하고, 여전히 그들을 사랑하시며 그들이 복음을 받아들이기를 원하신다. 이는 마치 패역한 아들을 맞이하는 아버지의 심정과 같다. 예수님은 집 나간 아들을 기다리는 아버지의 심정을 비유로 이스라엘을 향한 하나님의 마음을 잘 드러내셨다(참고. 눅 15:11-32).[623]

623 Joseph A. Fitzmyer, *Romans*, 600.

설교자를 위한 지침

1. 이 단락은 전도의 사명을 강조한다. 오직 복음을 통해서 구원받을 수 있는데, 그러려면 복음을 들어야 한다. 이에 바울은 "전파하는 자가 없이 어찌 들으리요?"라고 말했다. 따라서 설교자는 복음 전도의 필요성을 언급해야 한다. 그리고 성도들이 실제로 복음을 전할 수 있도록 지침을 주고 방법을 가르쳐야 한다.

2. 바울은 피조 세계를 통해서 전파된 자연계시(일반계시)를 언급하면서, 자연계시를 듣고도 믿지 않은 백성들을 나무란다. 이것은 설교자에게 좋은 통찰을 주는데, 설교자는 이 세상 만물을 만드시고 다스리시는 하나님에 대해서 말할 수 있다. 이를 위해서 일반은총론이나 자연계시론에 관해 충분히 공부해 두어야 한다.

3. 설교자는 "순종하지 아니하고 거슬러 말하는 백성에게 내가 종일 내 손을 벌렸노라"라는 말씀을 항상 염두에 두면서 설교해야 한다. 이 말씀은 하나님이 백성들을 향하여 가지고 계시는 마음을 잘 표현해 준다. 설교자는 이러한 하나님의 마음을 반영하여 청중들이 하나님께 회개하고 돌아가기를 간절히 바라면서 말씀을 전해야 한다.

6. 11:1–10 이스라엘의 남은 자

바울은 9-10장에서 이스라엘 백성이 복음을 받아들이지 않은 문제를 말했다. 그는 이스라엘이 실패한 원인이 하나님께 있지 않고 이스라엘에 있다고 주장했다. 이제 그는 이 단락에서 '과연 하나님께서 이스라엘을 버리셨는가?', '이스라엘은 앞으로 어떻게 될 것인가?'에 관하여 언급한다. 그는 9:27에서 "남은 자만 구원을 받으리니"라고 말함으로 아직 이스라엘에 소망이 있다는 사실을 암시했는데, 이 단락에서 "남은 자"에 관하여 상세히 다룬다.

1–6절: 이스라엘에 남은 자가 있음

1절: 바울은 10장 마지막 부분에서 하나님이 이방인들을 부르셔서 구원받게 하신 일과 이스라엘 백성이 복음을 거부하여 받아들이지 않은 일을 말했다. 그러자 사람들은 하나님이 '자기 백성'이라고 하신 이스라엘 백성을 버리신 것이 아니냐고 의문을 제기할 수 있었다. 이에 바울은 "하나님이 자기 백성을 버리셨느냐?"라는 질문을 던지고, 곧바로 "그럴 수 없느니라"고 단호하게 대답한다(참고. 3:4의 주석). 그런 후 자신을 예로 들면서, "나도 이스라엘인이요 아브라함의 씨에서 난 자요 베냐민 지파라"라고 한다(참고. 고후 11:22; 빌 3:5). 그가 자신을 "아브라함의 씨"라고 말한 것은 4:16-18과 9:7-9, 29에서 이런 칭호가 주어진 것을 볼 때 그 중요성이 크다고 하겠다. 하지만 자신을 "베냐민 지파"라고 한 것은 특별한 의미를 지니기보다 단지 자신의 족보를 말함으로써 자신이 정통파 유대인이라는 사실을 강조하려고 한 것 같다.[624] 그러므로 바울은 하나님께서 유대인인 자신을 버리지 않으신 것을 볼 때 유대인들을 버리셨다고 볼 수 없다는 메시지를 던진다.

2절: "하나님이 그 미리 아신 자기 백성을 버리지 아니하셨나니"라는 말은 시편 94:14와 사무엘상 12:22를 반영한다.[625] 이것은 엄숙하고 명확한 거부이다.[626] "하나님이 그 미리 아신 자기 백성"이란 문구는 8:29의 "하나님이 미리 아신 자들을 또한 그 아들의 형상을 본받게 하기 위하여 미리 정하셨으니 이는 그로 많은 형제 중에서 맏아들이 되게 하려 하심이니라"라는 말을 생각나게 한다. 즉 "하나님이 그 미리 아신 자기 백성"이란 문구는 하나님의 '예지'를 암시한다(참고. 8:29의 주석). 따라서 이 문구는 이스라엘이 하나님을 거부한 것이 하나님이 그들을 사랑하시는 감정을 폐하게 하지 못한다는 사실을 상기시킨다. 바울은 열왕기상 19장을 떠올리면서 "너희가 성경이 엘리야를 가리켜 말한 것을 알지 못하느냐? 그가 이스라엘을 하나님께 고발하되"라고 말한다. 그는 이스라엘을 향한 하나님의 사랑과 관심을 강조하기 위하여 엘리야의 실례를 든다. 엘리야는 이세벨을 피하여 호렙산으로 가서 배교한 이스라엘을 하나님께 고발했다.

---

624 Douglas J. Moo, *Romans*, 673.

625 Douglas J. Moo, *Romans*, 674.

626 C. E. B. Cranfield, *Romans*, 545.

3절: 이 구절에 담긴 말은 엘리야가 여호와께 이스라엘을 고발(한탄)한 내용이다. 당시에 엘리야는 하나님을 떠나 다른 신을 섬긴 이스라엘 때문에 극도로 실망했다. 엘리야가 보기에 모든 이스라엘 사람은 배교했고, 그들에게 더 이상 아무런 소망이 없었다.

4절: 바울은 이어서 하나님이 엘리야에게 대답하신 내용을 소개한다. "내가 나를 위하여 바알에게 무릎을 꿇지 아니한 사람 칠천 명을 남겨 두었다." 엘리야는 이스라엘에 더 이상 하나님을 믿는 자가 없다는 사실 앞에서 절망했고, 따라서 자신이 존재해야 할 이유도 사라지는 것을 느꼈다. 하지만 하나님은 자신을 위하여 바알에 무릎 꿇지 않은 사람 칠천 명을 남겨 두셨다고 말씀하심으로 이스라엘에 여전히 소망이 있다는 사실을 알려주셨다.

5절: 바울은 자신의 시대가 엘리야의 시대와 다를 바 없음을 말한다. 그래서 "그런즉 이와 같이 지금도 은혜로 택하심을 따라 남은 자가 있느니라"고 말한다. 하나님은 엘리야 시대와 같이 바울 시대에도 "남은 자"(λεῖμμα, 레임마', remnant)를 두셨다. 여기서 "남은 자"에 대한 언급은 9:27-29에 나온 것과 같다. 즉 이들은 유대인 중에서 예수 그리스도를 믿는 사람들을 가리킨다. "은혜로 택하심을 따라"라는 말은 하나님이 남은 자를 택하신 것이 그들의 공로와 선행과 혈통 때문이 아니라 오직 하나님의 은혜 때문임을 시사한다. 그러므로 비록 이스라엘은 신실하지 못했으나, 하나님께서 그들에게 은혜를 베푸셔서 그들을 향한 구원 역사를 계속 진행하실 것이다. 그리하여 이스라엘에는 여전히 소망이 있을 것이다.[627]

6절: 바울은 5절의 "은혜로 택하심을 따라"라는 말을 좀 더 설명한다.[628] "만일 은혜로 된 것이면 행위로 말미암지 않음이니 그렇지 않으면 은혜가

627 C. E. B. Cranfield, *Romans*, 547.

628 매튜 풀, 『로마서』, 485. 언뜻 볼 때, 이것은 지금 그가 논증하고 있는 것과 잘 어울리지 않는 것 같다. 하지만 그는 성령의 인도하심 가운데 잠시 주제를 벗어나 선택과 부르심이 행위로 말미암지 않고 오직 은혜로 말미암는다는 사실을 다시금 역설한다.

은혜 되지 못하느니라." 구원에 있어서 하나님의 은혜는 사람의 행위와 함께하지 않는다. 우리는 오직 은혜로 구원받는다고 믿든지, 아니면 오직 행위로 구원받는다고 믿어야 한다. 은혜와 행위 둘을 통해서 구원받는다고 생각하는 것은 옳지 않다. 행위를 인정하면서 은혜를 말하는 것은 은혜를 제대로 인정하는 것이 아니다. 따라서 이스라엘에 남은 자들이 있는 것은 그들에게 어떤 공로가 있다는 뜻이 아니라, 하나님이 그들을 사랑하셔서 자비를 베풀어 주셨다는 증거이다(참고. 3:24; 4:4; 9:16).[629]

7-10절: 이스라엘의 완악함

7-10절에서 바울은 결론을 내리면서 이스라엘 백성들의 상태를 서술한다.

7절: "그런즉 어떠하냐?"(τί οὖν, 티 운; ESV: "what then?")는 1-6절의 내용을 염두에 둔 것이다.[630] "이스라엘이 구하는 그것을 얻지 못하고 오직 택하심을 입은 자가 얻었고 그 남은 자들은 우둔하여졌느니라"라는 말은 이스라엘 백성들 가운데 소수("남은 자")를 제외하고(참고. 5절) 대부분이 실패했다는 뜻이다. "이스라엘이 구하는 그것을 얻지 못하고"라는 말은 9:31의 "의의 법을 따라간 이스라엘은 율법에 이르지 못하였으니"와 같다. 이스라엘 백성들은 구원(하나님의 의)을 얻으려고 노력했으나 얻지 못했다. 그러

---

629 Joseph A. Fitzmyer, *Romans*, 605.

630 C. E. B. Cranfield, *Romans*, 548. Thomas R. Schreiner는 대부분의 주석가가 'τί οὖν'(티 운)을 앞의 1-6절을 가리키는 것으로 본다고 주장한다. 그는 다음과 같이 설명한다. "More likely, it reaches back to the whole discussion that began in 9:30 and thus comprehends all of 9:30-11:6, so that 11:7-10 sums up the substance of 9:30-11:6. The evidence sanctioning the inclusion of 9:30-10:21 is contained in the words, "Israel has not obtained what it seeks" (11:7). This sentence recalls 9:31, where Israel "pursues the law for righteousness", and 10:2-3, which describes the zeal of Israel to obtain righteousness through its own efforts." Thomas R. Schreiner, *Romans*, 585.

고 그것이 9:1-2와 10:1에서 바울이 슬픔을 표현한 이유이다.[631]

"오직 택하심을 입은 자가 얻었고"라는 말은 9:27의 "남은 자만 구원을 받으리니"라는 말과 같다.[632] 바울은 이스라엘 백성들 모두가 구원받은 것이 아니라 그들 가운데 오직 택하심을 입은 사람들만 구원받았다는 사실을 분명히 한다. "그 남은 자들은 우둔하여졌느니라"에서 "남은 자들"이란 하나님의 택하심을 입지 못한 사람들을 가리키며, 5절의 "남은 자"("은혜로 택하심을 따라 남은 자")를 가리키지 않는다. "우둔하여졌느니라"(ἐπωρώθησαν, 에포로데산)라는 단어는 신적 수동태로서,[633] 하나님의 택하심을 입지 못한 자들이 '완악해졌다'라는 뜻이다(ESV: "the rest were hardened"; 한글 성경 개역판: "그 남은 자들은 완악하여졌느니라").[634] 따라서 이 말은 하나님의 '유기'(reprobation)를 가리킨다.

8-10절에서 바울은 이스라엘 백성의 완악해짐에 대해서 율법서(신명기 29:4)와 예언서(이사야 29:10)와 그 밖의 책들(시편 69:22-23)을 취하여 설명한다.

8절: 바울은 신명기 29:4와 이사야 29:10을 혼합하여 인용한다. 이 말은 하나님이 예전에 그렇게 하셨듯이 바울 시대에도 이스라엘 백성에게 완악함과 완고함을 주셨다는 뜻이다. 즉 이스라엘의 남은 자들이 우둔해진(완악해진) 이유는 하나님이 그들에게 혼미한 심령과 보지 못할 눈과 듣지 못할 귀를 주셨기 때문이라는 것이다. 구약 시대에는 하나님의 주권적 섭리로 이스라엘 백성이 하나님 앞에서 범죄하고 타락함으로 하나님의 자비를

631 Joseph A. Fitzmyer, *Romans*, 606.

632 그러나 James D. G. Dunn은 "이스라엘이 구하는 그것을 얻지 못하고"가 9:31을 반영하며, "오직 택하심을 입은 자가 얻었고"가 9:30을 반영한다고 주장한다. James D. G. Dunn, *Romans 9-16*, 640.

633 John D. Harvey, *Romans*, 269. James D. G. Dunn은 여기서 확실히 신적인 수동태가 의도되었다고 주장한다. James D. G. Dunn, *Romans 9-16*, 640.

634 James D. G. Dunn에 따르면, 'πῶρος'(포로스)는 대리석(marble)의 일종으로서 기본적으로 '석화하다'(petrify)라는 뜻을 가지며, 의료 용어로서 골절된 뼈를 붙이는 것을 의미한다. 이 단어는 신약 성경에서 은유적으로 사용되었는데, 마음의 상태와 관련하여 자주 사용되었다(참고. 막 6:52; 8:17; 요 12:40; 고후 3:14). James D. G. Dunn, *Romans 9-16*, 640.

체험하지 못했다. 그런데 바울 시대에도 하나님은 주권적 섭리로 이스라엘 백성에게 혼미한 심령과 보지 못할 눈과 듣지 못할 귀를 주심으로 그들의 마음을 완악하게 하셔서 복음을 받아들이지 못하게 하셨다.

9-10절: 바울은 시편 69:22-23에 있는 다윗의 말을 인용한다.[635] 원래 이 말은 다윗을 대적하는 원수들에 대한 하나님의 심판을 기원하는 탄원시이다.[636] "그들의 밥상이 올무와 덫과 거치는 것과 보응이 되게 하시옵고"라는 말은 정확한 의미를 파악하기가 어렵다. 밥상이 땅에 차려져서 사람들이 지나가다가 걸려 넘어지는 것을 가리키는 것 같으나 분명하지 않다. 아마도 바울은 이스라엘에 가장 가까운 것이 그들이 잘못 밟거나 거치는 것이 될 수 있다는 것을 보여주기 위해서 이러한 표현을 인용했을 것이다. "그들의 눈은 흐려 보지 못하고 그들의 등은 항상 굽게 하옵소서"라는 말은 노쇠하고 연약해지게 해 달라는 뜻이다.[637]

---

635 James D. G. Dunn은 이를 다음과 같이 설명한다. "As to the details of the text, Paul may well be content to understand them in general terms, without specific reference. But it is possible that he would take "their table" as a reference to the cult (cf. 1 Cor 10:21), and so would think of Jewish devotion to their distinctive cultic rituals, or of the importance Pharisees placed on the ritual purity of table fellowship, as the stumbling block. And the last line would quite likely evoke in him the sense of oppression and even slavery with which he now looked back on his own Pharisaic zeal for works and scrupulosity in things of the law (cf. Gal 4:21-5:1; Phil 3:6-9). Christ became a stumbling block to most of the Jews (9:33) only because they had already tripped and ensnared themselves in a ritual practice which handicapped rather than helped them in the pursuit of righteousness (9:31-32) and which so reinforced their religious self-identity in nationalistic terms that they were unable to recognize the eschatological and universal significance of the word of Christ." James D. G. Dunn, *Romans 9-16*, 650.

636 Thomas R. Schreiner는 바울이 시편 69편을 인용한 것이 의미심장한데, 이는 이 구절이 종종 신약 성경에서 예수 그리스도의 생애, 사역, 그리고 죽음과 관련하여 사용되거나 암시되었기 때문이라고 말한다(참고. 마 27:34, 48; 막 3:21; 15:23; 36; 눅 13:35; 23:36; 요 2:17; 15:25; 19:29; 행 1:20; 롬 15:3; 히 11:26; 빌 4:3; 계 3:5; 16:1). 그는 이에 대해서 다음과 같이 설명한다. "We know from Rom. 15:3 that Paul also related the psalm to Jesus, and presumably the church also was the object of suffering and rejection (cf. 8:17, 36) because they had identified with Jesus as Messiah. The curse pronounced upon the psalmist's enemies, therefore, was applied to unbelieving Jews of Paul's day who rejected Jesus as their Lord and oppressed the church." Thomas R. Schreiner, *Romans*, 588.

637 Joseph A. Fitzmyer, *Romans*, 606.

그러므로 8-10절에서 바울은 세 개의 구약 성경 구절을 인용하여 지금 이스라엘이 복음을 깨닫지 못함으로 멸망 받을 수 있는 상태에 놓여 있음을 지적한다. 하지만 그의 지적은 이스라엘로 하여금 절망하게 하려는 것이 아니다. 이어지는 단락에서 확인할 수 있듯이, 그는 이를 통해서 이스라엘이 정신을 차리고 주님께 돌아오기를 기대한다.

• 설교자를 위한 지침 •

1. 설교자는 '남은 자'를 주제로 설교할 수 있다(1-6절). 바울은 하나님이 자기 백성(유대인)을 버리지 않으셨다고 하면서 '남은 자' 사상을 말한다. 그는 하나님의 은혜를 따라서 이스라엘에 남은 자들이 있었다고 언급한다. 이것은 하나님이 이스라엘을 버리지 않으셨다는 사실을 암시한다. 이와 마찬가지로 하나님은 우리를 버리지 않으셨다. 우리 가운데 남은 자를 두셨다. 따라서 우리는 절망하지 말아야 한다. 아울러 우리 자신이 남은 자가 되어야 한다. 필시 설교자가 '남은 자' 사상을 말할 때는 하나님이 우리를 여전히 사랑하신다는 사실(소망)과 내가 남은 자가 되어서 하나님의 구속 사역 확장에 이바지해야 한다는 사실(사명)을 함께 말해야 한다.

2. 설교자는 '완악함(우둔함)'을 주제로 설교할 수 있다(7-10절). 이스라엘의 완악함은 하나님의 주권적 섭리 하에 진행된 일이나 모든 책임이 그들 자신에게 있었다. 완악한 자는 내버려진 자(유기된 자)이다. 그들은 하나님의 주권적 섭리에 따라서 선택받지 못하고 유기되었다. 이에 그들은 복음을 받아들일 수 없으며 변화될 수도 없다. 따라서 설교자는 우리가 하나님의 은혜로만 변화될 수 있다는 사실을 설명해야 한다. 그리고 우리가 신념을 가져야 할 지점과 변화를 도모해야 할 지점이 무엇인지를 말해야 한다.

3. 설교자는 '하나님의 보응'을 주제로 설교할 수 있다(8-10절). 이 주제로 설교할 경우 대지를 다음과 같이 구성할 수 있다. 하지만 각 대지가 부정적인 상태(절망)를 담고 있기 때문에 이러한 상태를 극복하는 지혜(대책)가 무엇인지를 함께 제시해 주어야 한다.
   1) 하나님의 선택을 받지 못한 자는 혼미한 심령과 보지 못할 눈과 듣지 못할 귀를 가진다.
   2) 가장 가깝다고 생각하는 것(의지하고 신뢰하는 것)이 오히려 거치는 것이 될 수 있다.
   3) 하나님의 원수로 행하는 자는 힘을 잃어버리고 연약해져서 결국 파멸할 것이다.

7. 11:11–24 이스라엘의 구원

앞 단락(11:1-10)에서 바울은 이스라엘 백성들 가운데 하나님의 택하심을 받은 소수의 '남은 자'가 있으며, 그들 외에는 마음이 완악해져서 하나님의 의로부터 제외되었다고 말했다. 따라서 그의 말을 들은 로마의 그리스도인들(특히 유대인들)이 이스라엘의 앞날을 어둡게 생각할 가능성이 있었다. 이에 이 단락에서 어두운 상황이 영구적이지 않다는 사실을 알려준다. 그는 이스라엘의 실패가 일시적이며 섭리적이라고 보면서, 그들이 완악함을 버리고 복음에 순종할 것이라고 낙관한다.[638]

11–12절: 이스라엘의 넘어짐이 가져온 결과

11절: 바울은 1절에서 "그러므로 내가 말하노니"라고 했는데, 여기서 다시 "그러므로 내가 말하노니"라고 병행적으로 말함으로써, 11절에서 새로

638 Douglas J. Moo, *Romans*, 683; Joseph A. Fitzmyer, *Romans*, 608.

운 단락이 시작됨을 알린다. 그는 "그들이 넘어지기까지 실족하였느냐?"라고 질문한 후 "그럴 수 없느니라"고 답변한다. 이 말 역시 1절의 "하나님이 자기 백성을 버리셨느냐? 그럴 수 없느니라"와 정확히 병행된다. 따라서 그는 앞 단락에서 말한 내용을 반복하면서 이스라엘의 미래에 관하여 논하려고 한다. 그의 질문은 '이스라엘이 하나님께 불순종하고 복음을 받아들이지 않음으로 그들이 실패했다면 그들에게 더 이상 소망이 없는 것인가?'라는 뜻이다. 이에 대해서 그는 "그럴 수 없느니라"고 단호하게 대답함으로써 이스라엘의 넘어짐이 최종 상태가 아니라고 강조한다.

바울은 이어서 "그들이 넘어짐으로 구원이 이방인에게 이르러 이스라엘로 시기나게 함이니라"고 말한다. 그는 이미 10:19에서 신명기 32:21을 인용하여 이러한 말을 했다. 이 말은 이스라엘의 실패가 이방인들이 구원받을 기회가 되었다는 뜻이다. 곧 하나님께서 유대인들의 넘어짐을 이방인들에게 복음이 전파되는 계기가 되게 하셨으며, 이후 유대인들은 이방인들이 복음을 듣고 거듭나서 하나님의 복을 받는 것을 보면서 시기심이 발동하여 하나님께로 돌아와야겠다고 생각하게 될 것이라는 뜻이다. 즉 유대인들은 자신들이 업신여기던 자들이 자신들을 크게 앞지른 것을 보고 '거룩한 시기심'이 생겨서 복음을 붙잡고 주님께 돌아올 것이다.[639]

12절: "그들의 넘어짐이 세상의 풍성함이 되며"와 "그들의 실패가 이방인의 풍성함이 되거든"은 같은 말을 반복한 것이다. 이 말은 이스라엘 백성들의 넘어짐과 실패 때문에 이방인들에게 구원의 기회가 생겼다는 뜻이다. 여기서 우리는 하나님의 섭리가 오묘하고 신기하다는 것을 경험하는데, 하나님은 사람들의 실패와 절망을 성공과 희망으로 바꾸신다. 즉 나쁜 상태를 좋은 상황으로 변화시키신다.

"하물며 그들의 충만함이리요?"[640]라는 말은 '작은 것에서 큰 것'(a minori

---

639 매튜 풀, 『로마서』, 488.

640 '플레로마'의 어원적 의미에 대해서, Douglas J. Moo, *Romans*, 689-70을 보라. Joseph A. Fitzmyer는 이 단어의 다양한 의미를 나열한 후, 여기서는 11:25에서와 같이 '성취된 것, 충만한 수'라는

ad maius)라고 부르는 논법이다. 바울은 유대인의 실패가 이방인의 회심에 공헌했다면, 하물며 유대인 상당수의 회심이 이방인의 회심에 얼마나 크게 이바지하겠느냐고 말한다. 즉 이스라엘 백성들이 많이 회개하고 돌아온다면 얼마나 좋겠느냐는 것이다. 하지만 우리가 주의해야 할 사실이 있는데, 그것은 이 문구가 유대인 전체 혹은 대다수가 회심하고 하나님께로 돌아온다는 것을 말하는 것이 아니라는 점이다. 이방인의 '풍성함'이 이방인 전체의 회심을 의미하지 않듯이, 이스라엘의 '충만함'은 이스라엘 전체의 회심을 의미하지 않는다.[641]

13-15절: 이스라엘의 회심이 가져오는 결과

13-14절은 삽입된 진술이다. 바울은 이 구절들에서 잠시 다른 이야기를 하다가, 15절에서 12절을 이어받는다.

13절: 바울은 "내가 이방인인 너희에게 말하노라"고 말한다. 이 문구는 로마 교회 성도들이 주로 이방인들임을 암시한다. 이어서 그는 "내가 이방인의 사도인 만큼 내 직분을 영광스럽게 여기노니"라고 말한다. 그는 자신을 "이방인의 사도"라고 부른다(참고. 행 9:15; 22:21; 갈 2:7-8). 그리고 자신의 직분에 대하여 "내 직분을 영광스럽게 여기노니"라고 말한다. 그는 자신이 이방인을 위한 사도로 임명받은 것을 잘 알고 있으며, 이러한 직분 받은 것을 영광스럽게 생각하면서, 이방인의 구원을 위하여 최선을 다하고 있다.[642]

14절: 바울은 자신이 이방인을 위하여 일하고 있는 이유 중 하나를 밝

의미로 보는 것이 가장 바람직하다고 주장한다. Joseph A. Fitzmyer, *Romans*, 611.

641 변종길, 『로마서』, 337.

642 참고. Lionel J. Windsor, *Paul and the Vocation of Israel: How Paul's Jewish Identity Informs His Apostolic Ministry, with Special Reference to Romans*, Beihefte zur Zeitschrift für neutestamentliche Wissenschaft 205, Berlin: De Gruyter, 2014.

힌다. "이는 혹 내 골육을 아무쪼록 시기하게 하여 그들 중에서 얼마를 구원하려 함이라" 이 말은 10:19와 11:11에서 이미 했던 말이다. 바울이 이방인의 사도로서 이방 지역에서 복음을 전하는 이유 중 하나는 유대인들로 하여금 이방인들의 구원을 시기하게 하여(부러워하게 하여) 궁극적으로 돌아오게 하려는 것이었다. 그는 이미 9:1-3과 10:1에서 자신이 유대인들의 구원을 간절히 원하고 있다는 사실을 드러냈다. 그런데 여기서 다시금 자신이 이방인들을 위해서 일하고 있지만, 언제나 유대인들을 염두에 두고 있음을 밝힌다.

바울은 유대인들을 "내 골육"(τὴν σάρκα μου, 텐 사르카 무)이라고 부르는데, 이는 히브리적 의미에서 '친척'을 가리킨다(참고. LXX 창 37:27; 레 18:6; 25:49 등).[643] 즉 그는 동족 유대인들을 히브리어로 '바사르'에 해당하는 "골육"(σάρξ, 사르크스)이라고 표현함으로써 그들과의 동질성을 드러내며 본능적 친밀함을 나타낸다(참고. 창 29:14; 삿 9:2; 삼하 5:1; 느 5:5).[644] "그들 중에서 얼마를"이라는 말은 '이스라엘 백성 중에서 얼마를'이라는 뜻이다. 이것은 바울의 자기 인식을 보여준다. 그는 이스라엘이 충만한 데 이르는 일에 있어서 자신이 사용되지 않는다는 사실을 잘 알고 있다. 하지만 그는 유대인으로서 동족의 일부라도 구원하는 일에 공헌하고 싶어 한다.

15절: 바울은 일종의 삽입적인 언급인 13-14절을 말한 후에, 이제 여기서 12a절에서 말하던 것을 반복한다.[645] 하지만 12절을 단순히 같은 말로 반복하지는 않는다.[646]

---

643 Douglas J. Moo, *Romans*, 692.

644 James D. G. Dunn, *Romans 9-16*, 656.

645 Joseph A. Fitzmyer, *Romans*, 612; Thomas R. Schreiner, *Romans*, 594.

646 James D. G. Dunn은 이에 관하여 다음과 같이 주장한다. "The structure is precisely the same as v. 12a. But Paul does not simply repeat v. 12; he expresses the same contrast in more positive terms of divine action (rejection and acceptance); and he explains why he is so keen to provoke Israel to salvation (the ultimate success of the Gentile mission depends on Israel's acceptance)." James D. G. Dunn, *Romans 9-16*, 657.

"그들을 버리는 것"(ἡ ἀποβολὴ αὐτῶν, 헤 아포볼레 아우톤)이라는 말은 의미가 모호하다. 이 말 자체로는 '하나님이 유대인들을 버리신 것'과 '유대인들이 복음을 거부하는 것'이라는 뜻이 모두 가능하다. 그러나 문맥을 고려할 때 후자의 의미가 강하다. 그래서 이것을 영어 성경 ESV와 NIV와 RSV는 "their rejection"으로 번역했다. "세상의 화목"(ESV: "reconciliation of the world")이란 이방인들이 하나님께 돌아와서 하나님과 화목하게 되는 것을 의미한다. 유대인들이 복음을 거부한 것은 이방인들의 회심 계기가 되었다. 즉 유대인들이 복음을 거부하자 이방인들에게 전파되어서 믿게 되었다. "그 받아들이는 것"(ἡ πρόσλημψις, 헤 프로스렘프시스)은 앞의 것과 마찬가지로 '하나님이 유대인들을 받아들이시는 것'과 '유대인들이 복음을 받아들이는 것' 모두가 가능하다. 그러나 이것도 문맥을 고려할 때 후자의 의미가 강하다. 그래서 이것을 영어 성경 ESV와 NIV와 RSV는 "their acceptance"로 번역했다. "죽은 자 가운데서 살아나는 것"은[647] 마지막 때에 있을 몸의 부활을 가리키지 않는다.[648] 이것은 유대인들의 회심이 쇠약해진 교회를 회복시키며 강하게 할 것을 의미한다.[649] 필시 유대인들의 회심으로 부흥이 일어날 것이다. 교회가 생육하고 번성하게 될 것이다.

그러므로 15절의 의미는 다음과 같다. 유대인들이 복음을 거부한 것은 이방인들이 구원받을 기회가 되었는데, 이제 유대인들이 복음을 받아들이는 것은 교회의 부흥이 일어나는 계기가 될 것이다. 그리하여 믿는 사람들은 더욱 많아질 것이고, 교회가 더욱 번성하고 활기차게 될 것이다. 그러므로 우리는 실망하지 말아야 한다. 하나님께서 선을 이루실 줄 믿어야 한다.

---

647 이 문구의 의미에 대하여 오랫동안 많은 논쟁이 있었다. Douglas J. Moo, *Romans*, 694-96을 보라. Douglas J. Moo는 여기서 죽은 자 가운데서 살아나는 것을 역사의 마지막 시점에 있을 부활로 본다. 하지만 Joseph A. Fitzmyer는 이 문맥이 재림과 아무런 관련이 없다고 하면서 바울이 지금 자신의 사역에 대해서 말하고 있다고 주장한다. Joseph A. Fitzmyer, *Romans*, 613.

648 John D. Harvey, *Romans*, 275.

649 매튜 풀, 『로마서』, 489.

16-22절: 이방인들은 자랑하지 말아야 함

16절: 이 구절은 11-15절과 17-25절 사이에 있는 전환 구절이다.[650] "제사하는 처음 익은 곡식 가루"와 "떡덩이"는 하나님께 바쳐진 첫 곡식 제물을 뜻한다. "뿌리"와 "가지"는 성경적 배경을 찾기가 어려운데, 아마도 17절에 나오는 감람나무와 연관되는 것 같다. "처음 익은 곡식 가루"와 "뿌리"는 유대인 족장들(아브라함, 이삭, 야곱 등)을 의미하는 것으로 해석의 일치를 본다. 그러나 "떡덩이"와 "가지"는 유대인 후손들을 의미한다는 견해가 있지만, 나중에 믿게 된 이방인 신자들을 의미한다는 견해도 있다. 만일 전자가 옳다면 이 구절은 미래에 많은 유대인이 구원받을 것이라는 뜻이 되지만, 만일 후자가 옳다면 이 구절은 이스라엘의 거룩함이 이방인의 거룩함으로 이어졌다는 것, 곧 복음이 이스라엘에서 시작되어 이방으로 전파되었다는 뜻이 된다. 이 문구 자체를 가지고는 어느 견해가 옳은지 결정하기가 쉽지 않으며, 따라서 학계에서도 두 견해가 팽팽하게 맞선다.

17절: 바울은 16절에서 말한 '뿌리와 가지' 모티프를 사용하여, 17-18절에서 '접붙임'의 원리로 유대인들과 이방인들의 관계를 설명한다.[651] 그는 참감람나무(ἡ ἐλαία, 헤 엘라이아', '그 감람나무'라는 뜻)의 가지 얼마가 꺾여서 그 자리에 돌감람나무(ἀγριέλαιος, '아그리엘라이오스', '야생 올리브 나무'를 가리킴)가 접붙임 되었고 참감람나무 뿌리의 진액을 함께 받게 되었다고 묘사한다. 여기서 참감람나무는 유대인 신자들을 뜻하며, 돌감람나무는 이방인 신자들을 가리킨다. 따라서 이 말은 유대인 신자들 덕분에 이방인 신자들이 구원받게 되었다는 의미이다. "뿌리의 진액을 함께 받는 자가 되었은즉"이라는 문구는 이방인들도 하나님이 아브라함에게 주신 언약적인 복을 누리는 자가 되었다는 뜻이다. 즉 이방인들이 참된 교회에 속한 모든

650 Thomas R. Schreiner, *Romans*, 599.

651 변종길, 『로마서』, 341.

약속과 특권과 은혜와 규례와 영적인 복과 은택을 받게 되었다는 뜻이다.[652]

18절: "그 가지들을 향하여 자랑하지 말라"라는 말은 이방인 신자들에게 주는 권면으로 이방인들이 유대인들("그 가지들")을 향하여 자랑하지 말라는 뜻이다. 이방인들은 마치 자신들이 본질적으로 유대인들보다 더 선한 것처럼 혹은 은혜에 있어서 그들보다 더 자격이 있는 것처럼 생각하며 교만하지 말아야 한다.[653] "자랑할지라도 네가 뿌리를 보전하는 것이 아니요 뿌리가 너를 보전하는 것이니라"라는 말은 이방인들에게 주는 주의로서 그들이 스스로 구원받았다고 생각해서는 안 된다는 의미를 담고 있다. 이방인들은 유대인 조상들("뿌리")의 약속에 참여함으로 구원받았다. 그들이 가지고 있는 복음과 하나님을 섬기는 방법은 유대인들에게서 나왔다. 그러므로 그들은 유대인들을 무시하거나 업신여기지 말아야 한다. 오히려 유대인들에게 감사해야 하며, 그들을 존중해야 한다.

19-20절은 17-18절을 반복한 것이다.

19절: 가상의 이방인 대담자(gentile interlocutor)는 11-15절에서 발전된 바울 사상의 흐름을 취하여 "그러면 네 말이 가지들이 꺾인 것은 나로 접붙임을 받게 하려 함이라"고 반문할 수 있다.[654] 즉 이방인들은 유대인들이 불신앙으로 말미암아 꺾인 것이 이방인들을 위한 것이 아니냐고 주장할 수 있다. 이는 하나님이 이방인들에게 유대인들보다 더 높은 우선순위를 주셨다는 의미가 된다. 하지만 로마의 일부 이방인 그리스도인들이 이방인의 우월성을 주장한다고 바울이 생각했는지는 분명하지 않다. 아마도 이 질문은 바울 자신의 사상적 흐름에서 나왔을 수 있다.[655]

20절: 이러한 가상의 주장에 대하여 바울은 "옳도다 그들은 믿지 아니하므로 꺾이고 너는 믿으므로 섰느니라"고 말한다. 따라서 바울은 그들의 주

---

652 매튜 풀, 『로마서』, 491.

653 매튜 풀, 『로마서』, 491.

654 James D. G. Dunn, *Romans 9-16*, 673.

655 James D. G. Dunn, *Romans 9-16*, 673.

장을 반박하지 않는다. 하지만 그는 그렇다 하더라도 "높은 마음을 품지 말고 도리어 두려워하라"고 권면한다. 이는 이방인들이 교만하면 그들도 유대인들과 같은 처지에 빠지게 될 것이라는 경고이다.

21절: 이 구절은 앞에서 말한 경고의 이유, 즉 겸손한 마음으로 하나님을 두려워해야 할 이유(γάρ, 가르)가 무엇인지를 가르쳐 준다.[656] 바울은 강한 어조로 이방인들이 자칫 교만할 수 있는 태도에 주의를 준다. "하나님이 원 가지들도 아끼지 아니하셨은즉 너도 아끼지 아니하시리라." 그는 만일 이방인들이 교만하면 하나님이 이스라엘을 아끼지 않으셨듯이 그들도 아끼지 않으실 것이라고 말한다. 그런데 "너도 아끼지 아니하시리라"라는 표현을 구원이 취소될 수 있다는 뜻으로 보아서는 안 된다. 한 번 구원받은 사람은 끝까지 구원받는다(견인의 교리). 이 표현은 단지 비유의 장르를 빌어서 메시지를 강조하려는 의도를 가질 뿐이다.

22절: 바울은 16-21절에서 말한 것의 결론을 내린다.[657] 하나님은 인자하심과 준엄하심을 같이 가지고 계시는데, 넘어지는 자들에게는 준엄하심을 보이시고, 인자하심을 구하는 자들에게는 인자하심을 보이실 것이다. 그러므로 누구든지 하나님의 인자하심을 자동으로 받는다고 생각해서는 안 된다. 만일 하나님의 인자하심에 머물러 있으면 그 인자가 있겠지만, 그렇지 않으면 "찍히는 바" 될 것이다. 여기서 "너도 찍히는 바 되리라"는 말은 "너도 아끼지 아니하시리라"와 마찬가지로 구원이 취소될 수 있다는 뜻이 아니다. 이것은 앞에서처럼 비유적인 표현이기에 교의를 만들어 낼 여지를 가지고 있지 않다.

그러므로 16-22절의 의미를 정리하면 다음과 같다. 이방인들은 유대인들이 배척당한 것을 자신들의 구원을 위한 것이라고 생각했다. 이것은 사실이다. 유대인들이 배척당함으로 이방인들이 구원받았다. 하지만 그렇다

656 R. Jewett, *Romans*, 688.

657 John D. Harvey, *Romans*, 278.

고 해서 이방인들은 자만하지 말아야 한다. 결코, 이방인들이 유대인들보다 우월하지는 않다. 유대인들은 믿지 않아서 꺾였고, 이방인들은 믿어서 섰을 뿐이다. 그러므로 이방인들은 높은 마음을 품지 말아야 하며 도리어 두려워해야 한다. 왜냐하면 하나님께서 유대인들을 아끼지 않고 꺾으셨듯이 이방인들도 꺾으실 수 있기 때문이다.

23-24절: 이스라엘 사람들의 구원을 낙관함

16-22절에서 바울은 이방인들이 유대인들 덕분에 복음을 알게 되었으므로 유대인들에게 감사해야 한다는 사실을 말했다. 그리고 하나님이 유대인들을 심판하셨듯이 이방인들도 심판하실 수 있으므로 하나님의 인자하심에 머물러 있어야 한다고 강변했다. 이제 23-24절에서 그는 다시 유대인들에 대해서 말한다. 그는 앞에서 말한 유대인들과 이방인들의 동등성 원리를 적용하여 유대인들이 궁극적으로 영적 새로움을 얻을 것이라는 소망을 심어 준다.[658]

23절: 유대인들은 지금 절망적이며 버려진 상태 가운데 있는 것처럼 보인다. 하지만 그들이 다시 회복되어 교회 안으로 접붙여지는 것은 결코 불가능한 일이 아니다.[659] 그들이 믿는 자리로 나아오면 접붙임을 받을 수 있는데, 이는 그들을 접붙이시는 능력이 하나님께 있기 때문이다. 즉 하나님은 전능하셔서 얼마든지 그들이 구원받을 수 있게 하신다. 분명히, 그들을 꺾으신 하나님은 그들을 회복시키실 수 있다. 따라서 그들은 하나님께 나아와야 한다.

24절: 바울은 마지막으로 "네가 원 돌감람나무에서 찍힘을 받고 본성을 거슬러 좋은 감람나무에 접붙임을 받았으니 원 가지인 이 사람들이야 얼

---

658 Douglas J. Moo, *Romans*, 707.

659 매튜 풀, 『로마서』, 493.

마나 더 자기 감람나무에 접붙이심을 받으랴"라고 말한다. 이 말은 유대인들이 근본적으로 여호와를 믿으며 구약 성경을 알고 있기 때문에 이방인들보다 훨씬 편리하고 쉽게 구원받을 수 있으리라고 격려하는 것이다. 하나님께서 이방인들을 사랑하셔서 그들에게 구원을 베푸셨다면, 유대인들을 사랑하셔서 그들에게 구원을 베푸시는 일은 당연하다. 그러므로 유대인들은 마음을 열고 하나님께 나아와야 한다.

• 설교자를 위한 지침 •

1. 이 단락에서 바울은 유대인과 이방인 모두를 사랑하시는 하나님을 말한다. 하나님은 어느 특정한 민족을 특별히 대우하시거나 차별하시는 분이 아니다. 하나님은 모든 민족을 동일하게 사랑하신다. 따라서 설교자는 하나님의 차별 없는 사랑을 설교할 수 있다. 그런데 이는 필연적으로 선교 사명으로 연결되는데, 설교자는 신자들이 자기 민족 전도에 심혈을 기울여야 할 뿐 아니라 다른 민족 선교에도 상당한 관심을 가져야 한다는 메시지를 전할 필요가 있다.

2. 바울은 이방인들을 향하여 자랑하지 말라고 주의를 준다. 그들이 구원받은 것은 유대인들에게서 시작된 것이므로 유대인들을 존중하라고 촉구한다. 이는 우리에게 복음을 전해 준 개인이나 집단(나라, 선교 기관 등)에 감사하는 마음을 가지게 한다. 또한 우리의 성장과 성숙을 위해서 수고하고 기도해 준 이들이 있음을 깨닫게 한다. 따라서 설교자는 이러한 측면을 말할 수 있다. 자신에게 도움을 준 이들에게 감사해야 하며, 자신도 누군가에게 도움을 주어야 한다고 권면할 필요가 있다.

3. 이 단락의 설교 대지를 다음과 같이 구성할 수 있다.
   1) 하나님은 모든 민족이 구원받기를 원하신다(11–15절).
   2) 자신에게 복음을 전해 준 이에게 감사해야 하며, 다른 이에게 복음을 전해야 한다(16–22절).
   3) 하나님은 우리가 복음을 전하는 현장에서 역사하심으로 열매가 맺히게 하신다(23–24절).

8. 11:25–36 이스라엘의 미래와 하나님의 사랑

이 단락에서 바울은 9-11장의 결론을 내린다. 그는 이스라엘의 미래에 대하여 낙관적으로 말한다. 하나님이 여전히 이스라엘을 버리지 않으시고 사랑하시며, 그들을 구원하실 것이라고 주장한다. 그는 이러한 사실을 '신비'라고 표현한다.[660] 한편, 이 단락에서도 하나님께서 아무런 자격이나 조건을 갖추지 못한 사람들을 선택하셔서, 하나님의 백성으로 삼아 주시고 하나님의 자녀로 불러주신다는 교훈이 견지된다.

25–27절: 온 이스라엘이 구원받으리라

25절: 바울은 "형제들아 너희가 스스로 지혜 있다 하면서 이 신비를 너희가 모르기를 내가 원하지 아니하노니 이 신비는 이방인의 충만한 수가 들어오기까지 이스라엘의 더러는 우둔하게 된 것이라"고 말한다. 여기에

660 그래서인지 이 부분을 해석하기란 쉽지 않다. 학자들은 로마서 전체에서 이 부분을 해석하는 것이 가장 어렵다는 사실에 동의한다.

"신비"(μυστήριον, 뮈스테리온)라는 단어가 나온다. 이것은 로마서에서 처음으로 등장하는데, 16:25에 다시 나올 것이다. 바울에게 있어서 "신비"는 이전에 하나님 안에서 감추어져 있었던 것이지만, 이제 예수 그리스도 안에서 그리고 그를 통하여 세상에 드러난 지식이다.[661] 그는 "신비"의 내용을 알려주는데, "이 신비는 이방인의 충만한 수가 들어오기까지 이스라엘의 더러는 우둔하게 된 것"이다. 따라서 "신비"는 이스라엘을 향한 하나님의 구원 계획에 관한 것이다. 그리고 이 단어가 주는 함의에 따라서 우리가 하나님의 계획을 다 이해할 수 없다는 전제가 암시된다.

바울은 "이방인의 충만한 수가 들어오기까지"라는 문구를 통하여 12절 이후 다시 '플레로마'(πλήρωμα, 충만함)를 사용한다. 그런데 12절에서는 이스라엘 백성들의 충만함을 의미했지만, 여기서는 이방인들의 충만함을 뜻한다. "이방인의 충만한 수"는 이방인들 가운데 선택된 자들을 의미한다.[662] "이방인의 충만한 수가 들어오기까지"라는 문구는 두 가지 해석이 가능하다. 하나는 '이방인의 충만한 수가 복음을 받아들일 때까지'이며, 다른 하나는 '이방인의 구원이 최대한으로 일어날 때까지'이다.[663] 이 두 가지 해석 중에서 어느 것을 택할 것인지를 결정하기란 어렵다. 하지만 이것은 분명히 이방인 중에서 구원받기로 예정된 수가 정해져 있음을 알려준다. 이 일이 언제 일어날지에 대해서도 본문은 밝히지 않는다. 따라서 우리는 이스라엘의 충만한 수와 이방인의 충만한 수의 '시기'를 특정할 수가 없다.

"이스라엘의 더러는 우둔하게 된 것이라"라는 말은 이스라엘 백성들 전체가 우둔하게(완악하게) 된 것이 아니라 그들 가운데 일부(μέρος, '메로스', "더러")가 우둔하게(완악하게) 되었음을 의미한다. 즉 그들 가운데 일부는 '남

---

661 Joseph A. Fitzmyer, *Romans*, 621; 참고. Seyoon Kim, "The 'Mystery' of Rom 11.25-6 Once More", *New Testament Studies* 43.3 (1997): 412-29; Mark D. Nanos, *The Mystery of Romans: The Jewish Context of Paul's Letter*, Minneapolis: Fortress. 1996.

662 C. E. B. Cranfield, *Romans*, 575; R. Jewett, *Romans*, 700.

663 Joseph A. Fitzmyer, *Romans*, 621-22.

은 자'로서 여전히 마음이 열려 있어서 주님을 믿을 수 있다는 뜻이다. 그리고 이스라엘 일부의 우둔함은 무한정 지속되는 것이 아니라 "이방인의 충만한 수가 들어오기까지" 지속된다. 그러므로 바울은 이방인 중에서 많은 자가 구원받았는데, 이를 위하여 이스라엘 일부가 어떤 면에서 '전략적으로 우둔하게 되었다'라고 주장한다. '이방인의 충만한 수가 들어오는 시기'를 알 수 없듯이 '이스라엘 일부의 우둔함이 끝나는 시기'도 알 수 없다. 따라서 이것을 종말에 일어날 일이라고 섣불리 단정 짓는 것은 옳지 않다.

26a절: 바울은 "그리하여 온 이스라엘이 구원을 받으리라"고 말한다. 이 문구는 로마서에서 해석하기가 가장 어려운 부분 중 하나이다.[664] 그래서 학자들 사이에서 이 문구의 의미를 두고 많은 논쟁이 있다.[665] 이 문구는 무

---

664 참고. Jason A. Staples, "What do the Gentiles Have to Do with 'All Israel'?: A Fresh Look at Romans 11:25-27", *Journal of Biblical Literature 130.2* (2011): 371-90; Cornelis P. Venema, "In This Way All Israel will be Saved: A Study of Romans 11:26", *Mid-America Journal of Theology* 22 (2011): 19-40; Christopher Zoccali, "And so all Israel will be saved: Competing Interpretations of Romans 11.26 in Pauline Scholarship", *Journal for the Study of the New Testament* 30(3) (2008): 289-318; Benjamin L. Merkle, "Romans 11 and the Future of Ethnic Israel", *Journal of the Evangelical Theological Society* 43.4 (2000): 709-21.

665 C. E. B. Cranfield는 '온 이스라엘'의 의미에 대하여 학계에서 네 가지 견해가 있다고 발표했다. C. E. B. Cranfield, *Romans*, 576. 그러나 John D. Harvey는 '온 이스라엘'이라는 표현의 의미에 대한 대표적인 견해를 여섯 가지로 소개한다(그는 마지막 견해를 택함). "There are at least six different understandings of 'all Israel': (1) all Jews throughout history, including those who have been hardened; (2) the nation of Israel as a whole, but no necessarily including every individual member; (3) the corporate entity of the nation of Israel as it exists at a particular point in time; (4) 'spiritual Israel,' consisting of all elect Jews and Gentiles throughout time; (5) all elect Jews throughout all time; and (6) a large number of elect ethnic Jews near the end of history." John D. Harvey, *Romans*, 285. Douglas J. Moo는 26a절이 로마서 9-11장을 해석하는 데 있어서와 유대인들과 그들의 미래에 관한 신약 성경의 가르침을 해석하는 데 있어서 '폭풍의 중심'(storm center)이라고 표현한다. 그는 이 문구의 의미를 정확히 해석하기 위하여, "그리하여"(οὕτως, 후토스)의 의미와 그것이 가리키는 것, "온 이스라엘"(πᾶς Ἰσραήλ, 파스 이스라엘)이 가리키는 것, 그리고 온 이스라엘이 구원받을 때와 방식에 관한 문제를 해결해야 한다고 주장한다. Douglas J. Moo, *Romans*, 719 이하를 보라. 이 주제에 대한 최근의 학문적 동향 파악을 위하여, Philip la Grange Du Toit, "The Salvation of 'All Israel' in Romans 11:25-27 as the Salvation of Inner-Elect, Historical Israel in Christ", *Neotestamentica* 49.2 (2015): 417-52를 보라. Philip la Grange Du Toit는 다음과 같이 결론 내린다. "The salvation of 'all Israel' in Rom 11:25-27 can be interpreted as the salvation of inner-elect, historical Israel that lived before the Christ-event, bringing their history to fulfillment and completion in Christ. They are saved in addition to those

슨 뜻인가? 어떤 이들은 여기서 이스라엘을 '교회'로 해석하려고 하지만, 이는 문맥의 지지를 받지 못하며, 이 해석을 지지하는 학자들도 별로 없다. 여기서 이스라엘은 '민족적 이스라엘'(ethnic Israel)이 분명하다.[666] 바울은 이미 25절에서 민족적 이스라엘을 말했으며, 이어지는 28절에서도 민족적 이스라엘을 말한다. 따라서 26절에서 "이스라엘이 구원을 받으리라"란 분명히 민족적 이스라엘이 구원받을 것이라는 뜻이다. 그러나 이 말이 이스라엘 민족 전체가 대대적으로(집단적으로) 구원받을 것이라는 뜻은 아니다. 성경에서 '온'(πᾶς, 파스)이라는 단어는 종종 '많은'을 의미한다(참고. 요 6:45; 딤전 2:6). 따라서 '온 이스라엘이 구원받을 것이다'라는 말은 이스라엘 사람들 전부가 구원받을 것이라는 뜻이 아니다. 우리는 이것을 11:12의 '충만함'과 같은 맥락에서 이해할 수 있다. 이방인 전체가 구원받는 것이 아니듯이 유대인 전체가 구원받는 것은 아니다.[667] 그리고 여기서 주의해야 할 사실은 유대인이라고 해서 이방인들과 다른 특별한 방법으로 구원받는 것이 아니라는 점이다. 모든 사람은 오직 예수 그리스도를 믿음으로 구원받을 수 있으며, 이는 유대인이라고 해서 예외가 아니다. 그렇다면 이런 일은 언제 일어나는가? 상당수 학자는 바울이 '신비'라는 단어를 사용

---

from historical Israel who remained and believed in Christ at the time of the first Christ advent (9:27; 11:3-7), who were strictly speaking not part of Israel any longer but acquired a new identity in Christ."

666 이 구절의 '온 이스라엘'을 '민족적 이스라엘'로 보는 견해에 대해서, John K. Goodrich, "Until the Fullness of the Gentiles Comes In: A Critical Review of Recent Scholarship on the Salvation of 'All Israel' (Romans 11:26)", *Journal for the Study of Paul & His Letters* 6.1 (2016): 5-32를 보라. 예를 들어, F. F. Bruce는 여기서 '이스라엘'을 25절의 '이스라엘'과 다른 의미로 보는 해석을 받아들일 수 없다고 말한다. F. F. Bruce, 『로마서』, 232. 권연경은 바울이 자신의 동족 이스라엘을 말하고 있음이 분명하다고 주장한다. 권연경, 『로마서 산책』, 313. 김현광은 '온 이스라엘'이란 역사 가운데 구원받는 이스라엘의 총수를 의미한다고 주장한다. 김현광, "로마서 11:25-27에 나타난 '온 이스라엘'의 구원", 『신약연구』 15.4 (2016): 760-87.

667 Joseph A. Fitzmyer, *Romans*, 623. James D. G. Dunn은 바울이 '온 이스라엘'(all Israel)이라고 한 것을 '전체로서의 이스라엘'(Israel as a whole)일 것이라고 보는데, 이는 바울이 이미 표현한 '충만함'(fullness)이라는 단어보다 더 큰 범위와 더 포괄적인 소망을 제공하고 있지 않기 때문이라고 설명한다. James D. G. Dunn, *Romans 9-16*, 691.

했다는 점과 '이방인의 충만한 수'를 말한 것을 생각할 때 이러한 일이 역사의 마지막 때에 일어날 것이라고 주장한다.[668] 하지만 이 단어들을 가지고 그렇게 추론하는 것은 타당하지 않다. 오히려 하나님께서 이스라엘 백성들을 완전히 버리지 않으시고 역사 가운데 계속해서 그들을 구원하신다는 희망을 제시해 주는 것으로 보아야 한다.

26b-27절: 바울은 이사야 59:20-21과 이사야 27:9를 조합하여 인용한다.[669] 그런데 "구원자가 시온에서 오사"라는 문구에서 "시온"이 무엇을 의미하는지에 대하여 논란이 있다. 만일 "시온"을 유대 민족으로 본다면 이 문구는 예수님의 초림을 시사한다. 하지만 "시온"을 하늘의 시온으로 본다면 이 문구는 예수님의 재림을 암시하거나 혹은 예수님이 하늘 보좌에 앉아 계시는 것(참고. 히 12:22)을 의미한다. 특히 이 문구가 예수님의 재림을 가리킨다고 주장하는 사람들은 예수님이 재림하실 때 유대인들의 대대적인 회심이 있을 것으로 생각한다.[670] "야곱"에 대해서도 마찬가지인데, 만일 "시온"을 유대 민족이라고 본다면, "야곱"은 이스라엘 백성 전체를 의미한다.[671] "내가 그들의 죄를 없이 할 때에 그들에게 이루어질 내 언약이 이것이라"라는 말은 예수님을 통해서 죄가 사라진다는 뜻이다.

그렇다면 구원자가 시온에서 온다는 말을 예수님의 재림을 가리키는 것

---

668 Thomas R. Schreiner는 이에 대해서 다음과 같이 말한다. "Thus no fixed time line is established as to when the full number of Gentiles would be completed and the salvation of Israel would commence. Paul did not hold out, then, the prospect that all Israel throughout history would be saved; indeed, many Jews who failed to believe in Christ had died in the twenty odd years since Paul had become a Christian. What Paul teaches here instead is that there will be a great ingathering of Jews near the end of history, after the full number of Gentiles have entered into the people of God." Thomas R. Schreiner, *Romans*, 618-19. 최갑종은 예수 그리스도께서 재림하실 때 이스라엘 민족이 대대적으로 회심할 것이라고 주장한다. 최갑종, 『로마서 듣기: 온 세상을 향한 기독교 복음의 진수』, 서울: 대서, 2009, 438-42.

669 R. Jewett, *Romans*, 702-704.

670 James D. G. Dunn, *Romans 9-16*, 692-93. F. F. Bruce는 바울이 예수님의 재림을 염두에 두고 이 말을 했을 것이라고 주장한다. F. F. Bruce, 『로마서』, 232.

671 Joseph A. Fitzmyer, *Romans*, 625.

으로 보면서, 예수님이 재림하실 때 이스라엘 민족의 대대적인 회심이 있을 것이라고 해석할 수 있는가? 그렇게 보기는 어렵다. 26절(그리고 25-27절)을 가지고 '세상의 마지막 때에' 민족적 이스라엘의 대대적인(집단적인) 회심이 있을 것이라고 주장하는 것은 성급하다. 바울은 우리에게 세밀한 일정과 계획을 알려주지 않는다. 따라서 우리는 미래에 일어날 하나님의 구원 역사를 명확하게 알지 못한다. 더욱이 민족적 이스라엘의 대대적인 회심이 있다면, 그 이전에 죽은 유대인들은 어떻게 될 것이며, 역사가 오랫동안 흘러오면서 혈통적으로 유대인인지 아닌지 분명하지 않은 경우가 많은데, 이 문제가 어떻게 해결할 것인가? 그리고 그들이 믿음 외에 다른 특별한 방법으로 구원받는다는 것은 성경 전체의 가르침과 충돌하는데, 이 난관을 어떻게 해결할 것인가? 이렇듯 이 문구에 대한 해석들은 수많은 의문을 양산한다. 결론적으로 우리의 견해를 정리하면 다음과 같다. 많은 민족적 이스라엘 백성이 회개하고 돌아올 것이다. 하지만 그것은 역사 가운데 꾸준히 진행되는 일이다. 즉 예수님이 재림하실 때 대대적으로 일어나는 일이 아니다.

28-32절: 하나님이 모든 사람에게 긍휼을 베푸심

28-29절에서 바울은 하나님이 여전히 이스라엘을 사랑하신다고 말한다.

28절: 바울은 "복음으로 하면 그들이 너희로 말미암아 원수 된 자요"라고 언급한다. 이스라엘은 복음을 배척함으로 하나님과 원수가 되었다. 특히 유대인들은 이방인들이 복음을 받아들였기에 복음에 대해서 더욱 적대적인 태도를 보였다.[672] 그래서 그들은 하나님과 원수가 되었다. 그는 이어서 "택하심으로 하면 조상들로 말미암아 사랑을 입은 자라"고 말한다. 하나님은 과거에 이스라엘의 조상들(아브라함, 이삭, 야곱 등)과 언약을 맺으셨고, 그 언약 덕분에 이스라엘의 후손들이 하나님의 사랑을 입었다. 그러므

---

672 매튜 풀, 『로마서』, 496.

로 이 말은 이스라엘이 하나님과 원수 관계에 있으나 여전히 하나님의 선택과 사랑을 받는 자들이라는 뜻이다. 하나님은 아브라함과 이삭과 야곱에게 주신 언약을 기억하셔서, 이스라엘 가운데서 메시아를 보내셨고, 이스라엘로부터 복음이 시작되게 하셨으며, 지금도 여전히 이스라엘이 하나님께 돌아오기를 기다리신다.

29절: 그래서 바울은 "하나님의 은사와 부르심에는 후회하심이 없느니라"고 말한다. 여기서 "은사"(χάρισμα, 카리스마)는 하나님의 '선물'(gift)을 의미한다.[673] 즉 9:4-5에 언급된 대로 하나님이 이스라엘의 조상들에게 주신 언약들과 그의 선택된 백성에게 주신 모든 선한 것들을 가리킨다. 그리고 "부르심"은 하나님이 아브라함을 최초로 부르신 일을 뜻하고(참고. 창 12:1-2), 하나님이 이스라엘 백성을 선택해 주신 일을 의미하며, 나아가서 하나님이 복음으로써 이스라엘 백성을 부르신 것을 포함한다.[674] 하나님은 이스라엘을 사랑하셔서 이스라엘의 조상들을 언약의 대상자로 택하셨고, 그 언약에 근거하여 이스라엘 백성에게 많은 특권을 주셨다. "후회하심이 없느니라"라는 말은 9:6의 "하나님의 말씀이 폐하여진 것 같지 않도다"와 같은 맥락에서 이해할 수 있다. 하나님은 잘못된 결정을 하지 않으신다. 그리고 하나님은 약속에 신실하시다. 하나님은 이스라엘 백성을 택하신 것과 그들에게 언약을 주신 것을 후회하지 않으시며, 그것들을 철회하거나 취소하지도 않으신다. 하나님은 신실한 분이시기에 약속을 지키신다. 하나님은 이스라엘 백성을 여전히 사랑하셔서 그들에게 구원의 기회를 주신다.

30-32절에서 바울은 하나님이 이방인과 유대인 모두를 사랑하셔서 그들 모두에게 긍휼을 베푸신다고 말한다.

30절: 여기서 "너희"는 이방인들을 가리킨다. 따라서 이 구절은 이방인

673 John D. Harvey, *Romans*, 287.

674 Joseph A. Fitzmyer, *Romans*, 626; Thomas R. Schreiner, *Romans*, 625.

들이 이전에 하나님께 순종하지 않았는데, 이스라엘이 순종하지 않은 바람에 이제 이방인들이 긍휼을 입었다는 뜻이다. 즉 이스라엘이 복음을 거절함으로써 이방인들에게 복음이 전파되어 구원받는 기회가 생겼다는 것이다. 이는 9-11장에서 바울이 줄곧 견지해 온 개념이다.

31절: 여기서 "이 사람들"은 이스라엘 사람들을 의미한다. 따라서 이 구절은 이방인들처럼 이스라엘 사람들이 순종하지 않고 있지만, 이제 하나님이 이방인들에게 베푸시는 긍휼로 이스라엘 사람들에게도 긍휼을 베푸실 것이라는 뜻이다. 그러므로 바울은 이스라엘의 앞날을 긍정적으로 말한다. 하지만 이는 이스라엘의 신실함 때문이 아니라 하나님의 신실함 때문이다.

32절: 여기서 "모든 사람"은 유대인과 이방인 모두를 가리킨다. 따라서 이 구절은 하나님이 유대인과 이방인 모두를 순종하지 않는 가운데 가두어 두신 목적이 유대인과 이방인 모두에게 긍휼을 베푸시려는 하나님의 섭리 때문임을 시사한다.

그러므로 바울은 30-32절에서 하나님의 긍휼을 말하는데, 30절에서는 이방인을 향한 긍휼을, 31절에서는 유대인을 향한 긍휼을, 32절에서는 이방인과 유대인 모두를 향한 긍휼을 말한다.

33-36절: 송영

바울은 9-11장의 논의를 마친 후 하나님을 찬양(송영)한다. 33-36절의 찬양은 세 부분으로 나뉜다.[675] 찬양은 하나님의 지혜와 지식의 풍성함을

---

675 Douglas J. Moo는 33-36절을 다음과 같이 구분하며 분석한다. "This expression of praise falls into three strophes: v. 33, containing three exclamations about God's wise plan; vv. 34-35, featuring three rhetorical questions that emphasize human inability to understand God's ways; and v. 36, containing a declaration about the ultimacy of God that calls forth a final doxology. This arrangement of the material, the short, roughly parallel lines, and some unusual vocabulary suggest that we should treat the passage as a hymn. Paul probably composed it himself, borrowing extensively from OT wisdom traditions, apocalyptic, and Hellenistic Jewish teachings." Douglas J. Moo, *Romans*, 740.

서술하는 것에서 시작하여(33절), 구약을 인용하면서 인간이 하나님의 지혜와 지식을 다 알 수 없다는 감탄으로 나아갔다가(34-35절), 하나님의 절대 주권에 대한 고백으로 이어진다(36절).[676] 이러한 송영은 9-11장에 대한 자연스럽고 적절한 마무리이다.[677] 바울은 로마서 1장에서 창조주 하나님께 대항하는 인간의 불순종을 말했는데, 이제 11장 마지막에서 창조주 하나님을 찬양함으로 1-11장 진술을 마친다.[678]

33절: 먼저, 바울은 하나님의 지혜와 지식의 풍성함을 말한다. 25절에서 바울은 사람들이 스스로 지혜가 있다고 하면서도 하나님의 신비를 알지 못하는 실상을 꼬집었고, 이어서 '신비'에 속한 하나님의 구원 계획을 말했는데, 인간이 이러한 내용을 다 이해하지 못한다는 현실을 직시한다. 그리하여 하나님의 지혜와 지식의 풍성함을 인간이 헤아리지 못한다고 고백적으로 서술한다. 실제로 하나님의 구원 경륜을 우리가 다 헤아리지 못한다. 우리는 하나님에 대해서 모르는 것이 많고, 하나님이 하시는 일에 대해서 이해하지 못하는 것이 많다. 따라서 우리는 무지 가운데 의심하거나 불평할 것이 아니라, 하나님의 섭리를 믿고 감사해야 한다.

34-35절은 33절의 근거가 된다.[679] 바울은 구약을 인용하면서 사람이 하나님을 다 알 수 없다고 말한다.

34절: "누가 주의 마음을 알았느냐? 누가 그의 모사가 되었느냐?"라는 두 개의 질문은 이사야 40:13을 인용한 것인데, 어떤 사람도 하나님의 계시가 없으면 하나님의 마음을 이해할 수 없다는 사실을 알려주며, 또한 어떤 사람도 하나님을 가르치거나 하나님께 조언할 수 없다는 점을 명시해 준다. 인간은 유한하며, 하나님은 무한하시다. 따라서 인간은 하나님의 지

---

676 John D. Harvey, *Romans*, 291.

677 C. E. B. Cranfield는 다음과 같이 말한다. "So the discussion of chapters 9-11 comes to its natural and fitting conclusion in a doxology." C. E. B. Cranfield, *Romans*, 592.

678 James D. G. Dunn, *Romans 9-16*, 697.

679 Thomas R. Schreiner, *Romans*, 635.

혜와 지식을 측량할 수 없다. 오로지 인간은 하나님이 알려주시는(계시해 주시는) 것만 알 수 있다.

35절: "누가 주께 먼저 드려서 갚으심을 받겠느냐?"라는 질문은 욥기 41:3을 인용한 것일 수도 있고, 욥기 41:11을 인용한 것일 수도 있다. 혹은 욥기 35:7이나 41:1을 인용했을 수도 있다. 어쨌거나 이 말은 하나님께서 무엇이나 누구의 도움이 필요하신 분이 아니라는 뜻이다. 이 말은 하나님께서 영원 전부터 계셨고, 또한 우리를 지으셨으므로, 우리가 가진 모든 것이 하나님의 소유라는 사실을 일깨워 준다. 우리가 받은 모든 좋은 것은 하나님에게서 나왔다.

36절: 헬라어 본문에서 문장의 제일 앞에 나오는 "이는"(γάρ, 가르)은 34절과 35절 모두를 배경으로 한다. 왜 아무도 하나님의 모사가 될 수 없으며(34절), 그분에게 먼저 드려서 갚으심을 받을 수 없는가(35절)? 바울은 그 이유를 "만물이 주에게서 나오고 주로 말미암고 주에게로 돌아감이라"라는 문구로 대답한다. 이것은 만물의 기원과 존재와 목표에 관한 언급이다. 하나님은 만물의 근원이시고, 만물이 성취되는 수단이시며, 만물의 목표이시다. 따라서 아무도 하나님의 모사가 되거나 하나님을 도울 수 없다. 하나님은 인간에게 지혜를 주시는 분이지 받으시는 분이 아니다. 하나님은 우리에게 모든 것을 주시며, 우리로부터 어떠한 대가도 받지 않으신다.[680] 특히 이 문맥에서 이 말은 인간의 구원 문제와 관련하여, 이방인들이 부름을 받은 것과 이스라엘이 특권을 가진 것이 모두 하나님으로부터 왔다는 사실과 하나님이 허락하신 특권과 부름이 그분의 섭리적인 보호 아래 계속된다는 사실을 가르쳐 준다.[681]

바울은 하나님을 찬양함으로 단원(9-11장)을 마무리한다.

"그에게 영광이 세세에 있을지어다 아멘."

---

680 Thomas R. Schreiner, *Romans*, 638.

681 Joseph A. Fitzmyer, *Romans*, 635.

· 설교자를 위한 지침 ·

1. 26절의 "온 이스라엘이 구원을 받으리라"라는 문구는 해석하기가 매우 어렵다. 따라서 설교자는 이 문구의 의미를 잘 파악해야 한다. 이 책에 나와 있는 견해를 따를 수도 있고 다른 학자의 견해를 따를 수도 있는데, 중요한 것은 일관성이다. 어떤 견해를 채택할 때, 이 단락은 물론이고, 9-11장 전체를 그에 맞추어서 일관되게 해석해야 한다.

2. 이 단락의 중심 주제는 하나님이 모든 사람을 사랑하신다는 사실이다(특히 28-32절). 바울은 하나님이 유대인과 이방인을 모두 사랑하신다고 말한다. 따라서 설교자는 하나님이 우리를 사랑하신다는 사실에 초점을 맞추어서 설교할 수 있다.

3. 33-36절은 송영(찬양)이다. 바울은 단원(9-11장)을 마무리하면서 하나님을 향한 찬양을 기록했다. 이는 하나님이 하신 일을 생각하고 묵상할 때 찬양이 나올 수밖에 없기 때문이다. 설교자는 신자가 하나님의 은혜와 섭리를 깨닫고 찬양해야 한다는 사실을 가르치는 것이 좋다.

단원 6. 12:1–15:13

그리스도인의 윤리

1-8장에서 바울은 인간의 불의함과 그리스도를 통한 의로움에 관하여 말했다. 그리고 9-11장에서는 이스라엘의 구원 문제를 다루면서, 하나님의 주권, 선택과 유기, 유대인과 이방인과 같은 주제를 언급했다.[682] 이제 12장에서부터 내용이 다소 바뀐다. 여기서부터 바울은 그리스도를 믿음으로 의롭게 된 사람이 어떻게 살아야 하는지를 말한다. 즉 실제적인 삶(윤리)에 대해서 언급한다. 하지만 1-11장을 '교리'로 보고, 12장 이하를 '윤리'로 보면서 너무 날카롭게 구분하는 것은 바람직하지 않다. 이는 바울 서신이 교리와 윤리를 지나치게 구분하는 형태로 되어 있지 않으며, 실제로 1-11장에 실천적 권고가 많이 나오기 때문이다.[683] 이 단원은 12-13장과 14:1-15:13으로 나누어진다.[684] 12-13장은 일반적인 행동 지침으로서, 바울의 다른 서신들에서 다루어진 내용들과 상당히 연관된다. 그리고 14:1-15:13은 로마 교회의 특정한 문제와 관련된 내용을 다루는데, 이것들은 보편적인 도덕 지침으로 확장될 수 있다.[685]

---

682 C. E. B. Cranfield는 로마서 1-11장을 다음과 같이 요약한다. "The first eleven chapters of Romans have already made it clear that the life, which, according to 1.17, is the destiny of the man who is righteous by faith, is a life of obedience to God." C. E. B. Cranfield, *Romans*, 592.

683 권연경은 1-11장을 교리이며 12-15장을 실천이라고 보는 견해를 비판하면서, 1-11장 역시 이론적 혹은 교리적 부분이 아니라 실천적 관심이 여실히 드러나는 부분이라고 주장한다. 그는 교리와 실천을 구분하겠다는 의도 자체가 바울 복음의 본질을 훼손하는 셈이라고 말한다. 그래서 그는 12-15장의 권면들을 교리에서 실천으로 옮아가는 움직임이 아니라, "너희 지체를 하나님께 드리라"(6:13, 19)와 같은 다소 원론적 권고를 이제 공동체적 상황을 염두에 둔 보다 구체적 권고로 발전시키는 움직임이라고 생각한다. 권연경, 『로마서 산책』, 319-20.

684 대부분의 주석가가 이러한 구분을 지지한다. Douglas J. Moo, *Romans*, 747을 보라.

685 Thomas R. Schreiner는 로마서의 '권면'(exhortations)에 대해서 다음과 같이 설명한다. "It would be incorrect to deduce that exhortations are limited to this part of Romans, for parenesis also punctuates chapters 5-8, especially chapters 6 and 8. Yet it is certainly the case that the exhortation section here is predominant and more sustained than in any earlier section of the letter. The reason for this is doubtless that the indicative of God's grace and

1. 12:1–21 그리스도인의 삶

이 단락에서 바울은 윤리의 일반적인 원리를 제시한다. 그는 그리스도인들을 향하여 자기 몸을 하나님께서 기뻐하시는 거룩한 산 제물로 드리라고 권면한다. 또한 교회에 대하여 말하는데, 신자들이 모여서 교회를 이룬다는 사실을 언급하면서, 교인들이 일치와 통일을 추구해야 하지만 다양성을 존중해야 한다고 말한다. 그런 후에는 신자들 사이의 윤리, 곧 동료 신자들을 대하는 태도를 다루고, 세상을 향한 윤리, 곧 믿지 않는 이웃을 대하는 태도를 설명한다. 여기서 그는 삶의 모든 영역을 거론하지 않는다. 이는 새로운 상황이 계속해서 발생하기 때문이다. 그래서 일반적인 지침을 제공하기 위하여 몇 가지 대표적인 주제를 다룬다.[686]

---

mercy-telling what God has done for sinful humansmust underlie the imperatives outlining one's duty and obligation to God." Thomas R. Schreiner, *Romans*, 640.

686 Thomas R. Schreiner, *Romans*, 640.

1-2절: 윤리의 전형

1-2절은 전체 권면 단원(12:1-15:13)의 전형(paradigm)이다. 곧 이 구절들은 이 단원의 서론(introduction)이다.[687] 여기서 바울은 우리의 몸을 하나님께 드리라고 하며, 옛 세대를 본받지 말고 마음을 새롭게 함으로 변화를 받으라고 한다. 그리고 이어지는 부분(12:3-15:13)에서 그는 우리의 헌신을 삶에서 구체적으로 실현하라고 촉구한다.

1절: 바울은 "그러므로 형제들아 내가 하나님의 모든 자비하심으로 너희를 권하노니"라는 문구로 권면을 시작한다. "그러므로"(οὖν, 운)라는 접속사는 이제부터 말하려고 하는 것이 지금까지 말한 것들의 토대 위에 세워져 있음을 암시한다. 이것은 그리스도인의 윤리가 신학적인 근거, 곧 하나님께서 그리스도 안에서 그를 위하여 하신 은혜로운 일에 기초해서 구축되는 것임을 알려준다.[688] "너희를 권하노니"(Παρακαλῶ, 파라칼로)라는 말은 부드러운 표현인데, 이처럼 로마서에서 바울은 로마의 성도들에게 강압적으로 명령하지 않고 부드럽게 권면한다.[689] "하나님의 모든 자비하심으로"라는 문구는 바울이 이 서신에서 지금까지 언급한 대로 인간이 의롭게 되는 것이 하나님의 자비 덕분임을 상기시킨다.[690] 우리는 하나님의 자비(사

687 C. E. B. Cranfield, *Romans*, 595.

688 C. E. B. Cranfield, *Romans*, 595. James D. G. Dunn은 이 권면이 9-11장에서 말한 것에서 이어진 것이지만, 5-8장에서 말한 것도 해당할 것이라고 본다. James D. G. Dunn, *Romans 9-16*, 708.

689 Douglas J. Moo는 이 문맥에서 헬라어 'παρακαλέω'(파라칼레오)의 의미를 영어 번역 exhort가 잘 살린다고 말한다. 그는 'παρακαλέω'(파라칼레오)의 어의 범위(semantic range)가 request와 command의 중간쯤에 있는 것으로 보면서, 이것이 권위를 가진 권면인데, 명령을 내리는 권세자의 권위가 아니라 하나님의 진리를 전하는 설교자의 권위를 가진 권면이라고 본다. 그는 바울 서신에서 'παρακαλέω'(파라칼레오)가 54회 사용되었는데, 세 개의 범주로 나누어진다고 주장한다. 1) comfort(위로하다, 14회, 참고. 고후 1:4), 2) beseech(간구하다, 개인적인 간구, 9회, 참고. 고후 12:8), 그리고 3) exhort(권면하다). Douglas J. Moo, *Romans*, 748-49.

690 어떤 학자들은 '하나님의 자비하심'을 9-11장에 나타난 하나님의 자비하심과 연관 짓는다. 하지만 Thomas R. Schreiner는 이 문구가 1:16-11:36 전체와 연관된다고 적절하게 주장한다. Thomas R.Schreiner, *Romans*, 639.

랑, 은혜, 긍휼) 덕분에 의로운 사람이 될 수 있었다. 그리고 이 문구는 우리가 하나님의 자비에 대한 감사의 반응으로 올바른 삶을 살아야 한다는 사실을 시사한다. 우리는 율법에 얽매여서 억지로나 무서워서가 아니라 하나님의 자비하심에 감동하여 자발적으로 선한 삶을 살아야 한다.

"너희 몸을 하나님이 기뻐하시는 거룩한 산 제물로 드리라"라는 말은 제사 전문 용어이다. 구약 시대에는 흠 없는 짐승을 잡아서 하나님께 제물로 바쳤으며, 하나님은 그러한 제사를 기뻐하셨다(참고. 레 1:9). 그리고 하나님의 어린 양이신 예수 그리스도는 하나님이 기뻐하시는 제물이셨다(참고. 엡 5:2). 마찬가지로 복음 아래서 모든 영적인 제물들은 하나님이 기뻐하시는 제물이다(참고. 빌 4:18; 히 13:16).[691] 바울은 "산 제물"(살아있는 제물)을 언급한다. 구약 시대에는 짐승 제물이 죽임을 당했다. 하지만 신약 시대에는 예수 그리스도께서 십자가에 자신을 드리심으로 구약의 제사가 성취되어서 더 이상 짐승을 잡아서 제사 지내지 않게 되었다(참고. 히 9:11-12). 그렇지만 바울은 구약의 제사 모티프에 근거하여 "너희 몸을 하나님이 기뻐하시는 거룩한 산 제물로 드리라"고 권면한다. 여기서 "몸"은 전인(全人)을 가리키기에 '몸을 드리라'라는 말은 우리 자신뿐 아니라 우리가 가진 모든 것을 드리라는 뜻이다.

"이는 너희가 드릴 영적 예배니라"라는 문구에서 "너희가 드릴 영적 예배"는 헬라어로 'τὴν λογικὴν λατρείαν ὑμῶν'(텐 로기켄 라트레이안 휘몬)이다. 여기서 '영적'에 해당하는 'λογικός'(로기코스)를 번역하기가 쉽지 않다.[692] 이는 이 단어가 70인 역에 나오지 않고, 신약 성경에서도 이곳과 베드로전서 2:2에만 나오기 때문이다. 따라서 'λογικός'(로기코스)를 어떤 영어 성경은 '이성적인/합리적인'(reasonable)이라고 번역하고(예. KJV; GNV;

691 매튜 풀, 『로마서』, 500.

692 이에 관한 최근의 상세한 연구를 위하여, Ian W. Scott, "'Your Reasoning Worship': LOGIKOS In Romans 12:1 and Paul's Ethics of Rational Deliberation", *The Journal of Theological Studies* 69.2 (2018): 500-32를 보라.

NET),[693] 다른 영어 성경은 '영적/신령한'(spiritual)이라고 번역한다(예. ESV; NASB; NRS).[694] 하지만 이 단어를 '참된'(true)으로 번역한 영어 성경도 있다(예. NIV; NLT).[695] 이 표현을 구약 시대에 하나님께 흠 없는 짐승을 제물로 바쳐드렸듯이, 이제 새로운 정신과 자세로 자신(전인)을 하나님께 온전히 바쳐드려야 한다는 뜻으로 이해하는 것이 적합하다. 하나님은 자비로우신 분이다. 따라서 자신의 삶을 하나님께 드리는 것은 참되고 지혜로우며 합당하다.[696]

2절: 바울은 이어서 우리가 어떻게 영적 예배를 드릴 수 있는지를 말한다. 즉 하나님께 자신을 드리는 사람의 마음가짐을 알려준다. 헬라어 본문으로 이 문장을 살펴보면, 바울이 신자들에게 권면하는 것은 두 가지이다. 첫째는, 이 세대를 본받지 말라는 것이고(ESV: "do not be conformed to this world."), 둘째는, 마음을 새롭게 함으로 변화를 받으라는 것(ESV: "but be transformed by the renewal of your mind.")이다. 신자들은 이 세상을 지배하는 악한 사상과 행실을 본받지 말아야 하며, 오히려 마음을 새롭

693 매튜 풀은 '영적 예배'에 해당하는 헬라어 표현을 '이성적인/합리적인 예배'(reasonable service)로 번역하는 것이 옳다고 주장한다. 그는 '이성적인'을 '하나님의 말씀에 따른'으로 이해한다. 그리고 베드로전서 2:2에 이 단어가 사용된 것은 '이성적인 젖'이 아니라 '말씀의 젖'으로 번역되어야 한다고 말한다. 그래서 로마서 12:1이 말하는 예배란 골로새서 2:23의 '자의적 예배'(will worship)와 반대되는 '하나님의 말씀에 따른' 예배라고 주장한다. 매튜 풀, 『로마서』, 501. 한편, 네덜란드의 신학자 빌헬무스 아 브라켈은 'reasonable service'라는 제목으로 책을 출간했다. Wilhelmus à Brakel, *Redelijke Godsdienst*, Dordrecht: A. Bluffé en Zoon, 1700.

694 변종길은 'λογική'(로기케)를 베드로전서 2:2의 '신령한 젖'(λογικὸν γάλα, 로기콘 갈라)의 경우와 마찬가지로 '비유적'(figurative) 혹은 '영적'(spiritual)으로 번역해야 한다고 주장한다. 곧 신약 시대에 그리스도인들이 몸으로 드린 제사는 구약 시대에서처럼 '문자적인'(literal) 의미에서의 제사가 아니라 '비유적인' 의미에서의 제사, 곧 '영적' 예배라는 것이다. 변종길, 『로마서』, 365. 또한 C. K. Barrett, *Romans*, 213을 보라.

695 NIV는 "이는 너희가 드릴 영적 예배니라"를 "This is your true and proper worship."으로 번역했고, NLT는 "This is truly the way to worship him."으로 번역했다. 이와 마찬가지로, Douglas J. Moo는 2절의 "마음을 새롭게 함으로"라는 문구를 고려하면서, 'λογικὴν λατρείαν'(로기켄 라트레이안)이 새로워진 마음으로 예배드리는 것이기에 '참된 예배'(true worship)라고 이해하는 것이 최선일 것이라고 주장한다. Douglas J. Moo, *Romans*, 753.

696 Thomas R. Schreiner, *Romans*, 645.

게 함으로 변화를 받아야 한다.

먼저, "너희는 이 세대를 본받지 말고"라는 말은 소극적인 행동 지침이다. "이 세대"(ὁ αἰών οὗτος, 호 아이온 후토스)는 바울이 자주 사용하는 단어이다(참고. 고전 1:20; 2:6, 8; 3:18; 고후 4:4).[697] 이 단어는 이 세상을 지배하는 악한 사상과 행실을 함의한다. 곧 세속적이며 악한 사람들의 타락한 원리들과 관습들과 삶의 방식들과 풍조들을 반영한다(참고. 13:13; 엡 4:18-19; 벧전 4:3 등).[698] 우리는 이 세상의 악한 가치관과 행실을 따르지 말아야 한다. 인간은 세상의 문화에 휩쓸리기 쉬운 존재이다.

다음으로, "오직 마음을 새롭게 함으로 변화를 받아"라는 말은 적극적인 행동 지침이다. 우리는 소극적으로 이 세대를 본받지 말아야 할 뿐만 아니라, 적극적으로 마음을 새롭게 해야 한다. 마음을 새롭게 하는 것은 옛 사람의 습관과 행실을 버리고 새로운 삶을 살기로 다짐하며 행하는 것이다. 마음을 새롭게 하는 것은 단번에 이룰 수 없으며, 평생 지속해야 한다. 바울은 다른 편지에서 "오직 너희의 심령이 새롭게 되어 하나님을 따라 의와 진리의 거룩함으로 지으심을 받은 새 사람을 입으라"고 권면한다(엡 4:23-24).

바울은 이어서 "하나님의 선하시고 기뻐하시고 온전하신 뜻이 무엇인지 분별하도록 하라"고 말한다. 하나님의 뜻은 "선하시고 기뻐하시고 온전하신 뜻"이다. 따라서 하나님의 뜻을 따라 사는 것은 현명하면서 필수적이다. '분별한다'에 해당하는 헬라어 단어 'δοκιμάζω'(도키마조)는 '식별한다'(discern) 혹은 '입증한다'(approve)라는 뜻이다. 여기서는 문맥상 '식별한다'의 의미로 보아야 한다.[699] 우리가 이 세대를 본받지 않고, 마음을 새롭게 함으로 변화를 받으면, 하나님의 선하시고 기뻐하시고 온전하신 뜻이 무엇인지 식별할 수 있게 된다.

---

697 James D. G. Dunn, *Romans 9-16*, 712; Thomas R. Schreiner, *Romans*, 647.

698 매튜 풀, 『로마서』, 501.

699 C. E. B. Cranfield, *Romans*, 609.

3-8절: 신자들이 교회를 이룸

바울은 앞에서 우리 몸을 하나님이 기뻐하시는 산 제물로 드리라고 말했는데, 3-8절에서는 한 몸에 많은 지체가 있는 이치를 통해서 신자들이 교회를 이루는 일에 관하여 설명한다.[700] 하나님의 자녀들은 혼자서 존재하지 않고 공동체로 존재한다. 성경은 이러한 하나님의 자녀 공동체를 '교회'라고 부르며, 교회를 설명할 때 '몸'의 은유를 자주 사용한다.

3절: 바울은 권면을 시작하기 전에 "내게 주신 은혜로 말미암아 너희 각 사람에게 말하노니"라고 말한다. 이것은 자신의 사도적 권위를 강조하는 말이다. 바울 서신에서 그의 사도적 역할과 권위는 계속해서 드러난 주제이다(참고. 15:15-16; 고전 3:10; 15:9-10; 갈 2:9; 엡 3:2; 7-8; 딤전 1:12).[701] 그런데 이러한 바울의 말은 무례하거나 일방적이지 않다. 그는 자신이 받은 '은혜'가 그들에게도 주어진 '은혜'(참고. 12:6; 1:11-12)임을 염두에 두면서 예의를 갖추어 말한다. 즉 바울은 은사를 소유한 사람으로서 은사를 소유한 사람들에게 말한다.[702]

그는 이어서 "마땅히 생각할 그 이상의 생각을 품지 말고 오직 하나님께서 각 사람에게 나누어 주신 믿음의 분량대로 지혜롭게 생각하라"고 권면한다. "마땅히 생각할 그 이상의 생각을 품지 말고"란 말은 자기를 높이지 말고 겸손해야 한다는 뜻이다. "오직 하나님께서 각 사람에게 나누어 주신 믿음의 분량대로 지혜롭게 생각하라"에서 "믿음"이란 그리스도를 아는 지식과 다른 모든 영적인 은사들과 은혜들 전체를 함축한다. 이러한 것들이 여기서 믿음이라고 불리는 것은 그것들이 믿음과 함께 주어지고 믿음으로 말미암아 실행되기 때문이다. 하나님은 각 사람의 분량에 따라 믿음을 주신다. 곧 하나님은 한 사람에게 모든 것을 주시지 않고, 같은 은사를 모

---

700 C. E. B. Cranfield, *Romans*, 611.

701 Thomas R. Schreiner, *Romans*, 651.

702 James D. G. Dunn, *Romans 9-16*, 720.

두에게 같은 분량으로 주시지도 않는다.[703] 따라서 그리스도인들은 자신에게 주어진 은사에 만족해야 하며 그것을 선용하기 위해서 노력해야 한다.

4-5절에서 바울은 몸의 유비를 통해서 교회의 통일성과 다양성을 설명한다(참고. 고전 12:4-31). 고대에는 몸의 유비를 가지고 공동체 결속과 활동을 설명하는 경우가 많았다.[704]

4절: "우리가 한 몸에 많은 지체를 가졌으나 모든 지체가 같은 기능을 가진 것이 아니니"라는 말은 인간의 몸을 설명한 것이다. 우리는 한 몸에 많은 지체를 가지고 있으나, 모든 지체가 같은 기능을 가진 것이 아니다. 우리 몸의 각 지체는 모두 필요하며 각기 다른 일을 한다. 몸의 지체 중에서 중요하지 않은 것은 없다. 이 사실을 부정하는 사람은 없다.

5절: "이와 같이 우리 많은 사람이 그리스도 안에서 한 몸이 되어 서로 지체가 되었느니라"라는 말은 4절에서 말한 몸의 유비를 가지고 교회를 설명한 것이다. 교회는 인간의 몸과 같다. 인간의 몸과 마찬가지로 교회는 하나이지만 다양한 사람이 각기 다른 일을 하는 형태를 띈다. 교회는 그리스도의 몸이며, 성도는 그 몸의 지체들이다. 따라서 우리는 일치를 도모하면서 동시에 다양성을 인정해야 한다. 우리가 일치를 도모함으로 세상의 조류에 휩쓸리지 않고 바른 교훈을 받아 정진할 것인데, 이러한 일치는 동일한 성격과 은사를 가진 사람이라고 해서 자동으로 유지되는 것이 아니라, 오히려 다양한 성격과 은사를 받은 사람들이 각자 정해진 곳에서 자기 역할을 충실히 감당함으로 지속되고 강화된다. 이는 몸이 하나이지만 다양한 지체로 구성되어 있어서 역할 분담을 하면서도 조화를 이루는 것과 같은 이치이다. 그러므로 자신이 가진 은사를 가지고 교만해서는 안 된다. 다른 형제를 멸시하는 것도 큰 죄악이다. 철저한 한 몸 의식을 가지고 교회 생활을 해야 한다. 서로를 도와야 한다. 연약한 형제를 돌봐야 한다.

6-8절에서 바울은 다양한 은사를 열거한다.

---

703 매튜 풀, 『로마서』, 503.

704 C. K. Barrett, *Romans*, 217.

6절: 바울은 "우리에게 주신 은혜대로 받은 은사가 각각 다르니"라고 말한다. 이 말은 은사의 다양성을 진술한 것이다. 한 몸에 다양한 지체가 있듯이 교회 안에는 다양한 은사를 받은 사람들이 있다. 이들은 모두 다른 일을 하며 모두 필요하다.

바울은 이어서 "혹 예언이면 믿음의 분수대로"라고 말한다. "예언"은 가장 기본이 되면서도 중요하기 때문에 은사 목록의 제일 앞에 나온다(참고. 고전 12:10-11).[705] "예언"은 하나님의 말씀을 전하는 행위를 가리킨다(참고. 딤전 4:14). 성경이 기록되기 전에는 선지자들과 사도들이 입이나 글로써 하나님의 말씀을 전했다. 그리고 선지자들과 사도들에 의해서 성경이 기록된 후에는 목사들과 교사들이 '기록된 글'(성경)을 풀어서 설명했다. "믿음의 분수대로"(ἡ ἀναλογία τῆς πίστεως, 헤 아날로기아 테스 피스테오스)에서 "믿음"에는 관사가 붙어서 '그 믿음'(ἡ πίστις, 헤 피스티스)이 되며, "분수"에도 관사가 붙어서 '그 분수'(ἡ ἀναλογία, 헤 아날로기아)가 된다. 그런데 'ἡ ἀναλογία'(헤 아날로기아)는 수학과 논리에서 차용된 용어로 '정확한 비율' 혹은 '바른 관계'를 의미한다. 따라서 바울이 '예언을 믿음의 분수대로' 해야 한다고 말한 것은 '예언을 믿음에 정비례하게 해야 한다'라는 뜻이다. 그렇다면 여기서 '믿음'이란 무엇인가? 그것은 개인의 주관적인 믿음이 아니라 우리가 믿는 대상, 즉 '그리스도의 가르침'이다.[706] 이것은 기독교의 진리 자체를 의미하는데, 후대 사람들이 신앙고백 표준이나 신앙의 체계로 받아들인 것이다.[707] 따라서 "믿음의 분수대로"라는 말은 하나님의 말씀을 가르칠 때 자기 마음대로 혹은 아무렇게나 가르칠 것이 아니라 예수 그리스도께서 주신 말씀, 곧 기독교의 진리 체계에 맞게 가르쳐야 한다는 뜻이다. 그리고 이것은 말씀을 전하는 사람이 엄격한 자격과 자질을 갖추어야 한다는 사실을 함의한다.

---

705 Joseph A. Fitzmyer, *Romans*, 647.

706 Douglas J. Moo, *Romans*, 765.

707 Joseph A. Fitzmyer, *Romans*, 647-48.

7-8절: 바울은 계속해서 "혹 섬기는 일이면 섬기는 일로, 혹 가르치는 자면 가르치는 일로, 혹 위로하는 자면 위로하는 일로, 구제하는 자는 성실함으로, 다스리는 자는 부지런함으로, 긍휼을 베푸는 자는 즐거움으로 할 것이니라"고 말한다. 따라서 그는 다양한 은사를 나열하면서 은사를 받은 사람이 어떤 자세로 행해야 하는지를 제시한다. 여기서 각 은사에 붙은 보충어구는 은사를 사용하는 자세를 설명하거나, 은사를 사용하는 사람이 은사 자체에 집중하여 참되게 봉사할 것을 요청하고, 또한 다른 은사에 대해서 서로 존중해 줄 것을 시사한다.

9-13절: 신자들과의 관계

바울은 앞에서 신자들이 교회를 이루는 일에 관하여 말했는데, 여기서는 교회에서 신자들 간에 어떻게 행해야 하는지를 말한다. 그리고 이어지는 부분에서 비신자들(이웃들)에 대해서 어떻게 행해야 하는지를 말할 것이다. 따라서 그는 세상을 향한 윤리를 말하기 전에, 먼저 신자들을 향한 윤리를 말한다. 이는 바른 교회 생활이 신자들로 하여금 세상을 바르게 살아가게 하는 기초가 되기 때문이다. 그래서 바울은 갈라디아서 6:10에서 "그러므로 우리는 기회 있는 대로 모든 이에게 착한 일을 하되 더욱 믿음의 가정들에게 할지니라"고 말한다.

9a절: "사랑에는 거짓이 없나니"라는 말은 사랑이란 진실한 것이어야 한다는 뜻이다. 이것은 고린도전서 13:6에서 사랑에 관하여 묘사하는 가운데 "불의를 기뻐하지 아니하며 진리와 함께 기뻐하고"라는 말로 표현되었다. 이후 13절까지 나오는 내용은 사랑의 특성이다.

9b-13절: 이 구절들에서 사랑의 특성이 열거된다. 헬라어 본문의 단락 구분을 고려하면 사랑의 특성은 10가지이다. "악을 미워하고 선에 속하라", "형제를 사랑하여 서로 우애하고", "존경하기를 서로 먼저 하며", "부지런하여 게으르지 말고", "열심을 품고 주를 섬기라", "소망 중에 즐거워

하며", "환난 중에 참으며", "기도에 항상 힘쓰며", "성도들의 쓸 것을 공급하며", "손 대접하기를 힘쓰라." 따라서 사랑은 마음과 실천으로 드러난다. 특히 마지막 부분에 "성도들의 쓸 것을 공급하며"와 "손 대접하기를 힘쓰라"라는 권면은 당시에 매우 적실했다. 그때는 여관이 많지 않았기 때문에 손님(나그네)이 여행 중에 머물 곳을 얻지 못했다. 따라서 사도들은 그리스도인들에게 손님을 잘 대접하라는 권면을 자주 했다(참고. 딤전 3:2; 히 13:2; 벧전 4:9). 더욱이 당시에 복음을 전하러 여러 지역을 다니는 순회 전도자들이 있었는데, 그리스도인들은 그들에게 숙식을 제공해 줌으로써 복음 전파 사역에 공헌할 수 있었다.

14-21절: 이웃들과의 관계

9-13절에서 바울은 신자들 상호 간의 윤리를 말했는데, 이제 14-21절에서는 이웃들(비신자들)을 향한 윤리를 말한다. 신자들은 신자들끼리 사랑해야 할 뿐만 아니라, 믿지 않는 이웃들도 사랑해야 한다.

14절: 당시 그리스도인들을 박해하는 사람들이 많았다. 이미 우리 주 예수님은 그러한 자들을 오히려 축복하고 저주하지 말라고 말씀하셨는데(참고. 마 5:44; 눅 6:27-28), 이제 바울이 그러한 가르침과 동일하게 권면한다. 그리스도인들은 자신들을 잘 대해 주는 사람들에게만 사랑을 베풀 것이 아니라 자신들을 고통스럽게 만드는 사람들에게도 사랑을 베풀어야 한다.

15절: 그리스도인들은 기쁜 일도 함께하고, 슬픈 일도 함께해야 한다. 형제에게 기뻐할 만한 일이 생기면 자기에게 일어난 일처럼 기뻐해야 하고, 형제에게 슬픈 일이 있으면 슬퍼하면서 그의 어려움을 해결해 주기 위해 발 벗고 나서야 한다. 그렇게 함으로써 즐거움은 더욱 커지고 고통은 줄어들 것이다. 이것이 '한 몸' 의식이다. 바울은 분쟁 속에 있던 고린도 교인들에게 다음과 같은 글을 써서 보냈다. "만일 한 지체가 고통을 받으면 모든 지체가 함께 고통을 받고 한 지체가 영광을 얻으면 모든 지체가 함께 즐거워하느니라 너희는 그리스도의 몸이요 지체의 각 부분이라"(고전 12:26-27).

16절: "서로 마음을 같이하며"라는 말은 어떤 판단을 할 때 마음을 같이 하라는 뜻이라기보다는 감정에 있어서 마음을 같이하라는 뜻이다.[708] 즉 서로의 마음을 잘 헤아리라는 뜻이다. "높은 데 마음을 두지 말고 도리어 낮은 데 처하며 스스로 지혜 있는 체 하지 말라"란 문구는 교만하지 말고 겸손해지라는 뜻인데, 다른 사람과 잘 어울리는 방법은 겸손해지는 것이다.

17절: 그리스도인들은 원수를 갚으려고 하지 말아야 한다. 자신을 악하게 대하는 사람들에게 오히려 선을 베풀어야 한다. 예수님은 "나는 너희에게 이르노니 악한 자를 대적하지 말라"고 말씀하셨다(마 5:39). 또한 바울은 다른 서신에서 "삼가 누가 누구에게든지 악으로 악을 갚지 말게 하고 서로 대하든지 모든 사람을 대하든지 항상 선을 따르라"고 했다(살전 5:15).

18절: 그리스도인들은 "모든 사람과 더불어" 화목해야 한다. 비록 "할 수 있거든"이라는 문구가 암시하듯이 모든 사람과 화목하게 지내는 것이 쉽지 않지만, "할 수 있거든 모든 사람과 더불어" 화목해야 한다. 우리는 의롭게 된 결과로 화목을 선물로 얻었다(참고. 5:1의 주석). 즉 우리는 하나님과 화목하게 된 사람들이다. 따라서 우리는 다른 사람들과도 화목해야 한다.

19-20절에서 바울은 성경을 인용하여 자신의 주장을 강화한다.

19절: 이 구절은 신명기 32:35를 인용한 것이다. 그리고 나아가서 이 구절은 성경 전체에서 발견되는 보편적인 사상이다. 원수를 갚는 것, 곧 해를 가하거나 비방하는 것은 내가 할 일이 아니다. 그것은 하나님이 하실 일이다. 억울하고 원통하더라도 우리의 사정과 형편을 기도로써 하나님께 아뢰고 하나님이 판결하시도록 기다려야 한다. 하나님은 공의로운 재판장이셔서 옳고 그름을 정확하게 판결하시며, 의로운 자를 위로하시고 불의한 자를 심판하신다.

---

708 매튜 풀, 『로마서』, 508.

20절: 이 구절은 잠언 25:21-22를 인용한 것이다. 여기서 "네가 숯불을 그 머리에 쌓아 놓으리라"라는 문구의 의미가 다소 모호하다. 따라서 이에 대하여 학자들 간에 논쟁이 있다. 하지만 우리가 이 문구를 다음과 같이 이해하는 것이 무난하다. 이것은 뜨거운 불을 그의 머리(원수의 머리)에 쌓아 놓는 것을 뜻하는데, 뜨거운 것을 머리 위에 올려놓으면 큰 고통을 느낀다. 이처럼 신자가 원수에게 극진한 사랑을 베풀면 그 사람은 자기 행동을 치욕스럽게 생각하여 부끄러워하고 반성하면서 참회의 고통, 곧 양심의 아픔을 느낄 것이다.

21절: 바울은 마지막으로 "악에게 지지 말고 선으로 악을 이기라"고 말한다. 이것은 14-21절의 결론적 요약이다. 그리스도인은 기본적으로 악한 자의 행동을 따라 하지 말아야 하며, 악한 자의 형통을 부러워하지도 말아야 한다. 더 나아가서 그리스도인은 악한 자가 자신을 박해하거나 자신에게 해악을 끼치더라도 저주하거나 보복하지 말아야 한다. 오히려 그러한 자를 축복해야 하며, 선을 베풀어야 한다. 그렇게 함으로 선으로 악을 이겨야 한다. 이것이 진정한 승리다. 이와 같은 방법으로 다윗은 사울을 이겼으며, 엘리사는 수리아 군대를 이겼다.[709]

709 매튜 풀, 『로마서』, 511.

설교자를 위한 지침

1. 12장 이하는 1-11장의 토대 위에 세워져 있다. 즉 1-11장에서 제시된 교리적인 논의 위에서 12장 이하의 윤리적 권면이 형성되어 있다. 따라서 설교자는 이 단락을 설교할 때 먼저 1-11장의 주요 주제를 간략히 언급하는 것이 좋다.

2. 바울은 교회에 관하여 언급한다. 그는 교회를 인간의 몸에 비유한다. 인간처럼 교회는 하나의 몸이지만 여러 지체로 구성되어 있다. 따라서 설교자는 교회의 이러한 속성을 설교할 필요가 있다. 교인들이 하나의 목표와 정신을 가지되 다양한 속성과 영역을 인정해야 한다고 말할 수 있다. 그리고 교인들이 자신이 받은 은사를 활용하여 봉사해야 한다고 권면할 수 있다.

3. 이 단락의 설교 대지를 다음과 같이 구성할 수 있다.
   1) 개인: 자신을 하나님이 기뻐하시는 거룩한 산 제물로 드리라(1-2절).
   2) 교회: 서로 간에 다양성, 곧 직분과 은사와 성향을 이해하고 존중하라(3-8절).
   3) 세상: 사람들에게 선을 행하되, 심지어 원수라도 사랑하라(9-21절).

2. 13:1-7 국가에 대한 태도

바울은 1-11장에서 신학적 교훈(직설법)을 말한 후, 12장 이하에서 신학적 교훈에 기초한 윤리적 권면(명령법)을 말한다. 그런데 12장 이하에 제시된 윤리적 권면은 모두 12:1-2에 제시된 '영적 예배'라는 전체 명제(propositio) 아래에 있다. 그는 13:1-7에서 국가에 대한 그리스도인의 태도를 권면하는데, 이 권면 역시 '영적 예배'라는 측면에서 이해해야 한다.[710] 국가에 대한 그리스도인의 태도는 성과 속을 구분하는 이원론적 사고에 근거하지 않고 삶의 모든 분야가 하나님의 주권 하에 있음을 인정하는 원리에 근거한다. 이 단락에 기록된 바울의 가르침은 베드로전서 2:13-17의 것과 대단히 유사한데, 이는 예수님께서 그리스도인들이 국가에 대하여 취해야 할 태도를 말씀하신 것이 당시 기독교 공동체에서 보편화되었음을 시사한다.[711]

---

710 어떤 학자들은 13:1-7이 바울의 것이 아니라 후대에 누군가에 의해서 삽입된 것이라고 주장한다. 하지만 이렇게 볼 근거는 없다. 이에 관한 논의를 위해서, R. Jewett, *Romans*, 782-84를 보라.

711 Douglas J. Moo, *Romans*, 793.

1-2절: 권세에 복종하라

1-2절은 권세에 복종하라는 권면과 권세에 복종하지 않을 때 어떤 일이 일어나는지에 대한 언급이다.

1절: 바울은 "각 사람은 위에 있는 권세들에게 복종하라"고 권면한다(참고. 벧전 3:5-6). 여기서 "권세들"(ἐξουσία, 엑수시아)이란 세상을 다스리는 '인간 통치자들'(civil authorities)을 뜻한다.[712] 이것은 오늘날 '국가' 혹은 '정부'를 가리킨다. 바울은 1-5절에서 '권세'라는 단어를 네 번 사용하고, '권세에 복종하라'는 말을 두 번 사용한다.

바울은 이어서 "권세는 하나님으로부터 나지 않음이 없나니 모든 권세는 다 하나님께서 정하신 바라"고 말한다. 따라서 그는 권세의 신적 기원을 가르쳐 준다. 모든 사람이 권세에 복종해야 하는 이유는 모든 권세가 하나님에게서 나왔으며, 모든 권세를 하나님께서 정하셨기 때문이다(참고. 골 1:16-17). 하나님은 세상에 인간 통치자들을 세우시고 그들을 통하여 그분의 뜻을 펼치시기를 기뻐하셨다(참고. 시 75:7; 단2:21). 따라서 그리스도인들은 하나님께 복종해야 하지만, 또한 하나님께서 세우신 권세에도 복종해야 한다.

2절: 바울은 권세에 복종하지 않는 자에게 어떠한 결과가 임하는지를 알려준다. 세상을 다스리는 자들이 명령을 내리고 법을 집행하는 것은 하나님의 일을 대행하는 것이다. 그러므로 우리는 세상 통치자들의 명령에 복종해야 한다. 만일 그렇지 않으면 우리가 형벌을 받을 것인데, 이것은 하나님이 내리시는 형벌이다. 더욱이 하나님께서는 선한 통치자들을 세우셔서 백성들이 복을 누리게 하시지만, 때로 악한 통치자들을 사용하셔서 백성들에게 시험을 주시거나 심판을 내리기도 하신다는 사실을 유념해야 한

712 C. E. B. Cranfield, *Romans*, 656.

다(참고. 대하 25:20; 32:24-25).[713]

3-5절: 권세에 복종해야 하는 이유

3-5절은 세상 권세에 복종해야 하는 이유이다.

3절: 바울은 하나님께서 "다스리는 자들", 곧 공권력을 가진 자들을 사용하셔서 선이 증진되게 하시고 악이 억제되게 하시므로 우리가 당연히 공권력에 복종함으로 선을 행하고 악을 행하지 말아야 한다고 말한다. 아울러, 우리가 선을 행하지 않고 악을 행하면 하나님이 세우신 권세를 통해서 우리가 징계받을 수 있다는 사실을 암시한다. "선을 행하라 그리하면 그에게 칭찬을 받으리라"라는 말은 우리가 선을 행할 때 권세자들에게 칭찬을 받을 것이란 뜻이다. 세상의 권세들로부터 칭찬을 받는 것은 하나님이 그들을 통해서 주시는 칭찬을 받는 것이다.

4절: 하나님은 권세자를 통치의 수단으로 사용하셔서 우리에게 유익을 주신다. 그런데 바울은 "그러나 네가 악을 행하거든 두려워하라 그가 공연히 칼을 가지지 아니하였으니 곧 하나님의 사역자가 되어 악을 행하는 자에게 진노하심을 따라 보응하는 자니라"고 말한다. 실제로 하나님의 심판은 국가의 법을 통하여 집행되는 경우가 많으며, 하나님께서 이를 통해 사회의 악이 억제되게 하시고 사회의 질서가 유지되게 하신다. 그러므로 그리스도인들은 개인적으로 복수하려고 하지 말아야 하고(참고. 12:17-20), 악을 처벌할 책임이 있는 행정 당국에 형벌을 맡겨야 한다.[714] 그렇게 할 때 사회가 혼란을 겪지 않고 평온해질 것이다.

5절: 이 구절은 3-4절의 요약(소 결론)이다.[715] 우리는 권세를 가진 자들에게 복종해야 하는데, 이는 하나님의 진노에 대한 두려움 때문만이 아니

---

713 ESV Study Bible.

714 ESV Study Bible.

715 C. E. B. Cranfield, *Romans*, 667.

라, 또한 우리의 양심이 그것을 옳다고 말하기 때문이다. 그러므로 그들에게 억지로 혹은 불평하면서 복종할 것이 아니라, 양심에 따라 자발적이면서도 기꺼이 복종해야 한다. 그것이 우리가 하나님께 드릴 영적 예배의 한 경우이며, 하나님이 기뻐하시는 선한 뜻이다. 그런데 "양심을 따라 할 것이라"라는 문구는 조금 더 깊은 뜻을 지니고 있는데, 만일 통치자나 권력자가 잘못된 일, 곧 양심에 반하는 일을 시켰을 때 복종하지 않아도 된다는 사실을 시사한다. 예를 들어, 그들이 신앙생활을 하지 못하게 할 경우 그것에 복종할 필요는 없다. 우리는 성경과 양심을 행동의 최우선에 두어야 한다.

6-7절: 권세에 복종하는 것의 예

6-7절은 우리가 권세에 복종하는 것의 '예'(a practical illustration)로서 조세를 바치는 문제를 다룬다. 바울은 그리스도인들이 세금 납부의 의무를 이행해야 한다고 주장한다.

6절: "너희가 조세를 바치는 것도 이로 말미암음이라"라는 말은 권세에 복종하는 것이 다양하게 표현될 수 있으며, 그 가운데 하나가 세금을 내는 일이라는 뜻이다(참고. 막 12:17). 세금은 국가를 운영하기 위한 필수요건이며, 국민의 기본적인 의무 가운데 하나이다. "그들이 하나님의 일꾼이 되어 바로 이 일에 항상 힘쓰느니라"라는 말은 우리가 세금을 내야 하는 이유이다. 권세자들은 하나님의 일꾼(사역자)이 되어서 하나님이 시키신 일에 힘쓴다. 따라서 우리가 세금을 내는 것은 하나님이 기뻐하시는 일이다. 더욱이 세금을 내지 않으면 국가가 운영되지 않는다. 따라서 그리스도인은 국가의 혜택을 입는 자로서 당연히 세금을 내야 한다.

7절: 이 구절들은 마가복음 12:17에서 예수님이 하신 말씀, 곧 "가이사의 것은 가이사에게, 하나님의 것은 하나님께 바치라"와 연관된다(참고.

마 22:21; 눅 20:25).[716] 여기서 '조세'(φόρος, 포로스)와 '관세'(τέλος, 텔로스)는 각각 '직접세'(예. 재산세, 인두세)와 '간접세'(예. 통행세, 판매세)를 의미한다.[717] "두려워할 자를 두려워하며 존경할 자를 존경하라"는 말에서 "두려워할 자"와 "존경할 자"는 모두 권세자들을 가리킨다. 권세자들은 죄지은 사람에게 두려움의 대상이 되며, 그렇지 않은 사람에게 존경의 대상이 된다. 그러므로 우리는 국가를 존중해야 하며, 세금을 내야 한다. 이를 통해서 국가가 유지되고 그 기능이 활발해질 것이다.

그러므로 이 단락에 담긴 뜻을 정리하면 다음과 같다.

1) 국가는 하나님이 세우신 기관이고, 하나님은 국가를 통하여 그분의 뜻을 이루어 가신다.

2) 국가에 복종하는 것은 영적 예배의 일부분인데, 그것이 바로 하나님께 복종하는 일이다.

3) 국가에 복종하면 상을 받을 것이고, 그렇지 않으면 벌을 받을 것이다.

4) 국가에 복종할 때 양심에 따라 해야 하는데, 말씀과 그에 기반한 양심이 행동 기준이다.

5) 국가에 복종하는 한 예는 세금을 내는 일이다.

---

716 C. E. B. Cranfield, *Romans*, 669. Brian J. Incigneri는 로마서와 마가복음의 연관성을 연구했다. Brian J. Incigneri, *Gospel to the Romans : The setting and rhetoric of Mark's Gospel*, Leiden: Brill, 2003.

717 Joseph A. Fitzmyer, *Romans*, 669.

· 설교자를 위한 지침 ·

1. 설교자는 국가와 정부의 의미에 관하여 설명할 필요가 있다. 하나님이 국가를 세우시고 정부를 두셔서 세상을 다스리신다는 사실과, 따라서 그리스도인들이 세상의 통치자들에게 복종해야 한다는 사실을 말할 필요가 있다. 이를 위해서 설교자는 교회와 국가의 관계에 관해 사전에 공부해야 한다.

2. 설교자는 그리스도인들이 통치자들의 지도에 순종해야 하고 국가의 법을 지켜야 한다는 사실을 말해야 한다. 그리스도인들이 법을 지키는 것은 하나님을 섬기는 일이 된다. 그런데 설교자는 국가의 법이 하나님의 뜻과 배치될 때 어떻게 행동해야 하는지도 알려주어야 한다. 구체적인 실례를 들어서 설명할 필요가 있다.

3. 설교자는 그리스도인이 세상에 대해서 담당해야 할 의무를 말해야 한다. 그것에는 다양한 것이 있는데, 그 가운데 하나가 세금 납부의 의무이다. 그리스도인들은 국가의 운영과 유지를 위해서 세금을 내야 한다. 그리고 국가에서 정한 세금 외에도 자발적으로 어려운 사람들을 위해 기부해야 한다. 이러한 행동은 하나님께 영적 예배를 드리는 행위이다.

3. 13:8–14 이웃 사랑과 그 이유

바울은 국가에 대한 신자들의 태도(13:1-7)에서 이웃을 사랑하라는 권면(13:8-14)으로 넘어간다. 이 단락(13:8-14)은 두 부분으로 나뉜다. 8-10절은 이웃을 사랑하라는 권면이고, 11-14절은 윤리적 권면의 종말론적 동기이다.

8–10절: 이웃을 사랑하라

8절: "피차 사랑의 빚 외에는 아무에게든지 아무 빚도 지지 말라"라는 말은 빚(채무)을 지지 말라는데 강조점이 있는 것이 아니다. 성경은 빚지는 것 자체를 금지하지 않는다. 단지 과도한 이자를 금하고, 갚지 못하는 상황에 이르지 않도록 주의할 것을 당부한다(참고. 출 2:25; 레 25:35-37; 신 15:7-9; 마 5:42 등). 오히려 이 말은 이웃을 사랑해야 한다는데 강조점을 둔다. 우리는 빚을 갚듯이 다른 사람을 사랑해야 한다.

그렇다면 우리는 누구를 사랑해야 하는가? 여기서 "피차"(ἀλλήλους, 알

렐루스)라는 단어가 사용되어서 마치 사랑을 베풀어야 하는 대상이 동료 그리스도인들에게 한정된 것처럼 보인다. 하지만 이어지는 문장에서 "남"(τὸν ἕτερον, 톤 헤테론)이 나오고, 9절에서 "네 이웃"(τὸν πλησίον σου, 톤 플레시온 수)이 나오는 것을 볼 때 그리스도인들이 사랑해야 할 대상은 동료 그리스도인들에 한정되지 않는다(참고. 골 3:14; 딤전 1:5).[718] 즉 모든 사람이 사랑해야 할 대상이다. 바울은 이어서 "남을 사랑하는 자는 율법을 다 이루었느니라"고 말한다. 이 말은 '사랑이 율법의 완성'이라는 뜻인데, 이것은 10절에서 다시 언급된다.

9절: "간음하지 말라 살인하지 말라 도둑질하지 말라 탐내지 말라"라는 말은 십계명의 두 번째 부분(5-10계명) 중 7, 6, 8, 10계명이다. 이것들은 로마가 인구 밀도가 높은 도시였고, 이에 따라 유혹이 많았던 관계로 발생할 가능성이 매우 높았던 죄들을 금지하는 명령이다.[719]

하지만 바울은 "그 외에 다른 계명이 있을지라도"라는 말을 덧붙임으로써 십계명의 다른 계명들도 포함한다.[720] "네 이웃을 네 자신과 같이 사랑하라 하신 그 말씀 가운데 다 들었느니라"라는 말은 레위기 19:18의 "원수를 갚지 말며 동포를 원망하지 말며 네 이웃 사랑하기를 네 자신과 같이 사랑하라 나는 여호와이니라"를 인용한 것이다. 예수님은 레위기 19:18과 신명기 6:4-5를 합하여 마태복음 22:34-40(마가복음 12:28-34)의 교훈을 말씀하셨다. "다 들었느니라"라는 말은 '요약되어 있다'(summed up)라는 뜻이다.[721]

10절: 바울은 "사랑은 이웃에게 악을 행하지 아니하나니 그러므로 사랑

---

718 Douglas J. Moo, *Romans*, 813; Joseph A. Fitzmyer, *Romans*, 678.

719 R. Jewett, *Romans*, 775.

720 이에 대해서, Thomas R. Schreiner는 다음과 같이 설명한다. "The addition of these words demonstrates that love is compatible with other moral norms of the law that he does not mention here due to space constraints." Thomas R. Schreiner, *Romans*, 694.

721 C. E. B. Cranfield, *Romans*, 677.

은 율법의 완성이니라"고 말한다.[722] 사랑은 어떻게 드러나는가? 그것은 이웃에게 악을 행하지 않으므로 드러난다. 여기서 악이란 율법이 금하는 모든 종류의 죄를 의미한다. "사랑은 율법의 완성이니라"라는 말은 8절의 "남을 사랑하는 자는 율법을 다 이루었느니라"와 같은 뜻이다. 율법은 '사랑하라'라는 말로 요약된다. 그러므로 이웃을 사랑하는 사람이 율법을 지키는 사람이다.

11-14절: 윤리적 권면의 종말론적 동기

12-13장은 일반적인 윤리 지침이고, 14:1-15:13은 로마 교회의 특정한 상황에 부합하는 윤리 지침이다. 따라서 13:11-14는 일반적인 윤리 지침의 마지막 부분이다. 바울은 지금까지 말한 윤리적 권면을 종합하면서 그리스도인이 종말론적 인식(eschatological motivation)을 가지고서 말씀에 순종해야 한다고 주장한다.[723] 13:11-14는 자연스럽게 두 부분으로 나뉜다. 첫 번째 부분은 그 '시기'의 성격을 상기시키는 '직설법'으로 되어 있는 11-12a절이고, 두 번째 부분은 그 '시기'에 적합하게 행동할 것을 촉구하는 '명령법'으로 되어 있는 12b-14절이다.[724]

11절: "너희가 이 시기를 알거니와 자다가 깰 때가 벌써 되었으니"라는 말은 우리가 이 시대의 실체와 조류를 깨닫고 영적으로 깨어 있어야 한다는 뜻이다. "이는 이제 우리의 구원이 처음 믿을 때보다 가까웠음이라"라는 말은 우리가 영적으로 깨어나야 할 이유가 구원이 가까웠기 때문이라

---

722 James D. G. Dunn은 "사랑은 이웃에게 악을 행하지 아니하나니"를 부정적인 형태의 황금률이라고 본다. 하지만 그는 이 규범을 황금률의 긍정적인 형태(마 7:12)와 대조되는 것으로 보지 말아야 한다고 주장한다. 즉 긍정적인 형태를 기독교적으로 보고, 부정적인 형태를 유대교적으로 보아서는 안 된다는 것이다. 그는 이것을 긍정적인 형태의 역일 뿐이라고 생각한다. James D. G. Dunn, *Romans 9-16*, 780.

723 C. E. B. Cranfield, *Romans*, 679.

724 Douglas J. Moo, *Romans*, 819.

는 뜻이다. '구원이 가까웠다'라는 말은 영원한 구원의 날, 곧 종말의 날이 가까웠다는 뜻이다. 실제로 시간이 지나가는 것은 종말에 가까이 다가가는 것이다.

12a절: "밤이 깊고 낮이 가까웠으니"라는 말은 어두운 세상이 점차 물러가고, 밝고 찬란한 새 하늘과 새 땅이 다가온다는 뜻이다. 따라서 이 말은 11b절을 보충한다. 종말에는 개인의 종말(육체의 죽음)과 우주의 종말(예수님의 재림)이 있다. 그런데 어느 쪽으로 보든지 종말이 가까워지는 것은 사실이다. 시간이 흐를수록 종말은 가까워진다. 그러므로 우리는 깨어 있어야 한다. 항상 종말론적 긴장감을 지녀야 한다. 정신을 차리고 단정해야 한다.

12b절: 접속사 "그러므로"(οὖν, 운)는 '때'에 대한 인식에 걸맞은 삶을 촉구한다. 즉 종말이 다가오는 상황에서 그리스도인이 어떻게 살아야 하는지를 알려준다. 따라서 이 구절들은 명령법으로 되어 있다. "우리가 어둠의 일을 벗고 빛의 갑옷을 입자"에서 "어둠의 일"이란 어둠 속에서 행하는 일, 곧 죄악을 의미한다. "빛의 갑옷을 입자"라는 말은 성경에 자주 나오는 '군인 은유'이다.[725] 그리스도인들은 군인처럼 무장해야 한다. 세상은 그리스도인들에게 악한 생각과 행동을 주입하려고 한다. 이러한 일은 종말이 다가올수록 심해질 것이다. 나쁜 사상이 침투하는 것은 만만치 않은 공격인데, 이를 막아내기 위해서 "빛의 갑옷"을 입어야 한다.

13절: 여기에 낮의 일과 밤의 일이 대조되어 있다. 낮과 밤의 대조, 그리고 빛과 어둠의 대조는 이원론적인 언어를 사용한 것으로 데살로니가전서 5:5-8에서 발견되는 선과 악의 대조와 같다(참고. 엡 5:8-11).[726] 낮의 일은 빛의 갑옷을 입는 일로서 단정히 행하는 것이다. 하지만 밤의 일은 어둠의 일로서 방탕함, 술취함, 음란, 호색, 다툼, 시기이다. 당연히 그리스도인들

---

725 R. Jewett, *Romans*, 822.

726 Joseph A. Fitzmyer, *Romans*, 683.

은 낮의 일(선함)을 추구해야 하며 밤의 일(악함)을 피해야 한다.

14절: 바울은 결론적으로 "오직 주 예수 그리스도로 옷 입고 정욕을 위하여 육신의 일을 도모하지 말라"고 권면한다. "주 예수 그리스도로 옷 입고"라는 표현은 성경에 자주 나온다. 우리는 세례/회심의 결과로 그리스도와 연합되었기 때문에, 그분의 죽으심과 장사되심과 부활하심에 참여했다(참고. 6:3-6). 우리는 아담과 연관된 '옛 사람'에 끊어졌으며(참고. 6:6), 그리스도와 연관된 '새 사람'에 속해서(참고. 골 3:10-11; 엡 2:16), 그리스도로 옷 입었다.[727] 바울은 이러한 사실을 갈라디아서 3:27에서 "누구든지 그리스도와 합하기 위하여 세례를 받은 자는 그리스도로 옷 입었느니라"라고 표현한다.

"정욕을 위하여 육신의 일을 도모하지 말라"라는 말은 육신의 즐거움과 만족을 위해서 아무것도 하지 말라는 뜻이 아니다. 성경은 육신의 즐거움 자체를 나쁘게 평가하지 않는다. 단지 성경은 육신을 잘 관리하라고 가르친다. 예를 들어, 에베소서 5:29에는 "누구든지 언제나 자기 육체를 미워하지 않고 오직 양육하여 보호하기를 그리스도께서 교회에게 함과 같이 하나니"라는 말이 있다. 따라서 바울의 말은 육신의 정욕을 만족시키기 위하여 악한 일을 계획하거나 추구하지 말라는 뜻이다. 우리는 육신을 보양(保養)할 수 있다. 하지만 그것이 이끄는 대로 끌려다니지는 말아야 한다. 육신이 과도하게 바라고 열망하는 것을 채우고자 육신을 위해 염려하지 말아야 하며 그것에 영합하지도 말아야 한다.[728]

---

727 Douglas J. Moo, *Romans*, 825.

728 매튜 풀, 『로마서』, 521.

• 설교자를 위한 지침 •

1. 바울은 이웃을 사랑하라고 권면한다. 여기서 바울이 말하는 이웃에는 그리스도인에 한정되지 않는다. 그것은 우리가 아는 모든 사람, 우리 주변에 살고 있는 사람, 즉 세상 사람을 포함한다. 설교자는 이웃 사랑에 관한 주제로 설교하면서, 구체적인 실천의 예를 제시할 수 있다.

2. 바울은 종말론적 함의를 언급한다. 따라서 설교자는 종말과 그에 따른 삶에 관하여 설교할 수 있다. 곧 종말에 관한 바른 지식과 종말론적 사상에 합당한 삶의 태도를 말할 수 있다.

3. 바울은 다양한 죄를 지적한다. 따라서 설교자는 죄에 관하여 설교할 수 있다. 죄를 말할 때 성경이 말하는 죄, 인류 역사에 보편적으로 드러난 죄, 그리고 이 시대에 우리가 속해 있는 사회에 존재하는 죄의 다양한 양상을 설명할 필요가 있다.

4. 14:1–12 형제를 업신여기거나 비판하지 말라

14:1-15:13은 윤리적 권면의 두 번째 부분이다.[729] 여기서부터 바울은 로마의 그리스도인들이 직면한 문제에 연관된 사안에 관해 조언한다. 하지만 그의 조언은 보편적인 원리가 될 수 있으므로 이 원리를 다양한 영역에서 적용할 수 있다. 여기서 그는 주로 음식 문제를 다룬다. 이는 그가 로마서를 기록할 당시 로마에 거주하는 유대인 그리스도인과 이방인 그리스도인 사이에 음식 문제로 갈등이 있었는데, 당시 로마 교회가 '가택 교회'(house church) 형태를 띠고 있어서 그들이 함께 식사했기 때문이다. 유대인 그리스도인들은 그리스도를 믿음으로 의롭게 되었다고 하더라도 여전히 음식을 가려서 먹어야 한다고 생각했다. 하지만 이방인 그리스도인들은 그리스도 안에서 자유를 얻었기에 음식 문제에 신경 쓰지 않아도 된다고 생각했다.

729 James D. G. Dunn, *Romans 9-16*, 797.

1–5절: 약한 자와 강한 자

1절: "믿음이 연약한 자"는 멸시의 감정이 들어 있는 표현인데, 이것은 스스로를 이렇게 일컬은 것이 아니라 다른 사람들에게서 이렇게 불린 것이다.[730] 본문에서 "믿음이 연약한 자"는 기독교 신앙 자체가 미약한 사람이 아니라 특정한 사안에서 자기 확신을 드러내지 못하는 사람이다.[731] 당시에 이들은 주로 유대인 그리스도인들이었지만 이방인들 가운데 유대의 종교와 관습을 따랐던 자들이 포함되었을 수도 있다. 그들은 그리스도를 믿음으로 구원받았으나, 오랫동안 민족적으로 지켜왔던 각종 제의 규정으로부터 여전히 자유롭지 못해서 그러한 것들을 어기는 것에 대하여 의심하고 두려워했기 때문에 "믿음이 연약한 자"라고 불렸다. 그런데 "믿음이 연약한 자"라는 표현을 사용하는 사람들은 자신들을 '믿음이 강한 자'라고 생각했기 때문에 바울은 15:1에서 "믿음이 강한 우리"라는 표현을 사용한다. '믿음이 강한 자'는 주로 이방인 그리스도인들이었지만 소수의 유대인 그리스도인이 포함되었을 것이다. 그들은 믿음으로 말미암아 의롭게 된 이후 유대의 의식 규례 등이 더 이상 구속력을 가지지 못한다는 사실을 깨달아서 음식을 가리지 않고 담대하게 먹었기에 '믿음이 강한 자'라고 불렸다.[732]

"너희가 받되"라는 말은 그들을 배척하지 말고 받아들이라는 뜻이다. 즉 그들과 계속해서 교제하고, 그들에게서 떠나지 말라는 뜻이다. "그의 의견을 비판하지 말라"라는 말은 본질적이지 않은 문제로 논쟁하거나 다투지 말라는 뜻이다. 믿음이 강한 사람들은 믿음이 약한 사람들의 마음과 사정을 고려하고 이해해 주어야 한다. 변론과 토론은 결국 다툼으로 끝난다. 복음과 진리를 말할 때는 정중하면서도 분명하게 해야 하며, 말다툼으로 비

---

730 James D. G. Dunn, *Romans 9-16*, 797.

731 C. E. B. Cranfield, *Romans*, 700.

732 로마서에서 '믿음이 약한 자'와 '믿음이 강한 자'의 용례를 위하여, M. B. Thompson, "Strong and weak", in *Dictionary of Paul and His Letter*, Downers Grove: IVP, 1993, 916-18을 보라.

화하지 않도록 주의해야 한다. 바울은 다른 편지에서 "어리석은 변론과 족보 이야기와 분쟁과 율법에 대한 다툼은 피하라 이것은 무익한 것이요 헛된 것이니라"고 말한다(딛 3:9).

2절: 이 구절은 1절을 자세히 설명한 것이다.[733] "어떤 사람은 모든 것을 먹을 만한 믿음이 있고"라는 말은 믿음이 강한 사람들(주로 이방인 그리스도인들)이 음식을 먹는 일에 있어서 아무런 거리낌이 없는 모습을 반영한다(참고. 마 15:11; 행 10:12-15). "믿음이 연약한 자는 채소만 먹느니라"라는 말은 믿음이 약한 사람들(주로 유대인 그리스도인들)이 채소만 먹었던 사실을 시사한다. 그들은 시장에서 파는 고기를 사 먹는 일에 부담을 느꼈는데, 이는 고기가 유통되는 과정에서 유대의 음식법 규정에 어긋났을 가능성이 있었고, 또한 고기가 우상에게 바쳐진 제물이었을 가능성이 있었기 때문이다. 그래서 그들은 혹시라도 잘못을 범할까 두려워하여 고기를 먹지 않고 채소만 먹었다. 당시에 채소는 이러한 일들과 상관이 없었다.

3절: 바울은 2절에서 설명을 한 후에 이 구절에서 다시 권면으로 돌아간다.[734] 그는 "먹는 자는 먹지 않는 자를 업신여기지 말고 먹지 않는 자는 먹는 자를 비판하지 말라"고 말한다. 음식을 자유롭게 먹는 자(주로 이방인 그리스도인)는 먹지 않는 자(주로 유대인 그리스도인)를 업신여기기 쉽다. 그리고 먹지 않는 자(주로 유대인 그리스도인)는 먹는 자(주로 이방인 그리스도인)를 비판하기 쉽다. 하지만 서로를 향한 이러한 태도는 바람직하지 않다.

바울은 이어서 "이는 하나님이 그를 받으셨음이라"고 말한다. 이 말은 하나님이 고기를 자유롭게 먹는 자를 받아 주셨다는 뜻이다. 즉 그들의 신앙에 문제가 없다는 뜻이다. 유대인 그리스도인들은 이방인 그리스도인들이 구약의 음식 규정을 따르지 않는 것을 보면서 그들이 온전한 신앙을 가지지 못했다고 비판했다. 하지만 바울은 그렇지 않다고 설득한다. 그리스도

---

733 Thomas R. Schreiner, *Romans*, 711.

734 Thomas R. Schreiner, *Romans*, 711.

인들은 본질적이지 않은 사소한 문제에 대해서 서로를 인정하고 받아 주어야 한다. 이방인으로서는 유대인이 오랫동안 가지고 있던 신념(전통)과 새롭게 배운 것(교훈) 사이에서 고민하며 갈등하는 현실을 이해해 주어야 한다. 그리고 유대인으로서는 이방인이 유대의 전통과 관습을 지키지 않는 문제를 가지고 비판하지 말아야 한다. 그 이유는 하나님이 그들을 받으셨기 때문이다. 여기서 '받았다'에 해당하는 'προσλαμβάνω'(프로스람바노)는 '집으로 맞아들인다', '환영한다' 등의 의미를 지닌다. 따라서 이 말은 하나님께서 약한 자들과 강한 자들 모두를 집으로 맞아들이셨다는 뜻이다.[735] 하나님이 그들을 받으셨기에 우리도 그들을 받아 주어야 한다.

4절: 바울은 우리가 다른 성도들에 대해서 어떤 자세를 취해야 하는지를 알려준다. 여기서 "남의 하인"이란 '하나님의 종'을 뜻하는데, 이는 다른 성도들을 가리킨다. 우리가 남의 하인을 비판하는 것이 주제넘은 일이듯이, 다른 성도들에 대해서 이러쿵저러쿵 말하는 것은 바람직하지 않다. 하나님은 그분의 종들(자녀들)을 그분의 뜻에 따라서 평가하시고 다스리신다. 따라서 다른 사람이 무엇을 먹는지 혹은 무엇을 먹지 않는지에 대해서 비판할 필요가 없다. 특히 바울은 "너는 누구냐?"라는 강한 어투를 사용하여 다른 성도들에 대하여 비판하지 말 것을 강조한다. 이와 관련하여 야고보서 4:12에는 "입법자와 재판관은 오직 한 분이시니 능히 구원하기도 하시며 멸하기도 하시느니라. 너는 누구이기에 이웃을 판단하느냐?"라는 언급이 있다.

5절: 바울은 음식 이야기를 중단하고, 다른 갈등 소재, 곧 '날'을 지키는 문제를 말한다. 이는 당시 믿음이 약한 자와 믿음이 강한 자 사이에 음식과 관련된 갈등 외에도 '날'을 지키는 문제에 관한 갈등이 있었기 때문이다. 여기서 '날'은 안식일을 비롯한 초하루, 축제, 안식년 같은 절기들을 의미한다. 당시에 로마 교회 안에서 '약한' 사람들은 안식일을 평일보다 낫

---

735 Joseph A. Fitzmyer, *Romans*, 689.

게 여겼고, '강한' 사람들은 모든 날을 같게 여겼다. 그리고 이는 각종 절기에 대해서도 마찬가지였다. 이에 대해서 바울은 어떠한 결론도 내리지 않는다. 다만 그는 "각각 자기 마음으로 확정할지니라"고 말한다. 이 말은 자신이 옳게 여기는 대로 생각하고 행동하라는 뜻이다. 성경에 구체적으로 명시되어 있지 않은 규정이나 사안은 자기 양심에 따라 생각하면 된다.

6-9절: 서로를 받아들여야 하는 이유

6절: 날을 중히 여기는 자는 주를 위하여 중히 여긴다. 그들은 주님을 잘 섬기기 위해서 이런 날을 지키려고 한다. 그리고 고기를 먹는 자도 주를 위하여 먹는데, 이는 그가 먹을 때 하나님께 감사하기 때문이다. 하지만 고기를 먹지 않는 자도 주를 위하여 먹지 않으며, 그는 이에 대해서 하나님께 감사한다. 따라서 사람들이 행동하는 동기와 중심이 주님이시라면 그들의 행동을 인정해 주어야 하고 존중해 주어야 한다. 신자들은 본질적이지 않은 사안에 있어서 주님을 위하여 행하는 일들에 관하여 상호 간에 업신여기거나 비방하지 말아야 한다.

7-8절: 바울은 논의의 주제를 음식과 날에서 '삶과 죽음'으로 발전시킨다. 신자는 주님을 위하여 살고 주님을 위하여 죽는다. 신자는 사나 죽으나 주님의 소유이다. 신자는 그리스도에게 속해 있으므로 그리스도가 기뻐하시는 대로 살아야 한다. 이에 바울은 고린도후서 5:9에서 "그런즉 우리는 몸으로 있든지 떠나든지 주를 기쁘시게 하는 자가 되기를 힘쓰노라"고 말하며, 빌립보서 1:20-21에서는 "나의 간절한 기대와 소망을 따라 아무 일에든지 부끄러워하지 아니하고 지금도 전과 같이 온전히 담대하여 살든지 죽든지 내 몸에서 그리스도가 존귀하게 되게 하려 하나니 이는 내게 사는 것이 그리스도니 죽는 것도 유익함이라"고 고백한다.

9절: 바울은 이어서 "이를 위하여 그리스도께서 죽었다가 다시 살아나셨으니 곧 죽은 자와 산 자의 주가 되려 하심이라"고 말한다.[736] 그는 그리스도께서 죽으시고 살아나셨기에 죽은 자와 산 자에 대한 통치권(sovereignty)과 주재권(lordship)을 가지고 계신다는 사실을 밝힌다. 이러한 사실은 음식을 먹거나 절제하는 문제 혹은 특정한 날을 지키거나 안 지키는 문제가 그리스도께서 죽으셨다가 다시 살아나셔서 역사의 주가 되셨다는 기독교의 근본적인 믿음에 대립함을 시사한다.[737] 신자들은 이러한 사소한 사안으로 서로를 비난하지 말아야 한다.

그러므로 바울이 말하고자 한 요지는 다음과 같다. 신자는 자신의 생각과 주장을 다른 사람에게 강요하거나 억지로 주입하려 하지 말아야 한다. 다른 사람의 선택과 자유를 억압하지 말아야 한다. 주님께서 죽으시고 살아나신 것은 각 개인이 권리와 주장을 가지게 하시기 위해서이다. 누군가가 다른 사람의 확신이나 태도를 결정할 수 있다고 주장하는 것은 그리스도의 독점적인 권리를 빼앗는 것이고 하나님께서 그를 위해 하신 일을 부정하는 것이다.[738]

---

736 James D. G. Dunn은 '죽은 자와 산 자'의 어순이 그리스도의 죽으심과 살아나심에 의해서 결정되었을 것이지만, 특히 '죽은 자'가 '산 자'보다 앞에 나오는 것은 죽음의 세계를 넘어서신 그리스도의 위대한 능력을 가르쳐준다고 주장한다. 그는 이 어순의 의미에 대해서 다음과 같이 설명한다. "The word order ("dead and living") is presumably determined by the preceding phrase ("died" and "lived"), though its unusualness (instead of the otherwise more natural "living and dead") helps bring out Christ's power even over the world of death. The doubly emphasized purpose ought not to be ignored. It is characteristic of Paul's Christology and soteriology that he sees the primary thrust of Christ's death and resurrection as directed toward his becoming lord of all things, including dead as well as living (part of his Adam Christology; e.g., 5:21; 1 Cor 15:20-25; Phil 2:9-11; and see further on 10:9). No view is expressed about where the dead are or what form of existence they might have (cf. 1 Cor 15:18; 2 Cor 5:3; 1 Thess 4:14; 1 Pet 3:19-20; 4:6; see also on 10:7)." James D. G. Dunn, *Romans 9-16*, 808.

737 Joseph A. Fitzmyer, *Romans*, 691.

738 James D. G. Dunn, *Romans 9-16*, 814.

10-12절: 우리가 다 심판대 앞에 서리라

10-12절에서 바울은 행실의 동기가 무엇인지를 가르쳐 준다. 그것은 우리가 모두 마지막 날 심판대 앞에 서야 한다는 사실이다.

10절: 이 구절은 고린도후서 5:10의 "이는 우리가 다 반드시 그리스도의 심판대 앞에 나타나게 되어 각각 선악 간에 그 몸으로 행한 것을 따라 받으려 함이라"와 같다. 우리는 형제를 비판(판단)하지 말아야 한다. 이는 우리가 마지막 날에 하나님의 심판대 앞에 설 것인데, 그때 우리가 행한 모든 일이 하나님에 의해서 공의롭고 엄정한 판결을 받을 것이기 때문이다(참고. 계 20:11-15). 우리는 어떤 사람이나 그의 행실을 판단하는 일이 하나님께 속한 것임을 알고, 자신이 그러한 일을 행함으로 스스로를 하나님의 위치에 두지 않도록 주의해야 한다.

11절: 바울은 10절 마지막 문장의 주장을 뒷받침하기 위해 이사야 45:23을 인용한다(참고. 빌 2:10-11).[739] 이것은 이사야가 미래에 있을 하나님의 판결을 예언한 것이다. 하나님은 언젠가 모든 사람을 판결하신다. 모두가 하나님의 심판대 앞에서 무릎을 꿇을 것이며, 모두가 하나님께 행실을 자백할 것이다. 그리고 하나님은 전지하심과 공의로우심으로 공명정대하게 모든 사람을 판결하실 것이다.

12절: 바울은 "이러므로 우리 각 사람이 자기 일을 하나님께 직고하리라"(ESV: "So then each of us will give an account of himself to God.")고 말한다. 마지막 날 심판대 앞에서 우리는 모두 자기 일을 하나님께 말씀드릴 것이다. 그러므로 모든 사람은 언젠가 하나님의 심판이 있음을 알고 말과 행실을 바르게 해야 한다. 특히 다른 형제들을 업신여기거나 비판하지 말아야 한다. 그것은 하나님이 보시기에 매우 큰 죄악이다.

---

739 C. E. B. Cranfield, *Romans*, 710; Thomas R. Schreiner, *Romans*, 722.

• 설교자를 위한 지침 •

1. 바울이 음식 문제를 말하지만, 우리는 이것을 원리로 삼아 모든 분야에 적용할 수 있다. 비록 어떤 사안에 대하여 그 자체가 아무런 문제가 되지 않는다 하더라도 그것 때문에 양심의 가책을 느끼거나 불편을 느끼는 사람들이 있음을 알고 우리 자신의 자유와 행동을 적절히 통제해야 한다. 설교자는 이러한 원리를 구체적으로 예시하여 전할 필요가 있다.

2. 설교자는 성도들의 화합과 양보를 언급해야 한다. 성도들이 서로를 비판하지 않도록 당부해야 한다. 예배당에 모인 성도들은 각자 살아 온 배경이 다르며, 가지고 있는 성향이 다르다. 따라서 의견 차이로 갈등을 겪을 수 있다. 하지만 진리에 관한 문제가 아니라면 서로를 이해해야 하고 서로에게 양보해야 한다. 성경에 구체적으로 명시되어 있지 않은 규정이나 사안은 자기 양심에 따라 판단하되 서로 충분히 협의하면서 공감대를 만들어가려고 노력해야 한다.

3. 이 단락의 설교 대지를 다음과 같이 만들 수 있다.
   1) 행동 지침: 다른 형제를 배려하고 존중해야 한다(1–5절).
   2) 이유 1: 그가 나름대로 그리스도를 위해서 살고 있기 때문이다(6–9절).
   3) 이유 2: 우리가 모두 하나님의 심판대 앞에서 판결받을 것이기 때문이다(10–12절).

5. 14:13–23 약한 형제들을 배려하라

앞 단락(4:1-12)에서 바울은 믿음이 약한 자들(주로 이방인 그리스도인들과 일부 유대인 그리스도인들)과 강한 자들(주로 이방인 그리스도인들과 일부 유대인 그리스도인들) 모두에게 권면했다. 하지만 이 단락에서는 믿음이 강한 자들에게로 눈을 돌려서 권면한다.[740] 이는 이 서신의 주된 수신자가 믿음이 강한 이방인 그리스도인들이기 때문이다. 그는 음식의 예를 가지고서, 자신이 옳은 일이라고 생각하고 행동했다고 하더라도 다른 사람이 싫어할 수 있으니, 다른 사람을 존중하고 배려해서 행동을 자제하는 것이 좋다고 권면한다. 그는 믿음이 강한 사람이 자기 확신을 가지고 그대로 행할 권리를 가지고 있지만, 믿음이 약한 사람이 그러한 모습을 보면 힘들어할 수 있으므로 자신이 지닌 확신과 권리를 내려놓을 필요가 있다고 말한다.

---

740 Thomas R. Schreiner는 바울이 13b절에서 '강한 자'에게로 관심을 향했으며, 따라서 '강한 자'를 향한 권고가 13-23절 전체를 지배한다고 말한다. Thomas R. Schreiner, *Romans*, 726.

13–14절: 서로를 배려해 주어야 함

13절: 바울은 "그런즉 우리가 다시는 서로 비판하지 말고"라고 함으로 앞에서 말한 내용을 간략히 요약한다.[741] 그는 이어서 '강한 자들', 곧 이방인 그리스도인들에게 당부한다. 물론 앞에서 말했듯이, 여기에는 유대인 그리스도인들도 일부 포함되어 있을 것이다. 그는 "도리어 부딪칠 것이나 거칠 것을 형제 앞에 두지 아니하도록 주의하라"고 당부한다. 그는 "부딪칠 것"(πρόσκομμα, 프로스콤마)과 "거칠 것"(σκάνδαλον, 스칸달론)이라는 단어를 9:32-33에서 사용한 적이 있다. 그런데 여기서 이 단어들을 다시 사용하는데, 이를 통해서 전달하려는 메시지는 어떤 형태로든 형제들을 걸려 넘어지게 하는 것을 두지 않도록 주의하라는 것이다. 즉 자신의 자유를 오용함으로 말미암아 다른 사람들을 기독교 신앙으로부터 쫓아낸다든지 혹은 그들을 격발시켜 스스로의 양심에 죄를 짓게 하지 말라는 것이다.[742] 고기를 자유롭게 먹는 이방인 그리스도인들(믿음이 강한 자들)은 고기를 먹지 않고 채소만 먹는 유대인 그리스도인들(믿음이 약한 자들)을 배려하여 그들 앞에 "부딪칠 것이나 거칠 것", 즉 고기와 포도주 등을 가져다 두지 않도록 주의해야 한다. 이는 유대인 그리스도인들이 이러한 것들을 보고 실족할 수 있기 때문이다. 바울은 고린도전서 8:9에서도 "그런즉 너희의 자유가 믿음이 약한 자들에게 걸려 넘어지게 하는 것이 되지 않도록 조심하라"고 권면한 적이 있다.

14절: "내가 주 예수 안에서 알고 확신하노니"라는 문구는 바울의 확신을 반영하는데, 이것은 바울 자신이 고안해 내었거나 다른 사람에게서 전해 들은 확신이 아니라, 하나님이 그에게 친히 주신 계시에 근거한 확신이다. "무엇이든지 스스로 속된 것이 없으되"라는 말은 그리스도 안에서

741 C. E. B. Cranfield, *Romans*, 711.

742 매튜 풀, 『로마서』 529.

더 이상 속된 음식이 없다는 뜻이다(참고. 막 7:15; 행 10:15). 따라서 그리스도인들은 더 이상 음식 규정에 얽매일 필요가 없다. 바울은 디모데전서 4:3-4에서도 "혼인을 금하고 어떤 음식물은 먹지 말라고 할 터이나 음식물은 하나님이 지으신 바니 믿는 자들과 진리를 아는 자들이 감사함으로 받을 것이니라 하나님께서 지으신 모든 것이 선하매 감사함으로 받으면 버릴 것이 없나니"라고 말한다. "다만 속되게 여기는 그 사람에게는 속되니라"라는 말은 만일 어떤 것을 죄라고 생각하여 양심에 꺼림칙한 마음이 생기면 그러한 것을 생각하지 말아야 하며 행하지도 말아야 한다는 뜻이다.

15-18절: 서로를 배려해 준 결과(1)

15절: 그리스도인들은 음식이라는 본질적이지 않은 사안을 가지고 형제를 근심하게 하지 말아야 한다. 음식으로 형제를 근심하게 하는 것은 최고의 덕목인 '사랑'으로 행하지 않은 일이며, 따라서 그가 한 행동은 어리석고 무가치하다. "그리스도께서 대신하여 죽으신 형제"라는 표현은 동료 그리스도인이 대단히 귀중한 존재임을 강조한다. 즉 형제는 사람이라는 사실 자체로도 중요하지만 그리스도가 속량해 주신 존재이므로 더욱 가치를 가진다. 따라서 바울은 귀중한 형제를 음식과 같은 것으로 힘들게 하지 말라고 당부한다.

16절: 이 구절에서 "너희의 선한 것"이란 표현이 무엇을 가리키는지가 분명하지 않다.[743] 어떤 사람은 이것을 '복음'이라고 주장하며, 다른 사람은 '신자들이 얻은 자유'라고 생각하는데, 둘 다를 가리키는 것으로 보는 것이 합당하다. 즉 "너희의 선한 것"이란 신자들이 받아들인 복음과 그 복음에 근거하여 획득한 자유 모두를 가리킨다. 세상 사람들의 눈에 신자들이 서로 다투는 모습이 비친다면 신자들을 비방하면서 궁극적으로 그들이 가진

---

743 이에 대한 다양한 견해를 위하여, C. E. B. Cranfield, *Romans*, 715-17을 보라.

복음과 자유를 받아들이지 않을 것이다. 다시 말해서, 신자들이 음식이나 절기 문제로 싸우면 하나님께서 그토록 강조하시는 '사랑'을 행하지 않는 것이 되어서 세상 사람들이 기독교를 하찮은 것으로 여길 것이며, 이는 결국 하나님의 영광을 훼손하는 결과로 이어질 것이다.

17절: 바울은 하나님 나라에 대해서 다음과 같이 묘사한다. "하나님의 나라는 먹는 것과 마시는 것이 아니요 오직 성령 안에 있는 의와 평강과 희락이라", "하나님의 나라는 먹는 것과 마시는 것이 아니요"라는 말은 기독교 신앙에 있어서 음식을 먹고 포도주를 마시는 일에 관한 규칙이 주된 일이 아니라는 뜻이며, 따라서 우리가 이러한 문제를 두고 논쟁할 필요가 없다는 뜻이다. 여기서 "먹는 것과 마시는 것"은 제유법(提喩法)으로서, 사소하며 중립적인 성격의 모든 것을 대표한다. 바울은 다른 서신에서 이러한 것을 "우리를 하나님 앞에 내세우지 못하는" 것이라고 말했다. 즉 "음식은 우리를 하나님 앞에 내세우지 못하나니 우리가 먹지 않는다고 해서 더 못사는 것도 아니고 먹는다고 해서 더 잘사는 것도 아니니라"(고전 8:8)라고 했다.[744]

"오직 성령 안에 있는 의와 평강과 희락이라"라는 말은 하나님 나라의 본질이 무엇인지를 보여준다. 하나님 나라는 외적으로 무엇을 지키느냐 하는 것이 아니라, 내적인 은혜들과 은혜의 속성들로 구성된다. 바울은 여기서 모든 것을 열거하지 않고 '의와 평강과 희락'이라는 세 가지만 말한다. [745]하나님 나라가 "의와 평강과 희락"이므로 신자들의 공동체는 이것들을 추구해야 한다. 즉 "의와 평강과 희락"은 모두 신자들 사이에 존재해야 한다. '의'는 신자들 상호 간의 바른 행동이고, '평강'은 신자들 사이의 상호 조화이며, '희락'은 신자 공동체에 의와 평강이 있을 때 나타나는 복이다.[746] 그런데 이런 것들은 인위적이지 않다. 이것들은 그리스도께서 그

744 매튜 풀, 『로마서』, 532.

745 매튜 풀, 『로마서』, 532를 보라.

746 Douglas J. Moo, *Romans*, 857.

리스도인들 가운데에서 통치하신다는 표식이다.[747] 그리고 이것들은 모두 "성령 안에" 있기 때문에 우리가 성령으로 충만해질 때 열매로 얻어진다(참고. 갈 5:22-23).

18절: "이로써 그리스도를 섬기는 자"라는 문구는 성령을 통하여 하나님 나라의 본질을 이해하고 그에 걸맞게 그리스도를 섬기는 자를 의미한다.[748] 하나님 나라는 사소한 음식 규정 등과 관련이 없다. 하나님 나라는 의와 평강과 희락을 추구한다. 형제를 사랑하고 배려하는 자는 그 형제를 대신하여 죽으신 그리스도를 섬기는 자이다. 이렇게 그리스도를 섬기는 자는 하나님을 기쁘시게 하며 사람에게도 칭찬받을 것이다. 그런데 여기서 "사람에게도 칭찬을 받느니라"라는 말을 오해하지 말아야 한다. 우리는 사람에게 칭찬받기 위해서 바르게 살아야 하는 것이 아니라, 단지 바르게 살려고 애쓰다 보니 결과적으로 사람에게도 칭찬받을 뿐이다. 즉 하나님께 칭찬받는 사람이 사람들에게도 칭찬받는 경우가 많다.

19-23절: 서로를 배려해 준 결과(2)

19절: 바울은 "그러므로 우리가 화평의 일과 서로 덕을 세우는 일을 힘쓰나니"라고 말한다. 이 말은 우리가 서로를 배려해 주는 것이 화평의 일이며 서로 덕을 세우는 일이라는 뜻이다. 먹고 마시는 것과 같은 문제로 다른 사람의 마음을 불편하게 할 것이 아니라, 그러한 일에 있어서 다른 사람을 배려하고 양보함으로 화평을 도모하고 서로 덕을 세우는 데 힘써야 한다. 그렇게 할 때 그들 가운데 하나님 나라가 임할 것이다.

20절: "음식으로 말미암아 하나님의 사업을 무너지게 하지 말라"는 말은 고기를 먹느냐 마느냐와 같은 문제로 다툼으로써, 하나님을 믿는 신자들

747 Joseph A. Fitzmyer, *Romans*, 697.

748 C. K. Barrett는 "이로써"를 17절의 '성령'과 결부시킨다. 그는 성령 안에 있는 자가 그리스도를 섬기는 자라고 주장한다. C. K. Barrett, *Romans*, 244.

의 공동체와 그들을 기반으로 진행하는 선교 운동을 무너지게 하지 말라는 뜻이다. "만물이 다 깨끗하되"라는 말은 그리스도의 구속 사역을 통하여 정결한 음식과 부정한 음식의 구분이 없어졌음을 시사한다. 그리스도인들은 모든 음식을 먹을 수 있다. "거리낌으로 먹는 사람에게는 악한 것이라"는 말은 비록 음식 자체에 아무런 문제가 없다고 하더라도 그것을 거리끼게 생각하는 사람들에게는 그것이 악하다는 뜻이다. 즉 음식이 양심의 가책을 준다면 먹지 않는 것이 좋다는 뜻이다. 이 말은 14절의 "다만 속되게 여기는 그 사람에게는 속되니라"와 의미가 같다.

21절: 이 구절은 13절의 "부딪칠 것이나 거칠 것을 형제 앞에 두지 아니하도록 주의하라"는 말을 다른 형태로 반복한 것이다. 비록 모든 음식이 깨끗하며 자신이 고기와 포도주에 대해서 아무런 거리낌을 느끼지 않고 자유롭게 먹고 마신다고 하더라도, 그가 고기를 먹거나 포도주를 마시는 모습을 약한 사람이 보고 실족할 수 있다면 먹거나 마시지 않는 것이 좋다. 우리는 모든 영역과 사안에서 자기 이익을 생각하기보다 다른 사람들을 배려해야 한다. 자신으로 인해서 다른 사람이 실족한다고 판단되면 자신의 권리와 이익을 기꺼이 양보하거나 포기할 수 있어야 한다. 그것이 화평을 도모하는 길이며, 서로 덕을 세우는 방법이다.

22절: 바울은 "네게 있는 믿음을 하나님 앞에서 스스로 가지고 있으라"고 말한다. 그리스도의 속죄 사역 이후 유대의 음식 규정이 더 이상 의미가 없어졌기에 강한 자들은 아무런 가책 없이 모든 음식을 먹을 수 있다. 그리고 이는 절기 준수나 기타 제의 규정 등에 있어서도 마찬가지다. 강한 자들은 자기의 주관과 신념에 따라서 옳다고 여기는 것을 혼자서 간직하고 따르면 된다. 하지만 그것을 남에게 강요하거나 남이 지키지 않는다고 정죄하는 것은 바람직하지 않다. 물론 신자들은 기독교의 본질적인 교리에 대해서 누구 앞에서든 자신 있게 고백할 수 있어야 하고 또한 적극적으로 전파해야 한다. 하지만 본질적이지 않은 일들, 즉 음식, 음료, 절기 등에 대해서는 강요하지 않도록 주의해야 한다.[749] 바울은 이어서 "자기가 옳다 하는 바로 자기를 정죄하지 아니하는 자는 복이 있도다"라고 말한다. "자기가 옳다 하는 바"란 "네게 있는 믿음"이라는 문구를 의미한다. 따라서 이 말은 자신이 가지고 있는 주관과 신념 때문에 자신을 정죄하지 않으며 양심의 가책도 받지 않는 사람이 복되다는 뜻이다.[750]

23절: 여기서 "믿음"은 22절의 "자기가 옳다 하는 바"와 같다. 음식을 먹을 때 '혹시 이 음식이 부정하지 않을까?'라거나 '이 음식을 먹으면 하나님이 나에게 벌을 주시지 않을까?'라고 의심하는 것은 바람직하지 않다. 그런 경우에는 차라리 음식을 먹지 않는 것이 좋다. 괜히 그러한 일 때문에 죄책감이 생기고, 그에 따라 양심이 불편해지는 것은 바람직하지 않다. 그래서 바울은 "믿음을 따라 하지 아니하는 것은 다 죄니라"고 말한다. 이 말은 우리의 행동이 하나님과의 관계성에 토대를 두어야 한다는 사실과 그러한 사실에 흔들림이 전혀 없어야 한다는 사실을 시사한다. 만일 사람이 어떤 일을 행함에 있어 그것이 하나님을 기쁘시게 하는 일이라는 점과, 또한 그것이 그분의 말씀에 따라 정당화되는 일이라는 점에 대한 충분한 확신 없이 흔들리는 마음으로 그 일을 행한다면 그는 죄를 범하는 것이다. 그러므로 우리는 양심에 반하는 행동을 하지 말아야 한다.[751]

---

749 Joseph A. Fitzmyer, *Romans*, 698.

750 Joseph A. Fitzmyer, *Romans*, 699.

751 매튜 풀, 『로마서』, 536.

• 설교자를 위한 지침 •

1. 설교자는 이 단락의 주요 메시지를 파악해야 한다. 그것은 다음과 같다. 우리는 말씀을 철저히 그리고 정확히 연구해야 한다. 그래서 본질적인 것과 비본질적인 것을 구분할 수 있어야 한다. 우리는 본질적인 것에 대해서 확고한 신념을 가져야 한다. 그리고 그것을 수호하고 실천하는 일에 추호도 흔들림이나 의심이나 두려움을 가지지 말아야 한다. 하지만 본질적이지 않은 것에 대해서는 여유와 유연함을 가져야 한다. 사소하고 부차적인 것을 너무 엄격하게 대하고, 그것을 행하는 사람을 정죄하고 비판하는 것은 공동체의 연대와 화목을 깨뜨린다.

2. 이 단락에서 바울은 음식 문제를 말하면서 서로를 배려해 주라고 권면한다. 하지만 설교자는 이것을 삶의 모든 부분으로 확대하여 적용할 수 있다. 비단 음식을 먹는 일뿐만 아니라 우리가 행하는 모든 일이 다른 사람을 실족하게 하거나 양심의 가책을 느끼게 한다면 양보하거나 포기하는 것이 좋다는 메시지를 전해야 한다. 이때 구체적인 실례를 들면 좋을 것이다.

3. 이 단락의 설교 대지를 다음과 같이 구성할 수 있다.
   1) 우리는 서로를 배려해 주어야 한다(13–14절).
   2) 우리가 서로를 배려해 주면 하나님을 기쁘시게 하고 형제에게 칭찬받는다(15–18절).
   3) 우리가 서로를 배려해 주면 화평하게 되고 서로 덕을 세우게 된다(19–23절).

6. 15:1-13 이웃을 기쁘게 하라

바울은 14장에서 믿음이 강한 자들(주로 이방인 그리스도인들과 일부 유대인 그리스도인들)을 향하여 믿음이 약한 자들(주로 유대인 그리스도인들과 일부 이방인 그리스도인들)을 배려해 주라고 권면했다. 이제 이 단락에서 그는 이를 다시 말하는데, 이는 공동체의 화평과 덕을 세우기 위해서이다. 그런데 그는 14장에서 2인칭 복수형 '너희들'을 많이 사용했으나, 이 단락에서 1인칭 복수형 '우리'를 많이 사용한다. 이는 그가 자신을 권면의 대상에 포함한 것인데, 그가 유대인 신자이지만 또한 이방인의 사도라는 사실을 상기시키려는 의도를 가진다.

1-2절: 믿음이 약한 자의 약점을 담당함

1절: 바울은 "믿음이 강한 우리는 마땅히 믿음이 약한 자의 약점을 담당하고 자기를 기쁘게 하지 아니할 것이라"고 말한다. 따라서 그는 자신을 "믿음이 강한" 자들 속에 포함한다.[752] 이는 비록 그가 유대인이지만 이방인을 위해서 일하고 있기 때문이며, 유대의 음식 관례 같은 것에 자신이 복속되어 있지 않다고 여기기 때문이다. "담당하고"(βαστάζω, 바스타조)라는 단어는 '짊어진다' 혹은 '옮긴다'라는 뜻이다. 따라서 이 구절은 믿음이 강한 자들이 믿음이 약한 자들의 약점을 마음으로만 배려하고 이해할 것이 아니라, 실제로 그들의 고충과 어려움을 짊어져 주어서 그들의 마음을 가볍게 해주어야 한다는 사실을 함의한다(참고. 갈 6:2). "자기를 기쁘게 하지 아니할 것이라"라는 문구는 믿음이 강한 사람들이 자기를 기쁘게 할 것이 아니라, 다른 사람들을 기쁘게 해야 한다는 메시지를 담고 있다. 이는 자신이 강한 확신을 지니고 있으며 내적인 자유를 가지고 있어서 음식을 먹는 일에 아무런 거리낌이 없다 하더라도 그렇지 않은 사람들을 배려해서 자신의 취향과 관심을 포기하고 양보하는 것이 좋다는 뜻이다.

2절: 바울은 이어서 "우리 각 사람이 이웃을 기쁘게 하되 선을 이루고 덕을 세우도록 할지니라"고 말한다. 여기서 "이웃"은 연약한 동료 그리스도인들을 가리킨다. 이 구절은 1b절과 연결되며, 14:19를 반복한다. 또한 고린도전서 10:24에서는 "누구든지 자기의 유익을 구하지 말고 남의 유익을 구하라"라는 말이 있다. 바울은 항상 "각 사람"(ἕκαστος, 헤카스토스)의 상호 책임을 강조하는데, 이는 은사 공동체인 회중이 당연히 해야 할 일이기 때문이다.[753] 그런데 그는 다른 서신에서 '사람을 기쁘게 하는 것'(man pleasing)을 좋지 않게 여긴다고 언급한 적이 있다(참고. 갈 1:10; 골 3:22; 살전 2:4). 이에 여기서는 목적을 나타내는 구문을 사용하여(εἰς[에이스]와 πρός[프로스]) 사람을 기쁘게 하는 것이 개인의 즐거움을 증진하기 위한 것이 아니라 회중 전체의 성숙을 이루기 위한 것이라고 밝힌다(참고. 고전 14:4).[754]

752 Thomas R. Schreiner, *Romans*, 746을 보라.

753 James D. G. Dunn, *Romans 9-16*, 837.

754 James D. G. Dunn, *Romans 9-16*, 838.

3-4절: 그리스도의 모범

그렇다면 우리가 왜 다른 사람들을 배려해야 하며, 무엇 때문에 다른 사람들을 위하여 자신의 권리와 자유를 양보해야 하는가? 이에 대해서 바울은 그리스도의 모범을 제시한다(참고. 고후 8:9; 빌 2:5 이하).[755]

3절: 바울은 "그리스도께서도 자기를 기쁘게 하지 아니하셨나니"라고 말한다. 우리는 자기를 기쁘게 하지 말아야 하는데(즉 다른 사람을 기쁘게 해야 하는데), 이는 그리스도께서도 자기를 기쁘게 하지 않으셨기 때문이다. 그는 이어서 성경을 인용하여 "주를 비방하는 자들의 비방이 내게 미쳤나이다"라고 언급한다. 이것은 시편 69:9를 인용한 것이다. 그리스도는 이 땅에 사시면서 비방을 많이 받으셨다. 그리스도는 아무런 죄가 없으셨고, 오히려 선을 행하셨으나 비방을 받으셨다. 그러므로 우리는 그리스도를 본받아 비방을 받는 것에 대해서 개의치 말고 꾸준히 선을 행해야 한다. 더욱이 이웃을 기쁘게 하려면 자신이 손해와 희생을 감수해야 한다.

4절: 이 구절은 논증을 진행하는 과정에서 삽입 역할을 한다.[756] 바울은 3절에서 그리스도의 모범을 말하고, 이에 관한 구약 성경을 인용했는데, 여기서 성경(구약 성경)의 기록 목적을 짧게 말한다. 즉 4절은 구약에 예언된 그리스도의 본을 강조하여 우리가 그리스도의 본을 따르는 것이 합당하다는 사실을 강화한다. "무엇이든지 전에 기록된 바는 우리의 교훈을 위하여 기록된 것이니"라는 문구는 성경이 우리에게 교훈을 주기 위해서 기록된 것임을 시사한다.[757] 그리고 "우리로 하여금 인내로 또는 성경의 위로로 소망을 가지게 함이니라"라는 말은 성경이 우리로 하여금 인내를 가지게 하고, 위로를 얻게 하며, 그리하여 우리가 소망을 가지게 한다는 사실을 반영한다.

---

755 C. E. B. Cranfield, *Romans*, 732.

756 Thomas R. Schreiner, *Romans*, 748.

757 C. E. B. Cranfield, *Romans*, 734-35.

5-6절: 바울의 기도

5-6절: 이 구절들은 바울의 기도(prayer-wish)이다(참고. 13, 33절; 살전 5:23; 살후 3:5, 16a; 딤후 1:16, 18; 히 13:20 이하).[758] 그는 '강한 자'와 '약한 자'로 구성된 로마 교회 성도들의 하나 됨을 위해서 기도한다. 지금까지 바울은 믿음이 강한 자들이 믿음이 약한 자들의 약점을 담당해야 한다는 사실을 말했고, 그리스도께서 우리의 모범이 되셔서 우리를 위하여 희생하신 일을 언급했으며, 나아가서 성경의 교훈이 우리에게 인내와 위로를 준다고 했는데, 이제 그러한 내용에 근거하여 로마 교회 성도들을 위하여 기도한다. 그런데 그는 이러한 기도를 통해서 로마의 그리스도인들이 조화와 화목을 이룰 것을 기원하지만, 동시에 이것을 그들에 대한 간접적인 권면의 수단으로 삼는다.[759]

7-13절: 결론적 요약

7-13절은 14:1-15:13에 제시된 윤리적 권면의 두 번째 부분을 결론적으로 요약한 것이다. 바울은 그리스도의 규범에 따라서 지배받는 기독교 공동체에서 유대인들과 이방인들이 서로를 받아 주어야 한다는 사실을 강조한다. 이 결론적 요약은 5-6절에 있는 기도를 토대로 한다. 즉 5-6절에 제시된 모티프가 여기서 구체적으로 논의된다. 7-13절에서 그는 그리스도의 모범에 근거하여 일치와 조화를 호소한다. 그리고 그렇게 하는 동기는 하나님께 영광을 돌리는 것이며, 목적은 3중적인데, 하나님의 신실하심을 드러내는 것과, 조상들에게 주어진 약속을 입증하는 것과, 이방인들을 이스라엘의 존재 목적인 하나님의 영광에 연관 짓는 것이다.[760]

---

758 C. E. B. Cranfield, *Romans*, 736.

759 Douglas J. Moo, *Romans*, 871.

760 Joseph A. Fitzmyer, *Romans*, 705.

7절: 문장 첫머리의 접속사 "그러므로"(διό, 디오)는 지금부터 이 단락의 결론을 시작한다는 의미를 담고 있다. 즉 14:1-15:6의 권면을 7-13절에서 요약하겠다는 뜻이다.[761] 바울은 그리스도의 모범을 우리의 행동 동기로 설정한다. 그리스도께서는 약한 자와 강한 자 모두를 받아 주심으로 하나님께 영광을 돌리셨다. 따라서 우리도 그리스도를 본받아 서로를 받아 주어서 하나님께 영광을 돌려야 한다. 하나님은 우리의 연합과 조화를 통해서 영광을 받으신다. 그리스도인들의 상호 수용은 인간적인 차원의 것이 아니다. 그것은 그리스도가 하신 일이며, 하나님의 영광을 드러내는 일이다. 14:1에는 "믿음이 연약한 자를 너희가 받되"라고 되어 있지만, 여기에는 "너희가 서로 받으라"고 되어 있는데, 이것은 유대인과 이방인이 서로 받아 주고 인정해 주어야 한다는 사실을 시사한다.

8-9a절에서 바울은 그리스도께서 유대인과 이방인 모두를 위하여 이 땅에 오신 것을 말하면서, 유대인과 이방인이 서로 화목해야 한다고 권면한다.[762]

8절: 바울은 "내가 말하노니"라는 말로 권면을 시작하는데, 이는 '엄숙한 교리적 선언'(a solemn doctrinal declaration) 문구로서[763] 그의 사도적 권위를 반영한다. 그는 "그리스도께서 하나님의 진실하심을 위하여 할례의 추종자가 되셨으니"라고 말한다. "하나님의 진실하심을 위하여"라는 표현은 '하나님께서 약속하신 것을 지키시기 위하여'라는 뜻이다. "할례의 추종자"란 '할례받은 사람'을 뜻하는데, 유대인을 가리킨다(참고. 창 17:11-14). 그리스도는 유대인으로 태어나셨기에 할례를 받으셨다. 바울은 이어서 예수 그리스도가 이렇게 오신 이유에 대해서 "이는 조상들에게 주신 약속들을 견고하게 하시고"라고 표현한다. 이 말은 하나님께서 예수 그리스도를 이

761 C. E. B. Cranfield, *Romans*, 739.

762 참고. J. Ross Wagner, "The Christ, Servant of Jew and Gentile: A Fresh Approach to Romans 15:8-9", *Journal of Biblical Literature* 116.3 (1997): 473-85.

763 C. E. B. Cranfield, *Romans*, 740; James D. G. Dunn, *Romans 9-16*, 846.

땅에 보내심으로 이스라엘의 조상들(아브라함, 이삭, 야곱)에게 주신 약속들(구원의 약속)을 성취하셨다는 뜻이다(참고. 4:13).

9a절: 바울은 예수님이 할례의 추종자가 되신 또 다른 목적을 말하는데, "이방인들도 그 긍휼하심으로 말미암아 하나님께 영광을 돌리게 하려 하심이라"고 말한다. 이 말은 그리스도께서 오심으로 유대인뿐만 아니라 이방인도 구원받을 수 있게 되었다는 뜻이다.

9b-12절에서 바울은 구약 성경 네 개를 연속해서 인용한다. 그는 오경, 시편(역사서), 선지서로부터 말씀을 취한다. 그는 성경을 연속해서 인용함으로 요점을 잘 인식시킨다. 이 성구들은 모든 민족/이방인들이 하나님을 찬양하는 주제를 담고 있다.[764] 유대인들은 하나님이 이방인들을 사랑하셨다고 생각하지 않았다. 따라서 그는 하나님께서 이방인들을 사랑하시고 구원하시려 한다는 사실을 구약 성경을 인용하여 입증하려고 한다. 그는 구약 여러 곳을 인용하여서 이방인들이 하나님을 찬송하는 모습을 보여준다. 이렇게 유대인들의 성경을 가지고 이방인들을 향한 하나님의 구원 계획을 말하는 것은 유대인들을 설득하는 효과적인 수단이 된다. 이를 통해서 그는 유대인과 이방인이 함께 언약적 복의 수혜자가 되어야 한다고 주장한다.[765]

9b절: "그러므로 내가 열방 중에서 주께 감사하고 주의 이름을 찬송하리로다"라는 문구는 시편 18:49를 인용한 것인데, 사무엘하 22:50에서 취한 것일 수도 있다. 원래 이 본문은 메시아적 암시를 지니고 있는데, 메시아의 죽음과 부활로 말미암아 주님의 의로운 통치가 실현되는 것을 감사하고 찬양하는 내용을 담고 있다.[766]

10절: "열방들아 주의 백성과 함께 즐거워하라"는 문구는 신명기 32:43을 인용한 것이다. "열방들"이란 이방인들을 의미하고, "주의 백성"이란 유

---

764 James D. G. Dunn, *Romans 9-16*, 853.

765 Thomas R. Schreiner, *Romans*, 756.

766 Douglas J. Moo, *Romans*, 879.

대인들을 가리킨다. 따라서 이 문구는 이방인들이 유대인들과 함께 하나님을 찬양하라는 뜻이다.

11절: "모든 열방들아 주를 찬양하며 모든 백성들아 그를 찬송하라"는 문구는 시편 117:1을 인용한 것이다. "모든 열방들"에는 이방인들과 유대인들이 모두 포함된다.[767] 이것도 10절과 마찬가지로 모든 민족이 하나님을 찬양하라는 뜻을 담고 있다.

12절: "이새의 뿌리 곧 열방을 다스리기 위하여 일어나시는 이가 있으리니 열방이 그에게 소망을 두리라"라는 말은 이사야 11:1, 10; 42:4를 혼합하여 인용한 것이다. 이것은 메시아가 유대인 그리스도인들과 이방인 그리스도인들 둘 다에 소망이심을 암시한다.[768]

13절: 바울은 축복으로 권면을 마친다. 이것은 7-13절의 마무리이자 14:1-15:13의 결론이다. 바울은 로마 교회 성도들을 축복하면서 방금 인용한 구약 구절들의 핵심 개념을 사용한다.[769]

767 R. Jewett, *Romans*, 895.

768 Joseph A. Fitzmyer, *Romans*, 708.

769 Joseph A. Fitzmyer, *Romans*, 708.

• 설교자를 위한 지침 •

1. 로마서 전체 구조에서 14:1–15:13은 윤리적 권면의 두 번째 부분이다. 그리고 15:7–13은 14:1–15:13을 요약하고 마무리하는 단락이다. 따라서 설교자는 이 단락을 설교할 때 14:1–15:13에 드러난 주제들을 요약해서 전할 필요가 있다.

2. 이 단락에서 바울은 구약 성경을 많이 사용한다. 그는 자신의 논증을 구약 성경을 취하여 입증한다. '신약의 구약 사용'은 근래에 상당히 활발히 연구되는 학문 분야이다. 따라서 설교자는 이 분야를 충분히 공부하는 것이 좋고, 또한 이 단락에서 바울이 구약을 어떻게 사용했는지를 설명하는 것이 바람직하다.

3. 이 단락(1–6절을 중심으로)의 설교 대지를 다음과 같이 구성할 수 있다.
   1) 우리는 믿음이 약한 자의 약점을 담당해 주어야 한다(1–2절).
   2) 우리가 믿음이 약한 자의 약점을 담당해 주어야 하는 이유는 그리스도께서 그렇게 하셨기 때문이다(3–4절).
   3) 우리는 믿음이 약한 자의 약점을 담당해 줄 수 있도록 기도해야 한다(5–6절).

결어

이 단원은 로마서의 '결어'이다. 여기서 바울은 '서문'에서 말했던 것들을 반복하는데, 이는 로마서의 주요 주제들이 무엇인지를 보여준다. 이어서 그는 사역을 회고하며, 로마 방문 계획을 밝히고, 로마 교인들을 향해 문안 인사를 하며, 짧지만 굵직한 권면을 한다. 그리고 마지막 부분에서 송영을 고백하는데, 이 송영은 복음의 의미를 집약적으로 드러낸다.

1. 15:14-33 바울의 사역 회고와 로마 방문 계획

바울은 자신이 이방인을 위한 사도로 세움을 받았다는 사실을 말하고, 그동안 이방인들을 위해서 어떤 일을 했는지를 소개하며, 로마 방문 계획을 언급하는데, 로마를 방문하기 전에 예루살렘에 가서 이방 지역의 연보를 전달해야 하는 일을 말하면서 기도를 요청한다.

14-21절: 사역 회고

14-21절은 세 부분, 곧 14-16절과 17-19절과 20-21절로 나뉜다. 우선 14-16절에서 바울은 자신이 이방인들을 위해서 일하도록 세움을 받았다는 사실을 말한다. 그리고 그러한 토대 위에서 자신이 로마 교회 성도들에게 이 편지를 썼다고 밝힌다. 그는 마치 1:16-15:13이 하나의 긴 삽입문이었다는 듯이, 1:8-15의 분위기와 주제로 돌아간다.[770]

770 James D. G. Dunn, *Romans 9-16*, 866.

14절: 바울은 로마의 성도들을 "내 형제들"이라고 부르는데(참고. 1:13), 이는 1:8의 어조를 반영한다.[771] 그는 로마의 성도들에 대해서 들은 내용에 근거하여 그들을 크게 칭찬한다. 로마서 자체를 통해서는 그가 어떻게 로마 교회 성도들의 상황을 들었는지 알 수 없는데, 아마도 그가 브리스가와 아굴라 같은 이들을 통해서 들었을 가능성이 있다. 그는 자신이 로마 교회를 세우지 않았으며 아직 그들을 대면하지도 않은 상황에서, 복음의 성격과 그에 따른 삶을 말하는 가운데 그들이 다소 불편하게 여길 수 있었던 것들을 다소 강한 어조로 말한 것이 마음에 걸린 듯하다. 그래서 로마 교인들의 성숙함을 인정한다는 칭찬과 격려의 말을 한다.[772]

바울은 로마 교회 성도들을 향하여 "너희가 스스로 선함이 가득하고 모든 지식이 차서 능히 서로 권하는 자"임을 확신한다고 고백한다. 따라서 그들은 "선함"과 "지식"을 모두 갖추고 있었다.[773] 윤리와 지식을 모두 갖추는 것이 쉽지 않은데, 바울에 따르면 그들은 이런 면에서 훌륭했다. 바울은 이미 1:8에서 "먼저 내가 예수 그리스도로 말미암아 너희 모든 사람에 관하여 내 하나님께 감사함은 너희 믿음이 온 세상에 전파됨이로다"라고 말한 적이 있다. 그런데 여기서 다시금 '확신하노라'라는 말을 완료형으로 사용함으로 자신이 로마 교회 성도들을 향해 가지고 있는 지속적이고

---

771 James D. G. Dunn, *Romans 9-16*, 866.

772 홍인규, 『로마서 어떻게 읽을 것인가』, 244. Douglas J. Moo는 여기서 바울이 "나도 확신하노라"고 말할 때 '아우토스 에고'(ESV: "I myself")라는 강조의 주격 대명사를 사용하여 자기 확신의 신실함을 강조하는데, 이는 아마도 편지의 나머지 부분이 그들에게 좋지 않은 인상을 주지 않을까 염려했기 때문이라고 주장한다. Douglas J. Moo, *Romans*, 887. 이에 관하여, Joseph A. Fitzmyer, *Romans*, 710을 보라.

773 Douglas J. Moo는 '선함'(goodness)을 다음과 같이 설명한다. "'Goodness' translates a rather rare word that can denote general 'uprightness' in conduct or, more specifically, 'kindness' and 'generosity' toward others. In so general a commendation, it should probably here be given the broadest possible meaning. The Roman Christians' 'goodness' flows from their comprehensive understanding of the Christian faith (all knowledge). Indeed, so complete is their understanding that they are 'able to admonish one another'." Douglas J. Moo, *Romans*, 888.

확고한 믿음을 강조한다.[774]

15절: 바울은 편지를 써서 보내는 목적을 진술한다. "다시 생각나게 하려고"라는 문구는 바울이 이 서신에서 언급한 것들이 보편적인 교훈이기 때문에 로마 교회 성도들이 그가 말하려는 것을 이미 알고 있었을 것임을 시사한다.[775] 그렇지만 사람이란 지나간 것을 잊어버리거나 간과할 수 있는 존재이기에, 그는 그들로 다시 생각나게 하려고 이 편지를 썼다고 말한다. 이 문구는 매우 진지하고 공손한 표현이다.[776] "하나님께서 내게 주신 은혜로 말미암아"라는 말은 하나님께서 그를 이방인의 사도로 세우셔서 이방인들에게 복음을 깊이 알도록 은혜를 주셨기에 이러한 글을 쓴다는 사실을 함의한다(참고. 1:5; 12:3; 고전 3:10; 갈 2:9; 엡 3:2, 7, 8).

16절: 바울은 15절에서 "하나님께서 내게 주신 은혜"를 말했는데, 여기서 이 "은혜"가 무엇인지를 설명한다. "이 은혜는 곧 나로 이방인을 위하여 그리스도 예수의 일꾼이 되어 하나님의 복음의 제사장 직분을 하게 하사 이방인을 제물로 드리는 것이 성령 안에서 거룩하게 되어 받으실 만하게 하려 하심이라." 그러므로 하나님께서 바울에게 주신 은혜는 이방인을 위하여 그리스도 예수의 일꾼이 되게 하신 것이다. "하나님의 복음의 제사장 직분"이라는 표현은 하나님께서 바울에게 주신 사도의 직분을 의미한다. "하나님의 복음의 제사장 직분을 하게 하사 이방인을 제물로 드리는 것"이라는 말은 구약에서 제사장이 하나님께 제물을 드리는 사람인데, 이와 마찬가지로 바울도 이방인을 회심하게 하여 하나님께 제물로 드리는 사람이라는 뜻이다. 그리스도인의 삶이 거룩한 산 제물로 자신을 드리는 것이라면(참고. 12:1), 바울은 그러한 삶이 이루어지도록 돕는 역할을 하는 사람이었다. "성령 안에서 거룩하게 되어 받으실 만하게 하려 하심이라"라는 말은 그가 이방인들을 제물로 바칠 때 그들이 성령으로 거룩하게 되어서 하나

774 Joseph A. Fitzmyer, *Romans*, 710.

775 Joseph A. Fitzmyer, *Romans*, 710; Thomas R. Schreiner, *Romans*, 765.

776 James D. G. Dunn, *Romans 9-16*, 859.

님께서 기쁘게 받으실 만한 제물이 된다는 뜻이다.

17-19절에서 바울은 자신이 그동안 했던 일을 소개한다.

17절: 바울은 자신에게 "자랑하는 것"이 있다고 한다. 그런데 "그리스도 예수 안에서 하나님의 일에 대하여"라는 말을 붙이면서 "자랑하는 것"이 있다고 한다. 따라서 그의 자랑은 인간적인 것이 아니다. 그는 자신에게 유익하던 모든 것을 그리스도 예수를 위하여 다 해로 여겼다(참고. 빌 3:7).[777] 그는 그리스도 예수께서 그를 통해 이루신 하나님의 일을 자랑한다. 이전에 그는 인간의 공로에 따른 자랑을 정죄했지만(참고. 3:27; 4:2-3), 여기서 자기가 일했기 때문이 아니라 하나님이 그의 삶 속에서 은혜로 일하셨기 때문에 자랑한다.[778] 그는 이방인들 가운데서 지금까지 행한 사역에 대해서 큰 자부심을 품고 있었는데, 모든 일이 자신으로 말미암지 않고 하나님의 은혜로 가능했다는 인식과 믿음을 가지고 있었다(참고. 고전 15:9-10).

18a절: 바울은 자신이 지닌 '자랑하는 것'을 구체적으로 소개하려고 한다. 곧 그간에 행한 일(선교 사역)을 진술하려고 한다. 그런데 이에 앞서 "그리스도께서 이방인들을 순종하게 하기 위하여 나를 통하여 역사하신 것 외에는 내가 감히 말하지 아니하노라"고 말한다. 이는 자신의 인간적인 면을 자랑하는 것이 아니라, 그리스도께서 그를 사용하셔서 역사하신 일만 자랑하겠다는 뜻이다. 특히 "내가 감히 말하지 아니하노라"라는 표현은 그가 자랑이나 정당화하려는 시도에 위험이 내포되어 있다는 것을 잘 인식하고 있음을 시사한다.[779] 그는 일하신 주체가 "그리스도"이시고, 그리스도께서 일하신 목적이 "이방인들을 순종하게 하기 위하여"이며, 그리스도께서 사용하신 수단이 단지 자신임을 밝힌다. 이러한 표현 속에서 그의 겸손함이 드러난다. 그는 평생 수고를 많이 했지만, 그리스도께서 자신을 통하여 역사하셨을 뿐이라고 말한다(참고. 고전 15:10). 따라서 그는 대단히 겸

777 C. K. Barrett, *Romans*, 252-53.

778 Douglas J. Moo, *Romans*, 891.

779 James D. G. Dunn, *Romans 9-16*, 862.

손한 사람이었다.

18b-19절: 바울은 이제 그간 행한 일을 언급한다. 그는 여격(dative)들을 활용하여 자신의 복음 전파가 효과적이었음을 논증한다.[780] "말과 행위로"에서 "말"은 복음을 전파하며 가르친 것이고, "행위"는 선한 행실로 모범을 보여준 것이다. "표적과 기사의 능력으로"는 복음을 전하는 과정에서 일어났던 다양한 이적을 뜻한다(참고. 고후 12:12). "성령의 능력으로"라는 말은 18b-19a절에서 밝힌 직무의 수단을 가리키는 것으로 보인다.[781] 즉 이 말은 그의 말과 행위와 표적과 기사의 배후에 성령이 계셨음을 시사한다(참고. 고전 2:4; 살전 1:5).[782] 성령은 그의 말과 행위와 표적과 기사를 복되게 하시고 유효하게 하셨다. 성령이 역사하시지 않았더라면 그의 모든 노력이 아무런 효과를 얻지 못했을 것이다. 필시 그가 이방인들을 회심시킨 것은 그가 전한 말과 행위와 표적과 기사를 성령께서 도구로 사용하셔서 이루신 일이었다.[783]

바울은 자신이 일한 것의 구체적인 결과를 밝힌다.[784] "그리하여 내가 예루살렘으로부터 두루 행하여 일루리곤(Illyricum)까지 그리스도의 복음을 편만하게 전하였노라." 그는 상당히 넓은 지역을 두루 다니면서 그리스도의 복음을 전했다. 예루살렘은 선교 사역의 출발지이고, 일루리곤은 선교 사역의 종착지이다.[785] 일루리곤은 마게도냐 북서쪽에 위치하는데, 오늘날 북부 알비니아와 남부 유고슬라비아를 가리킬 것이다. 이 지역은 성경에 나오지 않으나, 사도행전 20:1-2를 고려할 때 그가 이 지역을 지났을 섯으로 추정된다.[786] 아마도 그는 예루살렘에서부터 시작하여 여러 지역을 두루

---

780 Thomas R. Schreiner, *Romans*, 768.

781 Douglas J. Moo, *Romans*, 893.

782 Joseph A. Fitzmyer, *Romans*, 713.

783 매튜 풀, 『로마서』 548.

784 Thomas R. Schreiner, *Romans*, 768.

785 C. E. B. Cranfield, *Romans*, 760-61을 보라.

786 James D. G. Dunn, *Romans 9-16*, 863; Joseph A. Fitzmyer, *Romans*, 714. Douglas

다녔다는 것을 밝히기 위해서 일루리곤을 언급했을 것이다.

20-21절은 바울의 선교 정책에 대한 언급이다.

20절: 바울은 복음이 이미 전해진 곳에는 들어가지 않았고, 아직 복음이 전해지지 않은 곳에 가서 복음을 전했다고 고백한다(참고. 고전 3:10-12; 고후 10:14-16). 실제로 그는 다른 사람이 복음을 전하여 교회를 세운 곳에 들어가지 않았다.[787] 그리고 이 말에는 그가 동쪽 지역에서 선교를 많이 했기에 이제 서쪽으로 가려고 한다는 암시가 담겨 있다. 특히 로마 교회가 베드로를 비롯한 다른 사도들에 의해 세워진 것이 아니라는 사실이 암시되어 있다(참고. 서론).

21절: 이 구절은 이사야 52:15(LXX)를 인용한 것이다. 바울은 논의를 마무리하면서 구약 성구를 찾을 수 있는 경우에는 항상 이렇게 한다.[788] 그리고 여기서는 이를 통해서 자신의 선교 정책이 구약에 기반하고 있음을 드러낸다. 그는 그리스도에 대하여 전혀 들어 보지 못했던 사람들이 자신의 사역을 통해서 그리스도에 대해서 알게 되었고 그분을 믿게 되었다고 한다.[789]

22-29절: 로마 방문 계획

22-24절에서 바울은 로마를 방문하려는 계획을 언급한다.

J. Moo는 바울이 제3차 전도 여행 중에 일루리곤에 들렀을 가능성이 충분히 있다고 본다. 그는 다음과 같이 설명한다. "But it is quite possible that Paul ventured into Illyricum during his apparently circuitous trip from Ephesus to Corinth on his third journey (Acts 20:1-2). The ancient geographer Strabo (7.7.4) mentions that the Egnatian Way passes through Illyricum on its way from the Adriatic Coast to Macedonia. Knowing Paul's preference to stick to well-traveled Roman roads, then, Paul may easily have preached in the southern regions of Illyricum during the movements mentioned by Luke in Acts 20:1-2." Douglas J. Moo, *Romans*, 894-95.

787 James D. G. Dunn, *Romans 9-16*, 865.

788 James D. G. Dunn, *Romans 9-16*, 869.

789 Joseph A. Fitzmyer, *Romans*, 716.

22절: 이 구절은 1:13에 이미 나온 것이다. 당시 로마는 세계의 중심 도시였고, 로마에 가면 서쪽 지역으로 더 나아가서 복음을 더욱 널리 전할 수 있었기에, 바울은 오랫동안 로마에 가고 싶어 했다. 하지만 그의 로마행은 번번이 막혔는데, 우리는 그 구체적인 이유를 알지 못한다. 아마도 복음이 전해지지 않은 지중해 동쪽 지역들을 좀 더 다녀야 했을 것이고, 각 교회가 직면한 문제들을 해결하느라 바빴을 것이며, 또한 여러 다른 요인들의 방해를 받아 로마에 가지 못했을 것이다. 특히 "막혔더니"(ἐνεκοπτόμην, 에네콥토멘)는 신적 수동태이다. 따라서 그는 1:13에서와 마찬가지로 여기서도 하나님께서 그의 로마 방문을 막으셨다고 믿는다.

23-24절: "이 지방"이란 바울이 지금 고린도에서 이 편지를 쓰고 있기에 고린도를 중심으로 한 주변 지역을 의미한다. "이 지방에 일할 곳이 없고"라는 말은 그가 제2차 전도 여행 때 고린도에서 1년 6개월을 머물렀으며(참고. 행 18:11), 제3차 전도 여행 때 고린도에서 약 3개월을 머무르면서(참고. 행 20:2-3) 복음을 충분히 가르쳤기에 더 이상 이 지방에서 할 일이 없다는 뜻이다. 그리고 비록 자신이 이 지역의 모든 이방인을 개종시키지는 못했으나, 많은 교회와 지도자를 세우면서 기반을 어느 정도 마련해 놓았으며, 이제 다른 사람들이 그가 한 일 위에서 더욱 발전시킬 것으로 생각했기에 이렇게 말한다(참고. 1:10-11; 고전 3:6, 10).[790]

"서바나"는 스페인을 의미한다. 바울은 스페인으로 가고 싶어 했는데, 이를 위하여 로마를 방문하기를 원했다. 이는 로마 교회 성도들이 그의 스페인 선교를 지원해 주기를 기대했기 때문이다. 즉 그는 로마를 선교 센터로 삼아서 스페인에 가려고 한 것이다. 그런데 그가 스페인에 가려고 한 이유를 정확히 알기란 어렵다. 어떤 학자들은 스페인에 유대인들이 많이 살았기 때문에 바울이 거기에 가려고 했다고 추정하지만, 지금까지 밝혀진 바

790 Joseph A. Fitzmyer, *Romans*, 716.

로 주후 3세기 이전에 유대인들이 스페인에 거주했다는 증거가 없다.[791] 아마도 바울은 스페인 선교를 자신의 마지막 사명이라고 여겼을 것이다. "너희가 그리로 보내주기를 바람이라"라는 말은 선교 지원을 기대한다는 뜻이다. 이는 물질 후원, 소개장, 교통편을 마련해 주는 것, 그리고 여행에 동행할 사람을 제공해 주는 일 등이 포함된다.[792]

그런데 신약 성경에는 바울이 스페인에 갔다는 기록이 없다. 다만, 고대 문헌 몇 군데에 그가 스페인을 방문했다는 기록이 있다. 주후 95년경에 작성된 문서인 '클레멘트 1서'(1 Clement) 5.7에는 바울이 '서쪽 끝'(혹은 '서쪽 한계선)에서 전도했다는 기록이 있는데, 당시에 '서쪽 끝'이란 스페인을 가리켰다. 또한 주후 190년에 기록된 위경 '베드로 행전'(Acts of Peter)과 주후 200년경에 기록된 '무라토리안 정경'(Muratorian Canon)에는 바울이 스페인으로 갔던 일이 언급되어 있다.[793] 고대 역사가 유세비우스(Eusebius)는 주후 325년에 남긴 글에서 바울이 로마에서 1차로 투옥되었다가, 잠시 풀려나서 사역하다가, 다시 2차로 투옥되어서 순교했다고 적었다(참고. Ecclesiastical History 2.22). 따라서 바울은 로마에서 1차 투옥(가택연금)되었다가 풀려나서, 스페인을 방문하여 복음을 전하고, 이후 그레데와 아시아와 마게도냐와 그리스에 갔다가, 다시 로마에 돌아와서 복음을 전하다가 2차 투옥되었으며, 그로부터 얼마 지나지 않은 주후 66-67년경 순교한 것으로 추정된다.[794]

---

791 Douglas J. Moo, *Romans*, 900; Joseph A. Fitzmyer, *Romans*, 717.

792 James D. G. Dunn, *Romans 9-16*, 872.

793 Eckhard J. Schnabel, 『선교사 바울』, 정옥배 역, 서울: 부흥과 개혁사, 2014, 145-51. Schnabel은 당시에 로마에서 스페인으로 가는 것이 수월했다고 주장한다. 그는 다음과 같이 말한다(150). "스페인은 로마에서 쉽게 갈 수 있는 곳이었다. 항해 조건이 좋으면 배를 타고 로마 항구인 오스티아에서 스페인까지 7일 정도밖에 소요되지 않았다. 육로로 가도 아무런 장애물이 없었다. 이 지역에는 로마의 길들이 촘촘히 닦여 있었기 때문이다. 바울은 동부 지중해에서 온 사람들과 서바나의 도시에 살고 있는 사람들, 특히 바에티카와 레반트 연안의 도시 중심지들에 있는 자유민 및 종들과 헬라어로 대화를 나눌 수 있었을 것이다."

794 황원하, 『사도행전』, 고신총회 설립 60주년 기념주석, 서울: 총회 출판국, 2019, 582.

25-27절에서 바울은 로마를 방문하기 전에 먼저 예루살렘을 방문해야 한다고 말한다.

25절: "성도를 섬기는 일"이라는 표현은 이어지는 구절에 언급되듯이 이방인의 연보를 예루살렘에 전달하는 일이다. 하지만 이 표현은 바울이 언제나 개인의 일이나 즐거움을 추구하지 않았고, 오로지 '성도를 섬기는 일'을 추구하며, 이를 위하여 살았음을 암시한다. 그가 예루살렘을 방문하려는 이유는 예루살렘에 가서 이방인들의 연보를 전달하기 위해서였다. 하지만 우리가 사도행전 후반부에서 보게 되듯이, 그는 예루살렘에서 투옥되는 바람에 죄수가 되었고, 이후 죄수의 신분으로 로마에 가게 된다. 따라서 그의 바람과 계획대로는 아니지만, 결국 로마에 이르게 된다.

26절: 바울은 예루살렘을 방문하는 목적을 밝힌다. 당시 예루살렘의 성도 중에서 가난한 자들(예루살렘의 성도 중 일부가 가난했다는 뜻)을 구제하기 위하여 마게도냐와 아가야 성도들(예. 빌립보, 데살로니가, 베뢰아, 고린도)이 기쁘게 연보를 했는데, 그는 연보를 전달하기 위해서 예루살렘에 가려고 한다. 이러한 일은 고린도전서 16:1-4와 고린도후서 8-9장에 자세히 기록되어 있다. 그는 이 연보를 매우 중요하게 생각했다.[795] 그가 고린도후서 8:4와 9:13에서 밝히듯이, 이방의 그리스도인들이 연보를 거두어서 예루살렘의 유대인 그리스도인들에게 전달하는 것은 상호 간의 단합과 친교에 큰 도움이 될 것이다.[796]

27절: 이 구절은 연보 전달의 의의에 관한 언급이다. "저희가 기뻐서 하였거니와"라는 말은 이방 성도들이 기쁨으로 연보했음을 의미한다. "저희는 그들에게 빚진 자니"라는 말은 이방인 그리스도인들이 유대인 그리스도인들에게 영적으로 빚진 자들이라는 뜻인데, 이는 복음이 예루살렘 교회에서 이방 지역으로 전파되었기 때문이다. "만일 이방인들이 그들의 영

795 F. F. Bruce, 『로마서』, 275-77을 보라.

796 Douglas J. Moo, *Romans*, 903.

적인 것을 나눠 가졌으면 육적인 것으로 그들을 섬기는 것이 마땅하니라"에서 "영적인 것"이란 표현은 이스라엘 백성들이 가지고 있는 특권과 연관된다. 바울은 9:4-5에서 "그들은 이스라엘 사람이라 그들에게는 양자됨과 영광과 언약들과 율법을 세우신 것과 예배와 약속들이 있고 조상들도 그들의 것이요 육신으로 하면 그리스도가 그들에게서 나셨으니"라고 말했다. 그리고 "육적인 것"이란 연보를 의미한다. 따라서 이 말은 이방인 그리스도인들이 예루살렘 그리스도인들 덕분에 복음을 들었으므로 그들에게 감사를 표시하기 위하여 연보하는 것이 마땅하다는 뜻이다.

28절: 바울은 구제 헌금을 예루살렘에 전달하고 "이 열매를 그들에게 확증한 후에" 로마에 들렀다가 스페인으로 갈 것이라고 말한다. "이 열매"란 예루살렘을 위한 헌금 자체를 가리킨다. "그들에게 확증한 후에"라는 문구에서 '확증하다'(σφραγίζω, 스프라기조)란 단어는 '인을 치다'라는 뜻이다. 이 단어는 고대에 소작인 농부가 수확한 곡식을 주인에게 배달할 때 그 자루에 농부의 날인을 표시하는 것에서 유래했다. 이것은 배달의 마지막 과정이었고 배달이 틀림없다는 공식적인 확인이었다.[797] 따라서 "그들에게 확증한 후에"라는 문구는 연보가 예루살렘에 잘 전달되었는지, 그리고 그 뜻을 제대로 이해했는지를 확인하겠다는 뜻을 담고 있다.[798]

29절: 바울은 로마에 갈 때 "그리스도의 충만한 복"을 가지고 가겠다고 말한다. "그리스도의 충만한 복"이란 표현은 그리스도께서 주시는 충만한 복이라는 뜻이다. 그는 로마에 가서 그리스도를 잘 설명할 것이며, 복음의 성격과 내용을 상세히 가르칠 것이다. 그리고 로마인들은 그러한 일을 통해서 그리스도께서 주시는 충만한 복을 받을 것이다. 그는 이미 1:11에서 "내가 너희 보기를 간절히 원하는 것은 어떤 신령한 은사를 너희에게 나누어 주어 너희를 견고하게 하려 함이니"라고 말했는데, 이것은 "그리스도의

---

797 Joseph A. Fitzmyer, *Romans*, 723; Thomas R. Schreiner, *Romans*, 778.

798 Douglas J. Moo, *Romans*, 907.

충만한 복"을 나누어주는 것을 의미한다.

30-33절: 기도 부탁

30절: 바울은 로마에 있는 형제들에게 기도를 부탁한다.[799] 여기서 바울의 표현은 강한 어조를 지닌다. "너희를 권하노니"(παρακαλέω, 파라칼레오)라는 말은 정중하면서도 강하게 촉구하는 느낌을 준다. "우리 주 예수 그리스도와 성령의 사랑으로 말미암아"의 헬라어 원문을 직역하면, '우리 주 예수 그리스도로 말미암아 그리고 성령의 사랑으로 말미암아'(διὰ τοῦ κυρίου ἡμῶν Ἰησοῦ Χριστοῦ καὶ διὰ τῆς ἀγάπης τοῦ πνεύματος, 디아 투 퀴리우 헤몬 이에수 크리스투 카이 디아 테스 아가페스 투 프뉴마토스)이다. "주 예수 그리스도로 말미암아"(through)는 '주 예수 그리스도의 이름으로'(in the name of)라는 말로 풀어서 쓸 수 있다.[800] "성령의 사랑으로 말미암아"(καὶ διὰ τῆς ἀγάπης τοῦ πνεύματος, 카이 디아 테스 아가페스 투 프뉴마토스)는 속격 구문인데, 이것은 '성령에 의해서 촉발된 사랑'(the love prompted by the Spirit)이라는 뜻이다.[801] 따라서 주 예수 그리스도의 이름과 성령에 의해서 촉발된 사랑이 기도 요청의 동기가 된다. "너희 기도에 나와 힘을 같이하여 나를 위하여 하나님께 빌어"라는 문구에서 "힘을 같이하여"는 싸움 은유인데, 자신과 함께 힘을 합하여 간곡히 기도해 달라는 요청이다. 비록 그는 이방인의 사도로서 하나님의 특별한 은혜를 얻었으나 동료 그리스도인들, 특히 개인적으로 알지 못하는 이들에게도 기도 요청하는 것을 부끄러워하거나 개의치 않는다. 그는 예루살렘에서의 사역 성공 여부가 이런 기도에 달려 있음을 잘 알고 있다(참고. 살전 5:25; 고후 1:11; 골 4:3; 살

799 C. E. B. Cranfield, *Romans*, 776.

800 Douglas J. Moo, *Romans*, 909.

801 James D. G. Dunn, *Romans 9-16*, 878.

후 3:12; 히 13:18).[802]

31절: 바울은 두 가지 기도 제목을 제시한다.[803] 첫 번째 기도 제목은 "나로 유대에서 순종하지 아니하는 자들로부터 건짐을 받게" 하는 것이다. 여기서 "순종하지 아니하는 자들"은 바울이 예루살렘에서 기독교를 박해하는 자였다가 다메섹으로 가는 도중에 그리스도를 만나서 회심하자 그에 대해서 적개심을 가지게 된 유대인들을 가리킨다. 그들은 바울을 죽이려고 했다(참고. 21:27-36). 바울은 자신이 예루살렘에 가서 어떤 일을 당할지 어느 정도 짐작했다(참고. 행 20:22-24). 그래서 유대인들이 자신을 해치지 못하도록 기도를 부탁한다. 이후 그는 투옥되지만, 죽임을 당하지 않고 무사할 수 있어서 기도 응답을 받게 된다.

두 번째 기도 제목은 "예루살렘에 대하여 내가 섬기는 일을 성도들이 받을 만하게" 하는 것이다. 이것은 이방인 그리스도인들의 헌금을 예루살렘 그리스도인들에게 전달할 때 그들이 기쁘게 받을 수 있게 해 달라는 기도 제목이다. 예루살렘 사람들이 이방인들의 헌금을 받는 것은 상호 간의 연합을 위해서 중요했다. 하지만 그들이 이방인들의 헌금 받기를 거부할 가능성이 있었다. 따라서 바울은 이러한 기도 제목을 내놓는다. 어떤 학자들은 사도행전 20:4-5에서 바울이 연보에 대해서 아무런 말을 하지 않는 것을 볼 때 예루살렘의 성도들이 연보를 받지 않았을 것이라고 주장한다. 하지만 사도행전 24:17을 참고할 때 그들이 이방인들의 연보를 받은 것으로 보인다.[804] 따라서 이 기도 역시 응답받았다고 할 수 있다.

32절: 바울은 31절에서 언급한 기도 제목의 궁극적인 목표를 드러낸다.[805] 이는 32절의 헬라어 본문에서 문장 첫머리에 'ἵνα'(히나, so that)가 있는 것을 볼 때 분명하다. 그는 예루살렘에서 사역을 잘 마치고 로마에 가서 그

---

802 Joseph A. Fitzmyer, *Romans*, 725.

803 C. E. B. Cranfield, *Romans*, 777; R. Jewett, *Romans*, 935.

804 Thomas R. Schreiner, *Romans*, 783.

805 C. E. B. Cranfield, *Romans*, 779; R. Jewett, *Romans*, 937; Douglas J. Moo, *Romans*, 911.

들과 함께 편히 쉬기를 기대한다. 그런데 이러한 '편히 쉼'은 1:12의 "이는 곧 내가 너희 가운데서 너희와 나의 믿음으로 말미암아 피차 안위함을 얻으려 함이라"와 연관된다. 그는 예루살렘에 헌금을 전달하는 힘든 일을 마친 뒤 로마에 가서는 심각한 긴장이 없을 것이라고 예견한 것으로 보인다.[806]

33절: 바울은 축복(prayer-wish)으로 단락을 마무리한다.[807] "평강의 하나님께서 너희 모든 사람과 함께 계실지어다 아멘." 그는 1:7에서도 "로마에서 하나님의 사랑하심을 받고 성도로 부르심을 받은 모든 자에게 하나님 우리 아버지와 주 예수 그리스도로부터 은혜와 평강이 있기를 원하노라"고 했다. 따라서 이 단락은 여러 측면에서 이 서신의 '서문'을 반복한다.

806 James D. G. Dunn, *Romans 9-16*, 880.

807 C. E. B. Cranfield, *Romans*, 779.

· 설교자를 위한 지침 ·

1. 이 단락에서 바울은 '서두'에서 말했던 주제들을 반복한다. 따라서 설교자는 단락을 설교할 때 '서두'에 드러난 주제와 그 주제가 로마서 전체에서 어떻게 발전되었는지를 설명할 필요가 있다. 이는 로마서 전체를 복습하는 일이 된다.

2. 바울은 아무렇게나 움직이지 않으며, 구체적인 계획을 갖추고 전략적으로 행동한다. 그리고 수립한 계획을 위하여 하나님께 기도하고, 다른 성도들에게도 기도를 부탁한다. 따라서 설교자는 교인들이 바울을 본받아서 체계적이고 계획적인 삶을 살도록 가르칠 필요가 있다. 그리고 그 일을 위하여 기도 제목을 만들어서 구체적으로 기도하라고 말할 수 있다.

3. 단락의 구조에 따라서 다음과 같이 설교 대지를 만들 수 있다.
   1) 사역 회고(14-21절): 우리는 지금까지 어떤 일을 했는가?
   2) 로마 방문 계획(22-29절): 우리는 앞으로 어떤 일을 할 것인가?
   3) 기도 부탁(30-33절): 우리는 이 일을 위해서 어떤 기도를 할 것인가?

2. 16:1-16 추천과 문안 인사

바울은 서신을 마무리하면서 뵈뵈를 추천한다.[808] 그리고 로마에 있는 그리스도인들에게 문안 인사를 하는데, 이들 중 일부는 바울이 만난 적이 있었고, 일부는 그렇지 않다.[809] 여기서 그는 26명에게 인사하는데, 그들 중 24명의 이름을 언급한다.

1-2절: 뵈뵈를 추천함

1절: 뵈뵈는 겐그레아 교회의 일꾼으로 있는 자매이다. 그녀는 성경 다른 곳에 나오지 않기 때문에 우리는 그녀에 대해서 더 알 수가 없다. 여기

---

808 바울은 자주 그가 쓴 편지들 마지막 부분에서 독자들로 하여금 그들이 앞으로 만나게 될 동료 그리스도인들을 향한 관심을 가지게 한다(참고. 고전 16:10-12, 15-18; 엡 6:21-22; 골 4:7-9; 딤후 4:20). Douglas J. Moo, *Romans*, 913.

809 이 단락은 사료적 가치가 상당히 크다. 이 단락을 통하여 주후 1세기 기독교 공동체를 들여다볼 수 있으며, 로마 교회의 현황을 어렴풋이나마 알 수 있다. 그리고 바울 주변에 어떤 인물들이 있었는지도 파악할 수 있다.

서 “일꾼”에 해당하는 헬라어 단어 ‘διάκονος’(디아코노스)는 당시에 ‘집사’를 뜻하기도 했고, 그냥 일반적인 일꾼을 가리킬 때 사용되기도 했다. 따라서 이 단어를 가지고 뵈뵈가 공식적인 직함을 가지고 있었는지 그렇지 않았는지는 단정하기 어렵다.[810] 하지만 그녀가 자신이 거주하는 지역의 교회에서 중요한 일을 맡은 것은 분명해 보인다.[811] 그녀는 바울이 기록한 로마서를 로마 교회에 전달하는 임무를 맡았을 것이다. 바울은 그녀를 매우 신뢰했을 것이다.[812] 그녀가 살았던 “겐그레아”는 고린도에서 동남쪽으로 약 7km 떨어져 있는 항구도시이다(참고. 행 18:18). 따라서 바울의 언급은 그가 지금 고린도에서 이 편지를 쓰고 있다는 주장의 강력한 증거가 된다(참고. 서론).[813] 한편, 로마서에서 이곳에 처음으로 ‘교회’에 해당하는 ‘ἐκκλησία’(에클레시아)라는 단어가 나온다.

2절: 바울은 두 가지를 요청한다. 첫째는 “성도들의 합당한 예절로 그를 영접”하는 것이고, 둘째는 “그에게 소용되는 바를 도와” 주는 것이다.[814] “성도들의 합당한 예절로 그를 영접”하라는 문구는 공동체의 일원으로 받아 달라는 뜻이다. 이것은 숙식을 제공해 달라는 요청이 포함된다. “무엇이든지 그에게 소용되는 바를 도와” 주라는 말은 ‘환대’를 뜻한다. 당시에 손님 환대는 중요한 덕목이었고, 특히 그리스도인이나 전도자 환대는 그리스도

---

810 그러나 Thomas R. Schreiner는 뵈뵈가 공적인 직함을 가지고 있었을 것이라고 생각한다. “First, 1 Tim. 3:11 probably identifies women as deacons. Second, the designation ‘deacon of the church in Cenchreae’ suggests that Phoebe served in this special capacity, for this is the only occasion in which the term ‘diakonos’ is linked with a particular local church. Third, the use of the masculine noun ‘diakonos’ also suggests that the office is intended. Of course, we need to beware of reading into early church offices the full-fledged development that was realized later. But women deacons were probably appointed early, especially because other women needed assistance from those of their own sex in visitation, baptism, and other matters.” Thomas R. Schreiner, *Romans*, 787.

811 R. Jewett, *Romans*, 944.

812 참고. A. Chapple, “Getting Romans to the Right Romans: Phoebe and the Delivery of Paul’s Letter”, *Tyndale Bulletin* 62 (2011): 197-214.

813 Thomas R. Schreiner, *Romans*, 787.

814 C. E. B. Cranfield, *Romans*, 781.

인들에게 매우 중요했다. 그런데 어떤 학자들은 여기서 뵈뵈가 도움을 필요로 하는 "것"에 헬라어 단어 'πρᾶγμα'(프라그마, '일', '행위' 등의 의미)가 사용되었는데, 고린도전서 6:1에서 이 단어가 '소송'이라는 의미로 사용되었으므로, 지금 뵈뵈가 소송 당사자로서 로마에 가는 중이라고 주장한다.[815] 그렇게 볼 가능성이 있기는 하다. 하지만 이 단어는 일반적인 일과 행동을 가리킬 때도 사용되었기에 이 단어만을 가지고서 그렇게 주장하는 것은 옳지 않다. "그가 여러 사람과 나의 보호자가 되었음이라"라는 문구에서 "보호자"에 해당하는 'προστάτις'(프로스타티스)라는 단어는 일반적으로 도움을 주는 사람(helper)을 가리켰으나,[816] 저명한 사람을 지칭하기도 했으며,[817] 또한 단순히 '보호자'(patroness)를 뜻하기도 했다.[818] 그러나 이 단어는 외국인과 같은 사람들을 도와서 숙식과 재정적인 도움을 제공하고 그 지역의 행정 당국자에게 그들의 사정을 이해시켜 주는 일을 하는 사람을 가리키기도 했다.[819] 여기서 이 단어가 정확히 어떤 의미로 사용되었는지 판단하기란 어렵다. 다만 분명한 것은 뵈뵈가 사회적 신분이 높았고 재산이 많아서 바울에게 도움을 주었다는 사실이다.

그러므로 이 정황을 정리하자면 다음과 같다. 뵈뵈가 어떤 일로(소송일 수도 있고 다른 일일 수도 있음) 로마에 가게 되었는데, 바울이 이를 알고서 로마서를 썼을 것이고, 그녀가 고린도의 서부 항구를 지나갈 때 그녀가 이 서신을 가지고 가도록 하면서 그녀에 대한 추천 글을 포함했을 것이다. 그리고 바울은 로마의 성도들에게 그녀를 잘 돌보아 주라고 요청하는데, 그녀가 로마에 가는 목적이 무엇이든 그곳에 있던 브리스가와 아굴라를 비

---

815 oseph A. Fitzmyer, *Romans*, 731. James D. G. Dunn은 고대에 독립적인 소송인으로 활동한 여성들에 관한 증거가 충분히 있다고 주장한다. 그는 뵈뵈가 어떤 위엄과 영향력을 가지고 있었다면 더욱 그러한 추정이 옳을 것이라고 본다. James D. G. Dunn, *Romans 9-16*, 888.

816 C. E. B. Cranfield, *Romans*, 783.

817 Joseph A. Fitzmyer, *Romans*, 731.

818 James D. G. Dunn, *Romans 9-16*, 888; R. Jewett, *Romans*, 946.

819 Douglas J. Moo, *Romans*, 916.

롯한 여러 사람이 그녀에게 다양한 도움을 줄 수 있었을 것이며, 그리스도인의 교제를 누릴 수 있었을 것이다.[820]

3-16절: 로마의 성도들에게 문안 인사를 함

이제부터 바울은 로마 교회의 성도들에게 문안 인사를 한다.[821] 여기에 다양한 이름이 등장한다. 당시에는 인종과 신분 여하에 따라서 이름을 지어 주는 경향이 있었기에 우리는 이 명단을 통해서 로마 교회의 상황을 조금이나마 파악할 수 있다. 이 명단을 통해서 드러난 두드러진 결과 두 가지가 있는데, 하나는 로마 교회 성도들이 주로 이방인이라는 사실이며, 다른 하나는 그 이름의 태반이 노예와 자유인(해방 노예: 노예였다가 해방된 사람) 혹은 노예/자유인의 자손이라는 사실이다.[822] 그리고 이 명단이 나열된 형태를 통해서 로마 교회가 3-5개 정도의 작은 공동체 형태로 이루어져 있었음을 알 수 있다. 초기 기독교인들은 모임을 할 수 있는 대중적인 공간을 가질 수 없었기에, 가정집에서 모임을 했는데, 가정집이 크다고 하더라도 70-80명 이상이 모일 수 없었으므로, 교인의 수가 그 이상으로 늘어나면 나누어서 모였다.[823]

3절: "브리스가(브리스길라)와 아굴라"는 부부로서 신약 성경에 자주 나오는 인물들이다(참고. 행 18:2, 18, 26; 고전 16:19; 딤후 4:19). 이들은 바울

---

820 James D. G. Dunn, *Romans 9-16*, 889-90.

821 Jeffrey A. D. Weima는 16:3-16의 기능을 다음과 같이 설명한다. "It should now be clear that the first greeting list of 16:3-16, rather than creating a problem for the textual integrity of Romans (as many scholars have claimed), is entirely appropriate to the purpose of Paul that is evident through the rest of the epistolary framework and letter body. The apostle has constructed his closing greetings in such a way that they further establish his apostolic authority over the Roman churches and guarantee their acceptance of his gospel as "preached" to them in the body of the letter.", Jeffrey A. D. Weima, *Paul the Ancient Letter Writer*, 191.

822 Douglas J. Moo, *Romans*, 918.

823 Douglas J. Moo, *Romans*, 919.

의 선교 사역에서 가장 중요한 부류(동역자)에 속하기 때문에 이 목록에서 가장 먼저 등장한다.[824] 이들은 주후 49년에 클라우디우스 황제의 칙령으로 유대인들이 로마에서 추방되었을 때 고린도에 이주해 와서 지내던 중 바울을 만났다(참고. 행 18:1-3; 참고. 서론). 아굴라는 본도 출신의 유대인으로 묘사되지만(참고. 행 18:2), 브리스길라는 유대인인지 이방인인지 모른다. 아내 브리스가의 이름이 먼저 나오는 것은 그녀가 명성이나 사회적 지위가 높았기 때문일 수도 있고, 그녀가 남편보다 먼저 회심했거나 더욱더 헌신적이었기 때문일 수도 있지만, 정확한 이유를 알기가 어렵다.[825]

4절: 바울은 이 부부에 대해서 "그들은 내 목숨을 위하여 자기들의 목까지도 내놓았나니 나뿐 아니라 이방인의 모든 교회도 그들에게 감사하느니라"고 말한다. 이 말은 에베소에서 폭동이 일어났을 때 이들이 바울을 위해서 모험을 감행한 일을 가리키는 것 같다(참고. 행 19:23-41; 고전 15:32; 고후 1:8-11).[826] 그들은 자신들의 재산과 사회적 지위를 통한 영향력을 발휘하여 바울을 도우려고 했을 것이다.[827] 따라서 바울은 이를 잊지 않고 언급한다.

5절: 바울은 또한 "저의 집에 있는 교회에도 문안하라"고 말한다. "저의 집에 있는 교회"라는 표현은 브리스가와 아굴라 집에 있는 소위 '가정 교회'를 가리킨다. 하지만 '가정 교회'라고 해서 가족의 형태를 띤 것은 아니었다. 그들이 가족처럼 친근하게 지낸 것은 사실이지만(참고. 1:13의 주석), 그들이 '교회'라는 정형화된 공동체를 이루었고 그들 가운데 예전과 조직이 분명히 존재했기에 가족이라는 법과 형식을 초월한 공동체와 달랐다. 그들은 모일 곳이 마땅치 않아서 누군가의 집에서 모였을 뿐이다. 따라서 '가정 교회'라는 명칭보다는 '가택 교회'(house church)라는 명칭이 적절하

---

824 James D. G. Dunn, *Romans 9-16*, 891.

825 ESV Study Bible

826 ESV Study Bible

827 Joseph A. Fitzmyer, *Romans*, 735.

다(참고. 서론의 수신자와 로마 교회의 상황).[828]

바울은 이어서 "내가 사랑하는 에배네도에게 문안하라 그는 아시아에서 그리스도께 처음 맺은 열매니라"고 말한다. "에배네도"가 "아시아에서 그리스도께 처음 맺은 열매"라는 말은 그가 바울의 설교를 듣고 회심한 아시아(소아시아) 지역의 처음 신자 중 한 사람이었다는 뜻이다.[829] 그의 이름은 헬라식이다. 하지만 신약 성경 다른 곳에서 그에 대한 정보를 찾을 수 없기에 그에 대해서 자세히 알 수는 없다.[830] 아마도 그는 당시 아시아의 중심도시였던 에베소에서 개종했을 것이고, 지금 브리스가와 아굴라를 따라서 로마에 왔을 것이다. 후대의 전설에 따르면, 에배네도는 카르타고의 감독이 되었다.[831]

6절: 바울은 "너희를 위하여 많이 수고한 마리아에게 문안하라"고 말한다. "마리아"는 당시 흔한 유대인 여자 이름이었다. 신약 성경에는 마리아라는 이름을 가진 여인들이 많이 나온다. 하지만 그들은 당연히 동일 인물이 아니다.[832] 여기에 나오는 마리아는 아마도 유대인 노예일 것이다.[833] 바울은 그녀가 로마 교회에서 수고를 많이 했다고 칭찬한다. 그녀는 매우 헌신적인 여인이었던 것 같다. 그녀는 신약 성경 다른 곳에 나오지 않는다.

7절: 바울은 "내 친척이요 나와 함께 갇혔던 안드로니고와 유니아에게 문안하라. 그들은 사도들에게 존중히 여겨지고 또한 나보다 먼저 그리스도 안에 있는 자라"고 말한다. 그는 "안드로니고와 유니아"를 언급하면서, "친척"

---

828 Thomas R. Schreiner는 로마의 기독교 공동체가 'house church'로 구성되어 있음을 말하면서, 이 문안 인사에서 최소한 다섯 개의 'house church'가 발견된다고 말한다. 그것은 브리스가와 아굴라의 집에 있는 교회(5절), 아리스도불로의 권속(10절), 나깃수의 가족(11절), 그리고 14절과 15절에 암시적으로 드러난 두 개의 'house church'이다. Thomas R. Schreiner, Romans, 797. James D. G. Dunn 역시 같은 견해를 가지고 있다. James D. G. Dunn, *Romans 9-16*, 891.

829 Thomas R. Schreiner, *Romans*, 791.

830 C. E. B. Cranfield, *Romans*, 786.

831 Joseph A. Fitzmyer, *Romans*, 736.

832 C. E. B. Cranfield, *Romans*, 787.

833 R. Jewett, *Romans*, 961.

이라는 단어를 사용하는데, "친척"에 해당하는 헬라어 'συγγενής'(쉬게네스)는 '친척' 혹은 '동족'이라는 뜻을 가진다. 여기서 이 단어는 실제 친척을 가리킬 수도 있지만, 동족을 의미할 가능성이 훨씬 크다.[834] 그는 9:3에서도 '골육의 친척'(συγγενής, 쉬게네스)이라는 말을 쓰면서 '동족' 유대인을 가리켰다(참고. 16:11, 21). "나와 함께 갇혔던"이라는 표현은 이들이 한때 바울과 함께 옥에 갇혔던 이들이라는 뜻으로 보인다. "안드로니고와 유니아"는 부부로 보이지만, 확실하지 않다. 왜냐하면, "안드로니고"(안드로니코스)는 흔한 헬라어 남성 이름이어서 남자인 것이 분명한데, "유니아"는 이름으로서 남자인지 여자인지 분간하기가 어렵기 때문이다. 유니아라는 이름에 악센트를 어떻게 붙이느냐에 따라서 달라지지만, 초기 사본들에는 악센트 기호가 없었기 때문에, 당시에 이 이름을 어떻게 발음했는지 알 수가 없다.[835] 아마도 그들은 브리스가와 아굴라처럼 부부일 것이다.[836]

"그들은 사도들에게 존중히 여겨지고"라는 표현에 대하여 어떤 학자들은 이것을 '사도들 가운데 잘 알려지고'로 번역해야 한다고 주장한다. 실제로 어떤 영어 성경은 그렇게 번역한다(예. ESV: "they are well known to the apostles."). 하지만 번역에 차이가 있더라도 의미는 비슷하다. 여기서 '사도들'은 바울을 비롯한 열두 제자를 의미하는 것이 아니라, 넓은 의미에서 주님의 일꾼들, 곧 여러 지역에 복음을 전하러 다니는 선교사들을 가리킨다(참고. 행 14:4, 14; 고전 12:28; 엡 4:11; 딤전 2:7).[837] 안드로니고와 유니아는 이러한 '사도들'과 함께 일했거나, 사도들을 옆에서 많이 도와주었던 것으로 보이며, 따라서 그들로부터 좋은 평가를 얻었던 것 같다. 그래서 바울은 '그들이 사도들에게 존중히 여겨졌다'(혹은 '사도들에게 잘 알려졌다')

---

834 C. E. B. Cranfield, *Romans*, 788; R. Jewett, *Romans*, 962; Douglas J. Moo, *Romans*, 921; James D. G. Dunn, *Romans 9-16*, 894; Thomas R. Schreiner, *Romans*, 791.

835 변종길, 『로마서』, 440.

836 C. E. B. Cranfield, *Romans*, 788; Douglas J. Moo, *Romans*, 923; James D. G. Dunn, *Romans 9-16*, 895.

837 C. E. B. Cranfield, *Romans*, 789; Douglas J. Moo, *Romans*, 924.

라고 표현했다. "나보다 먼저 그리스도 안에 있는 자라"는 말은 그들이 바울보다 먼저 회심한 사람들이었다는 뜻이다. 따라서 그들은 초기 교회가 시작된 지 불과 얼마 지나지 않아서 그리스도인이 되었음을 알 수 있다.[838]

8-9절: 바울은 이어서 "암블리아와 우르바노와 스다구"에게 문안하라고 말한다. "암블리아와 우르바노"는 로마에서 흔한 노예나 자유인(해방 노예)의 이름이지만, "스다구"는 드문 헬라식 이름이다.[839] 따라서 로마 교회는 신분과 지위를 초월하여 구성되었다(참고. 서론).

10절: 바울은 "그리스도 안에서 인정함을 받은 아벨레에게 문안하라"고 말한다. "아벨레"는 헬라식 이름인데, 그에 대해서 알려진 것이 전혀 없다.[840] 바울은 이어서 "아리스도불로의 권속에게 문안하라"고 말한다. "아리스도불로"가 누구인지는 알려지지 않았으며, 그가 그리스도인인지 아닌지도 분명하지 않다. 하지만 그에게 "권속"이 있는 것을 볼 때 어느 정도 지위가 있는 인물이었던 것 같다. "권속"은 집에서 부리는 노예를 가리킬 것이다.[841] 바울이 아리스도불로에게 직접 문안 인사를 하지 않은 것으로 보아 그는 신자가 아닌 것으로 보인다. 혹은 그가 신자이고 아니고 상관없이 당시에 그가 이미 죽었기 때문에 인사를 하지 않았을 수도 있다. 이 사람을 헤롯 대제의 손자이자 헤롯 아그립파 1세의 형제였으며, 클라우디우스 황제의 절친한 친구였던 사람으로 볼 수 있는 가능성이 있다. 그는 로마에서 오랫동안 거주하다가 주후 45년과 48년 사이에 사망했다.[842] 특히 그의 이름이 로마에서 흔한 이름이 아니었기 때문에 이러한 추정은 설득력을 얻는다.[843] 만약에 그가 로마에 오면서 그리스도인들을 데리고 왔다면, 이것

838 C. E. B. Cranfield, *Romans*, 790.

839 C. E. B. Cranfield, *Romans*, 790-91.

840 C. E. B. Cranfield, *Romans*, 791; R. Jewett, *Romans*, 965.

841 ESV Study Bible.

842 C. E. B. Cranfield, *Romans*, 791.

843 Joseph A. Fitzmyer, *Romans*, 740; Douglas J. Moo, *Romans*, 924-25; James D. G. Dunn, *Romans 9-16*, 896.

이 복음이 처음으로 로마에 온 방식이 되었을 수도 있다.[844]

11절: 바울은 "내 친척 헤로디온에게 문안하라"고 말한다. 여기서 "친척"에 해당하는 'συγγενής'(쉉게네스)는 7절에서처럼 '동족'을 가리키는 것으로 보인다(참고. 9:3; 16:7, 21).[845] "헤로디온"은 이름만으로 볼 때 유대인 여인이다. 그녀의 이름으로 추정할 때 그녀는 아마도 헤롯 집안의 노예 혹은 자유인(해방 노예)일 것이다. 바울은 이어서 "나깃수의 가족 중 주 안에 있는 자들에게 문안하라"고 말한다. "나깃수"는 클라우디우스 황제 치하(주후 41-54년에 재임)에서 부와 권력을 누렸던 해방 노예 티베리우스 클라우디우스 나르키수스(Tiberius Claudius Narcissus)일 가능성이 있다. 그는 티베리우스 황제의 종으로 있다가 풀려난 부자로 클라우디우스 황제 치하에서 권력을 휘두르다가 주후 54년에 네로 황제가 즉위한 직후 네로의 모친 아그리피나(Agrippina)의 명령에 따라 처형되었다.[846] 그가 그리스도인이었는지 아니면 그의 가족(권속) 중에서 그리스도인이 있었는지는 확인되지 않는다. "나깃수의 가족 중 주 안에 있는 자들"이란 표현이 암시하는 것은 모든 가족이 신자였던 것이 아니라는 사실이다. "나깃수의 가족"을 어떤 학자들은 '나깃수 집안의 노예'라고 보기도 한다.

12절: 바울은 "주 안에서 수고한 드루배나와 드루보사에게 문안하라"고 하며, 이어서 "주 안에서 많이 수고하고 사랑하는 버시에게 문안하라"고 한다. "드루배나"와 "드루보사"는 헬라식 이름이다. 이들은 자매인 것으로 보인다.[847] 이는 당시에도 지금처럼 가족에다가 같은 어근 또는 유사한 소리로 발음되는 이름을 지어 주는 경우가 많았기 때문이다.[848] 그녀들은 노

844 Joseph A. Fitzmyer, *Romans*, 740.

845 R. Jewett, *Romans*, 967.

846 F. F. Bruce, 『로마서』, 286; 홍인규, 『로마서 어떻게 읽을 것인가』, 225.

847 R. Jewett, *Romans*, 968.

848 James D. G. Dunn, *Romans 9-16*, 897; F. F. Bruce, 『로마서』, 287.

예나 해방 노예일 것이다. "버시"는 흔한 헬라식 여성 노예 이름이다.[849] 이처럼 바울은 16장에서 여인들을 여러 명 말한다. 즉 3절에서 "브리스가", 6절에서 "마리아", 그리고 12절에서 세 명의 여인을 언급한다. 그리고 이후에 여인들을 조금 더 말한다. 이를 통해서 로마 교회 안에 여성이 많았음을 알 수 있다.[850]

13절: 바울은 "주 안에서 택하심을 입은 루포와 그의 어머니에게 문안하라 그의 어머니는 곧 내 어머니니라"고 말한다. 여기에 나오는 "루포"는 예수님의 십자가를 대신 졌던 구레네 시몬의 아들 루포(참고. 막 15:21의 "알렉산더와 루포의 아버지인 구레네 사람 시몬")와 이름이 같은데, 이들이 동일 인물인지 아닌지는 분명하지 않다. 과거에는 학자 중에 마가가 로마에서 마가복음을 썼기에 여기에 언급된 루포가 시몬의 아들 루포와 동일 인물일 것이라고 주장하는 이들이 많았다.[851] 하지만 루포가 당시 로마에서 흔한 노예 이름이라 이런 견해를 확정하기가 어렵다. "그의 어머니는 곧 내 어머니니라"라는 말은 바울과 루포가 형제라는 뜻이 아니다. 이는 마치 7절과 11절에 있는 '친척'이 실제 친척이 아닌 것과 같다. 단지 이 말은 바울이 어디에선가 루포의 어머니에게서 많은 사랑과 보살핌을 받았음을 시사한다.

14-15절: 바울은 이제 여러 명의 이름을 한꺼번에 거명한다. 그는 "아순그리도", "블레곤", "허메", "바드로바", "허마와 및 그들과 함께 있는 형제들", "빌롤로고", "율리아", "네레오와 그의 자매", "올름바와 그들과 함께 있는 모든 성도"를 언급한다. 이들은 이름으로 볼 때 노예나 자유인(해방 노예)이다.[852] 이들에 대해서는 알려진 바가 없다. 바울이 이들을 잘 알고 있었는지 아니면 그냥 이름만 들었는지도 분명하지 않다. 아마도 후자

849 James D. G. Dunn, *Romans 9-16*, 897.

850 로마서 16장에 나오는 여성들에 관하여, Susan Mathew, *Women in the greetings of Romans 16:1-16: a study of mutuality and women's ministry in the Letter to the Romans*, London: Bloomsbury, 2013을 참고하라.

851 Thomas R. Schreiner, *Romans*, 791.

852 C. E. B. Cranfield, *Romans*, 795.

일 것이다.

16절: 바울은 마지막으로 "너희가 거룩하게 입맞춤으로 서로 문안하라"고 말한다. '거룩한 입맞춤'(a holy kiss)이란 표현에서 '입맞춤'은 당시 사람들의 인사 형식인데, 여기에 '거룩한'이 덧붙여져서 그리스도인들의 인사 형식이 된다. 이러한 인사는 친근함을 표시하는 수단이 되었다(참고. 고전 16:20; 고후 13:12; 살전 5:26; 벧전 5:14).[853] "그리스도의 모든 교회가 다 너희에게 문안하느니라"라는 말은 바울과 함께 있는 성도들(고린도의 성도들) 및 그가 예루살렘에서부터 일루리곤까지 다니면서 세운 지중해 동쪽 지역의 교회들이 로마 교회 성도들에게 문안한다는 뜻이다. 따라서 바울은 교회 연합을 중요하게 여긴다.

---

853 C. E. B. Cranfield, *Romans*, 795; Thomas R. Schreiner, *Romans*, 798.

1. 바울은 로마의 성도들에게 문안 인사를 하면서 그들의 이름을 일일이 거명한다. 이러한 장면은 그가 로마 교회 성도들에게 깊은 관심이 있었음을 보여 준다. 이는 설교자가 성도를 향한 깊은 관심을 가지게끔 요청한다. 설교자는 성도를 사랑해야 하며, 또한 성도를 잘 알고 있어야 한다. 그렇게 해야 그의 설교가 사랑으로 성도들을 먹이는 영적 양식이 된다.

2. 이 단락에 로마 교회가 언급되어 있다. 따라서 설교자는 교회의 의미와 중요성을 설명할 수 있다. 특히 보편교회 정신을 강조할 필요가 있는데, 오늘날 개교회주의가 팽배하고 연합 정신이 약화 되었기 때문이다.

3. 본문에서 드러난 로마 교회의 특징은 다음과 같은데, 이것이 설교의 재료가 될 수 있다.
   1) 그들은 다양한 인종, 신분, 성별의 사람들로 구성되어 있었다.
   2) 그들은 주님과 교회에 헌신적이었다.
   3) 그들은 가정집에서 모이면서 친근한 공동체를 이루었다.
   4) 그들은 여행객이나 전도자를 환대했다.
   5) 그들은 바울(지도자)과 깊은 유대 관계를 맺고 있었다.
   6) 그들은 다른 사람들과 동역했다.

3. 16:17-27 마지막 권면과 문안 그리고 송영

바울은 앞 단락(16:1-16)에서 길고 상세한 문안 인사를 했는데, 이제 마지막 단락에서 짧으나 강렬한 권면을 하고, 이어서 함께 있는 동역자들의 문안 인사를 전한 후, 송영으로 마친다. 그가 편지의 마지막 부분에서 짧은 권면을 하는 이유는 그것이 매우 긴요했기 때문이다.[854] 그는 거짓 선생들에게서 떠나라고 말하는데, 이는 그들이 복음을 훼손하고, 공동체를 파괴하며, 복음 전파를 가로막는 강력한 요인이 되었기 때문이다. 따라서 이러한 권면은 적실했다.

---

854 Thomas R. Schreiner는 여기에 심각한 경고(sever warning)가 갑자기 나온다고 놀랄 필요가 없다고 주장한다. 그에 따르면, 이러한 심각한 경고는 바울 서신들에서 예상치 않게 나오는데, 서신의 중간에 나오기도 하고(참고. 빌 3:2-4:1), 서신의 끝에 나오기도 한다(참고. 고전 16:22; 갈 6:12-17). Thomas R. Schreiner, *Romans*, 801.

17-20절: 거짓 선생들에게서 떠나라

17절: 바울은 "형제들아 내가 너희를 권하노니"라는 말과 함께 마지막 권면을 시작한다. "형제들아"는 1:13에 처음 나왔고, 이후 반복해서 나왔다(예. 7:1, 4; 8:12; 10:1; 11:25; 12:1; 14:10, 13, 15, 21; 15:14, 30; 16:14, 17, 23). 그가 로마의 성도들을 '형제들'이라고 부르는 이유는 그들과 혈연관계 속에 있었기 때문이 아니라 친근감을 표시하기 위해서이다(참고. 1:13의 주석). "권하노니"(Παρακαλῶ, 파라칼로)라는 단어는 12:1, 8과 15:30에 나왔다.[855]

바울은 "너희가 배운 교훈을 거슬러 분쟁을 일으키거나 거치게 하는 자들을 살피고 그들에게서 떠나라"고 말한다. 당시에 로마 교회 안에 거짓 교사들이 있었다. 바울은 그들을 "너희가 배운 교훈을 거슬러 분쟁을 일으키거나 거치게 하는 자들"이라고 규정한다. 그들은 사도들이 가르친 교훈과 다른 거짓된 교훈을 전함으로 분쟁을 일으켰으며 "거치게"(σκάνδαλον, 스칸달론) 했다. 그들이 누구인지는 확실히 알 수 없다. 어떤 학자들은 유대주의자라고 보고, 어떤 학자들은 영지주의적 경향을 가진 자들이라고 추정한다. 하지만 본문 자체를 가지고서는 그들의 정체를 파악하기가 어렵다.[856] 아마도 바울이 어느 특정한 사람이나 부류를 염두에 두고 있지 않았을 수도 있다.[857] 로마와 같이 크고 국제적인 도시에는 다양한 종류의 이교와 이단이 존재했을 것이다. 바울은 "그들에게서 떠나라"고 단호하게 말한다(참고. 고전 5:11).

18절: 이 구절은 바울이 17절에서 선동자들을 주의하라고 훈계한 이유(γάρ, 가르)가 무엇인지를 알려준다.[858] "다만 자기들의 배만 섬기나니"라는

855 C. E. B. Cranfield, *Romans*, 798.

856 C. E. B. Cranfield, *Romans*, 801을 보라.

857 James D. G. Dunn, *Romans 9-16*, 906.

858 C. E. B. Cranfield, *Romans*, 799; Thomas R. Schreiner, *Romans*, 803.

말은 그들이 자기들의 욕심과 이익만 추구한다는 뜻이다(참고. 갈 5:7-12; 빌 3:19). 그들은 오로지 자신들의 쾌락을 추구했으며 진정으로 그리스도를 섬기지 않았다. "교활한 말과 아첨하는 말로 순진한 자들의 마음을 미혹하느니라"라는 말은 그들이 말을 잘하기 때문에 순진한 사람들이 쉽게 설득되고 미혹된다는 뜻이다. 바울은 그들의 말을 "교활한 말"과 "아첨하는 말'이라고 묘사한다. 따라서 신자들은 그들의 말을 아예 듣지 않는 것이 좋다. 그들에게서 단호하게 떠나야 한다.

19절: 바울은 앞에서 거짓 교사들을 비판하면서 그들을 경계하라고 말했는데, 이제 여기서는 로마의 성도들을 향해 칭찬과 격려의 말을 한다. 로마의 성도들은 실제로 말씀을 잘 듣고 순종했다. 그들은 좋은 교회를 이루고 있었다. 하지만 바울은 이렇게 말함으로써 그들이 더욱 말씀을 바로 듣고 순종해야 하며, 잘못된 가르침을 멀리하고 배격해야 한다는 교훈을 전한다.

20절: 이 구절은 19절의 결과이다. 다시 말해서, 만일 우리가 선한데 지혜롭고 악한데 미련하다면 다음과 같아질 것이다.[859] 바울은 창세기 3:15를 배경으로 하여 "평강의 하나님께서 속히 사탄을 너희 발아래에서 상하게 하시리라"고 말한다. 그는 거짓 선생들을 "사탄"으로 규정하면서, 하나님이 그들을 파멸하실 것이라고 말한다. 그리고는 "우리 주 예수의 은혜가 너희에게 있을지어다"라고 기원한다(참고. 고전 16:23; 고후 13:13). 그는 15:33에서 "평강의 하나님께서 너희 모든 사람과 함께 계실지어다"라고 했는데, 여기서 다시 "우리 주 예수의 은혜가 너희에게 있을지어다"라고 한다. 이는 그가 15장에서 편지를 마감했다가, 몇 가지 보충하는 말을 하면서 여기서 재차 마감하기 때문이다. 이는 당시 편지에서 흔한 일이었다.[860]

---

859 매튜 풀, 『로마서』, 566.

860 매튜 풀, 『로마서』, 567.

21-23절: 바울의 동역자들이 로마의 성도들에게 문안함

지금 바울은 고린도에서 이 편지를 쓰고 있는데, 이때 그의 옆에는 여덟 명의 동역자가 있었다. 그래서 그는 자신과 함께 있는 동역자들의 문안 인사를 로마의 성도들에게 전한다.[861]

21절: 먼저 바울은 "동역자 디모데"가 문안한다고 말한다. "디모데"는 바울이 가장 사랑하고 아끼는 제자였다(참고. 행 16:1-3; 딤후 1:5). 그런데 여기서 바울이 디모데를 "동역자"라고 높여 주는 것은 바울의 겸손을 반영한다. 다음으로 그는 "친척 누기오와 야손과 소시바더"가 문안한다고 말한다. 여기서 "친척"에 해당하는 헬라어 'συγγενής'(쉉게네스)는 7절과 11절에서와 마찬가지로 '동족'(유대인)을 가리킬 가능성이 크다(참고. 9:3).[862] 누기오가 사도행전 13:1에 나오는 안디옥 교회의 선지자들과 교사들 중 한 사람인 구레네 사람 루기오를 가리키는지 분명하지 않다. 어떤 이들은 누가복음과 사도행전을 쓴 누가를 가리킨다고 추정하는데 이것도 근거가 부족하다.[863] 야손은 사도행전 17:5-9에 나오는 집주인 야손과 같은 인물로 추정된다.[864] 소시바더는 사도행전 20:4에 나오는 소바더의 긴 이름으로 보인다.[865]

22절: 이제 바울이 말하다가 잠시 다른 사람이 말한다. 그는 더디오라는 사람이다. "이 편지를 기록하는 나 더디오도 주 안에서 너희에게 문안하노라." 로마서는 바울이 불러주는 대로 "더디오"가 받아 적은 것인데(대필), 더디오가 편지 마지막 부분에서 잠시 자기 인사를 집어넣는다. 틀림없이

---

861 바울의 동역자들에 관한 연구를 위하여, E. E. Ellis, "Paul and his coworkers", in *Dictionary of Paul and His Letter*, Downers Grove: IVP, 1993, 183-89를 참고하라. E. E. Ellis는 사도행전과 바울 서신에 약 100명의 동역자가 나온다고 말한다.

862 Thomas R. Schreiner, *Romans*, 807.

863 James D. G. Dunn, *Romans 9-16*, 909.

864 C. E. B. Cranfield, *Romans*, 805.

865 C. E. B. Cranfield, *Romans*, 806.

그는 바울의 허락을 받아서 자기 인사를 넣었을 것이다. 주후 1세기에는 편지를 쓰는 사람이 비서에게 받아쓰게 하는 일이 흔했다.[866] 하지만 이 편지는 명백히 바울이 저작한 것이다.[867] 더디오는 바울이 한 단어, 한 단어를 불러주면 그대로 받아 적었을 것이다.[868] 그는 신약 성경의 다른 곳에 나오지 않는다. 하지만 그는 로마 교회와 어떤 연관성을 가지고 있었던 것으로 보이며, 따라서 로마의 성도들에게 잘 알려진 인물로 추정된다.[869]

23절: 여기에 나오는 "가이오"는 사도행전 19:29에 나오는 마게도냐 사람 가이오가 아니고, 사도행전 20:4에 나오는 더베 사람 가이오도 아니다. 그는 아마도 고린도전서 1:14에 나오는 가이오일 것이다.[870] 그는 고린도에서 바울로부터 세례를 받았다. 그렇다면 바울은 고린도에서 로마서를 쓸 때 가이오의 집에 머물렀을 것이다(참고. 서론).[871] 바울은 가이오에 대해서 "나와 온 교회를 돌보아 주는 가이오"라고 표현하는데, 이는 가이오가 믿음이 좋은 데다가 부유한 사람이어서 바울과 성도들에게 교회로 모일 수 있는 장소를 제공해 주고, 숙식도 제공해 주었음을 의미한다. "재무관 에라스도"는 사도행전 19:22와 디모데후서 4:20에 언급된 에라스도와 동일 인물로 보이지만, 확정하기가 어렵다. 또한 그가 고린도의 포장도로를 놓았던 일로 'ERASTUS PRO: AED: S: P: STRAVIT'(Erastus, commissioner for public works, laid this pavement at his own expense)라고 비문에 기록된 에라스도와 동일 인물인지도 알기가 어렵다. 이는 이러한 일을 다른 시

---

866 바울은 다른 서신들에서도 대필자가 서신을 기록하고 있음을 암시했다. 이를 위하여, 고린도전서 16:21과 갈라디아서 6:11을 보고, 데살로니가후서 3:17과 골로새서 4:18을 참고하라. Joseph A. Fitzmyer, *Romans*, 749.

867 ESV Study Bible.

868 변종길, 『로마서』, 447.

869 C. E. B. Cranfield, *Romans*, 806.

870 Thomas R. Schreiner, *Romans*, 808.

871 변종길, 『로마서』, 447; ESV Study Bible.

기에 동일한 이름을 가진 다른 사람이 행했을 수도 있기 때문이다.[872] 그리고 그가 가진 "재무관"(οἰκονόμος, 오이코노모스)이라는 직위가 고위직인지 그렇지 않은지도 알기가 쉽지 않다.[873] 구아도에 대해서는 알려진 것이 전혀 없다.[874]

25-27절: 송영

25-27절은 헬라어 본문에서 하나의 긴 문장으로 되어 있다. 비록 바울의 다른 서신들에도 송영이 있지만(참고. 갈 1:5; 빌 4:20), 이것이 가장 길고 장엄하다.[875] 여기에 나오는 주제들은 서신의 제일 앞에 있는 인사말(1:1-7)에 있는 것들이다. 그래서 1:1-7과 16:25-27은 주제의 측면에서 '인클루지오'(inclusio)를 이룬다.[876] 여기서 가장 두드러진 단어는 '복음'이다. 이는 서신의 시작 부분에서도 가장 부각된 단어였다. 따라서 바울은 서신의 시작과 마지막을 '복음'이라는 단어로 장식하여 서신 전체가 '복음'을 설명하고 있음을 알려준다.

25a절: 바울은 "나의 복음과 예수 그리스도를 전파함은"이라는 표현으로 송영을 시작한다. 그는 서신의 '서문'에서 복음에 관하여 말했는데, 이제 뒷부분에서도 복음이 무엇인지를 간략히 설명하려고 한다. "나의 복음"이라는 표현은 바울이 복음을 만들어 냈다는 뜻이 아니라, 그가 복음을 전파하는 사람이라는 뜻이다(참고. 2:16; 딤후 2:8). "복음"과 "예수 그리스도"는 같다. 복음은 예수 그리스도에 관한 내용이며, 예수 그리스도는 복음의

---

872 C. E. B. Cranfield, *Romans*, 807.

873 Thomas R. Schreiner, *Romans*, 808; F. F. Bruce, 『로마서』, 293-94.

874 C. E. B. Cranfield, *Romans*, 808.

875 Joseph A. Fitzmyer, *Romans*, 753. 하지만 이 단락에 대해서 상당히 치열한 사본학적 논쟁이 있었다. 이를 위해서, C. E. B. Cranfield, *Romans*, 5-11; Douglas J. Moo, *Romans*, 936-37(특히 footnote 2); C. K. Barrett, *Romans*, 10-13, 262를 보라.

876 Thomas R. Schreiner, *Romans*, 811.

주인공이시다. 즉 예수 그리스도는 복음 자체이지만, 또한 복음을 전하신 분이다. 그리고 바울을 비롯한 사도들과 전도자들은 예수 그리스도가 전한 복음과 정확히 같은 복음을 전했다.

25b-26a절: 바울은 복음을 설명하기를 "영세 전부터 감추어졌다가 이제는 나타내신 바 되었으며 영원하신 하나님의 명을 따라 선지자들의 글로 말미암아 모든 민족이 믿어 순종하게 하시려고 알게 하신바 그 신비의 계시를 따라 된 것"이라고 한다. 복음은 "영세 전부터 감추어졌다가 이제" 나타났다. 이것은 하나님의 경륜을 시사한다(참고. 갈 4:4 "때가 차매 하나님이 그 아들을 보내사"). 복음은 "하나님의 명을 따라 선지자들의 글로 말미암아" 알려졌다. 이는 복음이 인간의 글이 아니라 하나님의 말씀임을 의미한다. 복음이 알려진 목적은 "모든 민족이 믿어 순종하게 하시려고"이다. "믿어 순종하게 하시려고"라는 말은 1:5의 "믿어 순종하게 하나니"와 같다. 복음을 믿는 것은 복음이 요구하는 사안에 대한 자발적인 순종으로 이어진다. 즉 참된 믿음은 선한 행실이라는 결과를 맺는다. "그 신비의 계시를 따라 된 것"에서 "신비"에 해당하는 헬라어 단어 'μυστήριον'(뮈스테리온)은 '비밀'(mystery)을 뜻한다. 이 비밀은 오랫동안 감추어져 있다가 이제 때가 되어 세상에 드러났다. 바울은 다른 서신에서 이 비밀을 '그리스도'라고 표현한다(참고. 엡 3:3-4; 골 2:2-3). 또한 그는 고린도전서 2:7에서 "오직 은밀한 가운데 있는 하나님의 지혜를 말하는 것으로서 곧 감추어졌던 것인데 하나님이 우리의 영광을 위하여 만세 전에 미리 정하신 것이라"고 말한다.

26b-27절: 바울은 송영(doxology)으로 서신을 마친다.[877] "이 복음으로

877 Jeffrey A. D. Weima는 서신서의 '송영'(doxology)을 다음과 같이 설명한다. "A doxology is a typically short expression of praise to God. Whereas a benediction, like the grace and peace benedictions often found in Paul's letter closings, of a prayer, like those often found in the letter body, is an invocation to God to bestow a blessing on some person(s) or congregation, the doxology is an expression of praise directed to God. Benedictions possess more of an anthropocentric focus, while doxologies have a theocentric perspective. Doxologies occur eight times on the letters of Paul and another eight times on the remaining NT letters. This liturgical form occurs not only in the body of NT letters but also in all three main sections:

너희를 능히 견고하게 하실 지혜로우신 하나님"이라는 표현은 하나님이 지혜로우셔서 복음으로 우리를 능히 견고하게 하시는 분이심을 뜻한다. "예수 그리스도로 말미암아 영광이 세세 무궁하도록 있을지어다"라는 문구는 송영으로 가장 적절하다.

---

the opening (Gal. 1:5; Rev. 1:5b-6), the body (Rom. 11:36b; Eph. 3:20-21; 1 Tim. 1:17; 1 Pet. 4:11b; 5:11; Rev. 5:13b; 7:12), and the closing (Rom. 16:25-27; Phil. 4:20; 1 Tim. 6:16b; 2 Tim. 4:18b; Heb. 13:21b; 2 Pet. 3:18b; Jude 24-25). If all the NT occurrences of a doxology are included for the sake of comparative analysis, it becomes clear that the doxology exhibits a fixed pattern consisting of four basic elements: (1) the object of praise, (2) the element of praise, (3) the indication of time, and (4) the affirmatory response.", Jeffrey A. D. Weima, *Paul the Ancient Letter Writer*, 138-39.

• 설교자를 위한 지침 •

1. 이 단락은 로마서 전체를 마무리하는 부분이다. 따라서 설교자는 여기서 로마서 전체를 개관할 필요가 있다. 로마서 구조와 주요 주제를 간략히 제시해 주는 것이 좋겠다.

2. 바울은 거짓 선생들을 주의하고 그들에게서 떠나라고 권면한다. 따라서 설교자는 이단을 조심하라고 말할 수 있다. 이단의 말은 '교활한 말'이며, '아첨하는 말'이어서 그들의 말을 들을 때 속아 넘어가기 쉬우니, 아예 그들과 상대하지 말아야 한다고 주지시켜야 한다.

3. 바울은 자신과 함께 있는 동역자들의 문안 인사를 전한다. 바울 주위에는 신실한 동역자들이 많이 있었다. 필시 주님의 일은 혼자서 할 수가 없다. 함께 일해야 한다. 더욱이 성도들은 개체 교회에만 머물지 말아야 한다. 모든 교회가 하나의 교회임을 알고 긴밀하게 연합해야 한다. 따라서 설교자는 동역과 연합의 중요성을 가르쳐야 한다. 여러 교회의 다양한 사람들이 하나의 목표를 향하여 함께 나아가야 한다는 사실을 알려주어야 한다.

- 권연경, 『로마서 산책』, 서울: 복 있는 사람, 2012.
- 김경식, "바울의 호세아 인용과 이방인 구원이 무슨 상관이 있는가?: 롬 9:25-26에서의 호세아 사용 연구", 『신약연구』 16.3 (2017): 71-109.
- 김곤주, 『원문 중심의 이야기 로마서』, 서울: 세움북스, 2016.
- 김현광, "로마서 11:25-27에 나타난 '온 이스라엘'의 구원", 『신약연구』 15.4 (2016): 760-87.
- 변종길, 『로마서』, 고신총회 설립 60주년 기념주석, 서울: 총회 출판국, 2014.
- 송영목, "로마서 12-15장의 구약 인용", 『신약연구』, 15.2 (2016): 424-58.
- 최갑종, 『로마서 듣기: 온 세싱을 향한 기독교 복음의 진수』, 서울: 대서, 2009.
- 홍인규, 『로마서 어떻게 읽을 것인가』, 서울: 성서유니온, 2001.
- 황원하, 『사도행전』, 고신총회 설립 60주년 기념주석, 서울: 총회 출판국, 2019.
- Abasciano, Brian J., *Paul's Use of the Old Testament in Romans 9.1-9: An Intertextual and Theological Exegesis*, LNTS, London: T&T Clark, 2005.
- ———, "Paul's Use of Lament Psalms in Romans", *Word & World* 39.3 (2019): 208-16.
- Achtemeier, Paul J., 『로마서』, 김도현 역, 현대성서주석, 서울: 한국장로교출판사, 2003.
- Aletti, Jean Noel S. J., *God's Justice in Romans: Keys for Interpreting the Epistle to*

the Romans, trans. Peggy Manning Meyer, Subsidia biblica, Rome: Gregorian & Biblical Press, 2010.

- Badenas, Robert, *Christ the End of the Law: Romans 10.4 in Pauline Perspective*, JSNTSup 10, Sheffield: JSOT Press, 1985.
- Barrett, C. K., *The Epistle to the Romans*, Black's New Testament Commentary, Grand Rapids: Baker Academic, 1991.
- Bekken, Per Jarle, *The Word Is near You: A Study of Deuteronomy 30:12-14 in Paul's Letter to the Romans in a Jewish Context*, Berlin: De Gruyter, 2007.
- Berry, Donald L., *Glory in Romans and the Unified Purpose of God in Redemptive History*, Eugene: Wipf and Stock Publishers, 2016.
- Betz, Hans Dieter, "Transferring a Ritual: Paul's Interpretation of Baptism in Romans 6", in *Paul in his Hellenistic Context*, London: T & T Clark, 1994.
- Blackwell, Benjamin C., "Immortal Glory and the Problem of Death in Romans 3:23", *Journal for the Study of the New Testament* 32.3 (2010): 285-308.
- Borchert, G. L., "Wrath, destruction", in *Dictionary of Paul and His Letter*, Downers Grove: IVP, 1993.
- Bornkamm, Günther, *Studien zum Neuen Testament*, Munich: Kaiser, 1985.
- Brakel, Wilhelmus à, *Redelijke Godsdienst*, Dordrecht: A. Bluffé en Zoon, 1700.
- Bruce, F. F., 『로마서』, 권성수 역, 틴델 신약주석 시리즈, 서울: 기독교문서선교회, 2000.
- Campbell, W. S., "Israel", in *Dictionary of Paul and His Letter*, Downers Grove: IVP, 1993.
- Chapple, A., "Getting Romans to the Right Romans: Phoebe and the Delivery of Paul's Letter", *Tyndale Bulletin* 62 (2011): 197-214.
- Conzelmann, Hans, *An Outline of the Theology of the New Testament*, New York: Harper & Row, 1969.
- Cosgrove, Charles H., *The Justification of the Other: An Interpretation of Rom. 1:18-4:25*, Atlanta: Scholars Press, 1992.
- ———, *Elusive Israel: The Puzzle of Election in Romans*, Louisville: Westminster John Knox, 1997.
- Cranfield, C. E. B., *A Critical and Exegetical Commentary on the Epistle to the Romans*, 2 vols, ICC, Edinburgh: T & T Clark, 1975-1979.
- Crisler, Channing L., "The 'I' Who Laments: Echoes of Old Testament Lament in Romans 7:7-25 and the Identity of the ego", *The Catholic Biblical Quarterly* 82.1

(2020): 64-83.

- Debel, Hans, "Unnatural Intercourse in Romans 1:26-27: Homosexual or Heterosexual?", in *The Letter to the Romans*, ed. Udo Schnelle, BETL, Leuven: Peeters, 2009.
- Dodd, Brian J., *Paul's Paradigmatic 'I': Personal Example as Literary Strategy*, JSNTSup 177, Sheffield: Sheffield Academic Press, 1999.
- Dodson, Joseph R., *The "Powers" of Personification: Rhetorical Purpose in the Book of Wisdom and the Letter to the Romans*, Berlin: De Gruyter, 2008.
- Du Toit, Philip la Grange, "The Salvation of 'All Israel' in Romans 11:25-27 as the Salvation of Inner-Elect, Historical Israel in Christ", *Neotestamentica* 49.2 (2015): 417-52.
- Dunn, James D. G., "Adam and Christ", in *Reading Paul's Letter to the Romans*, ed. Jerry Sumney, RBS, Atlanta: Society of Biblical Literature, 2012.
- ———, *Romans 1-8*, Word Biblical Commentary, Dallas: Word, 1988.
- ———, *Romans 9-16*, Word Biblical Commentary, Dallas: Word, 1988.
- Ellis, E. E., "Paul and his coworkers", in Dictionary of *Paul and His Letter*, Downers Grove: IVP, 1993.
- Esler, Philip Francis, *Conflict and Identity in Romans: The Social Reading of Paul's Letter*, Minneapolis: Fortress, 2003.
- Fitzmyer, Joseph A., *Romans*, AB, New York: Doubleday, 1993.
- Fredrickson, David E., "Natural and Unnatural Use in Romans 1:24-27: Paul and the Philosophic Critique of Eros", in *Homosexuality, Science and the "Plain Sense" of Scripture*, ed. David L. Balch, Grand Rapids: Eerdmans, 2000.
- Fritz, Antoine X. J., *To the Jew First or to the Jew at Last? : Romans 1:16c and Jewish Missional Priority in Dialogue with Jews for Jesus*, Cambridge: James Clarke Company, 2014.
- Georges, Massinelli, "Christ and the Law in Romans 10:4", *The Catholic Biblical Quarterly* 77.4 (2015): 707-26.
- Gignac, Alain, "The enunciative device of Romans 1:18-4:25: a succession of discourses attempting to express the multiple dimensions of God's justice", *The Catholic Biblical Quarterly* 77.3 (2015): 481-502.
- Goodrich, John K., "Until the Fullness of the Gentiles Comes In: A Critical Review of Recent Scholarship on the Salvation of 'All Israel' (Romans 11:26)", *Journal for the Study of Paul & His Letters* 6.1 (2016): 5-32.

- Hahne, Harry Alan, "Paul's Apocalyptic Theology in Romans 8:19-22", *Criswell Theological Review* 16.1 (2018): 101-22.
- Hall, J. F., *Rome*, Anchor Bible Dictionary 5.830-34.
- Hankins, Eric, "Romans 9 and the Calvinist Doctrine of Reprobation", *Journal for Baptist Theology & Ministry* 15.1 (2018): 62-74.
- Haring, James W., "Romans 5:12, Once Again: Is It a Grammatical Comparison?", *Journal of Biblical Literature* 137.3 (2018): 733-41.
- Harvey, John D., *Romans, Exegetical Guide to the Greek New Testament*, Nashville: B&H Academic, 2017.
- Hoyum, John, "Spirit and Sanctification: Sketching St. Paul's Doctrine of the Holy Spirit in Romans", *Word & World* 39.3 (2019): 217-25.
- Incigneri, Brian J., *Gospel to the Romans : The setting and rhetoric of Mark's Gospel*, Leiden: Brill, 2003.
- Jackson, Walter Daniel, "The Logic of Divine Presence in Romans 3:23", *The Catholic Biblical Quarterly* 80.2 (2018): 293-305.
- Jewett, R., *Romans*, Hermeneia, Minneapolis: Fortress, 2007.
- Jipp, Joshua W., "Rereading the Story of Abraham, Isaac, and 'Us' in Romans 4", *Journal for the Study of the New Testament* 32.2 (2009): 217-42.
- Kim, Seyoon, "The 'Mystery' of Rom 11.25-6 Once More", *New Testament Studies* 43.3 (1997): 412-29.
- Kirby, John, "The Syntax of Romans 5.12: A Rhetorical Approach", *New Testament Studies* 33 (1987): 283-86.
- Leon, H. J., *The Jews of Ancient Rome*, rev. ed., Peabody, MA: Hendrickson, 1995.
- Lichtenberger, Hermann, *Das Ich Adams und das Ich der Menschheit: Studien zum Menschenbild in Römer 7*, WUNT 164, Tübingen: Mohr Siebeck, 2004.
- Loader, William R. G., "Reading Romans 1 on Homosexuality in the Light of Biblical/Jewish and Greco-Roman Perspectives of its Time", *Zeitschrift für die neutestamentliche Wissenschaft und die Kunde der älteren Kirche* 108.1 (2017): 119-49.
- Longenecker, Bruce W., "Different Answers to Different Issues: Israel, the Gentiles and Salvation History in Romans 9-11", *Journal for the Study of the New Testament* 11.36 (1989): 95-123.
- Lucas, Alec J., *Evocations of the Calf? : Romans 1:18-2:11 and the Substructure of Psalm 106(105)*, Berlin: De Gruyter, 2014.

- Matera, Frank J., *Romans*, Paideia Commentaries on the New Testament, Grand Rapids: Baker Academic, 2010.
- Mathew, Susan, *Women in the greetings of Romans 16:1-16: a study of mutuality and women's ministry in the Letter to the Romans*, London: Bloomsbury, 2013.
- McGrath, A. E., "Justification", in *Dictionary of Paul and His Letter*, Downers Grove: IVP, 1993.
- Merkle, Benjamin L., "Romans 11 and the Future of Ethnic Israel", *Journal of the Evangelical Theological Society* 43.4 (2000): 709-21.
- Middendorf, Michael Paul, *The 'I' in the Storm: A Study of Romans 7*, St. Louis: Concordia, 1997.
- Moo, Douglas J., *The Epistle to the Romans*, NICNT, Grand Rapids: Eerdmans, 1996.
- Morris, L., "Sin, guilt", in *Dictionary of Paul and His Letter*, Downers Grove: IVP, 1993.
- Moyise, Steve, *Deuteronomy in the New Testament: The New Testament and the Scriptures of Israel*, London: T & T Clark, 2007.
- Murphy, David J., "More Evidence Pertaining to 'Their Females' in Romans 1:26", *Journal of Biblical Literature* 138.1 (2019): 221-40.
- Nanos, Mark D., *The Mystery of Romans: The Jewish Context of Paul's Letter*, Minneapolis: Fortress, 1996.
- Onesti, K. L. & Brauch, M. T., "Righteousness of God", in *Dictionary of Paul and His Letter*, Downers Grove: IVP, 1993.
- Pelser, G. M. M., "Romans", in *Guide to the New Testament V*, ed. A. B. du Toit, Halfway House: NG Kerkboekhandel, 1996.
- Poole, Matthew, 『청교도 성경주석: 사도행전.로마서』, 정중하 역, 파주: 크리스찬 다이제스트, 2015.
- Porter, Stanley E., "The argument of Romans 5: can a rhetorical question make a difference?", *Journal of Biblical Literature* 110.4 (1991): 655-77.
- ———. *The Apostle Paul: his life, thought, and letters*, Grand Rapids: Eerdmans, 2016.
- Reasoner, M., "Rome and Roman Christianity", in *Dictionary of Paul and His Letter*, Downers Grove: IVP, 1993.
- ———. *Paul's Use of the Old Testament in Romans 9.10-18 : An Intertextual and Theological Exegesis*, London: T & T Clark, 2011.

• Rom-Shiloni, Dalit, “Psalm 44: The Powers of Protest”, *The Catholic Biblical Quarterly* 70 (2008): 683-84.

• Rupprecht, A. A., “Slave, slavery”, in *Dictionary of Paul and His Letter*, Downers Grove: IVP, 1993.

• Schellenberg, Ryan S., “Does Paul call Adam a ‘type’ of Christ?: an exegetical note on Romans 5:14”, *Zeitschrift für die neutestamentliche Wissenschaft und die Kunde der älteren Kirche* 105.1 (2014): 54-63.

• Schnabel, Eckhard J., 『선교사 바울』, 정옥배 역, 서울: 부흥과 개혁사, 2014.

• Schreiner, Thomas R., *Romans*, BECNT, Grand Rapids: Baker Academic, 1998.

• Scoggins, John M. Jr., “Romans 1:18 as Key to the Structure of the Letter”, *Bibliotheca Sacra* 175 (2018): 411-24.

• Scott, Ian W., “‘Your Reasoning Worship’: LOGIKOS In Romans 12:1 and Paul's Ethics of Rational Deliberation”, *The Journal of Theological Studies* 69.2 (2018): 500-32.

• Scott, J. M., “Restoration of Israel”, in *Dictionary of Paul and His Letter*, Downers Grove: IVP, 1993.

• Sears, P. Chase, *Heirs of Promise : The Church as the New Israel in Romans*, Bellingham: Lexham Press, 2015.

• Sherwood, Aaron, *The Word of God Has Not Failed : Paul's Use of the Old Testament in Romans 9*, Bellingham: Lexham Press, 2015.

• Staples, Jason A., “What do the Gentiles Have to Do with ‘All Israel’?: A Fresh Look at Romans 11:25-27”, *Journal of Biblical Literature* 130.2 (2011): 371-90.

• Starling, David Ian, “‘For Your Sake We Are Being Killed All Day Long’: Romans 8:36 and the Hermeneutics of Unexplained Suffering”, *Themelios* 42.1 (2017): 112-21.

• Stenschke, Christoph W., “Jewish Believers in Paul's Letter to the Romans”, *Neotestamentica* 52.1 (2018): 1-40.

• Steyn, Gert Jacobus, “Observations on the text form of the Minor Prophets quotations in Romans 9-11”, *Journal for the Study of the New Testament* 38.1 (2015): 49-67.

• Stott, John, 『로마서』, 정옥배 역, BST, 서울: IVP, 1994.

• Stowers, Stanley K., *The Diatribe and Paul's Letter to the Romans*, Chico, CA: Scholars Press, 1981.

• ———, *Letter Writing in Greco-Roman Antiquity*, ed. Wayne A. Meeks,

Philadelphia: Westminster, 1986.

• Thielman, F., "Law", in *Dictionary of Paul and His Letter*, Downers Grove: IVP, 1993.

• Thompson, M. B., "Strong and weak", in *Dictionary of Paul and His Letter*, Downers Grove: IVP, 1993.

• ———, "Stumbling block", in *Dictionary of Paul and His Letter*, Downers Grove: IVP, 1993.

• Timmins, Will N., "Why Paul Wrote Romans: Putting the Pieces Together", *Themelios* 43.3 (2018): 387-404.

• Tobin, Thomas H., *Paul's Rhetoric in Its Contexts*, Peabody, MA: Hendrickson, 2004.

• Tomson, Peter J., "The Names 'Israel' and 'Jew' in Ancient Judaism and the New Testament", *Bijdragen: Tijdschnft voor Filosofe en Theologie* 47.3 (1986): 266-89.

• Venema, Cornelis P., "In This Way All Israel will be Saved: A Study of Romans 11:26", *Mid-America Journal of Theology* 22 (2011): 19-40.

• Wagner, J. Ross, "The Christ, Servant of Jew and Gentile: A Fresh Approach to Romans 15:8-9", *Journal of Biblical Literature* 116.3 (1997): 473-85.

• Watson, D. F., "Diatribe", in *Dictionary of Paul and His Letter*, Downers Grove: IVP, 1993.

• Weima, Jeffrey A. D., *Paul the Ancient Letter Writer*, Grand Rapids: Baker Academic, 2016.

• Whitsett, Christohper G., "Son of God, Seed of David: Paul's Messianic Exegesis in Romans 1:3-4", *Journal of Biblical Literature* 119.4 (2000): 661-81.

• Wiefel, W., "The Jewish Community in Ancient Rome and the Origins of Roman Christianity", in *The Romans Debate*, ed. K. P. Donfried, 2nd ed., Peabody, MA: Hendrickson, 1991.

• Windsor, Lionel J., *Paul and the Vocation of Israel : How Paul's Jewish Identity Informs His Apostolic Ministry, with Special Reference to Romans*, Beihefte Zur Zeitschrift Für Die Neutestamentliche Wissenschaft Ser., Berlin: De Gruyter, 2014.

• Winter, B. W., "Rhetoric", in *Dictionary of Paul and His Letter*, Downers Grove: IVP, 1993.

• Zoccali, Christopher, "And so all Israel will be saved: Competing Interpretations of Romans 11.26 in Pauline Scholarship", *Journal for the Study of the New Testament* 30(3) (2008): 289-318.

바이블 키 성경 주석

로마서

초판 인쇄 2025년 8월 13일
초판 발행 2025년 8월 25일

지 은 이 황원하
발 행 인 이기룡
발 행 처 도서출판 생명의 양식

등록번호 제1998-000132호(1998년 11월 3일)
주 소 서울시 서초구 고무래로 10-5(반포동)
전 화 02-533-2182
팩 스 02-533-2185
홈페이지 www.qtland.com